高等院校旅游专业系列教材

现代饭店管理学

（第二版）

郑向敏　编著

南开大学出版社
天津

图书在版编目(CIP)数据

现代饭店管理学 / 郑向敏编著. —2版. —天津：南开大学出版社,2013.4(2016.9重印)
(高等院校旅游专业系列教材)
ISBN 978-7-310-04140-4

Ⅰ.①现⋯ Ⅱ.①郑⋯ Ⅲ.①饭店－企业管理－高等学校－教材 Ⅳ.①F719.2

中国版本图书馆 CIP 数据核字(2013)第 059192 号

版权所有　侵权必究

南开大学出版社出版发行
出版人:刘立松
地址:天津市南开区卫津路 94 号　邮政编码:300071
营销部电话:(022)23508339　23500755
营销部传真:(022)23508542　邮购部电话:(022)23502200
*
河北昌黎太阳红彩色印刷有限责任公司印刷
全国各地新华书店经销
*
2013 年 4 月第 2 版　2016 年 9 月第 5 次印刷
230×170 毫米　16 开本　25.75 印张　472 千字
定价:42.00 元

如遇图书印装质量问题,请与本社营销部联系调换,电话:(022)23507125

第二版前言

作为旅游院校饭店管理本科专业主干课程"饭店管理"的教材,《现代饭店管理学》(2004年7月第一版)的出版得到了众多同行和广大读者的认可和接受,成为诸多旅游院校饭店管理专业的主要教材。在第一版发行8年多以来,已连续多次印刷,出版量已达到20000多册。为使《现代饭店管理学》教材更具有时代性和符合饭店管理专业教学的需要与要求,我们对《现代饭店管理学》一书进行了再版修订。

《现代饭店管理学》第二版在保持第一版原有的章节框架的基础上做了以下的更新、修改和补充。

1. 对全书框架结构进行了调整,内容由原来的7章增为8章,增补了"第三章 现代饭店经营策略"的内容。

2. 对各章节内容进行了一些增补和删减。增补了酒店发展中的一些新业态和行政管理部门出台的新政策、条规以及饭店相关的安全法规、条例与应急预案;增补了一些新的理念、热点和时代性较强的、目前饭店常出现的案例。对各章节中一些比较陈旧的、不合时代发展需要的内容进行了删减。

3. 对全书各章节的案例、相关数据全部做了修正、更新、补充和完善。

旅游教育的成熟、饭店业的迅猛发展和企业管理理念、方式方法的时代性和变化性决定了《现代饭店管理学》教材再版的必要性。"饭店管理"课程教材是以饭店业的实践营运管理为基础,并建立在企业管理的基础理论之上的、能够符合并满足旅游院校课堂教学需要的、理论联系实践的教科书。我们认为,"饭店管理"课程教材既要强调学科的理论性和科学性,又要注重饭店实践应用中的实用性和可操作性;既要注重管理理论与方法,又要重视酒店功能性和实务性的管理与操作;既要考虑教材的知识性,又要关注教材的时代性和功能性,使学生既能得到本门课程系统的理论知识学习,又能在技术和方法上适应现代饭店管理实践运作的需要。我们希望通过《现代饭店管理学》教材的再版,让本教材更能符合现代饭店的实践营运状况,更能满足旅游院校专业课程课堂教学的需要,让用此教材的老师与学生在教与学中均能得益。

郑向敏
2012年9月30日于华侨大学校园

前　言

现代饭店管理是一门涉及内容广泛、理论性与实践性均较强的专业课程。在课堂教学中既要强调学科的理论性和科学性，又要注重实践应用中的实用性和可操作性，使学生既能得到本门课程系统的理论知识学习，又能在技术和方法上适应现代饭店管理实践运作的需要。在教学内容上，既要注重管理理论与方法，以满足现代饭店管理的需要，又要重视饭店功能性和实务性的管理与操作，以满足现代饭店实际运作的需要；既要对饭店系统的产、供、销运作进行宏观和微观管理，又要对饭店的各种资源进行有效的开发、利用和管理。这些都应该成为"饭店管理"课程教科书编写的指导思想。

作者自 1989 年为旅游管理专业本科生讲授"饭店管理"的课程以来，在十几年的课程教学、教材编写和选用上，总感到现行的教科书要么注重课程内容的系统性、全面性，但又受篇幅的限制而仅能概而述之，无法由表及里进行详细的分析与讨论；要么从某一个角度和某些侧重点入手，对饭店管理的一些基本内容做详细的分析与阐述，虽然在这些内容上能由表及里，但却不能概全，总有"只见树木，不见森林"之感。如何在有限的课程学时（一般为 36—54 学时）内给学生一个既全面又系统的饭店管理知识，又能对某些基本问题做深入细致的阐述？如何在讲授饭店管理传统内容的同时，又能结合饭店实际运作中的需要，给学生一些新的知识内容？这些问题不仅是授课教师要考虑的，也是教科书编写时所应重视的。在上述指导思想下，作者结合专业理论教学的研究和饭店实际运作的具体情况，参考与借鉴了诸多业界专家的研究成果和经验，编写了《现代饭店管理学》一书。

本书共分七章。作者在本书的逻辑框架、内容编排上做了以下尝试：

1. 采用教科书传统编写方法，对现代饭店管理中的现代饭店概念，饭店种类、等级与功能，现代饭店集团，饭店管理的特点与内容等饭店管理概况，饭店管理理论与方法等基本内容用专章形式（第一、二章）进行系统全面的分析与阐述，力求能让学生由表及里地对这些内容有较深刻和全面的了解和认识。

2. 根据管理系统学派的思想，采用系统管理的方法，把饭店管理中的计划管理、组织管理等内容构建成相应的管理系统,并对其进行系统的分析、评价与控制(第三章)。

3. 根据饭店资源的类型和饭店实际运作中对资源开发、利用和管理的需要,以资源管理的专章形式(第四章),对现代饭店管理中所涉及的人力资源、财务资源、物力资源、信息资源、时间资源、形象口碑资源进行了系统、全面的阐述与分析。力求能以新的研究视角对饭店的资源管理进行讨论与研究,又能利用饭店各种资源管理间的逻辑关系,把饭店管理中涉及的方方面面内容有机地结合起来进行阐述,使学生"既见树木,又见森林"。

4. 采用定性分析与定量分析相结合的方法,对现代饭店管理中日趋重要的质量管理的理性问题和实际运作方法进行了讨论和阐述(第五章)。论述的内容既包括了质量管理的概念、衡量标准、质量管理方法和全面质量管理,又涵盖了服务管理、服务承诺和交互服务质量管理;同时也涉及顾客满意与顾客价值、质量评价体系与保证体系等内容。

5. 对现代饭店管理中日益凸显的饭店安全管理问题和饭店管理人员普遍关注的饭店投资筹划与筹备管理等内容进行了详尽的讨论与阐述(第六、七章),以满足饭店管理实践的需要和学生专业学习与知识拓展的需要。由于编者水平有限,挂一漏万在所难免,敬请读者不吝赐教。

郑向敏
2003 年 9 月 28 日于华侨大学新南区寓所

目 录

第二版前言
前　言

第一章　现代饭店概述 ……………………………………………………（1）

　第一节　现代饭店的饭店概念 …………………………………………（2）
　第二节　饭店的种类、等级 ……………………………………………（5）
　第三节　现代饭店集团 …………………………………………………（14）
　第四节　现代饭店经营管理的特点与内容 ……………………………（22）
　第五节　现代饭店业态分析 ……………………………………………（34）
　案例与习题 ………………………………………………………………（38）

第二章　现代饭店管理理论与方法 …………………………………（40）

　第一节　现代饭店管理的基本原理 ……………………………………（41）
　第二节　现代饭店管理的基础理论 ……………………………………（44）
　第三节　现代饭店管理方法 ……………………………………………（56）
　案例与习题 ………………………………………………………………（75）

第三章　现代饭店经营策略 …………………………………………（77）

　第一节　产品策略 ………………………………………………………（78）
　第二节　价格策略 ………………………………………………………（83）
　第三节　市场开发与竞争策略 …………………………………………（90）
　第四节　营销策略 ………………………………………………………（94）
　案例与习题 ………………………………………………………………（104）

第四章　现代饭店系统管理 …… (106)

　　第一节　饭店系统管理的概念 …… (107)
　　第二节　饭店组织管理系统 …… (111)
　　第三节　饭店计划管理系统 …… (128)
　　第四节　饭店管理控制系统 …… (145)
　　第五节　现代饭店系统分析与评价 …… (150)
　　案例与习题 …… (161)

第五章　现代饭店资源管理 …… (164)

　　第一节　现代饭店资源概述 …… (166)
　　第二节　现代饭店人力资源管理 …… (171)
　　第三节　现代饭店财力资源管理 …… (182)
　　第四节　现代饭店物力资源管理 …… (190)
　　第五节　现代饭店信息资源管理 …… (202)
　　第六节　现代饭店时间资源管理 …… (214)
　　第七节　现代饭店形象与口碑塑造 …… (225)
　　案例与习题 …… (236)

第六章　现代饭店服务与质量管理 …… (239)

　　第一节　饭店服务管理概述 …… (241)
　　第二节　饭店质量概述 …… (243)
　　第三节　饭店质量管理方法 …… (247)
　　第四节　饭店全面质量管理 …… (255)
　　第五节　饭店交互服务质量管理 …… (261)
　　第六节　饭店服务质量评价体系 …… (265)
　　第七节　饭店服务质量承诺与质量保证 …… (282)
　　第八节　饭店顾客满意与顾客价值 …… (287)
　　案例与习题 …… (294)

第七章　现代饭店安全管理 …… (297)

　　第一节　现代饭店安全管理概述 …… (298)
　　第二节　现代饭店安全网络与安全组织 …… (305)

第三节　现代饭店安全管理的计划、制度与措施 …………………（309）
　　第四节　现代饭店紧急情况的应对与管理……………………………（324）
　　第五节　现代饭店突发事件应急预案…………………………………（328）
　　案例与习题………………………………………………………………（339）

第八章　现代饭店投资筹划与筹备管理……………………………………（341）
　　第一节　现代饭店策划与可行性论证概述……………………………（342）
　　第二节　饭店投资策划…………………………………………………（346）
　　第三节　饭店筹建策划…………………………………………………（354）
　　第四节　饭店承运策划…………………………………………………（365）
　　第五节　现代饭店筹备管理……………………………………………（394）
　　案例与习题………………………………………………………………（398）

参考文献……………………………………………………………………（399）

第一章 现代饭店概述

学习目的

通过本章的学习,掌握现代饭店的概念,了解饭店的种类、等级与星级饭店的审批与管理,熟悉国内外饭店集团的概况,掌握现代饭店经营管理的特点与内容,掌握现代饭店业态。

主要内容

- ●现代饭店的概念

  现代饭店的概念　现代饭店应具备的条件　饭店的功能

- ●饭店的种类、等级

  饭店的种类　现代饭店的等级　星际饭店的审批和管理

- ●现代饭店集团

  饭店集团的优势　饭店集团的联合形式　饭店集团的结构关系

  国际饭店集团　国内饭店集团(饭店管理公司)

- ●现代饭店经营管理的特点与内容

  饭店经营管理的特点　现代饭店的经营概念、特点和内容

- ●现代饭店业态分析

  现代饭店业态发展的背景与现状　经济型饭店　主题饭店　精品饭店

随着旅游业的发展，饭店的内涵也随着客人需要而不断发展，消费者对现代饭店的功能、经营管理提出了新的要求和衡量标准。现代饭店竞争格局的变化带来现代饭店集团的产生与发展，饭店功能的设置、饭店管理的特点与内容、投资筹划与筹备等内容也有了新的要求和发展。本章主要介绍饭店的概念、种类与等级、饭店集团、现代饭店管理的特点与内容、饭店业态分析等内容。

第一节 现代饭店的概念

一、现代饭店的概念

现代饭店，是指向各类旅游者提供食、宿、行、娱、购等综合性服务，具有涉外性质的商业性的公共场所。

在现代饭店概念中，特别强调综合性服务、涉外性质、商业性和公共场所四个子概念。

1. 综合性服务的概念

饭店综合性服务的概念表明现代饭店与一般企业不同，饭店所提供的产品是多种产品的组合，这些产品既有有形产品，又有无形产品；既有一次性消费产品，又有多次性、连续性消费产品。综合性服务的概念不仅表明了饭店产品形式的综合性，而且表明了饭店产品在产、供、销方面的综合性；不仅表明了饭店在对客人服务中的综合性，而且也表明了饭店经营管理中的综合性。在饭店的服务管理中经常提到的 $100-1=0$ 和 $100-1<0$，就是现代饭店综合性服务概念的一种反映。现代饭店中的综合性服务概念使饭店的管理呈困难化。

2. 涉外性质的概念

涉外性质的概念表明现代饭店不仅要接待各类国内旅游者，而且要接待各类国际旅游者。饭店的服务管理人员不仅要懂得饭店所在地政府的方针、政策，而且要了解熟悉国际惯例、风俗习惯以及国与国之间交流往来的政策；不仅要提供符合本国、本地区旅游者所需要的饭店产品，而且要提供能够满足各类国际旅游者的服务与管理。现代饭店中的涉外性质概念使饭店的经营管理表现出复杂化。

3. 商业性的概念

商业性质的概念表明现代饭店是一个经济实体，是一个必须要产生经济效益才能生存的企业，它要求饭店的经营管理必须符合市场的规律，必须迎合市场的需求和满足市场的需要；要以顾客、市场为导向，要"宾至如归"；要考虑饭店产品的产、供、销,不断改进产品的质量,提高市场竞争力;要遵循经济规律,搞好经济核算,控制成本,提高利润;要面对市场,敢于竞争,善于竞争。现代饭店的商业性概念使饭店的经营管理具有风险性。

4.公共场所的概念

公共场所的概念反映了现代饭店是一个生活、文化科技交流、社交活动的中心,是一个除了"衣冠不整者不准入内"以外任何人都可以进去的公共区域。这个概念要求饭店的管理人员要具有安全保卫意识,既要保护饭店财产的安全,又要保护客人的生命、财产安全;既要保护客人的各种利益,又要保护饭店的利益。这个概念要求饭店的经营管理者要充分认识和理解客人的内涵,既要满足住店客人的需求,又要满足各种进入饭店非住店客人的需求;既要让住店客人感到饭店的安全和温馨,又要保证饭店公共场所的形象和生活、科技文化交流、社交中心的存在。现代饭店中的公共场所概念使饭店的经营管理呈复杂性。

二、现代饭店应具备的条件

现代饭店是在古代"亭驿"、"客舍"和"客栈"的基础上,随着人类的进步,社会经济、科学文化技术、交通通讯的发达而发展起来的。现代社会经济的发展,带来世界旅游业的兴旺,饭店业也随着迅速发展起来,而且是越来越豪华,越来越现代化。用现代眼光看,旅游饭店都应该是现代饭店。现代化的饭店应具备下列条件:

1.是一座现代化的,设备完善的高级建筑物;
2.除提供舒适的住宿条件外,还必须有各式餐厅,提供高级餐饮;
3.具有完善的娱乐设施、健身设施和其他服务设施;
4.在住宿、餐饮、娱乐等方面具有高水准的服务。

三、饭店的功能

饭店的功能与要求有一个逐步发展的过程,它的产生和发展均以客人的需求为基础,按照它出现时间的久远,我们将饭店的功能分为饭店的传统功能和饭店的现代功能。

1.饭店的传统功能

饭店的传统功能是指饭店出现之初就已具有的功能,主要包括住宿功能、饮食功能和集会功能。

(1)住宿功能。住宿功能是指饭店向客人提供舒适方便、安全卫生的居住和休息空间的功能,现代饭店按照其星级的不同,向客人提供不同标准和等级的设施与服务。饭店的星级越高,其提供的设施越豪华、服务越完善。

(2)饮食功能。饮食功能是指现代饭店向游客提供饮食及相关服务的功能。星级饭店通常具有多种不同风味和消费层次的餐厅和酒吧,适应来自不同国家、地区、具有不同消费习惯的客人的需要,向客人提供多样性的美食和饮品,使客人流连忘返。

(3)集会功能。集会功能也是饭店传统功能中的一种,现代饭店通过这种功能向所在社区开放,为社区的集会、文化交流和信息传播等其他活动提供场所和相关服务。现代饭店的会议设施和会议服务功能也在不断地完善和发展,满足不同层次客人的需要。比如现代饭店的远程会议服务系统,能将远在天涯的两个会议场所连接起来,进行近在咫尺的交流,极大地方便了外出的商务客人。

2. 饭店的现代功能

饭店的现代功能是随着社会的变化和客人的需要,逐渐建立和完善起来的。现代饭店都力图通过完善的设施和尽善尽美的服务功能来满足客人的需求,以期招徕更多的客人。饭店的现代功能可以归结为四种,即文化娱乐功能、商业服务功能、购物服务功能以及交通服务功能。

(1)文化娱乐功能。文化娱乐功能是现代饭店通过对文化活动的举办、康体设施的提供,以服务于客人的休闲和康体为目的的饭店功能。随着生活水平的发展,人们对文化、娱乐、康体、休闲的要求越来越高。而现代饭店作为人们文化交流、社交活动的高级场所,通过对多样的、高级服务项目的提供,既可以满足客人的需要,又可以拓宽饭店的发展渠道。同时,这也是高星级饭店的一个评定标准与要求。

(2)商业服务功能。商业服务功能主要是指饭店为客人的商务活动提供各种设施和服务的功能,它包括为客人的商业活动提供展览厅、写字间等操作场所,为客人提供程控电话、传真、上网工具等现代化的通讯设施设备,让客人能够随时与外界进行沟通和了解,及时收发信息。这对于商务客人来说是至关重要的。当今的时代是个信息时代,饭店有没有这些设备是衡量其现代化的一个重要指标。

(3)购物服务功能。购物服务功能也是现代饭店的一个常见功能,饭店可以根据自身的特点和客源结构,组织一些适应来客需要的旅游纪念品、高级消耗品,甚至可以是普通生活用品,主要是能够与主要住店客人的喜好相符。

(4)交通服务功能。现代饭店通常被要求能够为客人提供市内交通工具,能够为旅客提供火车票、飞机票等交通客票的预定服务,免除客人的后顾之忧。在现实生活中,许多高星级的饭店通常都拥有自己的专用车队。

客人的需求在变,现代饭店的功能与要求也在逐渐的延伸。一家好的饭店应该想客人之所想,尽量为客人提供一些个性化的服务。当然,现代饭店在设置这些功能与服务的时候,应该与所在社区进行功能的对接,互相补充,以降低饭店的经营成本。

第二节 饭店的种类、等级

一、饭店的种类

世界上饭店的种类特别繁多,饭店的模式也越来越多样化、奇特化。为了满足各类旅客的需要和饭店本身赢利的需要,出现了各种各样的奇特新颖的饭店。饭店的分类一般是根据饭店的用途、规格大小、特点、经营方式等不同情况来分类。划分在同一类别的饭店虽有其相同的共性,但也有许多不同的个性。

1. 按用途分类

(1)商业饭店。以接待暂住客人(经商客人)为主,一般建立在商业中心(市区内),除了满足客人舒适的住宿、饮食起居和娱乐外,还必须有经商所必需的现代化通讯设施以及打字、速记、文秘及录像、投影等特殊服务项目。高级的还应有24小时送餐服务、24小时洗衣服务。

(2)旅游饭店。以接待暂住的旅游者为主。一般建在旅游点附近,为了使旅游者在精神上和物质上获得满足,饭店除了要有高级的吃、住设施外,还要能为客人提供娱乐、保健、购物等服务设施。

(3)住宅区(公寓、别墅)式饭店。此类饭店是为常住客人而建。除提供商业饭店的一般设施外,饭店的客房一般采用家庭式结构,并提供厨房设备、办公设备及小孩游戏设施,使住客能充分享受家庭之乐。长住客人与饭店之间一般都签定租约。同时,住宅式饭店也有相当一部分房间接待暂住客人(旅游和商业饭店同样也有一部分长住客人)。

(4)度假饭店。主要接待旅游度假者,通常坐落在风景名胜地区(如海滨、名山、温泉附近),地理环境是建立度假饭店的一个重要因素。度假饭店是一个度假中心,专门为客人提供娱乐和享受,它一般要有良好的沙滩、池泳、滑雪场、溜冰场、高尔夫球场和运动场,甚至跑马场。度假饭店受季节影响较大。

2. 按饭店市场分类

(1)精品饭店(Boutique Hotel)。精品饭店于20世纪80年代出现在美国等西方国家,最初是指起源于北美洲的私密、豪华或离奇的饭店环境。精品饭店鼻祖 Ian Schrager 认为,"如果将各色的集团饭店比作百货商场的话,那么精品饭店就是专门出售某类精品的小型专业商店(boutique)了"。世界精品饭店组织对精品饭店作出了这样的描述:"精品饭店通常形容亲密、奢华或者特别的饭店环境。精品饭店与其他大型连锁或者品牌饭店及汽车旅馆的区别在于,它能够提供特殊、贴心而个性化的住宿服务和设施。它通常是一种小规模的饭店类型,提供更加优质的服务,市场对象是追求时尚生活方式的富裕一族。"精品饭店强调通过精致的设施和优雅的环境塑造出尊贵品位和文化氛围以及提供高品质个性化服务,为客人营造一种家的感觉和精致的生活家园的经营理念。大多数专家和学者对精品饭店较为一致的认同是:独特的外观建筑,精巧的室内装饰,浓厚的文化氛围,高雅的品位格调,较小的经营规模,贴身的个性服务,昂贵的服务价格,特定的顾客群体。

精品饭店在装饰环境上,强调"小而精致"。它的客房数量不多,但其内部装修豪华,别具特色。在服务方面,精品饭店采用的是管家式服务,服务人员与客房的比例是3∶1,甚至4∶1,而在星级饭店,这个数字通常是1∶1,最多是2∶1。这类饭店面向的客户群体是高收入、高品位的极少部分人群。精品饭店的特点和类型如表1-1、表1-2、表1-3所示。

表1-1 世界饭店集团投资的精品饭店一览

投资方	精品饭店项目	备注
喜达屋饭店集团	W饭店	Starwood已在全世界建立19家W饭店,并有7个正在开发和建设之中。Starwood饭店集团希望W饭店也能打造成世界级品牌
万豪饭店集团	Bulgari饭店	与意大利珠宝商和奢侈品制造商bulgarispa共同创立
洲际饭店集团	Indigo品牌饭店	洲际饭店集团的目标是在7~10年的时间里建立150~200家设计师饭店
希尔顿集团	Trafalgar Hilton饭店	目前在伦敦开设了第一家
精选国际饭店集团	Clarion Collection饭店	2005年推出第一家精品饭店
Intercontinental房地产	Ninezero精品饭店	开发商性质,非饭店集团

资料来源:邹毅. 精品饭店:中国饭店业的潜力股. Office Building(办公建筑物),2007(8):58~60

表1-2 中国部分精品饭店一览

地点	精品饭店名称	客房数量	备注
上海	璞邸精品饭店	52	雅高集团投资,以城市历史与设计为卖点
上海	老时光饭店	12	上海英式住宅,以历史取胜
上海	JIA饭店	60	在香港也有一家JIA饭店,以设计见长

续表

地点	精品饭店名称	客房数量	备注
上海	首席公馆(黄金荣老公馆)	32	华典精品饭店投资公司投资,房价超过380美元,以城市和历史取胜
上海	璞丽饭店	230	房价平均350美元,以设计取胜
上海	M Suites	——	上海啤酒厂旧址,主体建筑由20世纪30年代著名匈牙利建筑大师乌达克设计
上海	衡山马勒别墅饭店	——	上海衡山旅游公司投资,以历史取胜
上海	W饭店	——	starwood集团,以设计取胜
北京	长城脚下的公社	236	SOHO中国投资,以设计取胜
北京	丽江悦榕庄	——	BANYAN TREE投资,以融合纳西文化取胜
云南	香格里拉悦榕庄	——	BANYAN TREE投资,以融合当地文化风俗取胜

资料来源:邹毅.精品饭店:中国饭店业的潜力股[J].Office Building,2007(8):58~60

表1-3 精品饭店的类型

类型	内容	举例
主题型精品饭店	通过突出特定主题来彰显饭店个性,以主题作为定位标志来吸引目标顾客	新加坡的The Scarlet饭店
时尚型精品饭店	时尚型精品饭店的重要卖点是设计师的时尚,饭店设计师通常都是世界顶级设计大师,引领建筑设计的时尚潮流	Bulgari Hotel
地域型精品饭店	地域型精品饭店大多位于风景名胜区内,它将饭店的建设与周围环境相融合,获得独有的环境资源,从而形成其他饭店无法复制和模仿的特质	悦榕集团和阿曼集团等在各风景民俗区的饭店
家庭旅馆式精品饭店	运用高科技和时尚元素,营造出时尚新新人类所崇尚的"家"的概念	香港的JIA Hotel

(2)豪华饭店。豪华饭店一般指四星及以上的星级饭店。此类饭店设备豪华,各种服务齐全,设施完善,服务质量优秀,室内环境高雅;设有多种餐厅和宴会厅,有较齐全的健身娱乐设施和服务项目。国家旅游局在修订新一版的《旅游饭店星级的划分与评定》(2009版或2010版)时,把四、五星饭店定义为"完全服务"饭店。顾客可以在此得到物质、精神的高级享受。

(3)经济型饭店。经济型饭店,又被称为有限服务饭店,是力图在提供的核心服务——"住宿和早餐"上精益求精的饭店,是相对于传统的全服务饭店而存在的一种饭店业态,最大的特点是经济、简约。最早出现在 20 世纪 50 年代的美国,目前在欧美国家已是相当成熟的饭店形式。

归纳而言,经济型饭店是指以中低收入消费者为对象,以经济的价格、中档的设施、优质的服务和整洁卫生的环境呈现给消费者的非奢华饭店。我国经济型饭店一般能够满足消费者基本的住宿要求,房间数量一般在 120-150 之间,房间价格在 150-250 元之间,并有一定规模的停车场。经济型饭店的分类形式和特点如表 1~4 所示。

表 1-4 经济型饭店的分类

划分标准	名 称	定 义
形式	单体经济型饭店	只有一家饭店按照经济型的定位进行经营管理的急救型饭店
	连锁经济型饭店	具有两家以上的饭店按照统一品牌、统一宣传、统一经营管理的经济型饭店的联合体
设施	标准型经济型饭店	按照标准间的方式来布置饭店客房
	满足型经济型饭店	主要提供简单的住宿设施来布置客房,满足客人的最基本需求
	享受型经济型饭店	提供舒适豪华的设施,例如宽大的床和高档的棉织品、洁具
	家庭型经济型饭店	主要面向家庭,如配备大小床或一张隐蔽床
客源对象	商务型经济型饭店	主要面向商务客人,往往会注重互联网络、传真等商务设施
	旅游型经济型饭店	主要面向旅游者,注重大客车停车场和团进团出的活动规律
	商旅型经济型饭店	对商务客人和旅游团队客人的兼顾和特点的结合

(4)公寓式饭店和饭店式公寓。公寓式饭店是指按公寓式(单元式)分隔出租的饭店,其软硬件配套都是按照饭店标准来配置,且纳入饭店行业管理的非住宅性饭店类物业。饭店式公寓是指既可短期或者长期租赁,又兼备有饭店式房间服务的居所。它是向住客提供家庭式的居住布局、家居式的服务和硬件配套设施,真正使客户实现宾至如归的感觉,既能提供饭店的专业服务又拥有私人公寓的私密性和生活风格的住宅。《上海市城市规划管理技术规定》(以下简称新《规定》,2003 年 12 月 1 日起实施)对"公寓式饭店"和"饭店式公寓"分别作出了定义,并明确其区分与界定。新《规定》中的名词解释第 13 条明确写明:"公寓式

饭店指按公寓式(单元式)分隔出租的饭店,按旅馆建筑处理。"第14条:"饭店式公寓指按饭店式管理的公寓,按居住建筑处理。"其根本性质是按土地使用权的性质进行划分:凡商业用地,土地使用年限为40年;凡住宅用地,其土地使用年限为70年。因此,土地使用年限为40年的属公寓式饭店,按旅馆建筑处理,属于商业性质;土地使用年限为70年的属饭店式公寓,按居住建筑处理,属于住宅性质。

饭店式公寓属于住宅类物业,公寓式饭店则是非住宅的饭店类物业。两类物业性质不同,前者可拥有个人产权,可以居住、出租或转售。由于此类房子往往集中在一个或几个单体建筑内,便于某家机构或公司采用饭店服务方式进行统一管理,所以这种管理方式被冠名为"饭店式"。而公寓式饭店本质上是饭店类物业,整个物业只能由机构或公司进行投资再交由一家专业饭店公司进行管理,由于产权属于机构或公司,因此公寓式饭店不能将客房分割出售给个人。

(5)主题饭店(Themed Hotel)。主题饭店是舶来品,在国外,主题饭店仅仅是独特概念饭店(Unique Concept Hotels)中的一种。独特概念饭店主要包括主题饭店(Themed Hotel)、设计饭店(Design Hotel)、生活方式饭店(Lifestyle Hotel)、精品饭店(Boutique Hotel)、联合品牌饭店(Co—Branded Hotel)、优质服务饭店(Service Quality Hotel)。

"主题饭店"是以某一文化为主题或者说以某一主题文化为主题。主题意味着必须有明确的、带有鲜明市场形象和品牌的东西,通过不同主题的营建、塑造,确定饭店经营的主要方向,生产有针对性的产品,从而吸引目标消费群体。由于主题饭店的主题内容广泛,选择的主题不同,对主题饭店的认识也会有所不同。目前对主题饭店的定义尚未统一,但其内涵可以用三句话概括:以文化为主体,以饭店为载体,以客人的体验为本质(魏小安,2005)。即主题饭店以提供特色的服务、具有特定的功能和营造特定的文化氛围来吸引顾客,饭店从有形的建筑设施到无形的服务再到更高层次的文化品位,能使顾客获得满意的服务和快乐的体验,并在享受饭店营造的文化氛围当中达到精神上的升华,提高自己的意境。主题饭店的本质可归结为差异性、文化性、体验性。主题饭店一定是特色饭店,但特色饭店不一定是主题饭店(李原,2005)。目前有些地方的特色饭店实际就是指主题饭店,有些地方将特色饭店也叫作主题饭店。比如迪拜的BURJA ARAB饭店就是一个特色饭店,独特的建筑、奢华的设施、高水准的服务构成了饭店的特色,但它并不是一个主题饭店。主题饭店的一般类型和特色如表1-5所示。

表 1-5 主题饭店的一般类型

主题类型	饭店特色	代表饭店
自然风光饭店	将富有特色的自然景观搬进饭店,营造一个身临其境的场景	野象谷热带原始雨林深处的西双版纳树上旅馆 广州的长隆饭店
历史文化饭店	顾客一走进饭店,就能切身感受到一股时光倒流般的浓郁的历史文化氛围	成都京川宾馆
城市特色饭店	以历史悠久、具有浓厚的文化特点的城市为蓝本,以局部模拟的形式和微缩仿造的方法再现城市的风采	深圳威尼斯皇冠假日饭店
名人文化饭店	以人们熟悉的政治或文艺界名人的经历为主题建造	浙江杭州西子宾馆
艺术特色饭店	以音乐、电影、美术、建筑特色、文艺作品等为素材	香港迪斯尼好莱坞饭店 八达岭长城脚下的公社饭店
科技信息饭店	以高科技手段为支撑	香港的柏丽饭店

3. 按饭店特点分类

(1) 机场饭店。设立在机场附近,便于接待乘机客人。多数住客是由于某种原因,如飞机故障、气候变化、飞机不能按时起飞,或客人只是转机,不想进城等造成必须在机场滞留而住店。机场饭店的设施与商业饭店大致一样。

(2) 公路饭店或汽车饭店。多数坐落于主要公路旁或岔路口,向住店客人提供食宿和停车场,其设施与商业饭店大致一样,所接待的客人多数是利用汽车旅行的游客。在公路发达的西方国家较为普遍。

(3) 选择性饭店。这种饭店有特别的意义,饭店对住客有特别的选择和规定,有的只接待男客,有的只接待女客,有的因宗教或种族不同而选择住客。如日本的儿童旅馆,美国马丁·诺尔顿开办的老人旅馆,德国柏林库夫斯特专为残疾人开设的"世界旅馆"等。

(4) 火车饭店、摩托车饭店。以交通工具或其位置来命名的饭店。

4. 按经营方式或拥有权分类

(1) 全民所有制饭店。生产资料归国家所有。

(2) 集体所有制饭店。属于公有制企业,但生产资料和它的产品归有关劳动集体所有。

(3) 合资饭店。由两个或两个以上的投资者合作兴建并联合经营的饭店。投资双方可以是全民所有制之间,全民与集体,全民与外资或集体与外资等。

(4)独资饭店。多指外国(或华侨)投资者在我国境内开设的独资饭店。

(5)个体饭店。由个人投资经营,目前在我国饭店中尚属极少数,且规模较小。

5.按规模大小分类

饭店的大小没有明确的规定,一般是以饭店的房间数、占地面积、饭店的销售数额和纯利润的多少为标准,来衡量饭店的规模,其中主要是房间数。目前国际上通行的划分标准有以下三种:

(1)小型饭店。客房数小于300间(有的划分为200间以下)。

(2)中型饭店。客房数在300~600间(有的划分为200~700间)。

(3)大型饭店。客房数大于600间(有的划分为700间以上)。

以规模大小分类是比较客观的分类法,因为它有利于饭店之间进行比较。

二、现代饭店的等级

世界上饭店种类繁多,为推销和方便旅客选择饭店,各国政府或旅游业的团体机构都要根据饭店的软硬件条件,将饭店划分为不同的等级。

饭店等级的确定主要是依据饭店的位置、设施的配备情况、服务水平的高低来划分。虽然目前国际上在划分饭店等级上还没有正式的规定,但有些标准已被公众所认定,因此在划分登记上比较统一,如清洁、设施水平、家具品质、饭店规模、豪华程度、服务质量、管理水平等。

1.国际上通用的饭店等级划分标准

目前,国际上按照饭店的建筑设备、饭店规模、服务质量、管理水平,逐渐形成了比较统一的等级标准。虽然划分运用的标识存在差异,有用星级划分,也有用钻石、皇冠、A/B/C等,但划分的等级标准相对统一,通常将这些标识都归结为星级进行标准划分,即大都分为一星至五星,星级越高,设施和服务越好。

一星饭店:设备简单,具备食宿两个基本功能,能满足客人最简单的旅行需要,提供基本的服务。属于经济等级,符合经济能力较差的旅游者。

二星饭店:设施一般,除具备客房餐厅外,还设有购物、通讯、美容等综合服务设施,服务质量好。属于一般旅行等级,适宜经济能力中下等的旅游者。

三星饭店:设备齐全,除提供优良的食宿外,还有会议室、游艺厅、酒吧、咖啡厅、美容室等综合服务设施。属于中等经济水平旅游者的等级,目前此类饭店数量较多。

四星饭店:设备豪华,各种服务设施完善,服务质量优秀,室内环境高雅;设有中西餐厅和多个小宴会厅、咖啡厅、酒吧及内部餐厅等,有较齐全的健身娱乐设施和服务项目。顾客可以在此得到物质、精神的高级享受,属于经济能力较好的旅游者和公务旅行者的等级。

五星饭店:设备豪华,服务设施齐全,服务质量高级;标准间设施华贵、高雅,各种设施齐全;服务设施齐全,设有各种各样的餐厅和会议厅,有游泳池、网球场、桑拿、日光浴室等大型健身娱乐场地;是社交、会议、娱乐、购物、消遣、保健等活动中心。五星饭店的整个标准可以用"突出"两个字来概括。五星饭店的客源主要是商人、政府高级官员、社会名流、高级管理人员、技术人员、著名学者等。

2. 国际上饭店等级划分的差异

饭店等级的划分因国家不同而有所不同。欧洲各国饭店的等级划分也不统一,有按五个等级划分的,瑞士饭店协会采用五星等级制;英国旅游局运用皇冠将饭店分为五皇冠、四皇冠、三皇冠、二皇冠、一皇冠五个等级;而法国的饭店最高标准是四星级;罗马尼亚饭店分为特级、一级、二级、三级四个等级。美国汽车协会采用五粒钻石等级制度,将饭店划分为:一般、好、佳、优及突出等级;菲律宾饭店分为豪华、一级、标准级、经济级;日本饭店等级分类至今未采用世界通行的星级制,除国际著名饭店集团经营的饭店外,日资饭店一般是按饭店的投资规模、设施充实程度、服务内容、知名度以及运营公司的名气来划分,并以行业及住宿客人的默认和口碑为基准分为高级饭店和一般饭店。而且,不同的国家评定饭店等级的机构也不完全一样,比较多的是政府部门,特别是政府主管饭店业的职能部门,比如,国家旅游局或其他相应的机构。另外,还有民间机构如饭店业协会、汽车协会等,或者政府部门与饭店业协会联合起来评定。在一些地方还有几个国家的饭店业协会联合制定统一的标准共同评定。例如,荷兰、比利时、卢森堡三个国家共同制定了荷比卢饭店星级评定的标准与办法,颁发统一的标志。

我国早期饭店等级划分是按照饭店的标准房间的净面积、装饰、设备等条件划分为五级及特级饭店,相当于国际的五星级标准。一级饭店,相当于国际的四星级标准;二级饭店,相当于国际的三星级标准;三级饭店,相当于国际的二星级标准;四级饭店,相当于国际的一星级标准。目前我国采用与国际接轨的五星等级制。我国于1993年、1997年、2003年、2011年四次颁布了旅游涉外饭店星级评定标准,在1997年颁布的评定规则中,对三星级、四星级、五星级饭店的设施设备和服务标准进行了调整,增加了一些自由选择的项目。在2003年颁布和实施的《旅游饭店星级的划分与评定》(GB/T 14308－2003)标准中,突出强调了饭店管理的规范性、饭店氛围的整体性和饭店产品的舒适性。与1997年制定的标准相比,2003年实施的标准最大的变化是对四星级以下饭店的餐饮服务要求适当简化,但对四星级以上饭店在前厅、客房和餐厅等核心区域强化了要求,增加了整体舒适度等内容。同时,增设了"预备星级"和"白金五星级"。"白金五星级"条件要求较高,除必须具有两年以上五星级资格、地处城市中心商务区或繁华地带、外观造型独具一格、内部功能布局和装修装饰与所在地历史、文化、自然环境相结合等7个必备条件外,还须具备6项参评"硬"条件中的至少5项,如有符合国际标准的高级西餐厅、有高雅的独立封闭式酒吧、国际认知度极高以及平均每间可供出租客房收入连续3年居于所在地五星级饭店前列等。饭店等级用星的数量和设色来区别,一至五星级的饭店铜牌上以镀金五角星为符号,而获得"白金五星"级别的饭店,其标牌上缀有的五颗星将选用白金色;开业不足一年的饭店可以申请预备星级,有效期为一年,其等级与星级相同。并对1997年标准的"一年复核一次"改为"五年后须重新评定",打破了饭店星级的终身制,并以1999年1月1日为界,此前评星定级的饭店将面临复核整改。经过重新评定的饭店,将用全国星评委颁发的星级评定标志牌替换掉原来国家旅游局颁发的评定标志牌,并用"旅游饭店"取代了以往的"旅游涉外饭店"。评定标准中增加了饭店品牌、总经理资质、环境保护等内容;增加了对于度假村、海边浴场、民俗饭店等特色突出或极具个性化的饭店,可直接向国家旅游饭店星级评定机构申请星级。2003年实施的标准增加了更多的自由选择项目,各饭店可以根据自己的特色和侧重进行选择,以保证饭店具有更多的个性和特色。

目前,我国饭店星级的划分与评定执行2011年1月1日正式实施的《旅游饭店星级的划分与评定》(GB/T 14308—2010)。新标准以"必备(条件)过关、硬件(条件)达标、软件(条件)可量"的新理念对2003版标准有较大的修改和变更,将三星及以下星级饭店定位为"有限服务"饭店,四、五星饭店为"完全服务"饭店,强调饭店的绿色环保和突发事件应急处置。并对2003年标准的"五年后须重新复核评定"改为"三年后须重新复核评定",等等。

三、星际饭店的审批和管理

1. 星级的申请与审批

国家旅游局设置中华人民共和国旅游涉外饭店星级评定机构,负责全国旅游涉外饭店星级评定工作,并具体负责评定全国的五星级饭店。省、自治区、直辖市旅游局设置的饭店星级评定机构,在国家旅游局的领导下负责本地区旅游涉外饭店星级评定工作,并具体负责评定本地区的一星级、二星级、三星级、四星级的饭店。

在中华人民共和国境内,正式开业一年以上的旅游涉外饭店,均可申请参加星级评定,其审批程序如下:

(1)饭店经营者向国家或地方旅游主管部门提交饭店评定等级申请书。

(2)国家和地方饭店星级评定机构人员到申请定级的饭店进行调查和检查,按饭店星级必备条件与检查评分相结合的综合评定法确定饭店的星级。使用的文件有：评定旅游涉外饭店星级的规定，设施设备评定标准，设施设备的维修保养及清洁卫生评定标准及检查表，服务质量评定标准及检查表，宾客意见评定标准及评定表，旅游涉外饭店星级评定检查员制度。

(3)国家旅游主管部门饭店星级评定机构征求地方饭店星级评定机构的意见，作出最后的定级决定。定级决定应指出饭店的名称、地址、所定等级、饭店的客房和床位数量及接待能力。

(4)饭店接到定级通知后，凭营业执照向当地旅游主管部门领取国家旅游主管部门统一制发的旅游涉外营业许可证。饭店星级标志由国家旅游局饭店星级评定机构统一制作。

2.星级的管理

(1)降级。已定星级的饭店，其经营管理和服务水平如达不到与星级相符的标准，国家旅游主管部门饭店星级评定机构和地方饭店星级评定机构可根据其权限作出如下处理：口头提醒、书面警告、罚款、通报批评、暂降低星级、限期整顿、降低星级、取消星级、吊销旅游涉外营业许可证。

(2)升级。在现代饭店经营管理中，经营者可以提出升级的书面申请。凡申请升级的单位应具备升级的各项条件。国家或地方旅游主管部门饭店星级评定机构根据饭店的申请，按照评定文件的要求，考虑可否准予升级。

(3)饭店申诉。饭店对定级、降级、除名等决定有异议，可向国家或地方旅游主管部门提出申诉。对四星级以上饭店的申诉，最终裁决由国家旅游主管部门作出；一星级、二星级、三星级、四星级饭店申诉的裁决权由地方旅游主管部门掌握。裁决时，按国家有关规定处理，并将裁决结果书面通知饭店。地方旅游主管部门对星级饭店的处理决定应报国家旅游局饭店星级评定机构备案。

(4)费用规定。所有参加饭店星级评定的饭店，每年需向国家旅游局主管的饭店星级评定机构交纳星级评定费用。

第三节　现代饭店集团

现代饭店集团产生于第二次世界大战以后，当时国际旅游业迅速发展，其他行业广泛的联营对饭店业产生了极大的影响。在国际饭店业的激烈竞争中，许多饭店相互吞并和转让产权，饭店的企业主认识到单一饭店独立经营的形势难以应付竞争的局势，而联合经营则容易在竞争中获胜。此外，其他行业特别是航空公司以购买饭店股份的方式参与饭店业，并逐步扩大股权，形成对饭店企业的控制。20世纪40年代，美国泛美航空公司率先购买了洲际旅馆的产权，控制了洲际旅馆而打入饭店业，把饭店业的发展推向一个新的高潮。此后，许多饭店以及参与饭店股份的企业为了本身的发展，为了开辟新的市场，纷纷在各地建造饭店，购买饭店产权或以其他形式控制饭店。以美国为首创的饭店集团就此迅速地发展起来。

一、饭店集团的优势

Hotel－Chain，在我国称作联号饭店、连锁饭店，或统称饭店集团。严格地说，饭店集团是指以经营饭店为主的联合经营的经济实体，它可以由一个或几个Hotel－Chain组成。Hotel－Chain是指在本国或世界各地以直接或间接形式控制两个以上饭店的经济体，以相同的店名和店标，统一的经营程序，同样的服务标准和管理风格与水准进行联合经营。在这里我们统称饭店集团。目前国际饭店集团数量日益增多，规模日益扩大，势力逐渐增强，在国际旅游市场中占有越来越重要的地位。饭店集团的优势主要表现在以下四个方面：

1. 经营管理

饭店集团具有较成功的管理系统。它为所属饭店制定统一的经营管理方法和程序，为饭店的硬件设施和服务规定严格的标准，为服务和管理订立统一的操作规程。这些标准和规范被编写成经营手册，帮助所属饭店的经营达到标准，使饭店形象名副其实。由于经营环境不断变化，饭店集团对这些标准和程序经常进行更新改进，以确保经营的先进性，应付新的竞争形势。

饭店集团为所属饭店生产和技术的专业化、部门化提供条件。在食品公司生产和加工、设备维修和改造、布件的洗涤等方面进行集中管理，达到降低饭店经营成本的目的。

饭店集团定期派遣管理人员到所属饭店去检查。他们的主要责任是确保所属饭店达到各项经营标准，对检查过程中发现的饭店经营上的问题、不合格服务等现象提出建议并合法指导。

饭店集团为所属饭店进行员工培训。大的饭店设有自己的培训基地和培训系统。例如，原假日集团在其总部美国的孟菲斯有一所假日大学，希尔顿集团在美国休斯顿大学设立自己的饭店管理专业。饭店集团内部还设有培训部门，负责拟定培训计划，并聘请各类饭店经营专家，如工程技术、装潢、会计、营销、电脑等方面的专门人才，为所属饭店提供在职员工的培训。饭店集团还接受所属饭店派遣的员工到集团的饭店或培训基地实习。

2. 技术

饭店集团向所属饭店提供技术上的帮助，这些是根据所属饭店的需要并且支付相应费用才提供的。

饭店集团为所属饭店提供集中采购服务。由于饭店集团要求所属饭店实现设备、设施和经营用品标准化、规格化,因而一些大饭店集团下设专门负责饭店物资供应的分公司。其他饭店集团总部也设有采购部门向各饭店提供统一规格和标准的设备和经营用品,如家具、地毯、餐厅和厨房用具、布件、灯具、餐巾、文具、食具等,从而形成比较完善的集团物资供应系统。集中、大批量购买能获得较大的价格折扣,使饭店经营成本降低。

技术上的帮助还包括饭店开发阶段和更新改造所需的可行性研究、建筑设计、装潢等服务。例如假日集团有一个建筑公司,有自己的建筑师和设计方面的专家,可为所属饭店提供技术方面的服务。

3. 资金

一般说来,饭店集团规模庞大,资本雄厚,具有一定的信誉,为所属饭店筹措资金提供了可信度。一家单一的小饭店不易得到金融机构的信任,参加饭店集团使金融机构对它经营成功的信任度增加而愿意提供贷款。此外,饭店集团还为所属饭店提供金融机构的信息,有的还帮助介绍贷款机构。

4. 市场营销

饭店集团一般规模大,经营较成功,因而在国际上享有较高的声誉,在公众中产生深刻的印象。参加饭店集团后能使用饭店集团的名称,集团的店名和店标可出现在所属饭店的大门外或广告、布件、经营用品上,大大宣传了饭店的产品。特别是在拓展国际市场时,一个熟悉的国际饭店集团的名称往往要比不知名的饭店更易使顾客对饭店产品具有信心,更能吸引顾客。

一个单一的饭店通常没有资金大力开展广告宣传,而饭店集团能集合各饭店的资金进行世界范围内的大规模广告宣传,它有能力每年派代表到各地参加旅游交易会、展览会,推销各所属饭店的产品并与旅游经营商直接进行交易。这种联合广告能提高集团所属每一家饭店的知名度。

此外,饭店集团一般都有一个订房系统,有高效率的电脑中心和直拨订房电话为集团中的成员饭店预定客房,并处理集团中各饭店间推荐客源的业务。饭店集团在各地区的销售办公室有一支精明的销售人员队伍,可在各大市场区为各饭店销售团队和会议业务,并为各饭店及时提供市场信息,这大大有利于饭店增加客源和开发国际市场。

二、饭店集团的联合形式

国际上饭店集团联合的形式有横向联合、纵向联合和多种经营联合。

横向联合就是饭店与饭店之间互相联合。一切饭店集团都是靠横向联合起来的。

纵向联合有两种：一是后向联合，即饭店与供应商联合。从饭店角度出发可以保障供应。例如有些饭店与酒厂联营，我国天津的凯悦饭店与家具厂、装潢厂合资并开设农场，保障经营所需要的物资供应。二是前向联合，即饭店与销售商联合。如饭店与航空公司联营，航空公司可以保障游客到某地有住处，而饭店靠航空公司带来客源。饭店还与旅行社联合，许多饭店集团开设旅行社，将游客送到各地的饭店中去。

饭店开发多种经营，与多行业企业联营，可以提高经营效果，减少风险。许多饭店集团不仅开设饭店，而且还开设商场、旅行社、汽车公司、快餐集团等。国外很多饭店集团还开设赌场。法国最大的饭店集团——雅高集团，规模位居世界第五位(饭店业权威杂志《HOTELS》2009年全球饭店集团排名)。该集团属下拥有四大产业，即饭店、旅行社、汽车租赁和餐饮服务；设有三大部门，即饭店部门、饮食部门、服务部门，并成立饭店最高行政委员会，分管三大市场饭店，即高价档和中价档商务与度假饭店、低价档饭店以及美国低价档饭店。雅高名下主要有五大饭店品牌，即索菲特(豪华型)、诺富特(高级商务)、美居饭店(多层中级市场品牌)、宜必思饭店(经济型)、一级方程式(大众化)。饮食部门下设许多独立的餐馆，其中有几个为法国著名的连锁餐馆。饮食部门除了自己经营餐馆外，还为其他单位如学校、工厂、机关、医院经营管理餐厅。雅高集团为法国及欧洲最大的餐馆集团。饮食部门还经营就餐券的销售。雅高集团与各地168600家餐馆签订合同关系，向51250家客户公司销售就餐券。这些公司约200万名职工可持就餐券去上述餐馆就餐。雅高集团经营就餐券的数量居世界首位。服务部门下设两大批发部：一个是设备公司，为各饭店、餐馆供应家具、设备、炊具等；另一个是饮食公司，供应食品和饮料。两大批发部在世界各地有许多商业网点。服务部还下设一个预订中心和两个旅行社，为各地的饭店输送客源。

三、饭店集团的结构关系

1. 拥有关系

拥有关系是指一家公司同时拥有好几家饭店，这是最简单的公司形式。各饭店所有权属于同一个公司，属于同一个法人。这种结构能节省许多费用，如注册费用等立法上的费用；在经营上能节省一些人工费用，如采购员、财会人员、维修人员等几个饭店可合用。该结构的缺点是风险较大，若公司中有一家饭店经营失败而饭店的资产不足以清偿债务，各家饭店的资产不能得到保护，有可能会被动用来偿付债务；其次，由于各家饭店属于同一家公司，在计算所得税时必须将各家饭店的利润加在一起计算，如按递进法计算所得税，需交纳的税率往往要高些。

2.控股关系

这种关系是母公司为控股公司,它在子公司饭店中拥有的股份超过半数即51％以上,这样它就控制了子公司。子公司饭店属于母公司饭店集团的成员,但它本身是一个独立的企业,具有独立的法人地位。母公司在子公司的全部财产是在子公司中的股份,母公司可按股份分享子公司的盈利。这种结构的优越性是风险小,一旦某一个子公司饭店经营失败,母公司的最大损失是投于子公司的股份。另外,每一个饭店是一个独立的企业,所得税是以每一个饭店的利润来计算的。

3.租赁关系

有些饭店集团在本国或其他国租赁一家饭店进行管理。该饭店的所有权不属于饭店集团但饭店集团对饭店具有经营的权利,该饭店便成为饭店集团的一员。上述两种情况中饭店的所有权和经营权分开,可进一步减少风险。一个饭店的所有者和经营者分属于两个独立的公司,经营的公司承担经营的风险,一旦经营失败,由于饭店大多数固定资产属于所有者公司,因此可以受到保护。租赁的形式主要表现在以下几种:

(1)直接租赁形式。即承租的公司使用饭店的建筑物、土地、设备等,每月交纳一定的租金。在租借时,有的公司只租借大楼和土地,有的所有者同时拥有饭店的全套设备、家具、用具。在租赁合同中必须规定家具和设备的更新改造、大修理费用应由哪方负责。由于饭店主要的固定资产属于所有者公司,因而在租赁合同中还需规定财产税、火灾保险等固定费用应由哪方负责。一家饭店要经营成功需要较长的时间。在租赁合同中,要规定租赁的年限,以保护经营公司免于所有者在其经营成功之际将财产收回。

(2)分享盈利的租赁形式。在饭店行业中,有许多公司采用分享经营成果的租赁方法。所有者企业愿意根据收入或利润分成作为租金。因为各国都存在通货膨胀现象,土地和建筑物的价值也会随之有所增加,根据收入或利润分成可以消除通货膨胀的因素,在合同中不需要规定租金和通货膨胀率之间的条款。以这种形式计算租金并不是每月交纳一定的数额,而是根据收入或利润来计算租金,其计算方法有以下三种:①按总收入的百分比计算,比如向所有者交纳总收入20％的租金;②按经营利润的百分比计算,比如向出租者交80％的经营利润的租金;③按总收入和经营利润混合百分比计算,比如向出租者交纳60％的经营利润和5％的总收入的租金。

一般来说,出租者企业不愿意承担风险,较喜欢根据总收入的百分比来计算租金。根据经营利润计算租金对于所有者来说会增加不必要的风险。有些饭店地理位置优越,设施高级,但由于公司经营管理不得力,利润达不到应有的水平而使出租企业蒙受损失。因而在协商租金时,出租公司往往要求加上一条最低租金的限额作为保障条款。

(3)出售—回租形式。即企业在将饭店产权转让给他方的同时要求将饭店租回再继续经营。企业出售饭店的产权具有不同的动机,有些企业拥有饭店产权但需要使用现金,因此需将饭店资产转变成现金,有些企业想减少风险而不愿在经营某饭店的同时拥有这家饭店的产权,还有些企业依赖贷款建造饭店后负债太大,故不想拥有产权。这些公司将产权出售给另一公司时要求仍然经营该饭店,这就必须签订出售—回租协议。承租经营的公司必须定期向买方交纳租金。对产权的卖方来说,这也是一种筹措资金的方法。这种租赁形式在国际上相当流行。

(4)管理合同关系。有些公司拥有饭店的产权但缺乏管理饭店的经验或者不愿意经营饭店,它可以聘用饭店集团的管理公司,使用饭店集团的名字,并成为饭店集团的一员。这个公司必须与管理公司签订管理合同。管理合同与租赁关系有某些相同之处,如饭店的所有权和经营权分开,收取租金和收取管理费采取相似的分成方法,但这两种关系性质不同。在租赁关系中,经营饭店的公司在立法上完全独立于所有者企业,饭店的公司属于经营公司,它必须对职工负责。经营公司还必须承担经营饭店的风险,如果经营亏损(比如租金大于经营利润),则亏损由经营公司承担。在管理合同关系中,管理公司是饭店产权所有者的代理人,它代理所有者经营饭店,不承担经营风险。饭店的职工是所有者公司的职工,它应该向职工负责。管理公司是代所有者公司管理企业和职工。

管理合同是一种互惠合同。对于管理公司来说,这是一种以较少的投资扩展饭店集团的方法。它可不直接投资建设饭店或购买股份,而是在世界各地扩展饭店网点。这样饭店集团的预订系统和销售规模得以发展,职工能有更多晋升的机会,饭店集团的名气得以扩大。对于聘用管理公司的企业来说,由于管理公司具有管理饭店的成功经验,由他们来管理饭店成功的希望较大。我国有不少合资旅游饭店就是聘用饭店集团的管理公司来管理的。聘用国外管理公司,可学习国外先进的管理经验,利用饭店集团发达的预订系统和强大的销售力量来扩大自己的客源,拓展国际市场。但是,它也有一些不利之处,表现在:①需要大量外汇资金和管理费,用于支付外方员工的工资和采购各种进口设备、用具、原料等,造成外汇大量流出。②过分依赖外方,不利于培养和锻炼我方自己的管理干部,同时,易留下经营管理后遗症。③忽视设备维修。由于管理公司不是饭店财产的所有者,他们在管理中会产生偏重追求短期经营利润而拖延设备维修的倾向,因而造成设备磨损较大,影响设备的使用寿命。④由于国情不同,易造成经营管理上的一些问题。

（5）饭店名使用权转让。它也称联号转让，是指出让饭店或饭店集团允许受让饭店使用该饭店或集团的名称、标识，并加入其销售和预定系统权利。近几年来，饭店名使用权转让不仅在美国而且在世界上发展很快。出让者企业应先树立饭店的名气，然后才能向其他公司转让经营同名饭店的权利。在转让饭店名使用权的同时，出让者为接受饭店名使用权公司制定经营饭店的标准程序和方法，提供技术方面、市场营销方面的帮助，使接受者饭店成为饭店集团的一员并能在经营质量方面名副其实。

饭店名使用权的接受者有责任确保饭店达到饭店集团应有的经营标准。这些标准包括设备设施的规格和质量的硬标准及设备的保养清扫、服务项目和质量方面的软标准。接受者企业还有责任向转让者交纳转让费，转让费包括转让初始交纳的一次性转让费，这比一次性费用数量要大，另外每月还要交纳一定的费用。这些费用的交纳方式各异，有的每月交纳固定数额的费用加上预订系统预订客房的预订费用，有的根据饭店总销售额的一定百分比或客房销售额的一定百分比计算。

在选择出让饭店名使用权公司时，不仅要分析该饭店集团的名气、预订系统的效率，同时还要考虑该集团有否逻辑上竞争的饭店和逻辑上互相推荐客源的饭店。

四、国际饭店集团

现代饭店集团诞生于20世纪40年代末的欧美国家，在70多年的发展历程中，国际饭店集团已经逐步完成了从小到大、从单一到多元、从国内到国际的发展过程。国际饭店集团在预定、推销和管理方面的优势，对单体的饭店是个威胁，因而众多饭店纷纷联合，朝着集团化、系列化、垄断化和规范化方向发展。

国际饭店集团的扩张有收购兼并、特许连锁和管理输出等途径。收购兼并是饭店集团快速或超速成长的主要途径，其缺点是扩展成本较大，需要较多的资金。特许连锁、管理输出等方式扩展成本低，但是成长性较慢。进入90年代，国际饭店集团的并购狂潮风起云涌，如1990年，雅高收购了美国的连锁饭店品牌Motel 6，Motel 6 为经济型品牌；1991年，公开成功收购Compagnie International des Wagons—lits Et du Tourisme；1999年，雅高收购了美国的有639家饭店Red Roof Inn品牌，实现了饭店网络22%的增长；2002年收购德国饭店公司Point AG 30%的股份；同年收购了澳大利亚最大的人力资源顾问公司Davidson Trahaire。随着雅高集团的不断收购兼并发展，雅高集团两大业务（饭店和企业咨询及服务业）相互弥补、相互促进使得集团整体卓越超群，几乎触及整个市场的所有层面。另外,洲际(原 Bass,曾经并购 Holiday Inn)饭店集团、马里奥特、最佳西方国际等饭店集团的发展也非常之快。国际饭店集团不仅每年扩展其客房数量,而且为了争夺市场占有率,它们发展多种经营,不断开发新产品。

随着中国综合实力的增强和旅游业的发展,国际知名饭店集团纷纷涉足中国市场,从1982年香港半岛集团正式管理北京建国饭店开始,国际饭店集团进入中国已30多年,并迅速发展成为中国饭店市场,尤其是高端市场的主力军之一。目前世界排名前十位的国际饭店集团均已进入中国市场。国际饭店集团在中国的发展大致分为三个阶段,分别为20世纪80年代的引进初期、20世纪90年代的全面铺开阶段和21世纪初的纵深发展阶段。国际饭店集团在中国的发展策略主要采取多品牌策略、两极化策略、网络化策略和本土化策略。品牌策略主要采用品牌组合模式,涵盖有公司品牌、亚品牌、受托品牌、独立品牌四种类型的品牌结构。两极化策略主要体现在饭店市场的两极化,即超豪华品牌饭店与经济型饭店两大市场。网络化策略主要体现在地域分布的网络化和销售的网络化。本土化策略主要体现在人才的本土化和饭店文化的本土化。

五、国内饭店集团(饭店管理公司)

我国第一家饭店集团(公司)——上海锦江饭店集团,成立于1984年3月,现在已经发展成为具有各种功能的第三产业企业集团公司。目前,我国本土饭店集团正处于产业发展成长期,呈现出成长性、转型期市场的特征。饭店集团已经形成一定规模,并处于高速成长期,有约占全国星级饭店总数8%的饭店属规模较大的几十家饭店集团所拥有或管理,饭店产业集中度正在形成。2007年到2008年,各个集团规模虽然有增有减,变化速度不同,但整体规模实现了增长。其中不乏规模较大的集团,例如名列全球第13位的上海锦江饭店集团拥有饭店467家。这些饭店集团大都分布在中国东部沿海地区的大中城市,较早与国际标准接轨,不仅建立了一套适合中国国情的饭店管理系统,培养出一批现代化饭店的高级管理人才,而且获得良好的经济与社会效益,在国内外赢得了广泛的赞誉。如广州白天鹅宾馆由于经营管理有方,服务质量高,1985年被接纳为世界第一流旅馆组织的成员。2006年9月15日《福布斯》(中文版)出版商 M Media Group 评选白天鹅宾馆为2006年"中国最优商务饭店"。2007年7月26日被 Hotel Club 评选为亚洲最佳饭店。

三十多年来,中国饭店集团经历了初创阶段、吸收模仿阶段,开始进入了整和突破阶段。经历了一个从无到有、从小到大的艰苦创始、模仿、思索、整合过程,在数量与质量上均产生了质的飞跃。在2009年全球饭店集团300强中,入围的中国饭店集团有18家,锦江、开元、港中旅、如家等国产集团开始榜上有名,而且排名不断靠前。

中国饭店集团基本可以分为三种类型：投资管理的饭店集团、委托管理的饭店管理公司、饭店联合体。投资管理的饭店集团大多通过直接投资、收购兼并、参股控股等资本联结方式对下属饭店进行集团化管理，如凯莱国际饭店有限公司、中旅饭店管理公司、中远饭店物业管理有限公司、中国银行的东方饭店管理有限公司等；委托管理的饭店管理公司则是通过管理合同方式接管国内的单体饭店并组成管理权与所有权分离的饭店集团，如上海锦江、南京金陵、广州白天鹅等，这种类型在中国饭店集团中占最大比重，其特征是以输出管理经验为主，成本较低；饭店联合体在不改变所有权、管理权、品牌名称的基础上，相互介绍客源，交流经验，促销品牌，是一种松散的集团形式，如中国饭店联谊集团、北京饭店集团、友谊旅游饭店集团、邮电系统的中国信苑饭店网，其特征是集团内部联系较快，扩展最便捷。

除饭店管理公司（集团）以外，我国许多名饭店也在国内组成一些跨省市的协作集团式松散型联合体，以适应市场竞争的需要。例如，由大连宾馆、天津利顺德饭店、南京金陵饭店、上海锦江饭店、广州东方宾馆等十几家饭店组成的"中国饭店协作集团"就是一个松散型跨省市的饭店集团。又如，北京饭店、福州西湖大饭店、厦门悦华饭店等多家饭店组成的"中国名饭店VIP俱乐部"也是一个松散型的跨省市的饭店联合体。

与国际化集团比较，我国的饭店集团（公司）还处于初始阶段，在管理实践与经验、管理模式上还处在摸索、总结阶段，还需要大力培育、扶植和引导。

第四节　现代饭店经营管理的特点与内容

一、现代饭店管理的特点与内容

饭店管理是以管理学为基础，综合运用多种学科知识研究饭店业务特点和经营管理特点的一门独特的学科，有其特点与研究内容。

（一）现代饭店管理特点

现代饭店的管理特点主要体现于饭店所具有的整体性、层次性、系统性、涉外性和多样性。

1. 整体性

现代饭店本身就是一个有机的整体，饭店在其经营管理活动中要研究饭店整体目标、整体功能和整体效用,要使组成饭店的各要素、各要素之间的关系及层次结构都适应整体的需要。现代饭店的整体目标是由各要素综合组成的,现代饭店的整体功能就是这些要素协调作用的结果。现代饭店的整体效用是各要素在其内部相互关系中产生的。饭店管理者要考虑饭店的整体利益,充分发挥饭店的人力、物力、财力以及信息的作用。

2. 层次性

现代饭店管理的层次性,是指饭店管理的阶梯结构。现代饭店管理层次按照管理机构在管理工作中所处的地位,分为最高管理层机构、中级管理层机构和基层管理层机构。最高管理层机构是负责统一领导和管理饭店全部业务经营活动的决策机构。中级管理层机构是处于最高管理层机构和基层管理层机构之间的管理执行机构。他们的主要职责是组织实现最高管理层机构在某一方面的决定和指示,把最高管理层机构的指示与本部门的职责结合起来,传达给基层管理层,以协调组织各部门的经济活动,并就某一方面的管理工作向最高管理层机构提出建议,以达到和实现饭店的经营目标。中级管理层起着承上启下的作用。基层管理层机构是现代饭店最低一级的管理层次,又是最低一级的管理环节。饭店根据业务经营的性质、接待服务的任务和管理的需要划分若干班组,班组要分工负责,完成所承担的任务。这种阶梯结构反映了现代饭店内各要素在整体中的地位、作用和隶属关系。

3. 系统性

现代饭店要建立和健全以总经理为首的统一的、有权威的业务经营管理系统,向顾客提供"一条龙"的系统服务。在顾客从进店到出店的全过程中,饭店各部门应相互配合,为顾客提供系统服务,满足客人住店期间的需求。

4. 涉外性

现代饭店经营管理的业务活动,除接待国内客人外,还大量接待国外客人。因此,现代饭店具有涉外的特性。饭店在经营管理活动中,应根据不同国家、不同民族的生活习惯,安排好各种服务项目,满足国外客人的需求。同时,饭店管理人员和服务人员要贯彻执行本国有关对外的方针政策,做好各项服务工作,加强各国人民之间的相互了解和友谊。

5. 多样性

现代饭店所接待的客人口径大,客人需求多样化,不仅要满足客人吃住的需要,而且还要求有多口径的服务设施和服务项目,以满足客人的各种需要,使他们得到精神上和物质上的满足与享受。

此外,饭店的多样性还体现在创造经济效益的同时,也要创造社会效益,除提供生活必需外还应提供业务活动场所,除提供物质需求外还应提供精神享受需求等。

（二）现代饭店管理的内容

现代饭店是由多种业务、多个部门综合而成的一个整体组织。各部门的接待业务各不相同，这就形成了饭店庞杂的业务和繁琐的事务。在经营管理中，管理者必须抓住饭店管理的基本内容管理好饭店。现代饭店管理的主要内容为：

1. 现代饭店系统管理

现代饭店是一个独立的经济实体，是一个具有综合性和整体性的系统。从系统工程角度来看，现代饭店系统管理包括饭店系统分析与评价、饭店组织管理系统、饭店计划管理系统和饭店管理控制系统等内容。饭店系统分析主要分析现代饭店系统的功能、结构、状态和系统的环境；饭店系统评价主要研究系统绩效的评价方法和饭店系统的优化。饭店组织管理系统主要研究组织管理系统理论、组织效能与组织气氛、饭店组织管理系统的运作与整合、组织制度等方面内容。饭店计划管理系统主要研究计划指标与计划体系、现代饭店计划编制和现代饭店计划管理。饭店管理控制系统主要研究饭店管理控制系统结构、控制系统的运转和控制系统中的可控与不可控因素。

2. 现代饭店资源管理

现代饭店资源管理涵盖面广，涉及内容丰富，它包括现代饭店人力资源管理、财力资源管理、物力资源管理、信息资源管理、时间资源管理和现代饭店形象与口碑管理六大方面。现代饭店的这六大资源既有对内的管理资源，又有对外的经营资源，六者相辅相成，共同构成现代饭店经营管理的资源基础。资源的管理既包括对现有资源的利用，又包括对新资源的开发，它是一个动态的循环过程，管理者应正确处理好利用与开发的关系。

3. 现代饭店服务质量管理

饭店服务质量是饭店的生命线，是饭店的中心工作。饭店服务质量管理的主要内容有：

（1）服务质量的认知。所谓认知就是对服务质量有一个全面的完整的认识。服务质量是指饭店向宾客提供的服务在使用价值、精神上和物质上适合和满足宾客需要的程度。服务质量的含义应该包括设备设施、服务水平、饮食产品、安全保卫四个大方面。服务质量是综合性的概念，其中每个元素都会对饭店服务质量产生影响。这就需要在总体上认识饭店服务质量的标准、特性，分析其运动规律，分析每个元素的性质及其对服务质量的影响，研究控制服务质量的影响，研究控制服务质量的方法。

（2）制定衡量服务质量的标准。饭店管理者要根据饭店及部门的服务质量要求，分门别类定出各种衡量服务质量的标准。这种标准一般可以分成两大类：

一类是静态标准,如饮食质量标准、卫生标准以及水、电、冷、暖设备标准等;另一类是动态标准,如客人投诉率、客房出租率、餐厅上座率等。各种标准要求详细、具体、明确。

(3)制定服务规程。为了确定服务过程达到标准,需要对服务过程制定服务规程。服务规程是以描述性的语言规定服务过程的内容、顺序、规格和标准,它是规范服务的根本保证,是服务工作的准则和法规。管理人员要重点管理的是:服务规程的形式、制定服务规程、执行服务规程、调整和改进服务规程。

(4)控制服务质量。要落实服务质量标准,必须对服务质量进行控制。对服务质量的控制主要有:建立服务质量评价体系、建立服务质量承诺与保证体系、推行全面质量管理的方法。

4.现代饭店安全管理

饭店的安全包括饭店本身的安全和宾客的安全两部分。饭店的安全主要指饭店的财产安全和饭店员工的人身安全两个方面;宾客的安全包括宾客的人身生命安全、财产安全和隐私安全三个方面。现代饭店安全管理的主要内容包括:

(1)建立有效的安全组织与安全网络

现代饭店的安全组织和安全网络由现代饭店的各级管理人员和一线服务员组成,与现代饭店的保安部一起共同完成安全管理。管理工作内容包括现代饭店的消防管理、治安管理以及日常的楼面安全管理。

(2)制定科学的安全管理计划、制度与安全管理措施

现代饭店安全管理计划、制度与安全管理措施包括:犯罪与防盗控制计划及措施,防火安全计划与消防管理措施,常见安全事故的防范计划与管理措施。安全制度包括治安管理制度、消防管理制度等内容。

(3)紧急情况的应对与管理

一般指饭店出现停电事故,客人违法事件,客人伤、病、亡事故,涉外案件以及楼层防爆等紧急情况的应对与管理。

二、现代饭店经营的概念、特点和内容

(一)现代饭店经营概念

经营是指筹划饭店的营销活动并达到预期目标的总称。现代饭店的经营是指在国家方针政策和社会经营思想的指导下,以市场为对象,以提供服务和销售产品为目的,筹划饭店的产、供、销和接待服务活动,以满足市场需求和取得良好经济效益的总称。

明确以上概念要掌握四点:

1.现代饭店开展经营活动的主要目标是满足市场需要和赢利,经营活动的

核心工作是进行经营决策、组织经营活动和提供接待服务,经营活动的动力是市场竞争。

2. 现代饭店经营的研究重点是饭店与外界环境,特别是市场环境的关系。因此,应以市场为对象,以客源组织和接待服务为目的,要求从饭店系统角度来研究饭店的经营策略和经营方针,确定管理目标和风险收益,使外界环境和饭店内部的人、财、物等资源有机地结合起来。

3. 体制不同,饭店的经营思想与指导原则就不同。社会主义体制下的饭店必须坚持社会主义的精神文明与物质文明的经营方向,执行国家的方针、政策、法律、法令,自觉利用市场机制和价值规律的调节作用,开展市场竞争,不允许任何违法乱纪的经营活动。

4. 饭店的经营以最大限度地满足顾客需要为目标,顾客的需要又反映在市场需求的变化之中。因此,饭店必须研究市场动向和特点,研究销售方式、销售渠道,提高市场开发与竞争能力。现代饭店的经营与管理是饭店营销活动的组成部分,前者以市场为重点,具有外向性;后者以接待服务为重点,具有内向性。

(二)现代饭店经营特点

饭店业是以提供服务为中心的接待业。饭店产品与一般物质产品不同,有其行业的特殊性,这些特殊性就促使饭店经营具有它的特点。

1. 饭店产品特点

饭店产品有以下五个特点:

(1)饭店产品是组合产品。对顾客而言,饭店产品仅是一段住宿经历,这段住宿经历是个组合产品,由以下两个部分构成:①物质产品:顾客所消耗的食品、饮料及所接触到的设施、设备;②无形产品:顾客感觉上的享受和心理上的感受。前者是由饭店设施的硬件传递出来,顾客通过视、听、触、嗅觉经历到;后者通过饭店的软件传递出来,顾客在心理上感受到的地位感、舒适感、享受程度等。

(2)饭店产品没有贮存性。饭店的客房和餐厅的座位一天或一餐租不出去,它的价值就永远失去,它不像其他产品可以贮存。

饭店的需求波动比较大,每年有淡季和旺季,每周有高峰和清闲天,餐饮部每天有繁忙的时间段和空闲的时间段。这就要求饭店必须采取一系列经营手段,如举行特殊的接待活动,采取灵活的价格策略,招徕淡季市场客源,使饭店产品的供应与市场需求量趋于平衡,提高饭店设施的利用率,使饭店的产品得以最大限度的销售。

(3)饭店产品无转移性。饭店产品非实体(无形)的现场消费决定了饭店产品的不可转移性,它不能从一个地方转移到另一个地方,必须就地出售,顾客只能到饭店消费。因此,管理者在经营中应努力提高饭店形象,吸引顾客前来消费并保持有较多回头客。

(4)产品所有权相对稳定性。饭店产品中的许多产品,如客房产品、康乐产品、服务产品等,不像其他商品那样,一旦商品交换实现,所有权就发生转移。饭店并不出卖所有权,客人买到的仅是一段时间、某一阶段的住宿权利、享受权利和被服务的权利。饭店产品的使用价值就是为顾客提供一定期限的住宿环境,提供一段时间的物质享受和精神享受,房租和客人所付出的费用则是饭店出售产品的使用价值而回收的交换价值。因此,客人在购买饭店产品时只能在限定的时间内进行消费,重复消费是不可能的。

(5)饭店产品无法进行售前质量检查,其生产过程大多和顾客直接见面。饭店服务员在提供服务的同时,客人就在进行消费,服务员在提供服务时的举止、行为都将影响到所提供产品的质量。因此,强调饭店服务操作的规范与标准,保证每一个产品(每一次服务、每一次操作)都是合格的产品,这对饭店而言,极其重要。

2. 饭店需求特点

饭店需求具有以下两个特点:

(1)饭店的需求是派生的需求。一般说来,人们不是为住饭店而来某地,而是要到某地游览、办理公事或开会等才附带产生对饭店的需求。因而饭店的选址是十分重要的,要选择能产生合适客源的地点。另外,饭店建造后的营销工作要和所在地的营销结合起来,饭店的宣传推销要结合推销所在地对客源的吸引力,这种吸引力正是把客人带到饭店来的诱因。在很大程度上,饭店经营成功与否取决于目的地营销的成功。

(2)饭店的需求是非基本需求。人们只有在衣、食、住、行等基本需求满足后才会去旅游度假。公务旅游也是非基本需求,企业经费紧张就会减少出差费用,用通信来代替出差。因而饭店的需求容易受各种因素,如社会政治因素、人们对旅游爱好的思潮、气候、经济收入、价格等的影响。

由于饭店的需求是非基本需求,当市场地区收入发生变化时,饭店的需求变化会很大,也就是说,饭店需求的收入弹性很大,这可以用公式(2.1)来表示:

$$\varepsilon_I = \frac{\frac{D_1 - D_0}{D_0}}{\frac{I_1 - I_0}{I_0}} > 1 \tag{2.1}$$

式中:ε_I 为饭店的收入弹性系数;D 为饭店的需求量;$\frac{D_1 - D_0}{D_0}$ 为饭店需求变化率;I 为市场区消费者收入数量;$\frac{I_1 - I_0}{I_0}$ 为收入变化率。

这个特点要求管理人员认真去研究市场地区的经济发展状况,研究影响市场地区人们收入的各种因素,并根据这些情况确定饭店的经营策略。

正因为饭店需求是非基本需求,所以它的价格弹性也大,饭店价格的变化引起需求的变化也较大,这可以用公式(2.2)表示:

$$\varepsilon_P = \frac{\frac{D_1 - D_0}{D_0}}{\frac{P_1 - P_0}{P_0}} > 1 \tag{2.2}$$

式中:ε_P 为需求的价格弹性系数;P 为饭店客房或餐饮价格。

由于需求的价格弹性大,饭店的价格政策应比一般产品更为灵活。饭店经常以价格作为一种经营手段来调节需求,使饭店获得最佳经济效益。

3. 饭店经营的特点

饭店经营有五个与其他企业不同的特点。

(1)不稳定的销售量。饭店每年的销售量会随季节性变化而变化,季节性的变化对各个饭店来说,其变化程度是不相同的。旅游饭店在旅游旺季的销售量可能是淡季的好几倍。从饭店每周的销量来看,有的饭店早茶销量较高,有的饭店则是午餐、晚宴会销量大。

(2)高比例的固定成本。饭店的固定成本一般比较高,而且各部门之间的成本比例也不同,客房部的固定成本最高,但在销售中变动成本却比较低,餐饮部门所占固定成本与其他企业比较,也显得较高。

(3)饭店产品是家外之家。现代饭店的经营就是为顾客提供一个家外之家。这个家外之家,每年365天、每周7天、每天24小时都要为顾客负责。管理人员每天都可能作出一些突然决定,处理一些意想不到的私人事情。饭店每接受一个顾客,意味着担负一项重大责任。顾客在店中发生任何事情,都有可能影响他们的住宿经历。这就要求饭店工作人员具有处理各种突发事件的应变能力,要求饭店工作人员搞好安全保卫工作,承担起保护、帮助和引导顾客的责任。

(4)现代饭店是资本密集型企业。建造一座饭店所需资本较大,因此,饭店资本摊到每年经营的固定成本很大。固定成本是不管客房出租多少都要支付的,而每出租一间客房涉及的变动成本小,多出租客房所需要增加的额外边际成本很小。另外,客房产品的不可贮存性决定了客房一天租不出去,其一天价值就永远失去。因此,饭店管理人员要积极搞好饭店产品的推销、销售工作,科学地组织好客房的预订,是饭店经营成败的重要因素。

(5)生产与消费的同一性。现代饭店是以提供服务作为主要的生产产品,而在饭店的服务过程中,特别是客房与餐厅的服务,其生产与消费只能是在饭店空间内的装饰、设备、灯光及各种配套条件下进行的,饭店生产产品的同时,客人也开始了消费。在整个生产、服务过程中,产品基本上没有储存,生产了就立即被消费掉,有的甚至是边生产边消费。整个饭店产品也是这样,客人一入住,生产与消费随即开始,从登记、开房、服务,到客人就餐、娱乐、购物、健身等直到客人离店,整个过程连续发生,生产和消费是一个过程的两个侧面,它们之间没有中间环节,也没有间歇。由于饭店经营具有生产与消费同一性的特点,因此,饭店的管理服务人员要注意生产服务时的质量、标准与效益,注意信息的传递和客源市场的预测,注意统筹安排与公共关系,保证所生产的产品能满足不同消费者的消费需求,提高饭店的经济效益。

(三)现代饭店经营运作内容

1. 市场调查和市场预测

市场调查是饭店制定经营方针、进行市场预测、组织经营活动和提供服务运作的依据。市场调查包括市场需求调查、市场环境调查、饭店历史资料调查、国家和地方政府的有关方针政策调查四个方面内容。市场预测是以市场调查为基础,以饭店经营活动为对象,运用科学的方法和技术,对饭店未来的状况和发展趋势作出科学的估计和推测。饭店的市场预测包括市场需求预测、产品销售预测、成本消耗费用预测、经济效益预测、市场竞争预测等方面的内容。

2. 经营战略决策

决策是动作前的决定。现代饭店的经营战略决策主要包括经营战略目标决策和经营方针与管理目标决策两方面。

3. 接待服务活动的组织与管理

饭店接待服务业务活动的组织是以实现饭店经营计划为宗旨的,自始至终存在于饭店经营活动之中。它包括客房接待服务活动、餐饮接待服务活动、康乐接待服务活动和综合接待服务活动的组织与管理。

(四)现代饭店的经营理念

现代饭店的经营理念是正确处理饭店经营管理与外界环境之间关系,指导饭店进行各种经营活动的思想准则。

现代饭店经营理念主要有以下四个方面。

1. 服务理念

(1)饭店管理者的服务观念

饭店管理者的服务观念是指管理者要有为饭店的服务对象提供满意服务的愿望和意识。饭店的服务对象既有饭店内部的员工,也有外部的顾客,还有投资者和中间商,饭店管理者必须具有以下服务观念:① 为投资者服务的观念;② 为顾客服务的观念;③为员工服务的观念。

(2)饭店服务人员的服务观念

饭店服务人员的服务观念主要表现在:①"顾客至上"观念;② 个性服务观念;③ 客我互动观念;④ 顾客价值观念。

2. 人本理念

饭店经营中的人本理念主要体现在五个方面。

(1)人为运作理念

饭店的一切活动都是为了人,饭店为人的需要而存在,也为人的需要而生产。饭店是以人为主体组成的,是依靠人进行生产经营活动的,同时也是为人的需要而进行生产的。

(2)人本管理思想

饭店的经营实质是对人的管理和经营。在饭店的服务生产与销售中,人(饭店从业人员)是唯一能同资本和一切生产工具结合起来的生产要素;在饭店的服务运作中,人(顾客)是饭店的服务对象,饭店服务产品是针对他们的需求而设置和生产的,从服务的互动角度来看它们也是生产要素。因此,饭店经营运作中应把人的管理和经营放在首要位置,对服务运作中所涉及的人进行沟通、协调和管理,尊重人的生理、心理需要和需求的发生与发展规律,尽最大可能满足顾客和饭店从业人员正当的物质、文化需求,调动和激发饭店员工服务的主动性和积极性,为饭店消费者提供高质量的服务产品,达到饭店经营管理目的。

(3)人力资本理念

人是饭店最重要的资源和财富。现代社会经济增长的主要动力和决定性因素就是人力资本。教育、培训、技术推广等知识化方法和手段是形成饭店人力资本的关键,人力资本的高低以接受教育的程度来衡量。饭店必须通过包括对人才的发现、选拔、培养、招徕、保留等人才策略的实施和对人才作用的充分发挥,才能达到提升服务质量的管理目的。

(4)全员思想

饭店经营目标的实现必须依靠饭店全体员工的努力。全员思想强调充分发挥全体员工的积极性、创造性,通过员工的工作热情来促进饭店服务效率的提高,达到质量保证。全员思想是人本管理思想的具体化。

(5)饭店文化与价值观

人本管理理念实现的基本手段是培育饭店文化。饭店文化强调饭店员工共同的信念和价值观、共同的目标理想、共同的饭店作风和饭店形象等。饭店文化把人放在第一因素来加以考虑,力图通过不同的方法来改变人的观念,调动人的积极性,实现从经济人向社会人到文化人的观念转变。

3.竞争理念

在经济发展日益全球化、国际化和一体化的背景下，国家和地区间的相互依赖程度日益加深，饭店对市场中的供应商、顾客以及竞争对手的依赖程度也不断提高。饭店孤立经营的传统格局已经被打破，饭店靠单一的经营和服务已不能再获得强大的竞争力。饭店与饭店、饭店与顾客、饭店与供应商、饭店与其他相关群体的相互作用和相互影响日益密切，进入了从孤立生产向协作经营、从产品型向关系型、从独立发展向互动合作的竞争与合作时代。

饭店间的相互竞争是市场经济本质特征的体现，是不可避免的市场行为。饭店处于由竞争者、顾客、供应商构成的开放的市场环境中，必须依靠各自的优势取得利润，求得生存和发展。为争夺市场份额，饭店会与竞争同行产生冲突；为获得更多的利润，饭店会与顾客讨价还价发生矛盾；为了降低产品的成本，饭店会与供应商发生争端。更有甚者，由于信息不对称和机会主义行为的影响，饭店之间的道德风险和自利行为常常导致一方不惜损害他人来获得短期利益。而为争夺市场份额而引发的价格竞争带来的最终结果是饭店的"双输"。因此，竞争理念关注市场竞争的双赢效应，重视竞争中的合作伙伴关系。竞争理念强调的双赢与合作体现在三个方面。

(1)服务主客体的双向互惠

现代饭店竞争理念认为，饭店与顾客的服务交易行为应该是一种双向互惠的过程，双方都能从中得到某种利益——饭店得到了利润和名誉，顾客得到了满足、利益和价值。因此，在饭店经营运作中，饭店必须考虑如何在经营中给顾客带来良好的心理感受与体验，使顾客获得饭店消费的满足、利益和价值的同时创造饭店的利润和名誉。在饭店服务产品的交易中，顾客以感觉和感情杠杆作为衡量标准来衡量饭店服务产品的价格、价值和产品的吸引力。因此，饭店除了要关注所提供的服务产品的价格和价值外，还应关注顾客的精神需求和心理感受，给予顾客消费的满足感。这样，饭店与顾客之间才能相互实现各自的需要与利益，获得双向互惠。

(2)竞争对手的良性合作

现代饭店竞争理念提倡饭店必须懂得把自己的核心能力和技术专长恰当地与其他有利的竞争资源结合，以弥补自身的不足和局限，取得更大的竞争优势。饭店应与竞争对手、顾客、供应商等建立良性的合作关系，以实现互惠互利的"双赢"效应。

饭店与竞争对手的合作是一个互惠互利的过程，双方的竞争力都能得到加强。合作各方可以充分利用资源互补的优势，联手开发新产品，共同组织和开展服务项目和活动；相互传递市场信息，互通客源和营业信息，并且通过制定相互制约的条款和应共同遵守的合约,联手抵制不正当的竞争行为。

(3)供应商的伙伴关系与反向支持

饭店的经营不仅与消费者、竞争对手有关,在一定程度上也受供应商的制约。供应商作为饭店产品链的上游方,不仅向饭店提供产品,也影响到饭店服务产品的生产、销售。作为饭店的合作者,供应商的供货价格、供货能力、供货质量直接影响着饭店服务产品的价格、服务速度、服务效率和服务质量。因此,饭店应与供应商结成利益共同体和伙伴关系,对供应商提供支持与服务。

4.创新理念

饭店经营创新是指在市场需求和饭店经营目标的指导下,对饭店服务产品的生产和运作系统进行不断完善、改进、革新的过程。饭店顾客的需求总在不断的变化,科学技术的革新也推动着新产品、新需求的产生以及新产品生产与需求形式的变化,饭店要获得可持续的发展,必须要根据消费市场的需求进行革新。因此,饭店经营的创新理念强调饭店服务组织形式、饭店服务生产运作体系必须要根据饭店发展战略、经营目标和运作实践不断创新,以保证饭店的可持续发展。

从创新的程度上讲,饭店创新既包括整体的、系统的创新,也包括个别的、局部的服务生产与管理环节的革新。从创新的内容层面讲,饭店创新可以分为观念创新、技术创新、产品创新、市场创新与服务管理创新等五方面内容。其中,观念创新是一切创新的先导,技术创新是其他创新的动力和支撑,产品创新是饭店创新的最终目标,而产品创新需要市场创新来提供实现价值的舞台;服务管理创新是创新体系的基础,在市场经济体制下运行的饭店只有通过管理创新才能使各项创新处于有机的动态协调发展状态。

(五)现代饭店经营目标

现代饭店经营目标按其性质可分为经济效益目标和社会效益目标两个方面。经济效益目标以开辟市场、组织客源、销售产品、组织接待服务为出发点,以增加收入、降低成本费用、取得赢利为归宿。社会效益目标以满足宾客需要,提高服务质量和饭店声誉为出发点,以增加就业、促进生产、方便消费、繁荣旅游事业为归宿。经济效益目标是社会效益目标的基础,社会效益目标是经济目标的客观要求,两者的关系是相辅相成的。

现代饭店的经营目标按其与客观环境的关系来划分,可分为市场目标、销售目标、质量目标和效益目标。市场目标包括市场战略目标、市场结构目标、市场开发措施、客源组织目标等四个方面;销售目标包括客房销售目标、餐饮销售目标、综合服务销售目标等三个方面;质量目标包括设施质量目标,产品质量目标,劳务质量目标三个方面;效益目标则指社会效益目标与经济效益目标两个方面。

它们共同构成一个目标体系,其相互关系是:市场目标是根本,销售目标是保证,质量目标是基础,效益目标是目的。按与外界环境关系划分的饭店经营目标体系如图1-1所示。

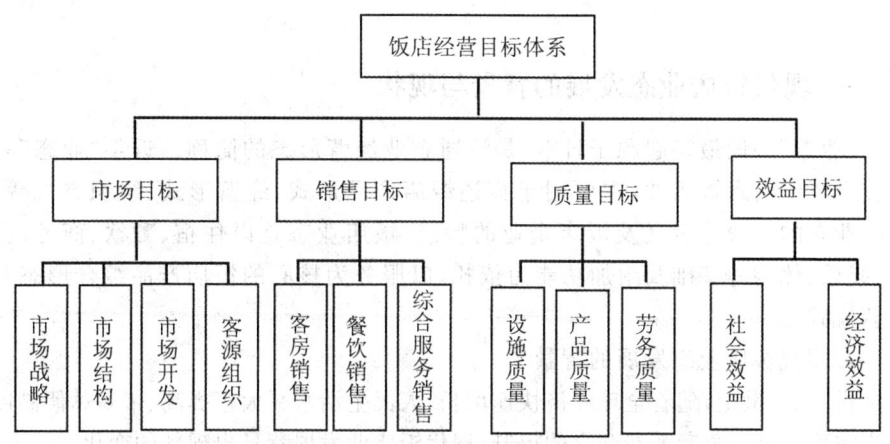

图1-1 现代饭店经营目标体系

饭店经营目标的理解因人而异。对顾客而言,饭店经营的目的是为他们提供设施和服务;从饭店职工来看,饭店为他们解决了就业,是他们生活费用的来源;饭店的所有者却认为饭店可以给他们带来利润,对于国家和政府而言,饭店可促进社区经济的发展,促进区域文化、科学之间的交流,为国家建设积累资金。显然,对饭店的经营目标的理解有多种解释。但从中可以看出,至少有三种人参与了饭店的经营活动,他们各自对饭店经营有不同的目的。就金钱而言,顾客所关心的是饭店的价格,职工则对工资和奖金感兴趣,而饭店所有者所考虑的则是低成本、高利润。此外,顾客还关心饭店的服务设施和服务质量,职工也会关心自己的工作环境,饭店所有者也会考虑到投资的风险等。

在某种意义上,饭店的顾客、员工与管理者之间在利益上是互相冲突的。因此,饭店管理部门就要协调这种冲突。饭店的经营方针就必须考虑三者的需要,兼顾三者的利益,这就是饭店经营目标的基本出发点。

第五节 现代饭店业态分析

一、现代饭店业态发展的背景与现状

"业态"一词最初起源于日本,是流通企业经营形态的简称。近年"业态"一词被学者们引入饭店业,主要用于描述饭店产品形式、经营形式、组织方式等。根据业态的一般性定义及饭店企业的特点,饭店业态是以住宿、餐饮、商务、会议、娱乐、休闲等基础及附加功能为依托,以服务为核心的饭店产品综合形态及经营模式。

1. 现代饭店业态发展的背景

进入 21 世纪,随着全球经济快速增长、人民生活水平大幅提高、带薪休假制度逐步完善以及旅游者消费观念的提升,现代饭店业发展背景出现新的变化。

(1) 大众消费市场兴起

根据世界旅游发展经验,人均 GDP 达到 3000 美元是旅游业的爆发点。我国从 2008 年开始人均 GDP 已经达到 3000 美元。随着国民收入水平的大幅提高,恩格尔系数(人们用于食品性支出的比重占整个消费支出的比重)将逐渐降低,人们用于旅游等享受性消费支出比重将大幅增加,从而直接推动了旅游消费需求总量迅速增加。随着新休假制度的实行和法定职工带薪休假条例的出台,标志着国民有更多的闲暇时间用来旅游。国民人均收入大幅增加、可自由支配时间的增多将极大地增强国民的旅游意愿。根据联合国世界旅游组织的预测,2015 年我国国内居民的出游率将达到 200%,国内旅游人数规模将达到 28 亿;到 2020 年,中国将成为世界第一旅游国及第四大客源国,中国出国旅游的人数将达一亿人次。因此,大众消费市场的兴起为现代饭店业发展创造了巨大的市场空间。

(2) 饭店市场需求变化

随着旅游者消费观念更加成熟、消费经验更加丰富,旅游者已经不满足于传统的标准化、规范化、同质化的饭店产品与服务。旅游者对饭店产品与服务的类型、内容、形式等提出了更高层次的需求。在类型上,旅游者追求更能满足自身需求的多元化的个性饭店产品;在内容上,旅游者追求在功能上能够满足开阔视野、增长知识、恢复身心、发展自我等综合需求;在形式上,旅游者追求互动性强、内容丰富、特色化和富有文化内涵的饭店产品。饭店市场需求变化对现代饭店

业态提出新的挑战。

(3)饭店行业竞争激烈

现代饭店业的快速发展,使饭店市场逐渐趋向"供过于求",饭店行业竞争日趋激烈。一方面,国内饭店业迅猛发展,行业供给呈现总量过剩。1978年我国只有相当于星级的饭店137家、客房15000多间;2011年底全国星级饭店达1.3万余家、客房147.49万间,两项指标均比1978年翻了近100倍。另一方面,国际饭店加大了对中国市场的扩张力度。21世纪,国际饭店集团都不约而同地加快了在中国市场的扩张步伐。2002年3月北京凯富饭店开业,精品国际品牌在中国落户,标志着世界跨国饭店集团十巨头都已经全部登陆中国市场。目前,世界饭店集团300强中已经有10%进入中国市场且逐步加大其扩张市场网络的速度。他们在巩固大都市和旅游热点城市的基础上,开始加速"进军"二线城市、三线城市、旅游热点城市、西部省会城市。总之,激烈的饭店行业竞争加速了饭店业态的转型、创新。

2.现代饭店业态发展的现状

中国自改革开放以来,旅游业态始终处于不断创新之中。进入21世纪,我国饭店业进入多元业态快速发展时期。在市场需求拉动和市场竞争推动的共同作用下,多种形式的饭店业态开始出现,现代饭店逐渐由单一业态向多元业态转型,经济饭店、商务饭店、主题饭店、精品饭店、绿色饭店、会议饭店、产权饭店、度假饭店、汽车饭店等新的饭店业态不断涌现,且数量规模迅速扩大,饭店业态日趋多元。多元饭店业态特征如表1-6所示。

表1-6 多元饭店业态特征

饭店类型	选址条件	目标市场	功能设施
商务饭店	位于城市中心地区、中央商务区等,交通便利	商务客人 旅游客人	住宿、餐饮、会议、康体、娱乐等,对商务设施要求高
会议饭店	位于大都市,政治、经济、文化中心城市,旅游胜地等	各种会议团体	住宿、餐饮、会议、康体、娱乐等,对会议设施要求高
度假饭店	位于旅游风景胜地	休闲度假客人	住宿、餐饮、会议、康体、娱乐等,对休闲娱乐设施要求高
精品饭店	位于城市中心地区、中央商务区、旅游风景胜地等	商务客人 高端消费群体	特色化的住宿、餐饮、会议、康体、娱乐等,对品质要求高
经济饭店	位于城市商业区,主要交通要道、街道沿线	消费价格有限度的商旅客人	住宿(或包括餐饮)
汽车饭店	位于城市交通要道、高速公路旁	驾车商旅客人 自驾游客人	住宿、餐饮、汽车维护等

二、经济型饭店

经济型饭店,又被称为有限服务饭店,指以中低收入消费者为对象,以经济型的价格、中档的设施、优质的服务和整洁卫生的环境呈现给消费者的非奢华饭店。

经济型饭店的主要特征有:

1. 提供有限服务。经济型饭店只提供标准化的住宿服务(有些提供早餐),减少或取消了餐饮、会议、娱乐等服务,只是将住宿作为经营的重点,没有宴会设施、健身房和其他娱乐设施。

2. 经营规模小、投资少、价格低廉。我国经济型饭店房间数量一般在120~150之间,且很多经济型饭店均是租赁房屋进行装修改建,投资相对较小,房间价格在150~250元之间。

3. 目标市场以低消费水平顾客为主。经济型饭店主要服务于低消费水平的商务人士、休闲及背包游旅游者,为其提供价格较低、清洁、安全舒适、便捷的住宿服务。经济型饭店虽然收费较低、利润小,但其市场基数大,能够以薄利多销的形式实现规模经济。

国外的经济型饭店比较发达。许多著名饭店集团都拥有经济型饭店品牌,例如精品国际拥 Econo Lodge、Rodway Inn 等经济型饭店品牌;雅高集团拥有宜必思、伊塔普、弗幕勒、红屋顶客栈、汽车旅馆6、公寓6经济型饭店品牌;希尔顿集团旗下的汉普顿客栈;万豪集团旗下的 Fairfield inns 等经济型饭店品牌。在我国,从1997年国内第一家真正意义上的经济型酒店品牌——锦江之星诞生至今,已经形成一批著名的本土经济型饭店品牌,例如"锦江之星"、"如家酒店"、"汉庭酒店"、"莫泰连锁"、"7天连锁"、"格林豪泰"等。

三、主题饭店

主题饭店是以某一素材为主题,从硬件到软件围绕主题进行经营,从而带给顾客有价值的、难忘体验的饭店。主题饭店的主要特征有:

1. 主题性。主题饭店的最大特征是围绕某一个或多个主题设计产品,使主题产品成为吸引旅游者的刺激物,以满足其体验旅游需求。主题饭店在确定某一主题后,在饭店的外观建筑、内部布局、设施设备、产品选择等方面均贯穿同一主题。

2. 文化性。文化是主题饭店核心竞争力的重要组成部分,它是一种利益认识、感情属性、文化传统和个性形象等价值观念的长期积累,它能够让顾客感知主题饭店在建筑式样、装潢装饰、餐厅特色与背景、服务礼仪、休闲娱乐等方面的文化内涵。

3.体验化。随着现代社会工作压力的加大,人们生活水平的不断提高,旅游者消费经历的增多以及消费观念的提升,消费者更加追求在饭店产品消费中的情感体验,更加注重通过饭店消费经历促进个人知识、见识、能力的发展与提高。为了适应市场需求体验化趋势,主题饭店逐渐兴起。

国外最早的主题饭店出现在美国。1958年,美国加利福尼亚的Madonna Inn率先推出12间主题房间,后来发展到109间,每个房间都有不同的主题。其中,最著名的就是山顶洞人套房。这间套房完全利用天然的岩石做成地板、墙壁和天花板,房间内还挂有瀑布,连浴缸、淋浴喷洒也由岩石制成,彰显原始气息。美国大赌城拉斯维加斯是酒店之都,更是主题酒店之都。全世界16家最大的酒店,它占15家,客房总量十万间以上,每家酒店都各有其特色。在其他国家和地区也有一些主题酒店,如雅典的卫城酒店,以雅典卫城为主题;维也纳的公园酒店,以历史音乐为主题;印尼巴厘岛还建造了亚洲第一家摇滚音乐主题酒店。中国最早的主题饭店是威尼斯皇冠假日饭店。2001年10月,以意大利水文化为主题的威尼斯皇冠假日饭店开业,该饭店融合了文艺复兴和欧洲后现代主义的建筑风格,成为我国第一家真正意义上的主题饭店。目前国内外主题饭店类型呈多样化态势,主要有自然风光型、历史文化型、城市特色型、名人文化型、艺术特色型等类型。

四、精品饭店

精品饭店是规模比较小、提供有吸引力的服务、以较高的价格服务于特定的宾客群体的饭店。精品饭店的主要特征有:

1.规模较小。精品饭店的规模一般较小,总体建筑面积在1至2.5万平方米之间,客房数量大多为50～80间。部分精品饭店的客房数量控制在20间以下。例如日本东京CLASKA精品饭店仅有9间客房;新加坡的Klapsons精品饭店秉持"贵精不贵多"的理念,饭店只有17间客房,每间客房设计均别具一格。

2.品质高。精品饭店的经营理念就是想通过精致的设施和优雅的环境塑造出尊贵品位和文化氛围;提供的高品质个性化服务,为客人营造一种家庭般温馨氛围的私密场所。独特的外观建筑、精巧的室内装饰、浓厚的文化氛围、高雅的品位格调、个性化的服务成为精品饭店的典型特征。精品饭店从整体布局到装饰细节都力求做到尽善尽美,通过特色化的酒店服务,以及高品位的装修设计,赢得消费者的青睐。

3.服务高端顾客市场。精品饭店的目标市场是具有高档消费水平、追求时尚生活方式的高消费顾客群体。精品饭店提供奢华精致的饭店产品满足高消费者的物质需求,提供个性时尚的优质服务满足高消费者的精神需求。

精品饭店起源于20世纪80年代的欧美国家。1981年,国际知名设计师Anouska Hempel在伦敦南肯辛顿首创Blakes精品饭店概念,将其定位为更加私密、彰显特定人群品位的饭店。目前,精品饭店在世界各地迅速发展,涌现一批世界著名的精品饭店,例如喜达屋饭店集团的w饭店、万豪饭店集团Bulgari饭店、洲际饭店集团的Indigo品牌饭店、希尔顿集团Trafalgarhilton饭店、精选国际饭店集团、法国巴黎Hotel Le Lavoisier酒店、日本东京的柏悦酒店、韩国首尔的华克山庄、美国Shade酒店、新加坡Klapson酒店等。目前,中国精品酒店仍处于起步阶段,数量较少,地区分布主要集中在北京、上海、深圳等政治、经济中心。比较知名的中国精品酒店有北京长城脚下的公社——凯宾斯基饭店、上海璞邸精品酒店、上海马勒别墅饭店、云南丽江悦榕庄等。

案例与习题

一、案例

蚊帐的作用

一位客人到一家高星级饭店投宿,进入客房以后,客人看了看房间的设施,要求服务员提供一床蚊帐。服务员对他解释说,我们这是五星级的高级饭店,客房内是不会有蚊子的。不管服务员如何解释,客人仍坚持要一床蚊帐。此事惊动了值班经理,后来值班经理了解到,客人要一床蚊帐只是为了寻找平常睡觉的感觉,没有蚊帐他没有安全感。

分析:现代饭店功能的设置是以客人的需求为基础的,在市场竞争异常激烈的今天,饭店更应该给客人提供高度个性化、定制化的服务,而不应只按常理来推测客人的需求。在上述案例中,该饭店的服务人员没有真正理解客房设施设置的这一原则,以致有了上述事件。

二、习题

1. 如何正确理解现代饭店的概念?
2. 现代饭店应具备哪些基本功能?饭店功能的设置应以什么为标准?
3. 现代饭店集团具有哪些优势?有哪几种联合形式和结构关系?
4. 现代饭店经营管理有那些特点?
5. 根据美国《酒店》杂志公布的数据,在2009年全球酒店集团300强排行榜中,入围的中国地区酒店集团18家,南京、海口、杭州每个城市各入围1家,北京入围2家,上海入围3家,香港地区共入围10家。锦江国际酒店集团由去年的第17位升至第13位,首次入围前15名。如家以拥有471家连锁酒店,55578间客房,名列第21位。重组后的港中旅酒店公司也从去年的第51位升至第43

位。如家酒店集团、君廷国际酒店集团、开元旅业集团、马可波罗酒店集团均首次入围排名,成绩颇佳;排行也显示以"如家"为代表的中国本土酒店品牌正在强势崛起。根据上述事实,你认为中国现代酒店有哪些基本的发展趋势?现代酒店扩展的途径有哪几种,其优缺点分别是什么?

第二章 现代饭店管理理论与方法

学习目的

通过本章的学习,熟悉现代饭店管理的七个基本原理,了解科学管理理论、行为科学理论、现代管理理论、微观服务管理理论和服务战略管理理论等现代饭店管理的基础理论及其在饭店管理中的应用,掌握现代饭店的管理方法。

主要内容

- 现代饭店管理的基本原理
  人本原理　专业化原理　效益原理　优化原理　环境作用原理　人员素质理念　动态的组织理念
- 现代饭店管理的基础理论
  科学管理理论　行为科学理论　现代管理理论　微观服务管理理论
- 现代饭店管理方法
  现代饭店管理的基本方法　现代管理方法

现代饭店管理是一门综合性科学,要对现代饭店的经营管理活动实行科学的、有效的控制与管理,需要有一套管理理论与方法体系来加以指导,这套理论与方法体系包括饭店管理的基本原理、基础理论和管理方法等内容。

第一节　现代饭店管理的基本原理

现代饭店管理是以管理学作为基础,综合运用多种学科知识来研究现代饭店管理的特点及其规律的一门科学,有其特定的理念与原理。

一、人本原理

1. 人本原理的核心内涵

人本管理的核心是人,在人本管理的系统范畴中,人是企业最重要的资源,是管理的主要对象,根据人的思想、行为规律,运用各种手段,充分调动和发挥人的主动性、积极性、创造性来实现企业的目标是人本管理思想的基本内容。要理解人本管理的核心思想,必须把握以下几个观念,即人是生产要素中最活跃的因素,人类社会的一切运作都是为了人,人是有思想的,人的思想、行为是有规律的,人本管理的本质是激励、引导人们去实现预定目标。

2. 现代饭店管理中的人本原理

现代饭店管理中的人本原理主要体现在:

(1)饭店为人的需要而存在,也为人的需要而生产。饭店是以人为主体组成的,是依靠人进行生产经营活动的,同时也是为人的需要而进行生产的。这是饭店进行经营管理的必然指导思想。

(2)饭店的首要任务是对人的科学管理。在饭店中,人是唯一能同资本和一切生产工具结合起来的生产要素,在管理过程中实施对人的科学管理是饭店的第一任务。因此,饭店应该把对人的管理放在饭店管理中的首要位置。对人进行科学的管理,尊重人的生理、心理发生和发展规律,尽最大可能满足员工正当的物质、文化需求,调动和激发员工的积极性。

(3)人力是饭店最重要的资源和财富。知识化包括教育、培训、技术推广等,是形成人力资本的关键,人力资本的高低以接受教育的程度来衡量。现代社会经济增长的主要动力和决定性因素就是人力资本。饭店重视人才包括对人才的发现、选拔、培养、招徕、保留以及对人才作用的充分发挥。

(4)饭店管理目标的实现必须依靠全体员工的努力。传统管理强调组织分工,等级森严,依靠少数管理人员和技术专家发号施令,普通员工没有发言权,对本职工作没有处置权,只能被动地接受命令。全员思想则强调充分发挥全体员工的积极性、创造性,通过员工的工作热情来促进工作效率的提高。全员思想是人本管理思想的具体化,因为饭店的根本任务是通过全体员工的努力来实现饭店的生产经营目标。

(5)关心员工思想状况是调动员工积极性的有效方法。人的思想不断受客观存在及周围环境的影响,因而饭店必须关心员工的思想状况,了解他们的思想动向,调节员工的思想情绪,使员工保持良好的精神状态。这有助于创造出一种和谐的关系,有助于激发员工的积极性、主动性和创造性。

(6)人本管理的基本手段是培育饭店文化。饭店文化强调饭店员工共同的信念、价值观、共同的目标理想、共同的饭店作风和饭店形象等。饭店文化把人放在第一要素来加以考虑,力图通过不同的方法来改变人的观念,调动人的积极性。饭店管理者必须实现从经济人向社会人到文化人的观念转变。

二、专业化原理

随着科学技术在饭店服务中的应用和发展,现代饭店管理需要处理和传递的信息越来越多,饭店服务及管理需要的硬件也越来越现代化,能源与安全系统、电脑管理系统越来越受重视,这就需要各种各样的专业人员、技术人员。因此,饭店服务及管理的顺利运作需要饭店人员树立专业化观念,把专业技术工作让技术人员去做,充分发挥专业人员的作用和专业特长。

三、效益原理

饭店在策划、设计、拓展新的服务运作模式及开发新项目时应该具有效益思想,通过效益来衡量新产品和新项目的可行与否,争取饭店的服务做到效益与影响并举。现代饭店管理的效益包括经济效益、社会效益和环境效益三个不同的层面。

饭店的服务管理人员在制定和实施饭店服务管理目标时,必须立足于饭店的经济效益目标,并把整个饭店的经济效益与经营成本进行比较,只有低耗高效的经营目标和方法才是可取的。

饭店的服务与管理必须始终关注其社会效益。符合社会利益的饭店服务必须是健康积极的,必须符合社会主流的审美意识,能够为人们提供更多积极的精神财富,并有助于推动和形成健康积极的生活方式。

环境效益也是衡量现代饭店管理的重要指标。在饭店服务管理中,降低饭店服务的能耗、物耗既是饭店节约经营管理成本的需要,又能使饭店降低服务对环境资源的占有与消耗,在功能相同的情况下减轻饭店服务对环境的压力,从而有利于资源的可持续发展,实现饭店服务的环境效益。

四、优化原理

优化原理是管理科学的核心。它认为饭店在充分利用饭店内外各种有利条件进行服务管理活动的过程中总是有潜力可挖掘。因此,它提倡为达到最佳的经济效益,饭店管理人员在决策时应综合考虑,运用技术经济的分析方法进行定性定量分析,比较所有可能实施的各种方案,从中确定最佳方案并付诸实施。

优化原理认为饭店服务系统的优化应该是一种动态的优化。因而饭店服务系统应设置在灵敏度高的信息系统以及对外部环境具有适应能力的反馈控制系统基础上,以便在决策实施过程中能捕捉各种反馈信息,进行监控并作出及时、相应的调整。

五、环境作用原理

环境作用原理认为良好的工作环境是提高员工服务生产率的重要前提。它从生理学、心理学和社会学角度出发,全面分析了工作环境(包括物理环境、化学环境、生态环境和社会环境)对员工生产服务的影响,并据此提出如何改善和创造良好的服务环境,减少员工在服务中由于不良环境而引起的烦躁情绪和疲劳感等方面的建议。

六、人员素质理念

饭店经营管理水平的提高,关键在于各级管理人员素质的提高。提高饭店管理人员和全体职工的素质是饭店长远建设的一项重要内容。各级管理人员必须树立起这个观念,并在经营管理过程中给予充分的重视。

饭店管理人员的素质主要体现在政治素质与业余素质两个方面。根据饭店经营管理的要求,饭店的管理人员应该具有德才兼备的素质,具有强烈的事业心和责任感。业务素质是通过管理人员的能力体现出来的。这就要求管理人员了解饭店整体与各个部门之间的关系,了解饭店外部环境的情况,如市场状况,国家对饭店的发展计划、税收、预算等。通过不断地学习和培训,扩大自己的知识领域,提高管理水平。

七、动态的组织理念

饭店系统的正常运转,需要有一个良好的组织结构,饭店系统的组织结构必须与经营管理机制相协调,才能有效地发挥饭店系统的效益。随着饭店系统外部经营环境的不断变化,已经设计构成的组织管理体系可能会产生与外部环境不相协调的问题。所以,饭店的管理人员必须树立动态的组织管理思想,当饭店的外部环境或内部管理发生变化时,饭店的组织观念必须动态地作相应的调整,以保证饭店能达到经营目标。

第二节 现代饭店管理的基础理论

现代饭店管理理论是在管理学的基础上发展起来的,它是以管理学作为理论渊源,并结合现代饭店管理本身的特点而产生的新的管理系统分支。作为对管理学的继承,现代饭店管理理论延续了管理科学理论体系中的三个主要学派的思想,即科学管理理论、行为科学理论和管理科学理论。科学管理理论主要研究管理组织的问题;行为科学主要研究管理中的领导协调问题;管理科学理论主要研究管理计划决策问题,并对领导控制问题有所发展和创新。

科学的现代饭店管理应建立在对管理科学理论体系的这三大分支学派的灵活运用上,从系统的角度对这三大管理思想进行整合,并由此形成新的以现代饭店管理为实践基础的系统管理体系,以期指导具体的现代饭店管理工作。

一、科学管理理论

科学管理理论形成于19世纪末20世纪初。科学管理理论的主旨在于解决原来家庭式的经验性管理所带来的弊端,它倡导并推行管理的制度化和标准化,从而与原来的经营管理模式形成一个对立的体系。

科学管理理论的主体框架应该包括科学管理的目的、科学管理的方法和科学管理的制度基础等三个基本方面。①科学管理的目的。科学管理的目的就是谋求工作的高效率。服务管理的最高目的在于获取服务项目的理想利润,而利润的获得来源于现代饭店管理的质量和运转速度,两者决定了现代饭店管理的工作效率高低。②科学管理的方法。饭店服务部门在经营管理过程中会碰到各种各样的问题,既有部门内部和饭店内部的,也有饭店外部的。这些问题共同构成了饭店服务系统管理框架的若干节点,因此必须用科学的思想和科学的方法来解决这些问题;应该强调用精确的科学调查研究和科学知识来代替个人的主观判断和意见,并据此形成科学的解决方法。③科学管理的制度基础。科学管理就是制度管理,也就是用各种以服务管理本身的特点为基础的制度、规范、规定和条例等来取代管理者个人的主观想象和主观经验,消除管理中的随意性和非规范性。

科学管理理论对现代饭店管理的基础理论体系有很大的理论影响,主要反映在四个方面。

1. 标准化管理

(1)工具、设备、材料、作业环境的标准化。为了使饭店的员工完成较高的服务工作定额,不仅要使员工掌握标准的操作方法,还应适应标准操作方法的要求,把员工使用的工具、设备、材料及工作环境加以标准化。

(2)工时定额化、操作标准化。通行的做法是,选择合适的员工,对其每一操作和动作,每一工序所需的时间都精确地记录下来,在观察和分析的基础上,消除其中多余的和不合理的部分,把各种最经济、效率最高的动作、操作集中起来,在规律化的基础上,制定出各岗位的标准操作方法和工时定额,并且用这种标准的操作方法来训练员工,要求员工执行工时定额。此方法可以确定每个员工在一定时间内的工作量,摒弃凭管理者的主观印象评判员工工作量的做法,有利于生产效率的提高。

标准化管理在现代饭店管理中有较高的应用价值,标准化原理的主要内容为:①统一原理。即在一定时期、一定条件下,使标准化对象的形式、功能或其他技术特征具有一致性。②简化原理。具有同等功能的标准化对象,当其多样化的发展规模超出必要的范围时,要消除多余的、可替换的和低功能的环节,保持其构成精炼、合理,使总体功能最佳。③协调原理。即在一定的时间和空间范围内,使标准化对象内外相关因素达到平衡和相对稳定的原理。在标准系统中,只有当各个局部(子系统)的功能彼此协调时,才能实现系统整体功能的最优化。④选优原理。为达到标准化目标,从对象的统一、简化、协调的各种可行方案中,选择并确定最佳方案或求解最优解答的原理。上述原理都不是孤立起作用的,它们之间互相制约、互相依存、互相渗透,综合反映标准化活动的规律性。其中,统一化是标准化的实质,优化是标准化的目的,而简化和协调是实现优化的重要手段。

标准化原理在现代饭店管理中都得到了广泛的应用。从服务程序到工作量的制定,从通用设备的统一、标准化到饭店的服装、建筑风格直至色彩的和谐和统一,无不体现了标准化原理。它已不仅仅用于简单劳动和重复劳动,在饭店的服务形象塑造等其他领域里也被广泛地使用。

2. 职能制与"例外原则"

职能制原理是根据分工原理,实现职能分工,把管理职能和执行职能分开,以有效的监督体制来保证工作的顺利实施。管理工作实行"职能制",即要使每个管理者只承担一、二种管理职能,同时每个管理者对员工都有指挥监督权。实践表明,虽然这种多头领导的职能制不太科学,但是这种职能管理思想对于职能部门的建立和促使管理人员专业化,有着非常重要的意义。

例外原则是饭店领导人员把管理工作中经常发生的一些事情,拟就处理意见,使之规范化,然后授权给下级管理人员处理,而自己主要处理那些没有规范的工作,并保留监督下属的权利。这样,既有利于调动下级管理人员的积极性,提高工作效率,又不使自己陷入繁琐的具体事务,能集中精力研究和解决重大问题。这种"例外原则",对实行分权制有重要意义,也是每一个管理者应遵循的一条重要原则。

3. 岗位制度与团队协作

饭店服务员素质的提高主要依靠有计划的培训措施。通过岗位分析,制定相关岗位的工作标准,并以此为基础对员工进行相应的培训,是提高员工工作能力的重要途径之一,它也是饭店提高竞争力的一个重要法宝。同时,按照团队精神要求来组合工作人员,使员工能协调一致地完成既定任务,是饭店提高服务管理效率的必然要求。

4. 按劳取酬与定量工资制

按劳取酬是管理科学理论的另一个思想。饭店为了鼓励员工完成工资定额,应该提倡实行有差别的、有刺激的定量工资制。对于完成工资定额的员工,按较高的工资率计发工资;对完不成工资定额的员工,则按较低的工资率计发工资。

科学管理理论对现代饭店管理的基本理论和方法、人力资源调配、服务质量控制、服务组织、服务设备物资管理等有着直接的重大意义。我国的现代饭店管理也正是从作业研究和标准化、健全规章制度、合理组织饭店的各项服务活动起步而走上科学管理道路的。

二、行为科学理论

行为科学理论是现代饭店管理中得到重视并广泛运用的管理思想之一,它强调从员工的行为出发对其进行激励、控制和组织。

1. 动机激励原理

动机激励原理是行为科学的核心。它认为,工作实绩＝能力×动机激励。员工在服务活动中的主动性、积极性和创造性的充分发挥是饭店提高经济效益的主要方面。它提倡管理人员应经常地、有意识地探讨如何从"人之常情""角色心理"及"个性心理"中寻找最佳的突破口,采取相应的措施和方法,使员工能在新的环境条件刺激下产生新的内驱力,从而实现有导向的动机激励。因此,关心和改善员工的生活待遇与工作条件,按劳计酬,把饭店发展的成败与员工的个人利益紧密联系在一起,让员工参加全面服务质量管理,并鼓励员工对饭店的服务管理提出建议和意见,都是产生动机激励的行之有效的方法。

2. 行为控制原理

行为控制原理认为人的行为在发展初期是可控的,人是懂得如何约束自己行为的。行为控制原理认为实际行为控制有两种形式:①从认同与依从角度出发的他控。认同是出于对领导或上级的好感或信赖感而去执行某个决定或按一定的规则来约束自己的行为。感情因素是决定性因素。依从则是出于对行为结果所可能导致赏罚的预料而被动地去实施某种行为或约束自己的行为。它是一种被动的行为,可靠性不高。②从内在角度出发的自控。自控是在思想完全相同的基础上实现把"上级对我的要求"变成"我对我自己的要求"这个心理活动的转化,在"我觉得我应该这样做,必须这样做"的前提下有意识地进行自我指导与自我约束。这是一种较高级的、可靠性高的行为控制。

行为控制原理强调:①思想工作必须作在前头,惩罚是一种不得已的消极措施;②要注意从主观上对行为动机进行分析,又不能忽视客观上工作环境对人们行为的影响;③行为控制是一个动态的发展过程,要跟踪受控后的发展并根据反馈信息继续施加影响。

3. 组织与指挥原理

组织与指挥原理从社会心理学的角度出发,对服务管理活动中人与人之间的关系进行分析,并通过大量事例的阐述来论证以下几个观点:

(1)饭店服务组织建设的重要性在于有一个工作效率高、适应能力强、信息系统完整、反馈控制系统健全、有各种委员会会议监督顾问的组织领导机构。饭店行政机构应是一种"树型"的层次结构,各层结构有明确的分工、明确的管理体制和岗位责任制。

(2)人才开发与培养的重要性。智力投资与人才培养是事关饭店生存与发展的一件大事,除提供经常性的员工文化技术培训外,还应该注意管理干部、技术人员的知识更新。坚持从工作需要出发,综合考虑能力、性格、思想表现,用其长,避其短,不断挖掘饭店员工的各种潜力。提倡(建议)从事业心、开拓精神、注意调查研究、实事求是、善于取长补短、联系群众、工作效率高、业务内行的人中选拔各层领导和管理人员。

(3)指挥、协调的艺术。指挥人员需要有较高的眼光与较强的战术观念,在饭店的服务目标、方针政策与具体措施的实施过程中善于分析问题,抓主要矛盾,进行相应的指挥与协调工作。要求指挥协调人员严于律己,以身作则,以利于指挥和协调见成效。提倡善于用人,关心员工,注重下级乃至员工的建议和意见,调动一切积极因素,以保证服务目标的实现。

三、现代管理理论

科学管理和行为科学是企业理论中对生产过程、物和人的管理的革命。二战以后,社会的发展使企业的状况和社会环境都发生了极大的变化,管理理论也随之不断发展,并由此产生了现代管理理论。现代管理理论建立在两个基本前提之上:一是认为企业管理是建立在三个因素之上的,即人的因素、物的因素和环境的因素,从而把企业从封闭的系统转到了开发系统,管理的重点从内部管理转到了经营;二是认为企业和环境都是不断变化的,管理也要适应这种变化而不断地作出相应的改变。

现代管理理论主要包括系统论、控制论、信息论和运筹学法。

1. 系统论

现代饭店要建立和健全以总经理为首的统一的、有权威的服务管理系统,向顾客提供"一条龙"的系统服务。在顾客从进店到出店的全过程中,饭店各部门应相互配合,为顾客提供系统服务,满足客人住店期间的需求。

按系统论的观点,现代饭店管理就是要把饭店的内部条件与外部条件相结合,当前利益与长期利益相结合,定量分析与定性分析相结合。在系统与要素、要素与要素、系统与外界环境之间的相互联系、相互制约中,考察问题,处理问题。对于饭店而言,饭店与各部、各部之间以及各部与要素之间都是分工与协作、共同适应外界环境、一起完成任务的一个有机整体。

在现代饭店管理活动中应用系统论,可使现代饭店管理中的复杂现象条理化,使饭店的服务管理活动成为有秩序的系统,从而厘清现代饭店管理中的各种联系,使之能正确地认识和掌握整个现代饭店管理活动的运行规律,搞好服务运作。

系统论运用"系统"的观念从全局和整体上来研究饭店的服务与管理问题,认为饭店的服务与管理是一个极其复杂的管理系统。现代饭店管理系统的特征是:①相关性。相关性主要揭示系统内部要素与要素的关系。服务管理作为一个系统是由各要素组成的,各要素的相互作用决定了系统内部的联系、结构和功能,从而也就决定了系统的本质。由于系统中各要素是相互关联的,任何一个要素在系统中的存在和有效运行,都与其他要素有关。当某一要素发生了变化,势必会引起其他要素的变化,以达到系统中各要素功能相互匹配,不能适应这种匹配的要素功能会被系统淘汰。管理中不能就事论事,要全面考察各要素的变化情况,使系统中各要素在新的状态中达到匹配。②整体性。整体性主要揭示要素与系统的关系、局部与全局的关系。整体性包含两层含义:要素不可分和功能膨胀。饭店作为一个系统,至少由两个以上要素(或称子系统)组成,要素和系统不可分，由要素合成的系统在功能上有新的拓展。因此，饭店服务系统发挥的作用和功效要从整体衡量，不能脱离系统去孤立地认识、评价事务。③有序性。有序性主要揭示系统结构与功能的关系，即系统的功能是由系统的结构所决定，有什么样的结构会产生什么样的功能。有序性可分为空间排列的有序性、时间排列的有序性和逻辑关系的有序性。饭店作为人工系统，其有序性表现在：第一：目的性。人工系统都有明确的目的，如现代饭店管理系统的目的就是合理地利用饭店的服务资源，争取服务效益和饭店整体效益的最优化。而这个目的又有序地表现为确定最终目标，达到总目标中每个特定阶段的中间性目标和任务。第二，秩序性。任何事物的发生发展都有必然的先后秩序和因果关系，管理就要根据事物的内在联系及其规律有序进行。在现代饭店管理中，即使有足够的服务资源，如果对它们使用不当，构成系统有序程度降低，结构紊乱颠倒，就不能发挥应有的功能。第三，规则性。饭店的服务管理在实践中一般表现为各种制度、程序、流程、要领，这些规则是对有序性的理论概括，必须坚持。第四，动态性。动态性揭示系统状态同时间的关系。动态性告诉我们，系统是可变的，这种发展变化的内在动力在于系统要不断地提高功能，调整结构；外在动力在于饭店服务系统外部环境变化对于系统的影响。从整个环境大系统来说，服务管理系统是饭店管理系统中的一个子系统。社会环境是不断变化发展的，饭店服务系统作为子系统，必须适应环境变化才能存在，而每一次新的适应都是结构功能新的调整和飞跃。

2. 信息论

在饭店服务系统的运行中，除物质和客人的流动外，还有信息的传递。从某种意义上讲，现代饭店管理既是对信息资源的利用，又是对饭店信息系统的管理。因此，对饭店服务实行现代化管理，就应了解和掌握信息论。根据信息论观点，现代饭店管理系统是一个信息流通系统。这个流通系统是由信源、信宿、信道、信息所构成。现代饭店管理人员通过服务信息流通系统获取信息后，要进行认真的判断、分析和处理，并根据这些信息的处理情况采取相应的措施，确定方案，作出决策，发出指令，有效地组织和指挥饭店服务系统的各种活动。

现代饭店管理人员所作出的饭店各种决策是饭店信息和知识综合运用的结果。没有信息，就不可能形成正确的决策。对于现代饭店管理而言，每一个决策又是一种新的信息，它表现为指令、指标、计划、方案和措施。饭店服务决策的实施，实质上就是信息在饭店信息流通系统中的流通过程。

饭店服务信息是所有服务管理机构和服务管理人员之间进行联系和开展工作的基础。例如，饭店与旅行社组织接待团队时，事先将信息告诉饭店，饭店按时准备客房和饮食。旅行社信息输出（信源），饭店服务信息输入（信宿），而信道则是邮电。又如,总台把住宿登记情况输送给餐厅,餐厅则根据这些信息准备膳食、酒水。

3. 控制论

现代饭店管理中的控制就是采取某种措施,对复杂的现代饭店服务系统及其经营活动进行控制,使其按照预定的目标进行工作,达到预期的结果。因此,现代饭店管理中的控制实质上就是对饭店服务系统的控制。

饭店服务系统控制的实质是以决策目标和具体计划为标准,考察过去的行为,使饭店服务系统的行为按照最佳路线和进程导向预定目标。

构成饭店服务控制的基本要素有:①有预定的目标、计划、标准、政策、规范等,现代饭店服务的目标和计划是饭店服务系统控制的依据;②对饭店服务计划的执行情况,要有定性分析和定量分析的科学方法;③准确及时地校正偏离饭店服务计划的行为。

根据饭店服务系统控制的三个基本要素,现代饭店管理中的控制有预先控制、现场控制和反馈控制三种控制方法:

(1)预先控制。指防止将要投入的人力、物力、财力资源在质与量上发生偏差所采取的措施。人力资源要适应饭店组织结构中发展饭店服务计划的需要;物力资源要符合饭店服务发展的质量标准,及时供应;财力资源要有能自行动用的足额资金。

(2)现场控制。指服务管理者按事先制订的标准,指挥和监督被管理者进行工作。管理者下达的指标是否合理、明确,与整体目标是否一致等决定了现场控制能否见效。因此,管理者的水平、能力对现场控制起决定性的作用。

(3)反馈控制。指管理者通过信息的反馈,检测活动中实际与标准的误差,并对实际进展采取修正措施,进行调整的活动。反馈控制强调及时、迅速。它可分为局部反馈(或称逐步反馈)控制和全部反馈控制两个形式。管理活动一旦开始,控制活动随之开始,局部反馈控制就必须马上跟上,立即搜集反馈回来的信息,随时检测误差,并采取校正措施。完成任务后的分析报告,是最全面的信息反馈,但它只能对下一个循环起指导作用,对已完成的循环过程无效。

4. 运筹学法

运筹学主要是通过定量分析的方法来研究各种计划、决策问题。运筹学是一种方法、技术的总称,其中包括规划论、决策论、博弈论、网络图论和综合平衡论等内容。

(1)规划论法。运用数学方法对目标函数和约束条件的关系进行研究,从而确定如何统筹安排,合理调度人员、设备、材料、资金、时间等。

(2)排队论法。也称随机服务系统理论。它是研究拥挤和排队现象,以解决服务设施最优数量的一种技术,也就是在公共服务系统中,设置多少设施为宜。任何排队系统都包括三个方面:一是潜在顾客,二是排队线,三是服务设施。从以下三方面考虑:服务设施的布局;顾客排队规则(是按先后顺序,还是优先服务,或任意服务);服务时间。

(3)库存论法。研究的是仓库贮存问题。库存论法是研究如何解决库存物品的供求矛盾以确定最佳库存量的方法。库存方法应根据需求方式来确定。

(4)决策论法。决策论的基本要点有:①饭店服务组织机构、职能和决策联系在一起,而决策是饭店服务组织中许多个人和集团决策的集合。②饭店服务资源管理活动的决策是中心决策。③服务决策是一个过程,而不是一次简单的行动。④决策的原则为:信息准确原则、预测先行原则、可行性论证原则、系统整体原则。

(5)权变理论法。权变理论强调应变,根据饭店服务系统所处的不同内外环境,采取不同的、能适应发展的管理。在方法上,权变理论采用大量事实和典型例子进行研究和概括,把千变万化的方法归纳为几个基本类型,从而提出每一类的管理模式。

四、微观服务管理理论

饭店微观服务管理是针对微观的饭店服务行为所进行的管理活动,微观服务管理理论包括:

1. 饭店服务质量管理理论

质量管理源自制造业的生产管理技术。于20世纪80年代传入中国,以后逐渐由制造业渗入服务业,并首先在饭店业取得成效。社会经济水平的稳步提高促使旅游业迅速发展,促进服务消费意识复杂化、多样化和多层次化。使人们对服务质量的认识、理解水平提高的同时对服务质量提出更高的要求:由低需求向高需求方向发展,由物化技术层面向精神方向倾斜。在此背景下,对服务质量的管理成为饭店管理的核心内容。

具体而言,服务质量因素分析是质量管理的基础性工作,期望和差距管理是服务质量管理的有效分析模型,全面质量管理是服务质量管理的核心,服务质量评价和监控体系是服务质量管理必不可少的环节。

饭店服务质量管理的相关内容本书将在第五章进行详细的阐述。

2. 饭店服务组织管理理论

(1)服务评价理论

应当承认,饭店服务评价的最终决定者是宾客,但由于宾客评价的主观性及由此产生的不稳定性在所难免,服务提供者和服务组织对服务的评价也很重要。

如有的饭店给因受宾客误解或故意找茬而受之责骂的服务员颁发"委屈奖",正是在承认宾客评价决定性的前提下对服务的"二次"评价。避免服务人员热情衰退和服务愿望减退,也体现了"宾客至上,员工第一"的管理哲学。因此,要使服务评价科学化、合理化,并兼顾到各方的利益,必须建立由宾客评价、服务者自我评价和服务组织评价三方组成的评价体系,以此分析并制定与各种不同服务评价相对应的管理政策与策略。

(2)服务规范理念

服务规范是指服务提供者方面为确保服务工作效率和服务质量而制定并要求全员遵照实施的一系列有关操作规程、员工手册、服务标准等的制度性文件。它是一种行为规范,是服务管理不可或缺的工具。

同时,由于服务因人而异的本质特征和服务组织制定规范的目的、范围、对象和特性的不同,使得服务规范并不存在一个固定的模式,否则这个规范就只能是僵化的、不能适应内外环境因素变化的文字材料而已。因此,纳入服务规范的是饭店服务的基本部分或必须部分,即可以获得宾客相对客观评价的部分,如服务必备项目、操作标准和基本程序等。个性需求的多样性、多变性及无止境的特征,使得无论多么详细的规范都有一定的局限性,个性化服务是无法也不能被列入服务规范的,实现遵照服务规范和发挥服务者个人能力的两者的互补互动显得尤为重要。

(3)服务组织革新

技术变革的动力和满足宾客个性化需求的压力推动着服务组织的革新,以不断适应外界变化了的情况,跟上时代进步的潮流。服务组织革新从总体上属于创新理论的范畴。

3.服务引导原理

服务引导是指服务提供方将宾客的需求转换成一种适合于自己应对的形式或状态,主动促成宾客充分利用服务者一方已经准备好的服务项目及内容。服务引导与期望管理的区别在于前者是通过分析,主动创造一种宾客需求状态,使之心理需求发生良性转变的行为,宾客在主观上是愿意的;后者虽也是主动地调整宾客期望,但在实际操作中较难做到,也不一定得到宾客的响应。

可以看出,服务引导的根本在于它不是强制,而是促成引导对象的自发选择。如何才能做到服务引导,从而实现服务组织的管理意图呢?

首先,服务引导要与宾客需求相适应。引导成立的基本条件是宾客有这种行动的愿望(只不过这种愿望有时没有通过正当的途径表达出来),否则引导是无效的。

其次,要在一种良好的环境氛围中加以引导。正因为是引导而不是强制,所以要创造出一种环境气氛及状况,使宾客较容易地按照服务提供者的愿望采取自然而然的行动。环境氛围包括尊重宾客的自主性、参与性和愉悦感,还包括诸如声音、光线和色彩的搭配等物理氛围及人与人之间距离的心理氛围等。

再次,要充分发挥服务提供者的个性和主观能动性。对宾客进行怎样的引导,每人会有各自的方式,不可强求一致,要因人因时因地制宜。

将"引导"概念引入服务管理,使人的主观能动性的发挥成为可能和必须,在这种观念的指导下,服务才有可能是积极的,而不是被动的;是主动接待,而不是等宾客提出要求后再去应付。从这个意义上说,超前服务的意识和"宾客没想到的,我们想到了;宾客想到的我们也想到了,并替宾客做到"的谚语都源自引导原理。

无论是质量管理、组织管理还是服务引导都必须贯彻"人本管理"原则,作为服务管理的基本理念,渗入管理的不同层面,服务管理才能取得切实成效。

4. 服务心理理论

宾客是饭店服务消费的最终决策者,决定着服务产品价值的实现与否,并影响着其后的服务消费。因此,宾客心理处于饭店服务心理研究的核心地位,服务心理理论的主体是消费者心理原理。

(1)基于心理原理的饭店服务类型

受马斯洛心理需求层次理论的启发,按照消费者对不同服务的心理需求,饭店服务大致分成功能性、心理性和复合性三类。

所谓服务的功能性是指宾客对具体物质产品的基本需求,如提供服务所必须的服务设施以及满足基本生理需求的服务;服务的心理性是指宾客对具体物质产品的需求是相同的,但对这种产品的服务环境和服务方式有特定的需求,如中国人和美国人都喜欢吃中餐,但美国人要求有英文打印的菜单,最好还有英文交流;服务的复合性是指功能性与心理性的结合,大部分服务活动属于此类,并因两者的复合形式、复合比例不同而有种种差异,以此组成了纷繁复杂、种类繁多的服务项目和服务类别。从宾客心理需求角度对服务进行分类有利于服务提供者对不同需求的服务消费采取不同的服务方式,最大程度上符合消费者的心理需求。

(2)服务消费者心理原理

服务消费者都有各自的心理角色定位。作为个体,消费者具有人们共同的心理特征,如知觉、人格、态度等;作为消费决策者,由于消费者不同的消费经历和消费约束条件,相应地表现出不同的消费心理特征。将两种角色融合起来加以考虑,可更好地把握服务消费者心理。

①知觉与消费决策。知觉是直接作用于个体感觉器官的客观事物的总体在

消费者头脑中的反映。由于主客观因素的影响,不同的人对同一事物的知觉在完整性和准确性上往往是不同的。知觉对消费决策的影响主要体现在知觉的选择性和理解性上。前者是指消费者在一定时间内并非感受到所有刺激,而仅仅接受能够引起注意的少数刺激物;后者指消费者对刺激物的感知是一个筛选过程,这一过程往往是根据个人以前的消费经历理解消费对象并进行取舍。

②学习与消费决策。现代饭店消费者正日益走向成熟,他们对饭店服务的知觉是建立在学习的基础上的,他们不断地学习,通过学习掌握知识、积累经验,为消费决策做准备。面对日益"精明"的旅游者,不断完善服务产品,强化售后服务观念(服务反馈),一方面可打消消费者对服务的疑虑心理,满足其多方面需求从而增加消费,另一方面也是为了更好地适应激烈竞争的服务消费市场。

③需要、动机与消费决策。现代旅游消费者的消费需要呈现出更注重精神需要、个性化需要的特点,在此基础上产生不同的消费动机。相应地,在服务产品的开发和服务市场的拓展上也要考虑到这些特点,以满足现代消费者的需要。

④人格与消费决策。人格又称个性,用于表示区别于他人的心理特征。不同的人格类型(自我中心型和他人中心型等)、同一个人的人格结构("儿童自我""父母自我"和"成人自我")对消费的影响颇大,有时甚至是决定性的。要求我们针对不同的消费者人格,进行正确的引导,促使其作出消费决策。

⑤态度与消费决策。态度是个性倾向性中的一个重要成分,由认知、情感和意向三种因素组成并导致消费者偏好的形成。饭店要想使消费者作出购买决策,须从改变消费者对服务的无偏爱或偏爱程度低的态度入手,包括对服务产品进行创新,加大新产品的宣传促销力度等。

(3)个性化服务中的心理原理

标准化和个性化相结合的服务是实现优质服务的前提,尤其是后者,作为心理性服务的一部分,已成为高星级饭店体现竞争优势的主要因素。心理原理在个性化服务中主要体现在:

①马斯洛的需要层次论。人对个性化的需求对应于马斯洛理论的第四阶段"承认与尊重"。一旦人的基本需求和"所属、被爱"的愿望得以满足,便开始不再满足于仅仅作为集团中一分子的地位了。他希望更进一步,在人群中傲然挺立,获得他人的承认与尊重。这种需求界于需要层次的第三层(所属、被爱)与第五层次(自我实现)之间,并作为两者的桥梁和纽带,越来越普遍地存在着,与其个人的满足感紧密相关。需求层次理论揭示了宾客对个性化的需求状态。

②赫兹博格的"双因素理论"。该理论认为每人身上都存在两组相对独立的"需求群",它们对人的行为方式的影响是截然不同的。第一组称之为机能需求,与其劳动环境相关,如经济条件、人际关系、噪音光度等。这些条件得不到满足,

人就会产生不满情绪;但仅仅是这些条件得以满足,也不能保证人们总体的满足程度会提高。另一种称之为情绪需求,是关于成功及成功的认可和受尊重等方面的需求,当这些愿望得到满足时,人就表现出满意感。

可以看出,个性化需求与"认可与尊重"的需求具有很强的关联度,共同点在于"赶走不满"的同时"获取满意"。了解了这些能够激发人们满意的因素和条件,对有针对性地提供个性化服务以提高宾客的满意程度具有一定的理论指导意义。

5.服务的制度理论

饭店服务具有特殊的制度结构,这些特点是由服务作为特殊属性的使用价值的本质所决定的。饭店服务的制度理论主要体现在三个方面。

(1)所有权特性原理

作为运动形态的饭店服务是没有静止性质的,因此它不能被"占有"。服务实际是经济要素的使用过程,所以只体现为使用权。当消费者购买饭店服务后,他就不能将此服务再"卖"给第三者,实际上,服务作为一种体验和经历,消费者也无法转让或再出售。总的说来,服务无论是作为社会财富还是作为交易对象,它没有"占有权"和与占有权相关的其他权利。

(2)组织制度特性原理

组织制度主要指企业的组织方式,制度变化则直接引发组织方式的变化。饭店服务的制度变革或制度创新有两个前提条件:

①增加饭店服务消费者在服务过程中的参与程度。前面提到,饭店服务存在"主体状态变化"的问题,必须借助消费主体的参与。消费者参与有两种形式,一是把本应由服务人员提供的劳动转化为宾客自己的活动,如餐厅的自助餐;另一种是消费者和服务人员的双向互动和交流沟通,在此过程中消费者不断地把自己的想法、意愿传递给服务提供者,以便使服务及服务的提供方式不断地向符合消费者要求的方向调整、逼近乃至吻合。两种形式的选择视情况而定,当消费者更重视服务的结果而不是过程时,前者较为有效;当消费者把服务看作是一种过程而不单纯追求结果时,后者更为符合他们的需求。

②在服务标准化的基础上提高个性化程度。由于服务不同于一般商品的特性,是不能完全"标准化"的。饭店服务的制度安排往往就是在标准化和个性化之间进行权衡。个性化服务成本较高,对服务人员素质的要求也高,但收益也大。就饭店业而言,级别越高的饭店个性化程度就越高,但总的趋势是在做好服务标准化工作的同时向个性化乃至超个性化的方向发展。

五、饭店服务战略管理理论

饭店服务战略是指饭店致力于获得宾客的忠诚而确立的、为宾客提供满意服务的根本策略。饭店服务战略是增强饭店服务素质、适应外界环境激烈变化、提高饭店竞争力的有力武器。战略制定的本质就是要争取饭店经营的主动性，增强饭店抵抗力，在激烈的市场竞争中战胜对手，实现饭店与外部环境变化的动态平衡，促进饭店的可持续发展。

饭店服务战略的核心思想是饭店的全部服务活动都要从满足宾客的需要出发，强调以宾客为中心，以提供满足宾客需要的服务为饭店的责任和义务。

制定和实施顾客满意的饭店服务战略需要组织中每个人的参与和支持，所有员工都必须认同良好的服务，这就需要倡导一种以顾客为中心的饭店文化；这种文化的核心是顾客导向和质量意识，每个人都为内部、外部的顾客提供良好的服务，它是每个人都遵守的行为准则之一，也是饭店的核心价值观。

饭店服务战略、饭店服务系统、饭店服务人员三者是形成饭店服务质量最重要的因素，它们构成一个服务三角形，又相对独立地面向宾客这个中心，并各自发挥着作用。在饭店服务的三角形中，每个要素都与其他要素相互关联，相互作用。饭店服务战略的管理层次高于饭店服务系统和饭店服务人员，饭店服务战略位于战略层，饭店服务系统和饭店服务人员位于战术层或作业层。饭店服务战略是灵魂，是饭店服务质量管理的指导思想；饭店服务系统和饭店服务人员则是具体实施服务的必要条件和保证。

完整的饭店服务战略管理理论主要包括五个方面的内容，即树立饭店服务意识、确定宾客服务需求、服务设计与实施、服务人员的管理、服务质量的管理。

第三节　现代饭店管理方法

一、现代饭店管理的基本方法

现代饭店管理的方法是多方面的，通常有五种基本方法。

1. 经济方法

经济方法是采用经济手段，利用经济组织，按照客观经济规律的要求管理饭店。经济手段是指价格、工资、利润、利息、税收、奖金和罚款等经济杠杆以及经济合同、经济责任等手段；经济组织是指饭店内部的各层组织机构以及外部与饭店经济息息相关的机构,如旅行社、银行、邮电、旅游服务公司等;客房经济规律的要求对饭店而言则是要求饭店的经济活动必须遵循社会主义基本经济规律,必须按照国民经济计划按比例发展,必须按照价值规律实行等价交换原则,必须根据按劳分配原则实行多劳多得。

采用经济方法管理饭店的基本内容如下:

(1)按照"国家调节市场,市场引导企业承包新的经济运行机制",把饭店的经济活动纳入国民经济的轨道。同时,根据市场需求制定饭店的经营目标。

(2)以经济效益为饭店经营管理活动的出发点,根据经济效益的高低评定饭店经营目标、方法和措施的优劣。

(3)正确处理国家利益和饭店利益、饭店利益和职工利益之间的关系,建立饭店内部的经济责任制,把经济利益和经济责任综合起来,并根据工作的好坏、经济效益的大小,给饭店员工必要的奖罚。

采用经济方法管理饭店的特点是具有调节性、效益性和激励性。经济方法能加强饭店外部的横向经济联系,协调饭店各部门之间物质利益关系,调动各方面积极性,从经济核算、物质利益上加强各部门完成任务的责任心,能够充分调动饭店内各部门及每个员工的积极性,真正贯彻按劳分配原则,打破吃大锅饭的平均主义,提高饭店的经济效益。但是,饭店的员工并不是单纯的"经济人",员工思想的主动与否将对工作产生推动或消极作用。因此,在运用经济方法的同时,还应配合其他管理方法,以保证饭店经营目标的实现。

2.行政方法

行政方法是依靠饭店各级组织及管理者的权威,用指令性的计划手段和行政法规、命令以及各种具体规定等强制性的手段,按民主集中制的原则管理饭店。

行政方法包括制定饭店经营管理的方针、政策、规章、制度,颁布行政命令、指示,下达指令性计划任务等。这些工作由饭店内各行政机构来进行。它是以权威和服从为前提,具有强制性、无偿性和直接性等特点。

行政方法在动员饭店所有员工为完成饭店的经营目标而奋斗,贯彻国家有关饭店的方针政策,坚持饭店业的发展方向,组织、指挥和监督各部门的经营活动,解决饭店发展中存在的问题等方面起着不可忽视的作用。

行政方法的优点是,饭店在总经理的领导下实行集中统一的管理,使饭店成为一个召之即来,来之能做,做之能成的严密组织。行政方法之管理效率的好坏与管理人员的水平有密切关系。

3.法律方法

法律方法是把饭店管理中比较稳定、成熟、带有规律性的经验或事务用立法的形式规定下来,以保证饭店管理的各项经济政策、制度、方法的实施,并用以调整饭店内外部之间的经济关系。

法律方法主要通过经济法制对饭店领导层的管理活动和饭店组织活动进行调整。

饭店管理中用立法形式规定下来的各项规章制度必须具有三个方面的内容:明确规定其针对的对象和范围;明确规定允许做什么,不允许做什么;明确规定在违反制度时应负的责任。

法律方法的特点是具有高度民主的权威性、明显的强制性、相对的稳定性和确切的规范性。

法律方法的优点在于具有自动调节的功能。规章制度一旦制定之后,员工自己就必须适应,去遵守,使饭店的各项活动有章可循。法律方法的缺点是缺少弹性和灵活性,有时容易限制各部门的积极性和主动性的发挥。

4. 宣传教育方法

它是通过政治思想工作来激发饭店员工的劳动热情,从而达到经营管理饭店的目的。国外称此方法为"伦理学法"。饭店的伦理学与人们的道德观念有关,它指导着饭店各部门和所有员工的行为,它要求员工要有好的职业道德和品行,能自觉处理好自己的工作。例如,不说竞争对手的坏话,对顾客彬彬有礼,以自己的职业为荣等。

宣传教育方法的主要内容是加强饭店员工的政治思想工作。它采用远大理想教育、思想品袱品行教育、职业道德教育、爱我饭店教育、榜样标兵宣传、好人好事宣传等手段,培养员工的事业心和责任感。事业心和责任感是员工持久的激励因素,这种激励因素所产生的效果远远超过经济手段所产生的效果。

宣传教育方法的运用及其效果的好坏很大方面取决于饭店管理人员的管理艺术。宣传教育方法不是说教,而是一种细致的、长期的、谈心式的、可让人接受并取得效果的工作方法。宣传教育方法论是一门科学。管理人员必须认真加以研究,使这种方法能在管理工作中充分发挥它的作用。

宣传教育方法的特点是具有灵活性、针对性和持久性,不同的问题有不同的宣传教育方法,正确的立场、观点和方法需经过反复的教育和实践才能为广大员工所接受。

5. 数学方法

数学方法是通过对管理对象数量关系的研究,遵循其量的规律性进行管理的方法。它具有准确可靠、经济实用、能够反映本质等特点。

经济方法、行政方法、法律方法、宣传教育方法和数学方法是饭店管理中最基本的方法,五者相辅相成,相互制约。不同的问题采用不同的处理方法,特殊的场合有特殊的处理方法。正常、日常的管理中则应五种方法兼顾并用,才能起到好的效果。

二、现代管理方法

随着管理科学的发展,现代管理方法在现代饭店管理中越来越显现出其重要性。现代饭店管理中常用的现代管理方法主要有现场管理、效率管理、目标管理、成本管理、战略管理、柔性管理、知识管理、创新管理、计算机管理等方法。

（一）现场管理

现场管理就是根据现场问题的需要进行即时管理的一种管理方式。现场管理是一种随机的管理,其管理水平与管理质量主要由管理者的个人知识、经验、心情和心理所决定,并在很大程度上与管理者的个人兴趣、爱好、能力和魅力有关。

现场管理的实质是管理者在现场发现问题,现场即时解决问题。巡视管理是现场管理的一种主要形式。巡视管理指饭店管理者通过深入基层,自由接触员工,进而在饭店内部建立起广泛的、非正式的、公开的信息沟通网络,做到体察下情、沟通意见、解决问题,达到饭店管理目的的一种管理方式。

运用现场管理方法时应注意以下几点:

1. 现场管理是一种随机的、即时的、但很实用的管理方法。因此,管理者在巡视过程中,要弄清饭店服务操作现场实际工作情况、存在的问题和员工在操作中遇到的困难,运用自己积累的工作经验,指导部门或岗位的具体工作。

2. 在现场管理中,管理者要及时找到饭店目前发生的最急需解决的问题,并现场解决,这不但能使员工顺利地完成工作,还能提高管理者的管理效率。

3. 现场管理中,管理者要尽量掌握顾客的动态,了解顾客对饭店服务的需求,并及时地、迅速地给予满足,努力提高顾客对饭店的满意度。

4. 在现场管理中,管理者必须深入了解员工工作中的精神状态,关心他们,爱护他们,针对性地解决员工工作中遇到的实际问题,让员工从中体会出饭店的核心价值与目标,从而提高员工的工作积极性。

5. 现场的随机管理只能在饭店发展机遇不错及运行环境良好的情况下才可取得良好的成效。在激烈竞争的环境下,饭店还应采取其他科学管理方法,才能最终取得成功。

6. 由于现场管理无法摆脱决策管理人员主观臆断的影响,无法客观、科学地按经济规律办事,使得管理的可靠性低,经营上所担负的风险大。因此,饭店在运用此种方法时,应提高决策管理人员的素质,使他们的知识能跟上时代的进步。

现场管理要求管理者根据自己掌握的知识与经验,在管理中及时发现问题,提出问题,并能针对问题提出实际的解决办法。随着现代饭店组织机构的扁平化,管理者与员工之间的关系由"管理者与被管理者的上下级关系"转化为"合作伙伴关系",使得现场管理显得更加重要。

(二)效率管理

效率管理是指饭店通过建立规范的管理系统提高饭店整体效率(包括生产效率、管理效率和服务效率等)和饭店的经营特色,从而达到饭店管理目标的一种管理方法。效率管理是饭店专业化管理的一种体现形式。效率管理的内容包括三个方面。

1. 计划管理

通过制定详细的生产服务和销售计划、明确饭店和各部门的经营和管理目标来提高饭店总体效率。

2. 规范管理

饭店通过建立或完善金字塔型组织结构(一般包括职能部门——前厅部、客房部、餐饮部、娱乐部等和行政部门——工程部、市场销售部、财务部、人事部等),以及制定或完善饭店的管理规章制度和岗位职责,规范服务操作流程与质量衡量标准来达到管理规范和管理效率。

3. 效率控制

通过标准化、程序化操作和对饭店产品的质量保证以及销售和服务承诺,达到饭店产品生产和服务的效率控制。

(三)目标管理

目标管理是指一种能使组织中的上级与下级一起达到组织的共同目标,并由此决定上下级的责任和分目标,同时把这些目标作为经营、评估和奖励每个单位与个人贡献的标准的程序和过程。重视人的因素及建立目标链与目标体系是目标管理的实质;多劳多得、贡献大则受益大是目标管理的基础;目标管理的工作核心是各部门、各班组分别根据本部门、本班组的实际情况,根据饭店的总体目标及各部门的自定目标、计划制定自己的目标与具体的行动计划。

目标管理在饭店运用中应注意以下几个问题:

1. 组织目标是共同商定的,因此应根据组织的总目标决定每个部门以及每个人应担负的任务、责任以及应达到的分目标。

2. 饭店应以总目标和分目标作为部门、班组和个人任务和考核的依据,饭店的一切活动也应围绕着这些目标,并使员工由履行职责变为达到目标。

3. 由于目标管理的管理机制、工作方法与工作程序比较复杂,如果饭店员工的素质不高的话,就不易做到。因此饭店在运用此种方法时,应重视提高员工的素质。

4. 饭店运用目标管理方法时,若饭店各部门的协调、控制不好或是放任自流,容易造成饭店不平衡发展甚至管理失控。

(四)成本管理

成本管理是指饭店企业根据市场需求和饭店自身状况,制定相应成本计划,对各项物资进行成本核算,采用科学方法寻求控制和降低成本的途径,以提高饭店的经营利润。在饭店发展的任何阶段,效率、成本和质量都是饭店成功的三个基本要素,高效、价廉和物美是市场竞争的三大武器。成本管理的内容包括四个方面。

1. 成本的计划与核算

饭店根据接待计划制定相应的成本计划,并对每项物资进行成本核算,逐项分析成本构成,以便寻求控制和降低生产成本和销售成本的途径。

2. 成本中心的构建

饭店在分析本饭店为提供服务或产品而发生的各项成本消耗状况的基础上,设立合理的成本中心,以明确饭店内各部门的成本责任,达到控制饭店内部各项成本的目的。

3. 构建利润中心

饭店根据各盈利部门的运营状况,建立有效的利润中心,实行这些部门(事业部)内的利益负责制,鼓励饭店内不同利润中心之间的合作与竞争,并在此基础上总结并传播各利润中心的成功经验,达到提高饭店总利润的目的。

4. 构建成本控制体系

饭店一方面通过强化全体员工的成本意识来达到控制成本的目的,另一方面通过成本—效益分析,分析顾客从特定成本(或有附加值的价格)中获得的利益与支出之比;若顾客并未从饭店为他们提供的新产品或服务中获得满意,那么就得考虑减少由于提供新产品或服务而增加的成本消费,以实现饭店和顾客的利益最大化。

成本管理方法在现代饭店中的应用方式主要有两方面。

1. 连锁经营

连锁经营是"一种营销或分配系统,连锁经营者授予某饭店一种权利,它可以在某特定的时间与特定的地点根据连锁经营者的准则经营业务"。采用连锁经营的饭店可以通过规模大的优势,减少单位产出的运行成本。例如,世界著名的假日集团就是通过连锁方式扩大其规模经营来降低建筑成本、人力资本和每间客房运营的成本;最佳西部饭店集团采用大量购进及同享项目如保险、融资、信用卡折扣、管理合同及职业培训等来减少成本;希尔顿饭店集团也是通过大量采购的方法来控制成本,在希尔顿集团内,包括火柴、瓷器、肥皂、地毯等21项物品都是大量采购,这样不但可以节约成本,而且制造商可以根据饭店的特殊标准来生产这些物品。

2. 价值工程

价值工程是指饭店在对某产品进行价值分析与功能评价的基础上,在不影响产品原有功能的前提下,排除该产品生产、营销各个环节中不必要或可节省的成本费用而进行的生产、经营管理技术及其实施方案的总称。

价值工程方法在饭店中的应用包括:

(1)确定饭店价值工程所要达到的目标及其研究对象。饭店价值工程所要达到的目标,就是提高产品的价值,增强饭店产品的市场竞争力。饭店价值工程所研究的对象就是饭店具体的产品及影响该产品价值的有关因素。

(2)收集有关的情报资料。一是收集本饭店的基本情况,如经营方针、接待能力、质量统计、顾客意见等;二是收集被列为价值工程对象的产品的技术经济资料,如产品成本构成、库存状况、利润等;三是收集国内外同行生产同类产品的有关技术经济资料。

(3)价值分析与功能评价。通过价值工程产品对象的功能价值来衡量价值工程的可改善程度(潜力)或经济效果。

目前现代饭店的成本管理更多是体现在对质量成本的管理上。质量成本有两个方面:一是因产品质量问题而产生的一切费用,即质量问题成本;二是为保证和提高产品质量所支付的费用,即质量管理成本。质量管理成本包括检验成本和预防成本。质量问题成本包括内部事故成本和外部事故成本。饭店应采取各种措施如提高员工的总体素质、授权、组织扁平化等来降低质量管理成本和质量问题成本,提高饭店的竞争力。

(五)战略管理

战略管理是对饭店战略的选择分析、制定、实施和评估的连续过程的总称。战略管理的内容包括:战略制定、战略实施和战略评价。

1. 战略制定

战略制定包括确立饭店任务、认定饭店的外部机会与威胁、认定饭店内部优势与弱点,建立长期目标,制定可供选择的战略,以及最后选择特定的实施战略。

2. 战略实施

战略实施要求饭店树立年度目标、制定政策、激励员工和配置资源,以便使饭店制定的战略得以贯彻执行。

3. 战略评价

饭店根据实施结果,重新审视饭店外部与内部因素,对实施的战略进行适当的调整,并根据饭店最后的业绩度量,分析存在的偏差,同时采取相应的纠正措施,以使战略管理达到饭店预期的目标。

战略管理方法在饭店中的应用主要体现在三个方面。

1. 经营分析

饭店在分析宏观经营环境,包括社会文化、政治、经济、科技、环保等,分析微观行业环境,包括顾客、竞争对手、供应者及饭店内部的各方面因素的基础上,找出饭店发展机遇,认真对待可能出现的威胁,确定相应的战略。如位于阿联酋的迪拜饭店,是一家将高消费群体作为目标市场的高档次饭店,饭店建有水下海鲜馆,世界最大的大厅,高达水面200米的餐馆,其套房一晚的收费高达15000美元。这一经营战略与目前世界饭店业的总体潮流(发展中、低档饭店为主)格格不入。而这家饭店的创办人就是基于"目前仍有需要这种高消费、高享受的顾客群体,这座饭店正是为他们而建"的经营分析而兴建此饭店的。

2. 竞争分析

饭店在分析、比较竞争对手之间的优劣势及研究顾客的需求变化的基础上,结合本饭店的自身优势和劣势,制定出相应的战略竞争手段。如英国爱尔兰农村有一家只有四十间客房的小旅馆,这个旅馆的客房清洁、雅致,供应优质食品和饮料,但客房中没有电话,只有窄小的床,但客人却趋之若鹜,其价格甚至比城镇内有电话、有娱乐设施的饭店还略高一些。究其原因就在于这家旅馆的业主通过分析,认为这个旅馆可出售许多别的旅馆无法出售的东西,那就是"没有东西"。客人在这个旅馆里可以享受与世隔绝的乐趣,他们不必接电话,不必每天去打网球或高尔夫球,而可以品尝佳肴,舒适地休息。

3. 战略重组

饭店根据自身发展制定饭店的独具特色的经营战略(如成本领先战略、差异经营战略、专一经营战略、国际化战略等)和中长期发展战略,并能够灵活运用这些战略,使饭店立于不败之地。

(六)柔性管理

柔性管理是指企业以管理信息系统为基础、以市场为导向进行产品设计与开发,提供服务方式反应迅速的一种灵活管理方式。柔性管理是以权变管理和系统管理为理论基础的新管理模式。柔性管理所依托的柔性组织是一种结构扁平的、外部导向的灵活组织,这种组织强调信息沟通、网络化结构和快速反应。柔性管理的内容包括特色产品(服务)、柔性生产、柔性组织的人性为本。

1. 特色产品(服务)

饭店的特色产品来自于顾客的需求与指导。由于顾客要求产品应有更多的选择性,要求产品和服务具有个性化和特色化,为了能够满足和适应顾客的这种需求,让顾客指导或参与多样化、特色化和个性化的产品设计与开发,就显得非常重要,这样饭店才能开发和推出顾客所需的特色化和个性化的系列产品(服务)。

2. 柔性生产

随着计算机的发展和应用,饭店应借助计算机的功能,按顾客需要及时提供个性化的产品和服务,提高顾客的满意度。

3. 柔性组织

饭店在产品特色化和生产柔性化的基础上,还应改变饭店的管理哲学、组织结构和市场网络,使饭店组织成为柔性组织,适用于饭店组织的柔性组织有整体性组织、不规则组织、双模式组织和虚拟组织等。

4. 人性为本

人性为本的目的是发挥人的创造性,调动人的积极性。饭店可采取尊重人性的工作方式如弹性工作、远程工作和灵活工作等,以及尊重人性的管理思想如合作关系、伙伴关系、平等关系、对话式工作关系、奖励措施等来提高员工的积极性。

柔性管理方法在饭店中的应用包括三个方面。

1. 管理信息系统

管理信息系统利用现代信息技术,将饭店的各种管理职能和管理程序输入电脑数据库,实现计算机化管理。管理信息系统在管理中将实时采集饭店的各种管理和经营信息,包括采购、生产、销售、库存、服务、市场行情、管理规定、程序、人员、财务、公共关系等方面的信息,为饭店管理和经营决策提供依据。如里兹—卡尔顿饭店集团正在安装一个可记录客户喜好、需要并自动把信息传送到世界各地的知识型系统。该系统可获得很多关于客户的信息,并能把新的信息投入到新的经营管理和服务中去。这种系统能够使饭店更好地满足顾客的个性化需要。

2. 柔性制造和敏捷制造

柔性制造是指饭店按照顾客需要提供产品的一种服务方式。即顾客可以提出或与饭店商定其所需产品的要求,饭店按顾客的要求设计出满足顾客需要的产品。饭店除进行柔性制造之外,还需要迅速组织饭店内部和外部的资源,提高饭店在不可预见的、多变的环境中的生存能力,并开发出针对特定市场的、以知识为基础的、以服务为导向的产品。如顾客可以通过计算机设计自己喜欢的菜单,然后在计算机内显示可能会出现的菜肴的最终结果,可让顾客根据自己的感觉进行确定,直至满意为止。这种根据顾客需要而设计的产品,其价格在很大程度上取决于其知识含量和顾客满意程度,成本不再是此种产品确定价格的重要因素。

3. 跨部门小组

一些饭店采用跨部门工作小组来进行管理，这些跨部门工作小组是相对独立的，它对自己的工作业务全面负责，小组成员相互合作，自由交流，以最大限度地满足顾客的需要为己任。饭店可根据管理和经营的需要，或根据市场和顾客需要确定小组的形式。如饭店根据接待计划和任务，尤其是 VIP 的接待，可临时组建一个涉及饭店所有部门的 VIP 接待小组，负责 VIP 的各项事务，包括客房、餐饮、娱乐、保安等要求，确保 VIP 接待工作的顺利完成。

(七) 知识管理

知识管理就是通过知识的创造、识别、共享和利用，最大限度地满足顾客需要，提高竞争能力，增加市场价值。知识管理要求实现组织的知识共享，充分发挥集体智慧和知识的作用，提高创新效率和饭店竞争力，以实现饭店的战略目标。知识管理的内容包括知识共享、学习组织、知识联盟和知识分配。

1. 知识共享

知识共享分为饭店内部的、饭店之间的、饭店与外界的三种。不同类型的知识共享的作用、条件和问题不同。饭店在实施知识管理时，应考虑与谁共享知识、共享什么知识、如何共享知识、是否要共享知识等。同时还应考虑饭店文化、相互信任程度、饭店信誉、社会环境、个人价值观、管理者素质、信息和知识基础设施等制约因素，以提高知识共享的有效性。

2. 学习组织

组织学习可分为饭店内部学习、饭店间相互学习和饭店系统学习三个层次。常用的组织学习方法有自我超越、团体学习、系统思考、单回路学习、双回路学习、干中学、交互学习等。饭店通过组织学习成为学习型组织。学习型组织具有六个特点，即具有共同接受的远大前景；具有极强的团队意识；人性化组织；学习性创造；对新知识非常敏感，反应更加快捷；学习是自愿的和持续的。里兹—卡尔顿饭店强调团队是个学习协作组织，在每一个团队中，人们不分等级，彼此信任，共同承担责任，形成一种不断从外界吸收知识，共同学习提高的工作环境。

3. 组织联盟

饭店通过建立知识联盟，使自己能够获得其他组织的技能和能力，并且可以与其他公司合作，创造新的能力。

4. 知识分配

饭店首先应把知识视作资本和资源，其次是对知识资本进行评估和管理，如对品牌入股、知识入股、技术入股、品牌特许经营、品牌特许生产、知识产权转让等的价值确认；再次是将知识分配作为饭店分配的一种形式，而且成为对员工创造性贡献的奖励方式。饭店的知识管理分配制度是按贡献分配,包括按资本分配、按知识分配、按劳动付酬(包括奖金),而且知识分配的比例在增大。

知识管理方法在饭店中的应用包括五个方面。

1. 知识议程

饭店通过知识的创造、识别、共享和利用,最大限度地提高饭店的创新能力、赢利能力、竞争能力和市场价值。饭店知识议程的关键是利用知识改进服务,吸引更多的顾客。饭店在运用知识议程时需考虑所在地的经济发展水平、文化、地理条件和政治、社会条件等影响作用,以充分发挥知识议程的作用。一些饭店用 PMS 系统建立顾客的个人档案,饭店在顾客到达前,就能根据顾客档案中的有关信息提前做好接待准备工作。

2. 知识库

饭店将开发、产品、生产、销售、服务和管理等知识和信息输入电脑数据库,形成初步的知识库,饭店可利用知识库中有关饭店的知识、合作者的知识、客户的知识、人力资源管理、成功经验案例等有用信息进行服务和管理。目前一些大的饭店集团在其集团内部建立人才库,保证人才的需求,如希尔顿国际旅馆公司掌握着一个有 3000 多个"关键人物"的名单,他们分属 60 多个国籍,分布在世界各地的希尔顿国际旅馆中。

3. 内部网

许多跨国饭店集团利用其内部网,将分布在世界各地的分公司和合资公司联系起来,共享信息资源。如一些大型饭店集团建立的中央预订系统与饭店管理系统相连,使得集团内的饭店通过系统可以将即时更新的房态,迅速通达全球。

4. 知识联盟

饭店通过与其他饭店、顾客、供应商、工会组织、大学和其他机构等建立知识联盟,以获得对方的知识、技能和能力,促进双方创造新的能力。如锦江集团与瑞士洛桑饭店管理学院合作培养人才,来保证锦江集团的发展;英国信任之家旅馆与餐食集团公司在伊斯伯恩大学和阿斯顿罗旺特大学开办管理进修班等等,都是知识联盟的表现形式。

5. 知识主管或知识总监

饭店通过设立专职知识管理经理协调饭店的知识管理与发展战略,并通过制定和实施知识议程,最大限度地创造、发掘、利用各种知识,促进知识的学习和共享,培育创新文化,提高饭店的竞争力和市场价值。

(八)创新管理

创新管理是指对饭店的创新活动和创新能力的管理,这种管理包括技术创新、知识创新、服务创新、管理创新、制度创新等。创新不仅要把饭店的创新活动（产品研究与开发过程等）作为管理的对象，而且把创新资源、创新机制、创新能力作为管理的重要内容，并把创新能力视为饭店核心能力（核心竞争力）。创新管理的内容包括：独自创新、创新饭店、联合创新和创新文化。

1. 独自创新

饭店根据企业状况和顾客的需求变化，在饭店内部的不同职能部门开展创新活动。这种创新活动的主要特点是随机发生、分散进行、缺少协调、独立完成，因此很难造成巨大的影响。

2. 饭店创新

当顾客对新颖性、独特性产品要求呈持续增长时，饭店为了在快速创新的市场上取得主动，应率先把创新作为饭店发展战略的重要组成部分，把创新能力视为核心能力和核心竞争力；制定创新战略，协调饭店各个部门的创新活动，实施全面创新管理，以提高创新效率和创新能力。

3. 联合创新

饭店的创新能力是有限的，市场对创新是无限的。尽管饭店在不断增加创新投入，但饭店的创新能力仍不可能完全满足市场的需要，面对这种局面，饭店之间只能加强创新合作，开展联合创新，共同面对市场。

4. 创新文化

饭店把创新变成饭店的灵魂，变为饭店文化的核心。饭店的全体员工，从上到下，都关心创新、尊重创新、支持创新、主动创新。饭店从精神、组织制度、人事制度到各个部门的管理，都体现了一种创新意识，鼓励探索、轻视失败、奖励创新成为饭店的基本观念和行为准则。

创新管理方法在饭店中的应用包括四个方面。

1. 设立研究开发管理机构

饭店研究开发活动是创新活动的主体，研究开发管理是创新管理的主要内容。饭店的研究开发管理机构可通过内部网络和外部网络，促进饭店与其他机构（饭店、大学、科研机构、社会团队等）间的知识共享，交流新思想、新知识，提高创新的效率。

2. 创新小组或创新团队

饭店可根据本饭店的情况，设置各种创新小组，创新小组的成员来自企业的不同部门，小组由总经理直接领导，以保证创新所需要的各种条件的落实。这种创新小组具有较大的自主权，能够很好地发挥成员的创新能力。

3. 创新基金

饭店内部可设立相应的创新基金，用来支持员工的自发创新项目。一些饭店根据员工创新给饭店带来的利润多少来决定员工的奖励金额,以鼓励员工利用工作之余,不断为饭店提出创新方法和措施,提高饭店的运营水平。

4. 管理创新

饭店的管理创新就是指以管理者为主体,贯穿饭店管理全过程的综合创新活动。它主要包括观念创新、组织创新、技术创新和制度创新。

(1)观念创新(经营理念创新)

观念创新是管理创新的前提。观念创新要求饭店人员具有领先时代的经营思想,即在饭店中推行新的经营理念、新的经营策略及思路,从饭店设计、建设、经营开始到日常管理和服务,都能体现出创新的理念和思想。

(2)组织创新

组织创新是管理创新的实现条件,组织创新包括组织机构的基本形式的发展,集权分权的新方式,组织机构中信息网络架构及人际关系安排等。

(3)技术创新

技术创新是指一种新的生产方式的引入,即饭店从投入到产出整个产品生产过程中所发生的变革。其内容包括饭店自行开展基础理论与应用研究去开发新技术,根据研究成果去开发新产品,对开发的新产品进行商品生产,以新技术与新商品去开发新市场。

(4)制度创新

制度创新就是把观念创新、组织创新和技术创新活动制度化、规范化。制度创新包括管理方法手段的创新、管理模式的创新(即饭店管理综合性创新)、饭店内部的各类管理制度创新(如人事制度、工资制度、财务制度、店规店纪、领导制度等)。

(九)计算机管理

1. 饭店计算机管理系统的应用

目前国内外现代饭店计算机系统应用大体可以分为两大类:一类是全电脑化管理系统,另一类是局部电脑化管理系统。

(1)全电脑化管理系统

主要集中在国外一些大型饭店,例如目前有美国、加拿大、欧洲等 3500 家大型饭店采用 Micor 电脑系统进行全电脑化管理,其中包括很出名的 Americana Hotels, Hilton Hotels 等。

饭店的全电脑化管理,包括了饭店各个部门的各项作业及所有服务项目的电脑作业和管理。它的功能包括前台作业与后台作业两大部分,前台与后台作业各终端工作站通过网络电缆与中央处理机连接构成整个饭店计算机管理的网络系统。

全电脑化管理的饭店网络系统是由许许多多终端机和中央处理机（中央系统）构成。而网络之间的各种信息存输则采用声音、数据、文本和图像通信等各种先进技术。

全电脑化的饭店管理在信息传递和管理上最为突出，其中一个项目就是饭店观察信息系统，这是一种双路的公用天线电视（CATV）系统，这种系统采用全信息段类型的形式传递。这种系统有的具有交互电文功能，它除了能提供广播、叫醒、付款程序计算、停止和解除服务、总电话费稽核、客房迷你吧物品消耗计算等一般功能外，客人还可以方便地利用每间客房中备有的键盘终端获得各类电文信息，如新闻、旅馆指南、交通信息等各类咨询信息，都可通过信息译码器显示在客房中的 TV 屏幕上，客人也可以在房内利用键盘终端检视自己的消费账目。这种饭店观察信息系统，已经在日本大阪的 Miyako 等数十家旅馆中得到应用。此外，饭店的信息传递可以允许各餐厅服务员利用键盘终端输入顾客所需要的各种点菜单指令，这些点菜单指令通过网络传递到厨房，并在厨房的打印机终端打印出来，从而提高处理订单、进行信息传递的速度。

全电脑化管理系统使饭店的大部分作业工作（如提供给客人的各种问讯、订房与排房、收款与仓库管理、设备检测等）和信息处理工作（如各种账单、菜单的传递，旅客资料处理等）用电脑代替，从而节省大量人力并使其营运速度加快，可靠性和准确性加强。全电脑化系统使饭店所有的信息资料具有共享性，总经理只要在总办的终端工作站通过键盘就可查询任何时候的客房预订、当前客房出售、餐厅营业及客人资料等信息情况，客房部人员通过客房部终端工作站的键盘就可查询仓库客房用品的库存以及洗衣房客房用品的准备状况。资料、数据的共享性使饭店的工作效益大大提高并带来经济效益。

(2) 局部电脑化管理系统

我国使用计算机管理的饭店多数只是实行了局部电脑化管理。所谓局部电脑化管理，是指在饭店某些部门或这些部门之间进行联网式的计算机管理。我国目前多数饭店的计算机管理一般局限于前台的多数部门，后台的少数部门和某些特殊接口部分。在这些饭店中，有一半以上的饭店采用局部联机网络系统，也有不少饭店仅在某些部门进行单机（个人机）操作而没有形成网络。

前台系统主要功能是预订排房、入住登记、客账结算和信息查询。后台系统主要功能是办公室自动化和财务管理电脑化。除了以上两个主要功能外，局部电脑管理系统在饭店后台的运用还包括仓库物资管理、能源控制管理、车队运行调度、洗衣服务自动化等方面。

饭店电脑系统中的特殊接口系统一般指与电话系统相串联的系统。这种系统可以使电话总机的接线生，随时迅速地从电脑终端得知哪位客人在哪间客房内传唤，使其服务迅速有效。

由于饭店电脑系统的前台、后台系统以及特殊接口系统具有预订客房、住店登记、最优排房、客账结算、晚间审计、电话总机资料、自动报时服务、应收应付账项、工资结算、总账、仓库管理、销售分析、各种档案文件和管理资料处理等各种处理功能，并且处理快捷迅速，准确度高，从而使饭店能高效率地提供优质服务，并且使决策者及时掌握信息，把握时机，提高管理者的时间效能。尽管饭店电脑管理系统不能直接为饭店产生利润，但它对饭店经济收入的增加却起到不可估量的作用。它可使饭店的服务质量提高，使饭店的入住率提高，使结算客人账项中减少错误和遗漏，可以监视和管理成本与不合理开支，可以进行经济活动分析，辅助决策人员进行决策，从而间接地提高饭店的经济效益。

2.饭店前台计算机管理系统

现代饭店前台计算机管理系统由下列子系统组成。

(1)预订房系统

预订房电脑化是通过电脑订房系统来实现。饭店接受预订房时，不仅需要知道客人的姓名、抵店日期，而且需要预先知道他们所预订房间的类型、价位，以及住店的天数等等。因此，对于所有饭店来讲，用手工精确制作预订房记录是相当困难的。利用电脑订房系统，就可以轻易地解决这个难题。电脑的磁性储存芯片可以容纳千万个订房信息，这些不同类型的订房信息通过订房系统给予分类制成文档，并可根据需要进行更新、查询及印制。电脑订房系统除了能精确地制作饭店的订房记录外，还能为饭店各部门提供饭店住宿设施的利用状况和必要的咨询。例如，提供给营销部门有关客房市场咨询、市场业务分析资料，提供给前台作业人员有关客房的利用与分配信息，以满足顾客对饭店住房的需求，提高服务质量。

目前，电脑化订房系统的运用范围大致可分为三个层次：国际性订房网络、洲际性订房网络、局部性订房网络。

(2)前厅作业电脑系统

前厅作业电脑化，可使许多繁杂人工作业变成简单的电脑操作而提高服务接待能力。前厅电脑系统可以清楚地显示饭店各楼层的设施布置，各个客房的类型及情况，处理客房的分配以及客人住店登记，提供详细的报表，回答客人提出的各种查询，处理团队客人住店，客房的变换，等等。

前厅作业电脑系统的基本功能有下面几个方面：

①提供详细的住店客人名单及离店客人名单，提供详细的客房状况报告，自动印刷或临时印制登记卡，事先印刷或临时自动印制的客人记录活页，快速住店及离店手续处理，团体登记及特殊报表制作，简单账目之预付及结算。

②应付款之分配功能与应付款之控制及审核,出纳换班时之现款审核。完全自动的夜间审核。

③各种前厅报表制作,客人个人资料库处理,电脑门锁密码自动更新处理。

(3)电脑化客房管理系统

在客房管理方面,电脑系统的应用主要在于确立客房状况咨询的联系或沟通作业。电脑化客房管理系统可使客房部随时了解客房的最新状况,并将其输入中央记忆系统,而让前厅接待员随时知道有多少或者何种客房可供租用。他们可以在电脑终端机上非常方便地看出有哪些客房已经为到店的客人准备好了。

一般的电脑化客房管理,还包括:完整的客房状况报告,客房状况自动更新通知单,客房内应收费用记录(可转账至客人的住店账单上),客房维修通知单,以及客房用品仓储情况报表等文书作业。

目前,电脑在客房管理中的应用主要体现在以下三个方面:

①客房状况电脑监控。电脑检查或监控客房状况是通过客房状况电脑系统来达到的。客房状况电脑系统将客房部和前厅部联系起来,在他们之间建立起服务咨询流通渠道。借助电脑系统的联网作业,所有有关人员都可确实了解各个客房实际状况,因而可以顺利处理客房之订房、登记住店等业务。其他部门,诸如维修保养、运输接送,也可借助终端机的屏幕信息而了解各楼客房的实况。

②迷你吧电脑系统。近年来,国际上多数现代化旅游饭店的客房迷你吧几乎都已电脑化。迷你吧电脑化是利用饭店本身的电脑分配系统将客房内的消费立即传送到住店客人的账上。迷你吧电脑系统的软件程序和饭店电脑系统有着相同的界面,所以它不仅可以随时结算住店客人在其客房内的消费账,也可以印制各种报表,诸如销售报告、存货补充报告等。

③电脑化客房维修。借助电脑系统,客房部可将某一维修问题以叙述的方式输入电脑系统,再传送到工程维修部的终端上,工程维修部根据客房部提出的问题设定工作日程,依序实施维修。这样的作业方式可以省去许多口头或书面说明或面对面的沟通,因而获得更佳的时效。

(4)电话系统电脑化

电话总机是现代饭店进行通信联络的主要工具。电脑在饭店通信方面应用的最主要表现,是饭店电话系统与饭店的电脑系统、能源管理系统、火警讯号系统、视讯咨询系统的联网,即电话系统电脑化。电话系统电脑化是通过一种管理系统来实现的,电话管理系统除了具有原有的通话功能外,还能为饭店带来许多便利并为宾客提供许多更有效而直接的服务。

(5)电脑防火系统

电脑系统在饭店的应用为现代饭店的防火安全带来了较大保障。目前饭店使用的电脑防火系统具有以下几种基本功能:①测定与警报火灾的发生;②告知住店客人最佳的逃生途径;③为住店客人提供最大可能的逃生时间;④协助各种灭火设施发挥其最大的灭火功能。

普通的防火系统仅可作防火或警报之用。电脑化的防火系统在很多情况下,可作为饭店安全系统的一部分。因为它不仅具有上述四项防火功能,而且可在任何强行侵入者进店时发出警报,还可处理能源管理方面的问题。

电脑化防火系统在硬件设施中具有核心地位的是"中央控制板",它可以和火灾测定与控制装置直接联网,从而发挥中央控制功能。

(6)电脑门锁系统

客房门锁和锁匙的管理与住店客人的财产和人身安全有直接的关系。其中最让饭店管理人员烦恼的问题是由于客房锁匙的被窃、遗失和被复制所引起的一系列不安全因素。对门锁采用电脑化管理系统——电脑门锁系统,可以免去饭店管理人员的烦恼,确保客房之安全。

电脑门锁系统的安装通常分为两类,一是独立运作,二是直接与饭店的中央处理机联网。无论是独立的或者联网的,门锁本身的程序都可以重新制订。开启此种程序锁的工具则为锁匙卡片和复制锁匙两种。

(7)客房保险箱电脑系统

近年来,很多饭店都在其客房中设置客人自用的小型保险箱,并采用电脑系统以确保其安全。所谓保险箱电脑系统是由住店客人自行设定六位数字的密码程序。客人离店后,通过中央控制系统可以取消其设定的密码,回到空档,而使下一个入住的客人再自行设定密码程序。此外,客房内的保险箱也可和警报系统联网,如有外人擅动保险箱,警报系统会自动发出警讯。

(8)电脑化会议管理系统

会议、婚庆、集会等大型活动的促销、组织与服务在现代饭店的经营管理中是极为重要的。现代饭店的计算机系统网络中,经常设置一专门的系统来处理此类活动。这个系统有时称为会议管理系统,有时也称为宴会管理系统。一个典型的会议管理系统功能包括:查询、会议文档、员工组织、活动或节目表编排、报价及销售预测、登记、出具发票、销售账制作等等。

3.饭店后台计算机管理系统

现代饭店后台计算机管理系统主要由下列子系统组成。

(1)电脑化能源管理系统

现代饭店电脑化能源管理系统可以解决现代饭店中能源管理方面的诸多问

题,保证饭店正常运作所需的能源供应,使能源的消耗量尽可能维持在一个最低的程度。

①客房室温控制。通常将饭店的每一间客房的温控装置与饭店的中央处理机联网,使每间客房的室温受中央处理装置控制。没有租出的空房在电脑控制下会自动关闭其暖气或通风装置,从而节省大量的能源费用。空房租出时,总台人员经由电脑网络启动室内空调装置,而不影响客房的气温调节。由于电脑的中央处理机使用的感测器无间歇地监视每一客房室温状况,联网中某一客房室温低于预定的程序,电脑会自动地开启暖气装置。装设在客房墙壁上的感测器经由电话线路与客房部的电脑联网,客房服务人员通过终端机可以确切了解任何客房任何时间的实际室温状况,随时采取应付措施,避免住店客人对其室内气温产生任何埋怨。

②公共场所气温控制。饭店里的公共场所或公共活动区域通常是指走廊、大厅、前厅、餐厅、酒吧、舞厅、咖啡室、会议室等。这类场所的气温控制系统一般采取微处理的中央管理方式,并由电脑系统设定程序,用以确实监控各个场所的气温,随时施行调节而求达到节省能源之目的。

(2)电脑化财务管理系统

现代饭店电脑化财务管理系统可以迅速、准确、有效地处理饭店运作中所有的财务、会计、成本核算、审计等方面的事务。

①采购账务。电脑处理采购账务主要用于支付供应商的货款。电脑处理的采购账款列有供应商的详细记录,以及饭店和他们结账情形的说明。所有采购的物品均经分类统计后再作分析,以便制作采购报表。此外,电脑系统还可以依据采购账务的资料,自动制作支票给付供应商货款。

②销售账务。对于多数住店客人而言,他们在住店期间的消费以记账或使用信用卡为多。电脑可以通过各销售点的终端机录入各消费者的账款及有关信息资料,提供账务报表及发票,分析所有的现金收入及销售额,制作销售报告。销售账务系统与总台电脑系统联网,可自动录制客人账户;与信用卡控制系统联网,可以达到信用卡账户控制。

③财务账务。电脑处理财务,可以提供科目设置、凭证处理、日处理、月处理、年处理、银行对账、查询、账单打印、报表输出等功能。通过与前台各电脑系统联网可自动生成营业收入、应收账、原材料、成本、费用和资金的记账凭证,自动完成凭证打印汇总、记账、打印账单、输出报表等等,最大限度地提高工作效率。

④成本核算。利用电脑对饭店一定期间内的经营费用进行归类和分配,计算客房、餐厅、商场等各部门产品(房间、食品、商品、酒水等)的总成本和单位成

本。由于信息能及时反馈,有利于各级管理人员对成本的控制。成本核算系统功能有:数据自动采集、成本计算、查询、输出报表、成本结转等。

⑤财务收款。每日或每班次客房、餐厅、商场等部门的各项营业收入均需经此系统处理。财务收款系统的功能有:收款核对、夜间核算、输出报表等。各部门的缴款员到财务部交款时,财务收款员通过电脑网络调出该部营业收入信息,与实交的现金、支票、信用卡或签到复核,确认后信息自动转入该子系统。在夜间核数时,能自动按会计科目分类、统计、汇总,当晚即可输出当天各类营业日的报表和分析报表。这些报表包括:客房租费率表、客房分配表、客房费率调整表、客房分配调整表、结账离店客户报告、订房而未住店的客户报告、当天营收报告、存款报告、订房取消报告、客店维修费用报告、客户类型分析、团体客户名单等等。总经理室和各部室的电脑也可以立即查询有关信息,同时为财务账务系统加工和存贮提供记账凭证的有关信息。

⑥预算和预测。联网后的电脑可以存储大量的预算资料及各种预算结果。当印刷概算报表时,它可将任何预算或其结果的数目字与去年的数目字进行比较对照。它也可以和电脑系统中的绘图联网,而将现实的预算情况用图形或图像表现出来,管理人员可以从实体的视觉中了解目前预算的实际情形。电脑化预算系统也可以在一定程度上帮助会计人员监控并保证饭店财务的稳定性,评估饭店的经营效益。

(3)人事工资管理系统

电脑化的人事工资管理系统提供包括员工档案建立、员工变动情况记录、考勤管理、工资计算、工种作业分析、劳动效果分析、员工需求分析、奖惩管理等功能。系统通过网络收集各部门员工考勤信息,自动进行工资计算。每月利用财务账务及其他系统的有关信息,对各部门的劳动生产率、出勤率、人员编制进行分析,有效地对人力资源进行管理。

(4)物资库存管理系统

电脑化的物资库存管理系统提供包括食品、商场、用品、五金等所有仓库的管理功能和库存业务、库存控制、出入库管理、财务查询、输出账页报表、打印订货合同等功能。利用此系统每天把各部门包括食品材料、酒水、商品的实际成本、物料用品、修理费等营业成本的清单打印出来,供成本核算用;同时运用现代管理科学的方法,如 ABC 法等对各类物资进行管理,把库存量控制在最低而合理的限度内,减少积压,加快饭店的资金周转。

案例与习题

一、案例

1. 现场控制也要掌握技巧

巡视是基层管理者每天的职责,他要通过巡视发现问题和纠正问题以提高饭店服务工作的质量。

这一天,餐厅经理赵宝元向餐饮部经理汇报了近期工作后,他们一起来到餐厅巡视。时间还早,客人寥寥无几,赵宝元看了看桌椅和餐具,横、竖、斜都在一条直线上,感到很满意。而后他又将视线转向周围站立的服务员,个个笑容可掬,站姿标准。

两人走出餐厅交换意见,赵宝元不无得意地问:"经理,您觉得这个餐厅的工作怎么样?"餐饮部经理听出话音,反问道:"你看呢?"接着,餐饮经理对小赵说:"巡视是现场控制,它是直接检查目标执行情况的手段,及时发现问题,及时纠正并引起大家重视,实现目标才有保证。然而,怎样才能准确地发现问题?我看你刚才是先把眼睛盯向餐台,然后才去看服务员,你知道吗,当我们刚进餐厅时,有三个服务员正在那聊天,见你进来后马上散开了,所以你再去检查服务员时,个个合乎标准。"

"哦,我明白了。"赵宝元抬起头,望着餐饮部经理说:"巡视也要讲究方法,否则发现不了问题。"

餐饮部经理点点头说:"就这种类型的巡视而言,应该先看面,后看线;先看动,后看静。"

赵宝元由衷地说:"经理,我真佩服您。您看那3名聊天的服务员应该怎么办?"

经理说:"那就是你权力范围内的事情了。"

分析:现场控制就是在执行计划的过程中,各级主管部门按照事先规定的标准直接对计划的执行情况进行现场监督、检查和指导,随时纠正偏差。

现场控制的特点是及时发现并纠正问题,把给饭店造成的损失降到最小。为此,在实施现场控制时,第一,要掌握检查技巧,如案例中的餐厅经理赵宝元就因缺乏技巧未能发现问题,而餐饮部经理则因掌握了技巧,所以能够很敏锐地发现问题;第二,在实施现场控制时,发现问题后要注意处理技巧,并遵循统一指挥的原则。在实际工作中常常出现这样的情形,某部门经理,甚至总经理巡视饭店时发现问题,当即代替当事人的直接上级作出处理决定,这种做法违反了统一指挥的原则,形成了多头领导以及限制了下级管理人员能力的发挥。案例中餐饮部经理让赵宝元自行处理三位聊天服务员的做法是可取的。

2.吃自己钓的鱼

每年慕名到洞庭湖的风月酒楼的食客们都是冲着"全鱼席",湖鱼也就自然成了酒楼的经营主题。

在风月酒楼的后面有一个面积近100平方米的钓鱼池,鱼在池内尽情地游荡,红眼睛的金钱鲤、吐气泡的桂花鱼、懒洋洋的大个鲢,都攒足了劲与垂钓的客人捉迷藏。

客人驱车或徒步来到酒楼后,并不是忙于进厅堂。先上钓鱼台茶座小憩,品一品清纯香甜的君山银针茶,看一看美不胜收的洞庭湖。然后到餐厅接待处租一副钓鱼竿——最先进的西德"钓王",亲手往鱼钩上挂一块鱼饵,或是蚯蚓,或是肥肉,这时自然会有懂行的服务生为你讲授垂钓技巧,即使你不识鱼经,初次下"海"也全然不用担心"劳而无获"。

将"战利品"送到过秤台,过秤付款。抬头便见当日农贸水产市场的最新牌价,秤是实足标准,该付多少钱,客人一目了然。付款后,将鱼交给服务员,详细说明你的烹制要求,喜好咸还是淡,放不放辣椒,煎还是炖,焖还是炒,留不留鱼头,要不要放醋……餐厅可以根据顾客提出的要求,烹制出不同风味的美食,只收20%的加工费。即使运气不佳,总也钓不到自己想要的鱼,也不会受到"钓不到就别吃"的"惩罚",餐厅的水族馆内养着不同品种的鱼任凭挑选。当然,体会不到"垂钓丰收"的乐趣,游客们大多不会罢休。不少顾客就是冲着这一份"自食其力"的乐趣而来,而且另一个吸引人的地方就是:只收加工费,真材实料,绝对可靠。

分析:这家酒楼将娱乐与饮食结合在一起,在钓鱼中,客人既能自我娱乐,又能享受自己的劳动成果,还可根据自己的偏爱享受"成果"的美味。这种灵活的生产方式自然吸引许多客人前往。

二、习题

1.现代饭店管理有哪些基本原理?如何在饭店管理中应用人本原理?
2.以科学管理理论为基础,分析说明饭店的岗位管理和程序管理。
3.以行为科学理论为基础,分析说明饭店的人力资源管理。
4.以微观服务管理理论为基础,分析说明饭店服务的个性化管理。
5.分析说明饭店管理的基本方法在饭店管理中的作用。
6.怎样在饭店中应用目标管理?如何理解柔性管理?
7.现代饭店前、后台计算机管理系统有哪些主要功能?

第三章 现代饭店经营策略

学习目的

通过本章的学习,掌握饭店产品策略、价格策略,掌握市场开发与竞争策略,熟悉饭店营销的概念,掌握饭店营销策略。

主要内容

- 产品策略

  保持产品的固有特色策略　扩大或缩小经营范围策略　高档或低档产品策略　产品开发策略　组合产品策略　拆零产品策略

- 价格策略

  以需求为中心的价格策略　以顾客的满意程度为准则的价格策略　相对稳定性和相对灵活性的价格策略　针对顾客心理的价格策略　按不同对象设置不同的优惠价格策略

- 市场开发与竞争策略

  市场开发　市场竞争　市场竞争对弈策略

- 营销策略

  营销与饭店营销的概念　饭店营销策略

饭店经营管理活动需要策略,饭店经营管理策略与饭店经营管理特点、饭店经营管理思想和饭店经营管理目标直接相关。饭店经营管理策略包括产品策略、价格策略、市场开发与竞争策略和营销策略。

第一节　产品策略

美国著名营销学家卢西乌斯·布默说过,"首先使产品过关,然后再大批量出售"。产品质量的好坏是产品销售好坏的基础。对于饭店而言,高质量的产品就是高质量的服务,而高质量的服务就是饭店产品营销的关键。饭店产品的经营策略大体包括下列内容。

一、保持产品的固有特色策略

创造和保持饭店的固有特色是招徕顾客、促进营销的重要手段。建立饭店的特色通常表现在四个方面。

1. 饭店外部结构和所反映的文化内涵。包括饭店建筑的形状和高度、外部装饰、与周边环境的反差及和谐。

2. 大堂的格调和所反映的文化氛围。包括大堂的大小、格调与特色、所突显的文化内涵等。大堂的格调和所反映的文化氛围有时比饭店外部结构更能使顾客留下深刻的印象。

3. 客房的特色。客房是饭店的关键产品,现代饭店的客房基本上都是标准化,它的特色主要反映在客房的主题文化显现和客房的设计风格、装饰格调、家具款式和特色等方面。

4. 餐饮特色。餐饮是保持饭店地方特色的重要方面,主要体现在菜品的特色,包括菜肴的品种和色香味形;餐厅的特色,包括餐厅的设计风格、装饰格调,餐厅所显现的文化氛围;餐饮服务方式和服务程序等等。饭店独特的、具有本地特色与民间风味的食品和饮料,是创造饭店特色,招徕客人的重要手段。

在竞争激烈的今天,保持饭店产品特色的原则是:你无我有,你有我新,你新我奇。例如,上海静安希尔顿酒店与上海宾馆是两家毗邻的现代饭店,但由于它们的产品特色不同,前者是五星级饭店接待豪华型客人,后者为三星级饭店,接待普通型客人。因而在产品销售中就避免了相互的竞争。

二、扩大或缩小经营范围策略

扩大或缩小经营范围策略都属于饭店的产品策略之一。饭店产品经营范围的扩大和缩小,取决于饭店市场的需求。例如,饭店商务客人和高端客人增加,对饭店商务楼层客房需求量增大,则应扩大商务楼层产品的经营范围和数量,以满足市场的需要;又如,饭店同时开设有中、西餐,在某段时期内由于客源问题,中餐供不应求,而西餐却生意淡市,此时则应作局部调整,扩大中餐餐位量,缩小西餐经营量。

三、高档或低档产品的策略

高档产品的策略,就是在现有产品的基础上增加高档、高价的产品,采取此策略的原因是:(1)市场对高档产品的需求量猛增;(2)饭店准备提高声誉,进入高档饭店业市场。采取高档产品策略有一定的风险性,原因是:(1)消费者不一定相信原先提供低档服务的饭店有能力提供高质量的服务;(2)饭店员工本身也不一定具备相应的高档服务水平。因此采取高档产品策略时应十分慎重。

低档产品策略就是在高价产品中增加廉价的产品。采用此策略的原因是:(1)市场上急需低档产品;(2)吸引低消费顾客;(3)高档产品市场发展缓慢;(4)高档产品市场竞争激烈。采用低档产品策略同样也有风险,它可能会使饭店原来树立起来的声誉受到影响。但是,若处理得好,则可促使饭店获得更大的盈利。因为在高价产品中增加低档产品,可以拓宽消费口径,吸引不同消费等级的消费者,保证有较高的购买率而提高营业额。

四、产品开发策略

饭店产品开发策略包括两个方面。

1. 老产品的开发

指在原有产品的基础上减低产品成本,提高产品质量,使老产品在市场营销中更具有竞争力。可采取服务方式变更、楼面改造、增加服务附加值等方式提升原有产品的销售量。

2. 新产品的开发

新产品开发包括诸如对度假客人增设适应现代化生活所需要的各种娱乐、健身、运动等消遣性服务;在客房开设客房设施设备、家具、各种物品零售服务项目;对商务、会议客人提供打字、录像、速记和秘书等特殊的服务;对带婴儿的夫妇提供婴儿看管服务等等,以满足各种客人的需要。许多现代化饭店或饭店公司所经营的产品范围已远远超出传统饭店产品范围,这些都是开发新产品的成功范例。

五、组合产品策略

所谓组合产品,就是把两个或两个以上的产品组合起来,以一个价格销售给顾客,达到吸引不同顾客对象的目的。

1.饭店根据企业销售的需要,针对顾客对象、饭店产品和服务特色,开发各种受顾客欢迎的组合产品。根据顾客类别,常见的组合产品有以下几种。

(1)公务顾客组合产品。公务顾客往往需要一些特殊的服务,饭店将几天的住宿和特殊服务组合起来提供顾客而形成公务顾客的组合产品。例如,某饭店为高级公务人员提供2288元的组合产品,包括豪华级客房两夜三天的住宿,免费在客房供应一篮水果,迎宾时免费提供饮料,免费在客房中使用煮咖啡和烧茶器皿,免费使用小型会议室和投影仪器及康乐中心的设备和器械,免费参加酒吧娱乐活动和迪斯科舞厅活动,延长住宿期房租减价,免费送顾客去某旅游点游玩,结账时间适当拖晚不另收房租等。这些组合产品不仅能使顾客享用免费的设备和服务,而且还使顾客节省费用。

(2)会议组合产品。会议组合产品一般包括会议厅的使用,会议休息时间点心和咖啡的供应,会议设备如幻灯、投影仪、放相机的使用,以及会议期间的工作午餐。如某饭店的会议组合产品包括以上组合,以每人335元一天的价格售于市场,如果会后留宿,客房价格优惠。有的会议组合产品中还包括饭店为会议提供一些会议秘书服务、会议协调服务等。

(3)家庭住宿组合产品。这类产品强调产品的经济性和价值,以吸引家庭游览的顾客。产品中应包括一些为儿童提供的娱乐和优惠。例如,拉玛达饭店家庭组合产品中包括:双人间客房供全家住宿,儿童与父母同住加床免费,提供看管儿童服务,儿童免费使用康乐设施和游戏室,免费组织顾客去动物园和花园游览,餐厅提供半分量菜单和儿童用餐的高椅。

(4)蜜月度假组合产品。蜜月度假产品应该精心设计。比如有个饭店的产品包括:一间布置漂亮的、安静的洞房,免费提供床前美式早餐,免费奉送香槟酒,客房供应鲜花、水果,免费飞机场接送,免费熨烫衣服。

按顾客类别设计的组合产品还有很多,如老年公民组合产品、当地居民组合产品、青年人组合产品、喜宴婚礼组合产品等。总之,饭店根据自己希望的目标顾客类别,在组合产品中提供满足目标顾客需要的设施和服务,根据顾客的心理制定一个综合包价而形成不同目标顾客的组合产品。

2.饭店出于销售上的需要,为了提高淡季客房的出租率而根据不同时间设计种种组合产品来吸引顾客,常见的组合产品有以下三种。

(1)周末包价产品。周末包价产品的特点是吸引顾客在一周工作之余脱离工作和家庭环境来饭店休息和娱乐。因而这类产品应该包括一些娱乐或体育活动,如周末晚会、周末滑雪、周末钓鱼、周末杂技演出等等,将娱乐性活动加上饭店的食宿组合成价格便宜的包价产品,能使饭店提高周末客房出租率。在实行5天工作制的今天,周末包价产品更具有吸引力。

(2)淡季度假产品。许多饭店为推销淡季产品,往往以7—10天住宿加膳食的包价出售顾客。如意大利有个饭店位于避暑胜地,冬季饭店客房很空,饭店推出了7日的"白雪周"组合产品,这个21万里拉的包价产品包括:7日食宿,免费接送顾客去滑雪地,免费使用滑雪地缆车,聘请滑雪教练免费提供培训服务,这项产品吸引了不少滑雪爱好者,使饭店冬季出租率大大地上升。

淡季组合产品也往往向没有工作负担的老年人销售,因而许多组合产品中包括适合老年人兴趣的度假消遣活动项目。

(3)节日组合产品。节日组合产品主要是结合本地节日的特殊庆祝活动,使顾客能了解当地人民庆贺节日的传统和分享庆祝的气氛。饭店将节日食宿和庆祝活动组合起来向顾客推销,旨在提高节日饭店的住宿率。例如,龙舟节组合产品,木偶节组合产品,中秋赏月组合产品、风筝节组合产品等等。

3. 为了增加饭店产品的吸引力,营销人员结合一些能吸引顾客住宿的活动组成组合产品。这类组合产品需要营销人员具有创造性的智慧及务实的精神,设计出新颖的、在经济上和销售上可行的特殊活动组合产品。

有的饭店利用饭店内部的设施和服务,以各种活动组成组合产品。例如,高尔夫球培训组合产品、网球赛组合产品等。有的饭店利用外部的设施和活动组合产品,如北京3日游产品、龙舟大奖赛观赏组合产品、世界网球赛观赏组合产品、骑自行车城市观光组合产品、世界选美赛观赏组合产品等。这些产品组合得好便能吸引顾客。比如有家饭店聘请大学考古学教授,组织顾客到饭店附近郊外的古迹参观,回来后研究和讨论古迹的历史和典故,这些活动与饭店的食宿结合在一起,吸收了大量游客,同时提高了饭店的声誉和形象。还有一家饭店聘请了一位有名的厨师,为西方顾客举办烹调培训班,厨师进行烹调表演和讲解;让顾客自己动手制作并品尝菜品,培训及食品制作的一切费用连同顾客的住宿组合成一个包价销售给顾客。这个组合产品也获得良好的效果,不仅提高了客房住宿率,也扩大了饭店的影响。

4. 在开发组合产品时,首先要确定产品销售对象和销售目的,然后根据目标顾客确定组合产品的各项细节。

(1)组合产品的名称。组合产品的名称要能起到立即引起顾客注意的作用,要注意用较短的词句反映产品的内容,迎合目标顾客的购买动机。比如饭店婚礼组合产品的名称用"最体面的喜宴",迎合了婚宴主持者要求婚宴办得体面的动机。

(2)组合产品的组合。产品的组合既要能满足目标顾客的需要,还要考虑涉及的费用多少,以及饭店在经济上和经营上是否可行。比如某饭店在设计公务组合产品时曾提出免费提供商务中心的秘书服务、打字、复印、传真和电传服务等,但经过仔细研究后发现这些服务费用很高,如果将费用计划在组合产品中会使包价价格过高,而且大多数顾客并不需要使用商务中心的服务,这样不少顾客会觉得价格不值,所以他们会放弃这个组合。

(3)组合产品的价格。组合产品的包价一般要比单项产品购买的价格之和低些,起码要使顾客感到购买组合产品能省钱,同时还要使中间商和旅行社有利可图。在研究价格时还要考虑竞争者的价格,要与财务部和有关部门的管理人员共同研究各项组合的价格,再确定一个综合包价销售给顾客。

(4)组合产品推出的时间。产品应在饭店生意需要时推出。发广告的时间应留出广告的制作和发表时间,使广告接受者正好在饭店设施清闲的时候购买。产品推出还要善于抓住市场机会,如抓住学校假期时推出教师组合产品、学生组合产品等等。

(5)组合产品信息传递的方式。根据不同类别的产品和目标市场采取不同的传递方式。比如公务员组合产品主要通过销售人员拜访企业和机关客户,婚宴组合产品以当地报纸做主要宣传媒介,餐饮组合产品还可以采用大幅彩旗来吸引当地顾客等等。

5.产品组合的原则是为顾客提供方便并给予顾客利益的同时提高饭店产品销售。

组合产品只有为顾客提供各种利益才能有足够的引力来吸引顾客购买。比如产品组合起来以一个价格销售,能够省去顾客购买各种单项产品的各种麻烦;产品组合起来后以一个价格出售,顾客需要花费的钱比单项购买要少些,这样就能使顾客感到省钱。有的组合产品还给予顾客一些特殊的服务等。为此,在设计组合产品时,有必要先研究本组合产品的销售对象是谁,他们有什么需要,组合产品要提供目标顾客所需要的利益。

六、拆零产品策略

拆零产品策略与组合产品策略相反,通过拆零方式把某个饭店产品拆成若干个产品进行销售。例如,一些饭店为当地消费者提供厨师上门服务的服务产品就是把餐饮服务产品中的厨师服务产品拆零,希尔顿饭店集团客房内各种设施设备、物品都可以购买的营销方式就是客房产品拆零。

第二节 价格策略

价格是客人消费时最关心的问题之一,也是饭店经营中最重要的环节。价格过高,市场需求将受到影响。价格过低,饭店将无盈利。因此,如何根据饭店产品特点、产品成本以及竞争对手的价格,在销售中灵活运用各种策略,制定合理的价格,是饭店经营成功与否的一个重要方面。

现代饭店产品的价格策略,是根据饭店产品定价的一般原理,结合每一种产品在不同时期、不同的市场类别与该产品的需求价格弹性特点所采取的因时、因地制宜的价格策略。饭店在经营活动中就是通过不同的价格策略,以价格作为主要的营销手段,销售饭店的有形产品与无形产品,获取最大的收入和利润。饭店价格策略的运用归纳有以下几个方面。

一、以需求为中心的价格策略

以需求为中心的价格策略是根据顾客对饭店提供的产品使用价值的看法以及客源市场供需关系而制定的销售价格。以需求为中心的价格策略包括三个方面。

1. 针对不同顾客制定不同的价格

同一种产品对不同的顾客价格不同,不同类别的客人对产品质量和价格的需求也不同。高级公务人员、歌星、大富翁需要住进最高级的饭店、最豪华的套间以显示他们的地位和身份,他们追求饭店的声誉和质量,对价格不关心,甚至认为,收费比其他饭店更高才能与他们的身份相配。而经济型的客人则追求产品的价值,他们对价格比较敏感,希望自己所接受的价格能买到合理的饭店产品价值。有的客人甚至对饭店只有基本需求,仅要求舒适方便,物美价廉,饭店的价格太高会使他们另找其他饭店。因此,针对不同的顾客类别,制定不同的价格策略是非常重要的。一般来说,许多饭店对旅游团队、商务客人、签约企业和个人都会制定不同的客房价格。

2. 针对不同地理位置确定不同价格

在不同地点出售相同的产品和服务,虽然成本可能没有差异,但仍可制定不同的价格。因为同一档次的饭店客房在市内供不应求,在郊外很可能无人问津;同一价格的菜肴在旅游点附近可能销售量很高而在远离旅游点却可能无销量。一般来说,对于同类星级饭店,接近交通要道、风景区或旅游点,地处商业中心的饭店定价要比地理位置较差的饭店高。同一规格的客房,坐北朝南,或有室外风景的客房要比坐南朝北,或没有室外风景的客房价格高。

3. 区分不同的时间制定不同的价格

多数饭店一年中不同的月份、一周中的每天需求量不同。有些饭店旺季住宿率达95%以上,淡季一半以上客房空闲。因此,许多饭店会根据不同的季节、不同的时期,对相同的产品制定不同的价格。

二、以顾客的满意程度为准则的价格策略

顾客消费饭店产品的满足程度取决于顾客消费前的期望和在消费过程中的经历、体验、感受和实际获得的价值。顾客消费的满意程度不完全取决于饭店产品中硬件部分的有形产品,而更大部分取决于服务管理水平等软件部分的无形产品。例如,客房的价格就是客房的价值,而客房的价值不完全取决于客房的大小、设备的档次、装饰的豪华程度,客房的价值更重要的是取决于饭店的管理人员和服务人员如何利用这间客房的物质部分,为客人提供清洁卫生、安静舒适、周到的服务。因此,客房硬件部分较简单的饭店客房价格高于硬件部分较充实的饭店的可能性是存在的。又如,两个相同星级、相同客房价格的饭店都设有morning call服务项目,一饭店是由值班小姐直接叫早,而另一饭店则是由录音系统叫早,显然,前者的叫早方式比后者的叫早方式更让客人感到舒适、满意。仅此一点就可能提高顾客对饭店客房产品的满意度。

三、相对稳定性和相对灵活性的价格策略

饭店产品在旅游市场里的价格政策,代表了饭店在旅游市场里的形象。旅游市场对饭店产品、产品价格的变化是相当敏感的,产品的价格变化过于频繁,会给潜在的消费者带来心理上的不稳定。因此,饭店产品价格要有相对的稳定性。但是,价格总要随着市场的变化加以调整,才能使产品具有竞争力。饭店产品价格的灵活性是由供求多变性和饭店产品不可贮存的特性决定的。灵活性的饭店价格策略包括以下几个方面。

1. 高价策略

高价策略是利用市场供求矛盾,以较高价格销售饭店产品的一种策略。高价策略是根据饭店产品需求高峰期,产品最新、无其他同类产品时所运用的策略,其常用办法有:①在需求高峰期减少或停止出租低档客房。在饭店低档或次低档客房内增加一些免费摆设如花篮、水果篮等,按高档价格出售。②提高高档房间价格。通过增加高档房间服务项目,如提供免费送餐、送咖啡服务,提供擦鞋服务,增加房内摆设等而将房价调高。③利用产品"新"和"别人无"的特点,提

高价格。如有些饭店的"总统"套房,房价每晚高达 8000 多元,即使房价降低 10%～20% 一般也很少有人问津,而需要住此豪华套间的、高消费的客人对于房价升高 10%～20% 也不敏感。④减少或限制各种优惠价的订房与出售。高价策略成功的关键是高质量。

2. 低价策略

低价策略是利用薄利多销来扩大市场和增加市场占有率为目标的价格策略。它通过低价扩大销售额,是一种有利于竞争的价格策略。饭店常由于淡季或某种特殊原因造成需求不足,出现业务量偏低的情况。在这种情况下,则需采取低价策略,以提高住房率。住房率提高一方面可补回降价带来的损失,更重要的是住房率的提高同时为饭店带来餐饮和其他服务项目销售额的增加。对于饭店客房产品而言,由于它的不可贮存性,客房即使空着也无法收回成本。让客人以低价住进饭店,客人在住店期间必然会产生餐饮、购物等其他消费。从饭店整体来衡量仍可能获利。即使不在淡季,只要客房出租率没有达到可使用房间 100%,仍可采用这种短期低价策略,客房降价与住房率的关系如表 3-1 所示。

表 3-1 减价后要求达到的相应住房率

减价率 % 减价前住客率%	5	10	15	20
78	81.6	85.6	90.0	94.9
76	79.5	83.4	87.0	92.4
74	77.4	81.1	85.3	89.8
72	75.3	78.9	82.9	87.3
70	73.2	76.7	80.5	84.8
68	71.1	74.4	78.1	82.2
66	70.0	72.2	75.8	79.7
64	66.9	70.0	73.4	77.2

若饭店目前住房率只有 70%,如果降价 20%,饭店的住房率能达到 84.4%,那么客房的收入就能维持在原来的水平,而餐饮等其他方面的营业额则会上升。如果降价后住房率超过 84.4%,则降价策略更显得成功。

饭店在使用降价策略时应作全盘考虑,因为降价策略会在不同程度上影响饭店的声誉,而且降价后不易恢复原先价格。

3. 最优价格策略

高价可以获得较高的利润,但高价往往使大部分的客人"望而生畏",有较大的风险。而且,饭店采用高价策略需要有相应的"硬件"和"软件",否则不仅不能达到高利润的目标,反而容易失去客源。低价策略虽有利于竞争,容易扩大市场和占领市场,但是,这是一种以短期效益为目标的策略,长期使用将造成饭店投资回收的速度减缓,回收期增长,而且有损饭店声誉。

最优价格策略是针对以上两种价格策略的优缺点而制定的另一个策略。这种定价方法既考虑到客人的消费心理,又考虑到饭店获取尽可能高的利润,使买方和卖方都能满意。通常情况下,饭店的销售额与价格成反比 $g(x)$,而利润与价格成正比 $f(x)$。其关系如图 3-1 所示。饭店采取的最优价格在曲线 $I(x)=f(x)·g(x)$ 的最大处,即 X 价格。X 价格就是最优价格,因为这个价格既照顾了客人的需要又考虑了饭店的利润。

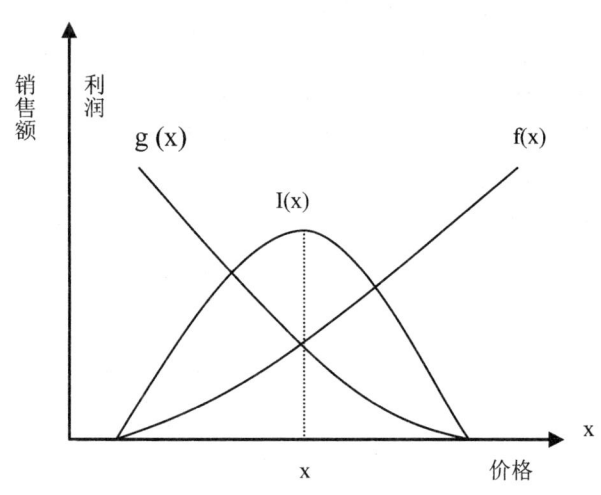

图 3-1　饭店销售额与价格关系图

4.其他策略

灵活可行的价格策略还包括浮动价、差别价、区域差价、时间差价等其他价格策略。

四、针对顾客心理的价格策略

针对顾客心理的价格策略是利用顾客希望物超所值的选价心理、求新和追求时尚的心理,利用顾客的价格心理刺激顾客购买饭店产品的策略。顾客对价格的心理反映一般有四种。

1.注重价格中的第一个数字

顾客常根据价格的第一个数字作出消费的选择,例如,一般顾客认为 79 元与 81 元之差要比 77 元与 79 元之差大得多。因此,若某物品从 77 元升到 79 元可能不会引起消费者的反应,但如果将价钱从 79 元升到 81 元后果就很难说了。

2. 易接受尾数价格而不喜欢整数价格

尾数价格让人有折扣优惠的感觉。例如,若某小菜的价格为 9.50 元,顾客往往会认为该小菜的价格应当 10.00 元,是餐厅为了扩大销售量而有意给他们五角钱的折扣。若把小菜的价格定在 10.50 元,不少顾客就会认为餐厅故意多收五角钱。一般来说,价格在 6.90 元以下的产品,价格尾数以 9 为多,而价格在 7 元—10.90 元的物品,其价格尾数以 5 为多。这是因为价格较高的物品应当打较大的折扣,比较迎合顾客的心理。

3. 注重价格数字的位数

顾客对价格数字的位数较为敏感,总希望价格的位数少些。例如,顾客会认为 99.9 元和 100.5 元之差要比 98.9 元与 99.5 元之差大得多。因此,饭店产品订价时应尽可能减少价格的位数,如使菜肴的价格低于 10 元或 100 元以免引起顾客的心理情绪。

4. 认为价格有特定的范围区

顾客常把某一价格范围看成是一价格。例如,把 14.0 元—17.9 元看作 15.0 元,把 18.0 元—24.9 元看成 20.0 元。因此,若产品调价后价格仍处在原来的价格范围区内,就容易为顾客所接受。

五、按不同对象设置不同的优惠价格策略

现代饭店产品价格优惠策略常用于房价的制定。饭店常根据不同的对象给予不同的房价优惠价格,常见的房价优惠价格策略有以下几种。

1. 政府官员优惠价。为执行公务的政府官员(一般为对口领导单位)而设,通常按原价提供 20%～30% 的折扣。

2. 商务优惠价。有时也称为协议价。供与饭店有业务关系的或签约的公司、企业订房时享用,折扣常在 10%～20% 之间。

3. 航空公司优惠价。特为航空公司而设,航空公司订房的价格折扣常在 10%～20% 之间。

4. 长住饭店优惠价。按客人连续住宿天数的长短,提供不同折扣优惠价。例如,连续住宿一个月(15%折扣),三个月(25%折扣)等。

5. 淡季优惠价。为鼓励淡季消费,提高饭店住宿率而设,其波动幅度受市场影响较大。

6. 礼貌优惠价。为了向顾客表示友好或道歉,而提供的优惠价(常为 15% 折扣)。

7. 儿童优惠价。按不同年龄免收或按一定比例收取房价。例如,父母随带的 13 岁以下儿童免收房费,13 岁以上收加床费。

8.半价(不过夜价)。为只在白天使用客房的客人而设,一般以上午10时到下午6时为准。

9.免费。有两种情况:一是用来接待特殊贵宾,住房免费,一般需由总经理核实批准;二是团体免费,一般以某团体一次同时登记住宿的房数为基础,按比例提供免费房间。例如,某饭店与某旅行社签订团体合同规定:凡该旅行社组织的旅行团,一次同时入住15间客房即可免费提供双人标准客房一间,供旅行团陪同使用等等。

10.合同价。与各旅行社签订订房合同时规定特殊的散客价格和团体价格。

11.会议优惠价格。专为在饭店召开的各种类型的大型会议而设置,它可根据不同的对象,不同的会议,不同的市场情况灵活而又有规则地制定。

六、饭店商品价格形成与定价

1.客房产品

(1)客房产品价格的形成

客房产品价格＝贷款利息＋修缮费＋保险费＋税金＋土地资源税＋利润

(3.1)

其中,贷款利息用 m 表示,则:

$$m = p \cdot r + (p-x)r + (p-2x)r + \cdots + (p-nx)r = \sum_{i=0}^{n}(p-ix)r$$

(3.2)

式中:r 为贷款利率;x 为每次还款额数;p 为贷款额;n 为还款次数－1。

修缮费(一般按比例提取)＝日常维修费＋大修费　　　　(3.3)

保险费＝财产保险＋职工人身保险＋专项保险　　　　(3.4)

税金＝营业税＋地方旅游发展税(一般情况下)　　　　(3.5)

土地资源税＝$M \cdot n\%$　　　　(3.6)

式中:M 为建筑用地面积;n 为适用税率。

(2)客房产品定价方法

成本定价法:是以客房成本为基础,通过分析成本、税金和利润的数量关系后,根据客房出租率来制定房租价格的方法。

平均房租:

$$P = C2/(1-y-b)$$

(3.7)

式中:y 为利润率;b 为税率。

$$C2 = C1/(1-f \cdot r)$$

(3.8)

式中:f 为客房闲置率;r 为间/天客房中固定成本的百分比。

$$C1 = Cm/365M \tag{3.9}$$

式中:C(客房总成本)=固定成本+变动成本;m 为平均每间客房的面积;M 为客房总面积。

其中,$C1$ 为理论成本,它是根据客房商品的价值构成和价格形成过程中影响价格的各种因素而求得的平均每间客房每天的平均成本。$C2$ 为出租成本,它是从客房出租的实际出发而包括客房正常闲置损失在内的间/天客房平均成本。

目标利润法:是在客房成本预算的基础上通过确定利润目标来制定价格的一种方法。

平均房租　　$P=(C+m)/(xf \cdot 365)$ \hfill (3.10)

式中:C 为年度总成本(为全年客房经营过程中各种开支总和,包括:固定资产折旧、人事成本、能源、利息、保险等);f 为客房出租率;m 为目标利润,且有

$$m = C \cdot r \tag{3.11}$$

式中:r 为目标利润率(包括各种税金和企业自身盈利);x 为客房数量。

总经费法:类似于目标利润法,是在客房成本预算的基础上分析每天客房开支和目标营业额。

平均房租　　$P=M/xf$ \hfill (3.12)

其中,M 为日均目标营业额,指为完成一定目标利润每日必须完成的客房营业收入。

$$M = C1/(1-y-b) \tag{3.13}$$

式中:$C1$ 为每日经费,是年度总经费的分解;y 为利润率;b 为税率。

此外,还有总投资和比例分析法。总投资分析法适用于饭店开业初期的定价,其主题是为保证还本付息,取得必要利润。比例定价法已较过时,很少用。

2.餐饮产品

(1)饮食产品价格形成

饮食产品价格=原料成本+利润+税金+流通费用 \hfill (3.14)

式中:流通费用指设施、设备、水电消耗、餐具、物资用品等物化劳动的转移价值。

(2)饮食产品定价法

销售毛利率法:以原料成本和销售毛利率的关系来定价。

产品价格 $P = C/(1-r)$ \hfill (3.15)

式中:r 为销售毛利率;C 为原料成本,且有

$$C = P' \cdot A/r' \tag{3.16}$$

式中:P' 为原料进价;r' 为净料价;A 为单位产品用量。

成本毛利率法:是以产品成本为基础按确定的一定成本毛利率加成计算来

制定产品价格。
$$产品价格\ P = C \cdot (1 + f) \tag{3.17}$$
式中:C 为成本;f 为成本毛利率。

由于销售毛利率和成本毛利率的比值不同,因此,采用上述两种方法计算结果会不同。所以必须明确两种毛利率的关系,即它们之间的互换关系,以免采用不同定价法而造成价格矛盾。

销售毛利率 r 与成本毛利率 f 之间关系为:
$$r = f/(1 + f) \tag{3.18}$$

第三节 市场开发与竞争策略

饭店市场开发与竞争策略是饭店为争夺客源、争夺旅游代理商、扩大市场占有率、提高市场销售额而制定的政策和策略。

一、市场开发

市场开发的目的是为了扩大市场销售额。扩大市场销售额的主要方法有如下方面。

1. 为现有产品寻求新的市场

(1)增加现有产品的功能。通过优化现有产品的功能、增加现有产品的功能来巩固原有市场的份额或吸引新的市场。如在露天游泳池周边设置露天咖啡厅或露天酒吧,以吸引非游泳的休闲客人;在自助餐厅中设置烹饪器皿以满足愿意自己烹饪、想露一手的客人,等等。

(2)根据不同的市场需求扩大或转移经营方向和目标。例如,将以往接待旅游者为主的某些饭店产品的经营方向,转向同时接待社区居民。把只用于本饭店布草洗涤的洗衣房扩大用于对外接待当地社区的洗涤需要而扩大市场销售额,等等。

(3)目标市场暂时转移。例如,以接待观光游客为主的旅游景区饭店在淡季时,招揽会议客人、度假客人以扩大淡季市场销售等。

2. 开发新产品,扩大新市场

(1)利用新的产品,扩大原有市场,并谋求占领新市场。例如,以接待旅游客人为主的饭店在原服务项目上,新增便于商业活动和国际会议的设施和服务,以吸引经商和会议的客人。三星级饭店利用饭店的更新改造机会，通过提高部分客房的装饰规格和提高客房档次，招徕更高消费层次的消费者，而挤占四星级饭店的市场。

(2) 开发新产品，开发新市场。例如，广东有一家酒店，尽管餐厅一直是顾客盈门，但管理者发现许多退休工人在下午都需要找一个舒适的地方与朋友小聚，而逛街的人在午后阳光照射下都希望有个凉快的地方休息一下。酒店餐厅在下午正是早市和晚市之间的空闲时间。因此，该店便在下午2时至4时推出午茶，将茶价定为2元，并推出20多种清淡可口的点心，许多游客见到2元的茶价就能享受到空调的服务，并品尝点心，都愿意进来消费。该酒店推出此项新产品，每天增加了1000—2000元的收入。

(3) 发现新市场，开发新产品。如某饭店发现毗邻的医院有许多病人需要营养餐，医院食堂又无法供应，饭店餐饮部就组织一个专门针对医院病人的服务小组，为各种病人提供各种营养餐服务，创造出一系列营养餐食品，开创了一个新的市场。

3. 提高现有产品的市场占有率

通过改进服务标准、服务程序，提高服务质量，改进销售渠道，加强广告宣传和降低价格等方法，使现有产品在原有的市场上挤占更大的份额。

二、市场竞争

饭店市场之间的竞争是同类饭店产品或具有替代性的饭店产品争夺消费者的竞争。根据饭店产品效用、价格与消费者得益的关系，可将饭店市场竞争分为两种。

1. 饭店产品的效用竞争

包括品种竞争、质量竞争和对具有不同偏好的消费者的竞争。在制定饭店产品的效用竞争策略上，首先要考虑同行饭店经营的产品是与自己产品相同的产品还是不同的互补产品或不相关产品。对相同的产品，就面临质量竞争问题。饭店产品质量应是服务的质量。而服务质量的内容相当广泛，包括饭店设施设备等硬件质量和服务人员素质、服务态度、服务水平等软件质量。饭店质量竞争策略就是根据市场中同类产品的竞争情况，以及其他有关因素进行排队分析，一般可以通过硬件质量指标、软件质量指标与经营实绩指标来进行分析和判断，找出本饭店产品质量在市场中的优劣状况、原因、及其改进的办法。

若产品在质量上竞争不过同行饭店的同一类产品，那么则应考虑采用品种竞争策略，即制造产品差别，或开发新产品。

如果某饭店既没有质量上的竞争力，又没有特殊的品种竞争策略，那么应考虑采取吸引具有特殊偏好的消费者的策略,以开辟新的客源市场。

2.饭店产品的价格竞争

产品的价格竞争是通过制定不同的价格策略达到的。饭店产品价格竞争的策略可通过对影响饭店产品价格竞争力因素如产品单位成本、单位利润、价格水平等系统分析来进行。相同的产品或具有替代性产品之间的价格竞争是比较激烈的。地段相近的相同星级的饭店之间客房价格、餐饮价格之间也存在较为激烈的竞争。价格竞争策略的成功与否取决于产品成本高低与质量的好坏。产品单位成本低,便于进行价格竞争,而在降低成本的情况下仍保持拥有优质产品则会具有较强的竞争力。

饭店市场竞争实际上是效用和价格竞争、信息竞争的综合。这种竞争渗透于饭店经营服务的每个环节,所以饭店管理人员及全体员工要树立经营服务全过程竞争的意识,以争夺更多的消费者,扩大市场销售额和占有率。

三、市场竞争对弈策略

饭店的市场开发和客源组织离不开竞争。市场竞争犹如下棋,当你采取某种策略时,对手可能有针对性地采取另一种策略,使你的策略失效,你就不得不采取另一种策略。而当你采取另一种策略后,竞争对手还可能采取另一种策略而使你的策略处于不利地位。所以,竞争对弈就是要根据竞争对手的不同情况采取不同的市场开发措施和方法,使饭店的客源组织和产品销售处于有利地位。例如,甲乙两家饭店为了提高客房出租率,甲准备了1、2、3 三个策略,乙准备采用 A、B、C 三个策略来对付。如果两家饭店等级和目标市场基本相同,在一定时期内,当地同类客源数量是相对稳定的,甲的客源多,乙就必然少。若设甲饭店市场占有率的增加为正数(即乙饭店市场占有率减少),设甲饭店市场占有率的减少为负数(即乙饭店市场占有率增加)。经过市场预测,他们各自根据竞争需要而采取不同的策略,所产生的市场占有率的变化如表 3-2 所示。

表 3-2 饭店市场争对弈表

策略		乙饭店		
		A	B	C
甲饭店	1	4	−3	3
	2	2	4.5	−2
	3	−3	2	3.5

当饭店采取策略1时,乙饭店的市场占有率可能失去4%,乙必然采取策略B使甲失去占有率3%。乙饭店采取策略B后,甲将改用策略2使乙失去4.5%,这时乙饭店又将改用策略C来使甲失去2%的市场占有率,于是甲饭店又可能改用策略3来使乙失去3.5%,乙饭店则可能改用策略A使甲失去3%的占有率。所以,饭店的市场竞争对弈策略总是处于变化之中。

根据市场竞争的上述特点,饭店在市场开发和客源组织过程中要正确运用竞争对弈策略。

1. 要知己知彼,扬长避短。也就是要了解竞争对手的特点及其长处和短处,如主要接待对象、市场范围、客源机构、竞争实力、市场开发和客源组织措施等。然后针对自己的情况,扬长避短,以优取胜。如广州东方宾馆和中国大酒店只有一墙之隔。在企业自主权和管理科学化方面东方宾馆不如中国大酒店。但东方宾馆是一家老饭店,有自己的长处和老客户,他们采用知己知彼、扬长避短的策略,结果使饭店在竞争中立于不败之地。

2. 要准备几种应变策略。为了竞争取胜,竞争对手必然根据市场态势采取不同的策略,如果自己只有一种策略,没有应变措施,就必然处于被动地位。因此,要根据市场特点和竞争需要制定多种策略。

3. 要有必要的牺牲精神和妥协精神。在饭店的市场竞争和客源组织中,有时会出现难于取胜或势均力敌的情况,如果不顾客观条件,不以国际竞争为主,坚持国内竞争服从国际竞争的原则,而一味继续竞争、互相无限制地压价,就可能导致饭店的更大的损失或两败俱伤。所以,要有必要的牺牲精神和妥协精神,从大局出发,采用损失最小的策略或另行采取其他市场开发和客源组织措施。

4. 合作竞争。新的竞争时代要求饭店必须懂得把自己的核心能力和技术专长恰当地与其他有利的竞争资源结合,以弥补自身的不足和局限,取得更大的竞争优势,实现互惠互利的"双赢"效应。

合作竞争强调抛弃传统的竞争方式,提倡采用新的竞争方式。传统的竞争遵循"水桶原理":一个水桶所盛水的多少取决于最矮的那块木板,使最矮的木板高起来一直是饭店的追求。为了盛更多的水,饭店将不断地根据市场要求改造自己的薄弱环节,即努力加长那块最矮的木板。当饭店加高最矮的那一块木板取得成功以后,会发现马上又将面临着加高次最矮木板的循环问题。饭店的竞争始终应立足自己的企业,修补自己的"水桶"。

合作竞争的竞争理念应采用"新水桶原理":饭店不再仅仅考虑自己的"水桶",不再仅仅着眼于修补自己"水桶"的矮木板,而是将自己水桶中最长的那一块乃至几块木板拿去和别人的长木板合作,形成一个更大的水桶以便盛更多的水,并从新的大水桶中得到比自己"水桶"更多的水。"新水桶原理"强调饭店用自己价值链中的强势部分与其他饭店的强链相结合,形成更大的竞争优势。

第四节 营销策略

营销作为现代企业的一项重要职能,越来越为企业所重视。在日趋激烈的市场竞争中,营销在企业参与市场竞争中的作用愈发显著。由于饭店产品的无形性、不可储存性、生产消费的不可分割性、空间的不可移动性等特点,饭店营销在饭店生存和发展中具有特殊的重要作用。但是,鉴于饭店产品本身所具有的显著特点,饭店营销不可能也不应该完全等同于普通消费品营销。饭店管理者应当灵活制定并运用各种营销策略,才能实现饭店的营销目标。

一、营销与饭店营销的概念

(一)营销的概念

美国营销专家菲利普·科特勒认为,营销是"个人和团体通过为他人创造产品和价值并进行交换而满足其需要和欲望的社会过程和管理过程"。罗伯特·雷德与大卫·伯亚尼指出,"营销是对企业或组织的所有旨在增加销售量的努力进行整合、控制和监督的过程"。英国特许营销学会(British Chartered Institute of Marketing)认为,"营销是负责识别、预测和满足顾客需要以达到组织的盈利目标的管理过程"。

综合各个学者对营销的定义,可以看出,营销的内涵应包含以下几点:

1. 营销是一种个人或组织的行为或职能,在通常情况下主要是企业的职能。

2. 现代社会中,营销的目的应该建立在满足社会其他成员需要和欲望的基础上,因此,营销过程中必然包括如何理解社会成员的需要和欲望。

3. 营销是一个社会交换过程,通过这个过程,营销的主体将自己所生产的产品提供给社会其他成员,而对方则以顾客的身份并以某种方式(通常是货币)给予回报。

4. 营销的预期效果是增加企业自身的长期收益。

(二)饭店营销概念及其特殊性

饭店营销是指饭店为了让客人满意,并实现饭店经营目标而展开的一系列有计划、有步骤、有组织的活动和过程。饭店营销对象的多样性、复杂性和饭店产品的综合性决定了饭店营销的特殊性。

1. 目标营销与过程营销并重

目标营销重视结果,其焦点在于饭店的顾客满意度、产品销售额、利润率和客房预定率。而过程营销注重过程,强调将饭店员工满意度、内部沟通、日常质量监控等作为营销的重要领域加以组织和管理。饭店目标的实现要极大地依赖过程营销,因此,只有将目标营销和过程营销兼顾起来,饭店的最终营销目标才能得以实现。

2. 注重需求管理和规模经济

需求管理是饭店对顾客需求进行时间、规模和结构的引导和控制。

(1)需求的时间管理。对需求进行时间管理的主要目标在于平衡顾客需求的淡旺季,减轻旺季对饭店设施和人员的压力,增加淡季对资源的利用效率。

(2)需求的规模管理。需求规模管理既包含淡旺季的需求规模调控,也包含在平季如何维持需求规模,其目的在于通过采取适当的策略,将饭店的需求规模保持在一个适当的水平。

(3)需求的结构性管理。需求的结构性管理主要解决的是对饭店各种产品或功能性设施的均衡利用问题。因此,饭店营销人员必须对饭店各种功能的产品进行组合利用,并策划各种协调的营销方案。

规模经济是指由于生产或销售的产品数量的扩大而带来的成本的降低和利润的增长。饭店成本结构中固定成本比例较高的特点,赋予了饭店发展规模经济以特殊意义。注重规模经济,是使饭店必须在产品的一致性和高质量、定价的策略性和灵活性、促销的积极性和有效性、分销的多样性和稳定性方面进行有效的营销策划。

3. 内部营销和外部营销相统一

内部营销是以饭店内部全体员工为对象的营销,而外部营销是以外部顾客为对象的营销。传统的营销主要是外部营销,但由于饭店产品生产与消费的统一性,内部营销在饭店营销中至关重要。

二、饭店营销策略

营销策略是指饭店为了扩大销售,提高市场占有率,在对饭店市场、产品和顾客进行调查分析的基础上,根据市场顾客的需求,对饭店营销活动进行全面策划的过程。营销策略是在对产品、消费者、市场规模和前景、竞争对手、销售渠道等情况充分了解,并对饭店未来发展趋势有正确把握的基础上开展的一个创造性的思维活动过程。常见的饭店营销策略包括:

(一)互动式营销策略

互动式营销策略是指通过服务过程中员工与顾客的良好互动过程、互动关系,达到对顾客营销目的的营销策略。顾客的消费经历由员工与顾客的每一次接触,即每一个瞬间的互动所组成。互动的重要性决定了互动式营销策略在饭店营销管理中的重要性。

饭店实施互动式营销策略的关键要素是,互动过程中饭店员工的素质、互动式营销的环境条件和互动式营销的机制。

1. 互动式营销的员工素质

互动是员工与顾客相互影响和交互作用的过程。在互动中,员工与顾客不是独立地出现而是共同参与在互动活动中,因此,员工和顾客都是互动的主体。对饭店而言,员工在互动过程中是以满足顾客需求为目标的,在互动过程中占主导地位。因此,在实施互动式营销策略中饭店员工素质尤为重要。互动式营销的员工素质要求包括:

(1)敬业乐业精神。员工只有本着对饭店工作的热爱,才能在服务过程中真诚主动,通过发自内心的微笑,传达给顾客真心的关爱,从而创造良好的互动营销环境。

(2)丰富的知识与熟练的技能。员工的知识和技能是对顾客优质服务的基础和保障。丰富的知识与熟练的技能能为顾客带来较高的服务附加值和满意度。

(3)敏锐的观察力和反应力。具有敏锐观察力和反应力的员工在互动中懂得从一般中发现特殊,抓住细节,并依据顾客外部特征或"提示"信息为顾客提供所需的服务。敏锐的观察力和反应力能使员工不拘泥于标准化的服务程序和规范,灵活处理服务中遇到的各种意外问题,为顾客提供"量体裁衣"式的个性化服务。此外,敏锐的观察力和反应力还能促使员工努力挖掘顾客心灵深处的需求,"读懂"顾客,掌握顾客需求心理,提供顾客最需要的服务。

(4)幽默感及宽容心态。幽默感和宽容的心态能较好调节员工与顾客的关系,促进双方友好沟通和建立良好的营销环境。

2. 互动式营销的环境条件

互动式营销的环境条件即互动存在和发生的背景条件,既包括饭店设施设备、服务流程、环境氛围、员工态度、服务技巧等状况,也包括顾客个性、需求及消费行为特征等顾客背景条件。同时,还涉及饭店以往的互动状况及互动模式。饭店应创造有利于良好互动的环境因素,例如保持设施设备的良好运行,科学设计服务流程,以提高员工的舒适度与满意度;通过对顾客行为规律的总结与控制,防止顾客产生不良行为等。

3. 互动式营销的机制

互动式营销的机制主要指评价饭店互动效果的机制,包括员工与顾客双方对互动的认识、体验、满意程度以及问题的解决情况,也包括饭店管理者和顾客对参与互动的员工工作表现的评价。其中,最重要的是顾客对参与互动的饭店员工的评价,对服务质量的最后满意度以及对饭店解决顾客投诉结果的满意程度的评价。另外,及时收集与分析顾客在互动中的感受,找出存在的缺陷、解决出现的问题、总结成功经验,并用于指导员工新的互动过程,这些都是评价饭店互动效果的目的与任务。

(二)整合营销策略

整合营销策略是以满足顾客的需要为价值取向,重组饭店企业行为和市场行为,综合协调各种形式的传播方式,发挥不同传播工具的优势,以统一的目标和统一的传播形象,传递一致的产品和服务信息,实现饭店与顾客的双向沟通,并建立饭店品牌以及与顾客长期密切关系的一种营销策略。

1. 整合营销的核心理念

整合营销的核心理念包括:

(1)营销重心的转移——以顾客为中心的4C理论

4C理论把顾客直接作为市场营销的决策变量,由经营企业转化为经营顾客。4C理论由Consumer(顾客)、Cost(成本)、Convenience(便利)和Communication(沟通)四部分组成。Consumer强调创造顾客比开发产品更重要,满足消费者的需求和欲望比产品功能更重要;Cost指顾客获得满足的成本,包括货币成本、时间成本、体力成本、精力成本等;Convenience强调为顾客提供最大的购买或消费的便利;Communication强调饭店与顾客的双向沟通。

(2)整合营销的关键——接触管理和双向沟通

接触的概念就是凡能将品牌、产品和任何市场资讯传递给顾客或潜在顾客的过程或经验。接触管理贯穿于整合营销的全过程,并通过饭店的售后服务和顾客的社交圈而继续传播,从而维系和扩大饭店与顾客的关系。常见的接触通道有:与顾客交换意见、产品陈列、媒体广告、意见征询单、客户申诉、解决投诉、信函访问、电话问候等。接触管理的最终目标是实现双向沟通。沟通的对象除最终消费者外,还包括中间商、内部员工、股东、外部公众等。营销沟通必须是连续的、双向的、循环的,才能取得效果。如图3-2所示。

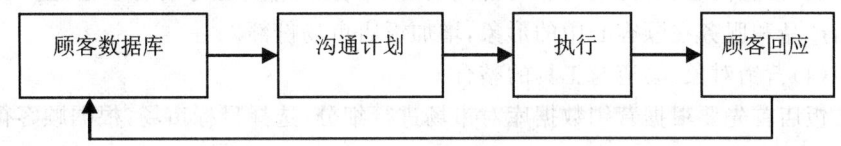

图3-2 循环沟通图

(3) 整合营销的核心——顾客数据库

建立顾客数据库是实现双向沟通的前提。数据库的内容应包括顾客的人口统计资料、心理统计资料、消费记录资料、顾客价值体系。

2. 整合营销策略实施

要在饭店中卓有成效地实施整合营销策略,首先要进行价值观和理念的整合,然后再实施产品和服务的整合、资源和要素的整合以及营销对象、渠道和工具的整合等策略。

(1) 价值观与理念的整合

核心价值观和理念是饭店基本的和长期的宗旨,是饭店制定战略和规划的依据。饭店应对自身的价值观和理念进行整合,并通过价值观和理念的整合来实现饭店的个性、特色及营销传播的诉求点。

(2) 产品与服务的整合

产品和服务是饭店整合营销的落脚点。根据饭店产品的无形性、差异性和生产与消费同时性的特点,对饭店产品和服务的整合可以采用"正、变、分、合"的方法完成。

① "正"和"变"的整合。"正"是保持原有服务的特色与传统,吸引那些愿意和渴望体验原有感觉,又不太愿意冒险尝试全新服务的顾客;"变"是突破原有服务方式,在服务组合方式、时间、地点等方面有意识地不同于原有服务,以吸引新老顾客。如某些饭店推出女性客房、蜜月房、特色房,餐厅推出各种创新菜、推出保存剩酒等各种创新服务。"正"和"变"的整合往往会创造富有竞争力的产品和服务。

② "分"与"合"的整合。"分"是将需求链适当断化,使饭店可以专注于特定需求,从而使服务产品专业化、有形化。如专注于客人对健康的需求,开发绿色健康套餐、绿色生态客房、SPA 水疗保健服务等;"合"是依需求链向上或向下取需求段,以产生相互关联的系列化服务。如为商务客人提供休息、娱乐、社交、谈判、翻译等全程服务。

(3) 资源要素的整合

饭店必须加强对人、财、物、信息、时间、形象口碑等资源的配套整合,通过人员培训、信息沟通、财力重组和对时间资源、形象口碑资源等的有效管理来提升饭店产品和服务在顾客心中的形象,增加饭店市场份额。

(4) 营销对象、渠道与工具的整合

饭店首先要根据营销数据库对市场进行细分,选择目标市场,根据顾客行为对其进行分类,并采取差异化营销策略,满足不同目标市场的个别利益点。其次,饭店要综合考虑目标市场的特点、饭店产品和服务的特点、饭店自身条件与经营意图等因素,合理确定销售渠道模式和销售渠道宽度、密度。最后,饭店必须对各种传播工具进行研究,了解其怎样工作才会发挥最佳效果(如在什么条件下使用、如何使用),以及各种传播工具如何一起协调工作,以确保各传播工具系统地发挥作用。

(三)体验营销策略

体验营销策略是站在顾客的感觉、情感、思维、行动和关系五个方面重新设计和定义饭店营销,是饭店以产品为载体,以服务为舞台,以满足顾客体验需求为目的而开展一系列营销活动的营销策略。

1.体验营销实施要点

体验营销的实质可以归结为"创造需求＋顾客满意＋引导消费",其实施要点如下:

(1)在产品中明确体验要求,改善不良体验

产品不仅要有功能质量,还要具备能满足顾客视觉、触觉、审美等方面需求的感知质量。为此,饭店要改善产品中的不良体验,为顾客设计迎合其心理需求的体验产品。

(2)用优质服务传递体验,增加附加体验

服务的突出特点在于其生产和消费的不可分割性,在服务过程中,企业除了完成基本的服务外,还应该有意识地在售前、售中、售后等各个阶段向顾客传递他们所看重的体验。

(3)设计体验业务,满足顾客潜在体验需求

设计体验业务,是把顾客的体验成分作为产品的核心部分进行设计和生产,它销售的主要产品成分是体验。如一些饭店推出的"学烹饪、吃自己做的菜""学茶艺、体验茶文化"等就是一种以销售体验为主要产品成分的服务项目。

(4)开展整合营销传播,全方位传播体验诉求

"体验"是顾客的一种无形的心理感受,其产生需要借助于一定的媒介,并要求顾客的参与。所以,在实施体验营销策略时,饭店必须选择好"体验"媒介(如产品、环境)及其组合,以便使顾客体验价值最大化。开展整合营销传播则可大范围地传播顾客所喜好的体验,从而吸引目标顾客,达到体验影响广泛扩散的目的。

2.体验营销策略应用

体验营销策略在饭店的具体实践和运用可以从感觉、情感、思维、行动、关系五个角度展开。

(1)感觉营销策略

感觉营销策略是通过视觉、听觉、触觉、味觉和嗅觉建立感官上体验的策略。

感觉营销策略可以帮助顾客从外观上区分产品,增加产品的价值,引发购买动机。例如,饭店可以围绕某一顾客群体、场所或环境,设计体验化的主题客房、主题餐厅等,建立顾客感官上的体验。

(2)情感营销策略

情感营销策略注重的是顾客内在的感情与情绪,是触动顾客内心情感,为顾客创造快乐、兴奋的情感体验的策略。情感营销策略包括创造情感产品和采取情感化促销手段两种方法。饭店一方面可以通过情感产品、情感包装、情感品牌、情感广告、情感价格、情感服务、情感环境等方法创造情感产品;同时可以采取"3E"策略(Equity－信实,Experience－体验,Energy－精力),建立顾客的情感联系,为顾客创造情感体验,并通过情感营销减少顾客的时间与精力浪费。

(3)思维营销策略

思维营销策略是启发顾客智力,创造性地让顾客获得认识和解决问题的体验的策略。例如,饭店可以通过体验培训的方式,帮助顾客在消费前、消费中、消费后获得知识和教育体验。

(4)行动营销策略

行动营销策略的目标是影响顾客身体的有形体验,生活型态与互动,丰富顾客的生活。例如,饭店通过现场操作的形式,使顾客直接欣赏或参与饭店产品的生产,从而帮助顾客获得消费体验。

(5)关系营销策略

关系营销策略包含有感觉、情感、思维和行动营销的成分,但它超越了"增加个人体验"的私有感受,把个人与他理想中的自我、他人和文化联系了起来。

(四)定制营销策略

定制营销策略是指饭店在大规模生产接待的基础上,将每一位顾客都视为一个单独的细分市场,根据个人的特定需求进行市场营销组合,以满足每位顾客的特定需求的营销策略。定制营销注重单个顾客的个性化需求,把每个具有独特个性的顾客视为一个细分市场;倡导并鼓励顾客亲自参与饭店产品设计;在与顾客进行"一对一"沟通的基础上,充分了解顾客,通过数据库方式建立顾客个人档案,进行客户关系管理,从而为顾客提供定制产品和服务。

1.定制营销策略实施

饭店实施定制营销策略的方法如下:

(1)改变传统营销模式

①营销目标由追求市场占有率转向追求顾客占有率。在定制营销模式下,饭店需要的是顾客满意,是占有顾客价值,而不是单纯地追求市场占有率,从某种意义上讲,占有了顾客就最终占有了市场。

②营销方式注重产品差别化。顾客的个性化需求与行为差异使其所需的产品种类更为复杂和多样,为此,饭店要在高度重视价值的前提下,更充分地考虑每一位顾客的差别,注重产品的差异化。

③营销组织管理由产品管理型演变为顾客关系管理型。定制营销是以顾客为中心进行定制化生产和服务,饭店必须强化顾客关系管理。顾客关系管理可以充分实现顾客让渡价值,满足顾客最大化需求;可以实现营销智能化、销售自动化,进而提高效率。

(2)产品模块化

实现定制营销的最好办法是建立能配置多种最终产品和服务的模块。定制并不是无限的选择,而是通过提供适当数量的标准件,进行成千上万种搭配,形成组合的特殊性产品。这既可给顾客一种无限选择的感觉,又使复杂的制造程序得到有效管理。饭店对产品进行重新设计时,要尽量实现产品的模块化。实现产品模块化后,一旦顾客提出自己的特定要求,可将这些特殊部件迅速组合到模块上,既提高了速度,又降低了成本。

(3)运用不同类型的定制营销方法

①满意型定制营销。当饭店的产品本身构造比较复杂,但顾客的参与程度比较低时,饭店可以采取满意型定制营销。这时,顾客可以根据不同的场合、不同的需要对产品进行调整、变换或重新组装,从而满足自己的特定要求。

②协作型定制营销。当产品的结构比较复杂,可供选择的零部件式样繁多,顾客一般难以权衡,甚至束手无策时,饭店可以采取协作型定制营销,与顾客进行直接沟通,帮助他们确定满足其需要的最佳产品。

③顾客导向型定制营销。在这种定制营销中,产品对于顾客来说其用途是一致的,而且结构比较简单,但顾客的参与程度很高,从而使产品具有不同的表现形式和附加值。

2. 价格溢价策略

定制营销可以使顾客获得完全符合自己要求、没有雷同、功能独特的产品和服务,可以增加他们的心理收益,降低价格敏感度。同时,按照顾客要求定制的个性化产品或服务蕴含更多的"可变成本",降低固定成本比重,具有更大的价格优势。因此,定制饭店产品可以实行价格溢价策略。

3. 充分有效的沟通

实施定制营销策略要求饭店和顾客之间进行充分有效的沟通。从目前条件看,有两种途径可以选择:

(1)通过互联网进行信息沟通。饭店在网上发布产品和服务的种类和价格等信息;消费者根据自己的兴趣和偏好进行组合,并通过互联网反馈给饭店,以实现充分有效的沟通。

(2)通过饭店现有的营销网络。现有营销网络有着和顾客打交道的基础,顾客对产品或服务的新要求可以直接通过营销网络传递给饭店,达到饭店和消费者之间的充分有效沟通。

(五)关系营销策略

关系营销策略是指饭店从识别潜在顾客开始到与顾客建立关系,通过自觉维持和促进已经建立的关系达到稳固顾客;通过关系的维护产生更多的相互依存关系,以获得更多的消费群体。

大多数顾客愿意与饭店建立友好关系,并愿意对饭店工作发表看法。饭店一旦识别和选择了关系营销的对象,就应该主动与他们联系。饭店定期与选定顾客接触,了解他们对饭店产品的意见和建议,这样会使顾客认为自己是饭店关系网中的一员,有亲近感,在他们需要到饭店消费时会下意识地首选该饭店。饭店在实施关系营销策略时应注意两点。

1. 建立客史档案,加强信息化管理

客史档案能使饭店准确地了解顾客的消费爱好,为顾客提供有针对性的个性化服务。因此,饭店通过建立客史档案,加强信息化管理可以与顾客建立友好的、亲密的关系网络,通过满足顾客的期望获得长期的、忠诚的顾客。

2. 利用高科技和人性化手段,提高客我关系层次

饭店运用关系营销策略与顾客形成的稳定利益合作关系有财务层次(基本层次)关系、社交层次(提高层次)关系和结构层次(最高层次)关系三种。

(1)财务层次关系的管理强调通过价格优惠,刺激顾客购买更多的产品和服务,如奖励顾客折扣、免费住宿、信用优惠、增加服务内涵等。受低成本和低技术壁垒的影响,这一层次的营销策略往往只能获取短期的"忠诚"回报。

(2)社交层次关系的管理并不是忽视价格的重要性,但更重视饭店与顾客间的社交联系,强调个性化服务,如建立宾客俱乐部,吸收购买一定数量产品或支付会费的顾客成为会员,这一层次关系的纽带是特殊的社交联系,易于提高顾客对饭店的信任度和满意度,竞争对手进入壁垒相对较高。

(3)结构层次关系的管理出发点是饭店基于顾客对高转换成本和高认知风险的下意识回避,通过高科技和人性化手段精心设计服务体系,为顾客提供更精细的定制化服务,使其获得更多的附加消费利益,从而形成顾客与饭店之间愉快、稳定的交易关系。

(六)内部营销策略

饭店的营销人员、服务人员同顾客的相互作用和互动效果直接影响到饭店产品和服务的销售。顾客对饭店产品的最终评价取决于饭店所许诺的产品和服

务与给予的实际产品和服务之间的差距,只有前后两者协调一致或后者超过前者水平时,顾客才会满意。饭店的外部营销是许诺产品和服务的营销,饭店的内部营销是给予实际产品和服务的营销。因此,只有重视饭店的内部营销,加强饭店内外部营销的整合,才能获得较好的饭店营销管理效果。

饭店内部营销策略是通过提供能够满足员工需要的工作来吸引、激励、发展员工并使其保持合格、优良的作风,并通过这些员工获得良好营销效果的一种管理策略和方法。内部营销策略把员工当成是饭店面对的内部市场,这些内部市场的员工可以经过积极、相互协调的类似市场营销的活动调动起积极性,使其成为具有服务意识和顾客导向的服务人员。

饭店实施内部营销策略的步骤和方法包括五个方面。

1. 内部营销调研

通过管理人员与员工交谈、征求意见的形式或采取员工座谈讨论的方式,与员工进行无缝沟通,了解员工对工作的态度、工作的需求程度和满意度。

2. 系统的培训

通过对员工的服务、营销、沟通技巧等方面的培训和内部优秀员工的经验介绍和现身说法,一方面提高员工被雇用的能力,同时帮助员工全面认识饭店和自己在其中的位置。

3. 充分授权

授权可以激发员工的主动性和创造性,授权给员工既是对员工的信任,也是给员工的压力。通过授权,给员工相应的自由发挥的空间,调动员工内在的潜力和创造力。

4. 内部沟通

饭店管理者一方面要经常与员工进行面对面的交流与沟通,让员工有充分表达自己思想的机会,同时要通过会议培训、内刊、宣传栏等形式向员工提供业界的最新动态,使员工有充分的思想准备并自信地与宾客接触和沟通。

5. 人力资源管理

包括工作说明书、招聘程序、职业生涯规划等人力资源管理环节和薪金、奖金、分红制度等激励管理制度。

(七)网络营销策略

网络营销策略是指饭店在新的市场竞争条件下,借助于联机网络、电脑通信和数字交互式媒体等技术与顾客沟通接触,从而最大程度满足顾客个性化需求,以达到开拓市场,增加盈利目标的一种营销策略。网络营销策略是互动式营销策略、内部营销策略、关系营销策略、体验营销策略等一系列营销策略的综合。

网络营销与饭店业本身有着天然的耦合关系,符合饭店产品的特性、消费方式和经营特点,具有传统营销无法比拟的优势。饭店在实施网络营销策略中,应以顾客为中心,切实采取以下措施,以取得事半功倍的效果。

1. 提高员工素质,配备专门的网络营销人员

网络营销需要高科技的支撑,因此,饭店必须有具备专业素质的技术人员专门从事网络营销,负责从网络的建设到网页的设计、内容的更新以及日常维护等各个方面。

2. 提高网页的易搜索性,充实网页内容

网页能给人带来最直接的视觉感受,饭店网页能否引起顾客的注意并吸引顾客进一步关注,这对饭店来说至关重要。因此,饭店网页的内容和版面设计要简洁明了,突出顾客最关心的问题,方便顾客搜索所需要的信息。

3. 满足顾客个性化需求,提供人性化服务

饭店要迎合消费者的个性化需求,引入更多人性化、个性化的设计,提高网站的交互性、及时性、可视性和参与性,让顾客随时可以表达自己的特殊需求,量身定做一套产品和服务组合,并随时追踪自己的消费记录。

4. 充分考虑旅游中间商的需要

旅游中间商是饭店的重要销售渠道之一。顾客经常会光顾旅游中间商网站,并向旅游中间商进行咨询,以便作出满意决策。因此,饭店必须了解旅游中间商与顾客沟通的方式,深入研究旅游中间商对饭店的需求,并为旅游中间商提供相应的有针对性的服务,方便其推销本饭店的产品和服务,与旅游中间商建立长期互利合作的网上营销伙伴关系。

案例与习题

一、案例

中国最昂贵平西王府酒店:一宿22万元

投资近亿元,位于昌平的"平西王府"开始营业,其开出的22万元人民币一宿的天价,创下全国豪华酒店之最。这个天价王府可不简单,完全复制了当年的王爷生活场景,用红木手工雕刻了999条龙的王爷龙榻,价值达180万元人民币,有百年历史的手摇留声机、清朝宫廷绿如意珠帘都价值连城。最重要的物件登场了——雕花大床。王府内的长廊都由穿着绿营军装的侍卫守卫,服务人员也都穿着仿清朝宫廷服饰,服务沿用清朝的宫廷礼仪,顾客完全可以体验到当年王爷的待遇。

分析:针对高消费顾客群体的高档消费水平、追求品质、品位,崇尚体验等消费特征,饭店运用高档产品策略,利用平西王府酒店的"新"和"别人无"的特点,采用高价策略,既取得良好的经济效益,又获得良好的市场宣传效果。

二、习题
1. 饭店产品开发策略包括哪些方面?
2. 饭店价格策略主要包括哪些?
3. 饭店市场开发的方法有哪些?
4. 什么是饭店整合营销策略? 整合营销的核心理念是什么?

第四章 现代饭店系统管理

学习目的

通过本章的学习,了解饭店系统、饭店组织系统的运作与整合、饭店计划指标与体系、饭店管理信息系统内容,熟悉饭店系统概念、组织管理理论、组织系统模式、饭店管理控制系统和饭店系统的分析与评价,掌握饭店组织系统的效能与组织气氛的评价、饭店计划编制与管理的方法。

主要内容

- 饭店系统管理的概念
  饭店系统　现代饭店系统管理的内容　现代饭店系统管理的原则　饭店系统工程
- 饭店组织管理系统
  组织管理理论概述　有效的饭店组织系统模式　组织管理系统的效能、组织气氛与授权　饭店组织管理系统的运作与整合　非正式组织　组织制度
- 饭店计划管理系统
  饭店计划管理的概念　计划指标与计划体系　现代饭店计划编制　现代饭店计划管理
- 饭店管理控制系统
  现代饭店管理信息系统　现代饭店管理控制系统
- 现代饭店系统分析与评价
  现代饭店系统分析　现代饭店系统评价　现代饭店系统优化

现代饭店是一个具有综合性和整体性的系统。随着饭店现代化程度的提高,饭店的组织管理、计划管理、管理控制系统日趋复杂,饭店系统的内外部环境、不可控因素亦显多变和不稳定。因此,在现代饭店管理中树立系统管理的观念,运用综合的、系统的管理方法,组织、计划、管理和控制饭店系统中的各种因素,是现代饭店取得良好的整体效率、达到科学的管理效果的重要方面。

本章重点讨论和分析现代饭店组织管理系统、计划管理系统和管理控制系统,并对饭店系统的分析与评价进行研究和阐述。

第一节 饭店系统管理的概念

饭店系统是由若干个互相联系、互相依赖又互相制约的部分(或称"个体""构成体")组成的,为达到饭店整体目标而共同工作的整体。

一、饭店系统

1. 饭店系统所属类型

从系统组成要素的形式看,饭店系统是一个人造系统,这个系统的各个组成要素是人为设置的。

从系统与环境的联系情况来看,饭店系统是一个开放系统。它在从事经营服务时,一方面需要外界提供信息、能源及各种设施、原料、客源;另一方面,它通过为客人提供有形的、无形的服务,直接或间接地为饭店创造了财富。同时,也向外界提供了信息、就业、情报、经验,甚至向外界排出垃圾、废物。即饭店的系统与外界环境之间存在物质间的交换,存在着物流、能流、人流、信息流。

从系统状况在时间序列上的发展变化来看,饭店系统是一个动态系统。系统与环境是处于发展变动中的,饭店内部各部门对环境变化的适应能力存在着差异,这种差异还由于它彼此之间存在的相互影响、相互制约关系而影响到整个系统的功能。

从系统的工作状况来看,饭店系统属于随即服务系统。因为在特定时间内到达饭店接受服务的客人是个随即变量,每个客人要求接受服务的时间长短也是一个随即变量。

从系统的复杂程度来看,除了国际性的饭店集团属于大系统外,多数饭店系统属于普通系统。

2.饭店系统结构

从实体角度出发来考察现代饭店系统结构,其结构模式与饭店内部的各部门分工、协作关系是基本一致的。饭店内各个部门、作业班组分布于饭店系统中不同级别、相对独立且有自己特定功能的子系统。各部门、班组所配置的生产资料、在编的工作人员及其服务对象便是各子系统的基本组成要素。

饭店系统结构的一般模式可用图4-1来表示。

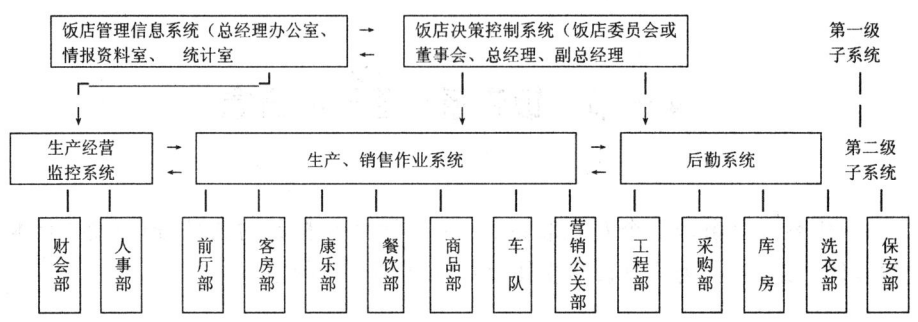

图4-1 饭店实体系统结构的一般模式

3.饭店系统的特征

无论饭店在规模、级别方面有多大差异,作为一个系统而论都应具有以下四个特征:

(1)集合性(整体性)。饭店系统是由两个以上部门(子系统)所组成的整体。作为一个整体,必须从整体系统来看它的功效。饭店系统发挥的作用和功效以整体来衡量,要比它各个子系统单独的作用和功效的总和大。

(2)相关性。饭店系统内各子系统之间存在有机的联系,既相互依赖,又相互制约;各子系统之间存在相关性。

(3)目的性。饭店系统是一个人造系统,人造系统都具有明确的目的性。例如,饭店管理系统的目的就是合理地利用饭店有限的人、财、物等资源,创造饭店效益。

(4)环境适应性。相对于旅游企业这个大系统来说,饭店系统是一个大子系统,它与大系统中的其他系统总存在着各种联系、作用和制约。而大系统中的其他系统则是饭店系统的外界环境。饭店系统是一个开放的系统,因而饭店的输入、输出以及运行过程都处于外界环境之中,环境对饭店系统的影响是饭店本身无法控制的。因此,饭店系统必须能够适应环境的变化,经常与外部环境保持最佳的适应状态,以保持系统的生存力。

二、现代饭店系统管理的内容

现代饭店系统管理的内容主要有以下几个方面：

1. 构建现代饭店组织管理系统

通过组织管理理论的应用和构建有效的饭店组织模式与结构，通过组织制度的建立与实施，运用各种管理方法和技术，发挥饭店组织系统中各种人员的作用和饭店组织系统的效能、气氛，进行饭店组织管理系统的运作与整合，从而达到饭店系统管理的目的。

2. 制定和实施饭店系统管理的目标

现代饭店系统的目标是饭店子系统必须共同遵循的目标。饭店系统管理的目标是制定饭店经营计划、进行各种经营管理决策的依据和基础。饭店系统管理目标的制定和实施是通过饭店计划管理系统的运作与管理来达到的。

3. 饭店运作的管理与控制

通过建立灵敏、有效的饭店管理信息系统和饭店管理控制系统，通过饭店管理控制系统的运作与管理控制系统中可控因素和不可控因素的分析达到饭店具体运作的管理与控制。

4. 系统的评价与分析

运用定量分析方法对系统进行分析，并建立系统评价的标准，系统的评价主要是绩效的评价，系统的分析是多方面的、综合性的。系统评价和分析的目的是创造最优的系统效益。

5. 根据系统外部环境的变化和需要，改造和发展饭店系统。

三、现代饭店系统管理的原则

根据饭店系统管理的特点和内容，系统在运行中必须坚持以下八个原则：

1. 目的性原则。目的性原则是建立任何人造系统的原则之一。不同的饭店系统根据其不同的经营要求会有不同的目的性。目的性原则要求系统的目的要明确。对于饭店系统而言，明确的目的就是要根据饭店内部条件和外部经营环境制定明确的饭店目标。

2. 整体性原则。现代饭店系统是由许多子系统构成的，这些子系统只能统一在饭店系统的整体中才有意义，各子系统之间的联系和作用也只有在饭店系统的整体协调下才发挥出来。现代饭店系统的整体性原则，强调在饭店经营管理中应从整个饭店系统的角度衡量得失，各子系统的目标和计划也必须服从和遵循饭店系统的总目标和整体计划。

3. 环境原则。现代饭店系统的环境原则，要求饭店系统对外部环境的变化要有适应性和协调性。在整个饭店系统的运转过程中,无时无刻不与环境接触,环境对系统既可产生制约和干扰,也可产生机会和有利因素。饭店系统要适应环境的变化就必须对环境进行分析,找出变化规律,确定应变的策略。

4. 控制反馈原则。现代饭店系统的控制反馈原则要求饭店系统要有完善的控制体系和高效的信息反馈体系。因为在饭店系统的管理中,必须对各子系统进行有效的控制。而有效的控制取决于经营活动中灵敏、准确和及时的信息反馈。系统的决策机构(指挥中心)将各种决策指令下达到各子系统,信息反馈体系将各子系统执行指令的情况、信息经加工整理后反馈给系统的指挥中心,指挥中心根据反馈信息的分析检测子系统在执行指令时是否产生偏差,并作出相应的修正措施。没有信息的反馈,就不能对子系统进行高效的控制,就无法实现对饭店系统的管理。

5. 分工与协调原则。分工与协调原则是指饭店系统为使其各子系统完成饭店的经营目标,必须进行合理的分工和相互之间的协调,以保证各子系统之间不出现相互的矛盾,使饭店系统有最优的整体效益。

6. 封闭原则。饭店系统的封闭原则要求饭店系统内的各项管理措施必须形成一个连续而封闭的良性循环。所谓连续而封闭的循环是指每项工作都应有"提出目标、执行手段、检测系统、反馈信息、修正促使目标达到的措施"这种有始有终、头尾相接的循环过程。

7. 层次性原则。现代饭店系统的层次性原则是针对饭店系统本身是由多个层次的子系统组成而言的。层次性原则要求各个层次的系统要有明确的职责目标,各个层次系统之间要有明确的关系,各个层次系统管理人员要有明确的责任和工作范围。

8. 弹性原则。现代饭店系统的弹性原则指在建立饭店系统的各项政策策略标准以及各种规章制度时要有一定的弹性区间,以免出现极端和超出的情况。这是因为:① 现代饭店系统的环境总是在变化的;② 决策时所进行的各种分析总有一定的假设和简化;③ 决策时不可能将所有的因素都全部考虑到。若各种标准或规章制度没有一定的伸缩性,各级管理人员难以贯彻执行,为此就失去了标准和制度的作用。

四、饭店系统工程

饭店系统工程是以饭店系统为对象,以系统论为理论依据,运用运筹学、图论、概率、数理统计、计算机科学、统计学,以及逻辑学方法建立饭店系统模型并对饭店系统进行分析、综合、优化,使饭店的各组成部分相互协调、相互配合,以获得技术上先进、经济上创益、运行可靠、时间节省的整体最优效果。

1. 饭店系统工程的技术内容

饭店系统工程的技术内容主要有：

(1) 运筹学

运筹学是系统工程的基础。运筹学的基本思想是进行统筹安排，实行整体的最优化。它的具体内容是运用数学方法研究和分析系统在确定和不确定条件下如何进行统筹规划、合理安排，使系统达到预期的最优效果。

(2) 系统论

系统论是系统工程中解决主系统与子系统，系统与环境之间的相互关系的理论基础，它通过运用定量方法和计算机科学来制定系统目标和最优决策。

(3) 信息论

信息论主要研究传输和系统处理规律，是系统的重要理论基础，系统的正常运转离不开信息的作用。

(4) 控制论

控制论是系统的关键，它通过控制系统对信息的接受、传递、交换和处理，发出指令以维持系统的运行。

2. 饭店系统工程的研究内容

饭店系统工程是系统工程在饭店经营管理中的应用，主要的研究内容包括：

(1) 饭店组织管理系统；
(2) 饭店计划管理系统；
(3) 饭店管理控制系统；
(4) 饭店系统分析与评价。

第二节 饭店组织管理系统

现代饭店组织是饭店管理人员、服务人员和其他各种技术人员的组合体。组合体中这些人员之间存在着上下、左右、直接与间接等各种相互依存的关系。现代饭店组织管理系统就是通过运用各种管理方法和技术，发挥饭店组织系统中各种人员的作用，把投入现代饭店中的有限资金、物资和信息资源转化为可供出售的有形的或无形的饭店产品，以达到饭店管理的目的。

一、组织管理理论概述

现代饭店组织管理的理论基础是法约尔的组织管理理论。法约尔的组织管理理论可归纳为 14 条原则。

1. 分工与合作原则

法约尔认为,从事同一工作的工作人员和管理同类事务的管理人员的工作效率要比经常调换工作的人员的效率高。因此,无论是操作工作还是管理工作都应该进行较细的分工;同时,必须注意到较细分工以后的合作。

2. 权责相等原则

法约尔认为,人们对负责任的恐惧心理和对权力爱好的心情是相等的。因此,行使权力者就必须承担相应的责任。

在现代饭店组织中,若一个管理人员的权力大于责任,那么,他就可以有权决定做某项工作,而无须承担这项工作失败的后果,这样将会助长瞎指挥和滥用职权的不良现象。当一个管理人员责任大于权力时,他会因缺少工作所必须的权力而使工作无法开展,长此以往,工作的积极性也无法保持。

3. 集权与分权需恰到好处

法约尔认为,采用集权与分权的管理方法并无一定标准,也并无好坏之区分,应视企业的规模而定。

在饭店组织管理中,采用集权或分权的形式应根据饭店的规模和类型决定。一个大饭店从最高管理层到最基层,必然有较多的中间层次。因此从上到下的工作指令和从下到上的信息反馈,在经过若干中间层次时,往往会有意或无意地加入了这些层次的意见,以致产生一些偏差。事实上,也就不可能说是完全的集权管理方式了。

4. 命令统一原则

在一个组织中,管理人员只能有一位直接上级,否则将产生双重或多头命令,使执行者无所适从。

在现代饭店管理系统中应努力遵循这一原则,以避免面对不同的上级发出的命令(有时甚至是互相矛盾的)而影响工作安排,同时也可避免互相推卸责任。

5. 指挥统一原则

在一个管理系统中,应注意只能有一个领导和一个方案控制与指挥有关的工作。总经理负责制是这一原则的具体化。

6. 层次原则

组织应分成若干层次和若干纵向系列。决策、指令按纵向系列由上层至下层传达,执行情况和反馈信息逐级向上汇报。这种关系越明确,组织的决策和信息传达越有效。但对于必须迅速决策的工作,应该有应变的方法。

因为饭店的经营千变万化,同级部门之间的联系较多,所以必须加强横向之间的联系,以便作出迅速的反应。同时又必须能够对横向联系加以控制。

7. 有秩序原则

法约尔认为,组织中应该维持良好的物资和人的秩序。饭店要进行高质量、高标准的服务,就必须维持良好的人和物的秩序,要做到人有其位,物有其位,位有其人,要以工作定岗设位,使组织内每个人员都有明确的工作位置。

8. 纪律原则

组织内每个人都应该服从组织的行动准则,这个组织的行动准则就是组织纪律。纪律应该是建立在尊重和自觉执行的基础上,而不是以恐惧为基础的。纪律不仅仅是消极的制裁,更需有积极的奖励。

9. 稳定性原则

法约尔认为,组织内人员的任期应该有稳定性,才能够发挥其所长。要熟练掌握一项工作,必须有一个过程。经常频繁地调动人员的工作,将影响工作效率。

10. 利益原则

组织内个人利益和部门利益必须服从组织的整体利益。

11. 团结原则

组织的管理人员应注意培养和鼓励下属人员之间的团结合作,发扬集体精神。切忌采用分而治之的方法,分而治之的方法将使组织始终只能发挥部分的效能。

12. 鼓励创造原则

组织的管理人员应尽量鼓励组织内每个人发挥其创造力,应奖励有创造的人员。但是创新必须以遵守纪律为前提。

13. 合理报酬原则

组织内每个人员的报酬应力求公平合理,必须根据工作成绩制定合理的报酬标准。同时还要考虑组织的经济状况。

14. 公正原则

组织的高层管理人员应竭力设法将公正的观念灌输到组织的每个角落。在处理组织内发生的问题时,应明辨是非曲直,公正处理。对下属人员应采用一视同仁的态度,切不可厚此薄彼。要使组织内全体人员都能竭尽全力,忠于职守,为达到组织的整体目标而努力工作。

二、有效的饭店组织系统模式

1. 直线—职能的组织系统模式(Line—Functional System)

这是目前我国饭店普遍采用的组织形式。这种组织形式是在"直线制"和"职能制"的组织结构基础上发展而来的。它吸收了"直线制"对组织控制严密的长处和"职能制"充分发挥专业人员作用的长处,兼有这两种组织形式的优点。

(1)直线—职能制的组织系统结构。其组织系统结构如图 4-2 所示。

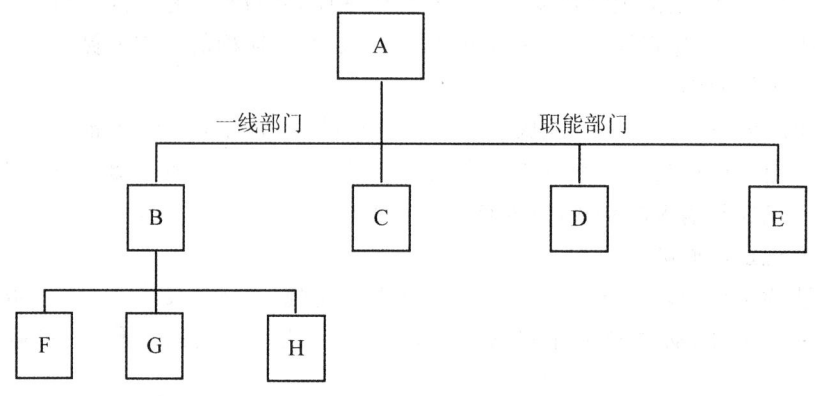

图 4-2　直线—职能制的组织系统结构

在上下两层次间,彼此有直接权责关系的,用线条串连起来。职权由上至下,较高的是直接上级。各下属均有直线与直接上级相连。以图 4-2 为例,A 是 B、C、D、E 的直接上级,而 F、G、H 是 B 的下级,F、G、H 的职位比 C、D、E 低。但 C、D、E 不能直接指令 F、G、H 工作。因为 C、D、E 与 F、G、H 之间无直线连接,无直接隶属关系。

(2)职位说明书。为了分清组织系统中各种职位之间的权责关系,开展工作,对每个职位的职责范围须用职务工作说明书来说明。职务工作说明书可以帮助任职者加深对本工作岗位的了解,减少或避免因职权不清而带来的冲突,有利于上级评价任职者的工作表现,也有利于任职者的自我检查。职位说明书的主要内容一般包括:职位的名称、直接的上级职位、直接管理的下级职位、工作的权限和所负的责任、具体工作提要等,如表 4-1 所示。

表 4-1　职位说明书(岗位说明书)

职位	酒吧管理员	部门	餐饮	直接主管	餐饮部经理
主要任务	负责制定酒吧经营计划,协调采购与供应,控制酒吧服务质量、营业额、利润……				
职责内容	1.　根据预测和餐饮部计划,制定酒吧经营计划 2.　维持、协调好产、销关系 3.　制定酒吧工作规程、质量标准等 4.　了解每天营业状况,处理异常情况 5.　出席餐饮部会议,完成餐饮部经理指派的任务 6.　培训、安排酒吧服务员工作 ……				

续表

职位	酒吧管理员	部门	餐饮	直接主管	餐饮部经理
工作关系	1. 向上关系:餐饮部经理 2. 平等关系:宴会、零点、客房管理员 3. 向下关系:领班或协管人员				
任用资格	由餐饮部经理提请总经理批准、任命,其资格必须在餐饮部工作×年,受××培训者				
任职日期	×××任职者姓名×××				

(3)一线与二线人员的关系。饭店的直接盈利部门如客房部、餐饮部、商场部等,通常被称为一线(或主线)部门。这些部门的管理人员被称为一线(或主线)人员。其他非直接营业的部门如财务部、人事部等,通常称为二线(或职能)部门。这些部门的管理人员被称为二线(或职能)人员。

直线—职能制的组织形式规定,下级只接受直接上级的指令,一线人员只对直接上级负责。这个规定符合统一命令的原则,同时也注意发挥职能部门的专业化特点。二线人员在计划、财务和其他技术方面的决策对饭店经营管理也是至关重要的。如何协调两种人员的工作,使他们能密切配合是一个重要的组织管理问题。

一线人员往往强调对本部门的活动拥有决策权。因此,二线人员提出的一些建议和意见往往被忽视,使职能专业化的优点也就此丧失掉,以致引起二线人员对一线人员的不满。二线人员又容易因其具有在计划、财务、人事等专业化工作方面的决策权而超过其职权范围直接向一线部门发指令,使一线人员左右为难,而产生对二线人员的不满。

有一种情况必须区别对待,若二线人员接受了上级的授权负责某项工作,这时一线人员就必须执行其指令。事实上,在这项工作上,二线人员已成为一线人员的直接上级领导。

为了突出直线—职能制的优点,一线人员应该尊重二线人员的建议和意见,充分利用二线人员的专业化知识,使这些知识有利于一线部门的计划、指导和控制,改进一线部门的经营管理。二线人员应建立与一线部门的沟通渠道,使二线部门的建议和意见被一线人员了解。同时,必须与上级管理人员经常沟通,取得上级对二线部门的建议和意见的支持,由上级管理人员下达给一线人员,避免对一线部门的直接干涉。

饭店的高层管理人员应努力培养和发展一线人员与二线人员的良好关系,防止和减少他们之间的冲突。高层管理人员应该毫不含糊地支持或约束一线人员或二线人员,切不可模棱两可。

2.事业部组织系统结构(Federal System)

所谓事业部组织系统结构,就是饭店对于具有独立的产品和市场、独立的责任和利益的部门实行分权管理的一种组织系统形态。它必须具备三个要素:第一,具有独立的产品和市场,是产品责任或市场责任单位;第二,具有独立的利益,实行独立核算,是一个利益责任单位;第三,是一个分权单位,具有足够的权力,能自主经营。

事业部组织系统结构是一种适用于饭店公司(集团)的组织结构形式,其特点是突出分权管理,其组织系统结构如图 4-3 所示。

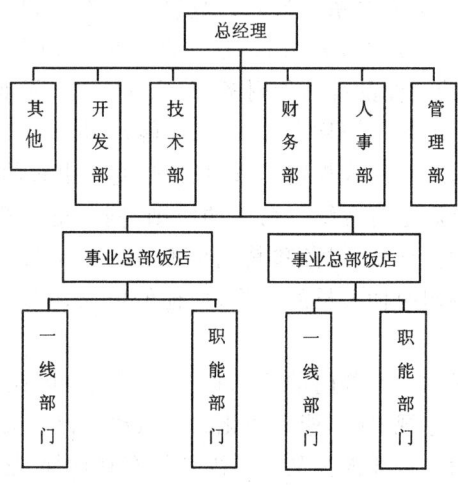

图 4-3　事业部门组织系统结构

饭店公司(集团)按地区、产品、市场等因素,成立若干个事业总部,每个事业总部即为一个饭店或公司拥有其他的企业。事业总部具有法人地位,进行独立的经济核算,对事业总部内的计划、财务、销售等方面有决策权,饭店公司控制事业总部的盈利指标,负责筹集资金和事业总部主要负责人的任免等。饭店公司的工作重点是进行新市场的开发,新技术的引进工作。饭店公司成立事业总部的核心是为了实现利润指标,所以事业总部又称为利润中心。

这种组织系统结构把稳定性和适应性、统一性和灵活性结合起来,它可以减轻高层管理人员的负担,明确各饭店的利润责任。各事业总部可以就本部产品或本地区市场快速决策,有利于公司的发展和产品多样化。缺点是由于各事业总部职能部门重复,管理费用较高;此外,各事业总部往往为本部的眼前利益而牺牲公司的长期目标。同时事业部制需有严格的限制条件,这就是高层管理人员要有共同的视野、理解力、责任心和自律性,否则会影响这种组织系统结构的运作。

3. 矩阵系统结构(Matrix System)

矩阵式组织系统主要是把管理部门分为传统的职能部门和为完成某项专门任务而由各职能部门派人参加联合组成的,并指派组长负责领导的专门小组,任务完成后,小组成员各自回到原来单位,这样,若干职能部门所形成的垂直领导系统,和同为完成专门任务而形成的若干任务小组的临时系统,就组成了一个矩阵式的组织系统结构。其组织系统结构如图4-4所示。

(1)矩阵式组织系统结构的优点

①既能保证完成任务,又能充分发挥各职能部门的作用。

②能集中各部门专业人员的智慧,互相学习、协调和促进,加强组织的整体性。

③加快工作进度。

④避免各部门的重复劳动,因而可以缩减成本开支。

⑤管理方法和管理技术更专业化。

⑥打破饭店内部的部门界限,便于内部不同部门之间的协调。

(2)矩阵式组织系统结构的主要缺点

①任务负责人的责任大于权力。因为参加任务的每个人都来自不同的部门,隶属关系仍在原部门,由于临时参加该任务,故没有打破等级制,这种双重领导的状况容易延误决策时机。

②矩阵结构需要饭店内部一种合作的文化来支持,这是矩阵结构比较难于有效实施的地方。

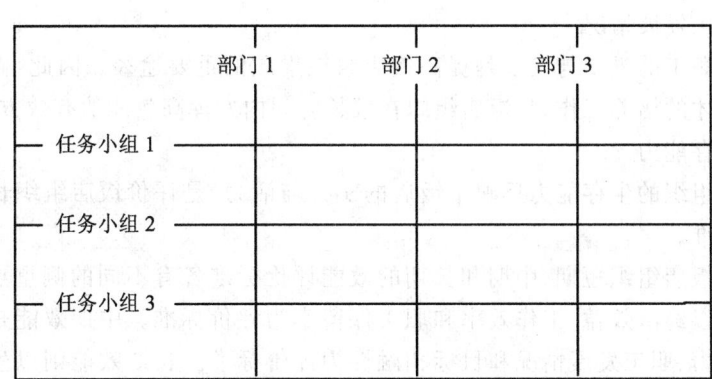

图 4-4　矩阵系统结构

三、组织管理系统的效能、组织气氛与授权

现代饭店组织效能是指饭店组织达到饭店系统特定目标的程度,是衡量饭店组织系统好坏的标准。现代饭店组织气氛是指饭店组织系统中的人员在工作环境中直接或间接看到的或接触到的一些特征。这些特征将会影响他们的行为和工作态度,由此而影响组织的效能。

(一)现代饭店组织效能评价

可用以下几方面评价饭店组织的效能:

1. 适应能力

高效能的饭店组织应该具有很强的适应能力,应该能够随着市场环境的变化,迅速作出反应,并且很快适应新的环境。

2. 工作效率

工作效率的高低最直接地反映出一个饭店组织的效能。

3. 经济效益

经济效益反映了饭店的获利情况,也是衡量饭店组织效能的重要标志。

4. 职工保留率

职工在本组织中工作时间的长短、流动人数的多少,称之为职工保留率。职工保留率的高低也是评价组织效能的标准。

5. 组织、个人目标相融性

饭店组织有其明确的目标,饭店组织内的职工也有个人目标。组织目标能否与职工个人目标相融合?如果组织目标与个人目标基本一致,则职工必然会为达到组织目标而努力,从而产生高效能。

6. 职工发展情况

饭店职工的进步与发展是提高饭店组织素质的重要途径。因此,做好组织内职工人才的培养工作,是饭店组织在较长时间内发挥高效能的有效方法。

7. 生存能力

饭店组织的生存能力反映了饭店的实力与活力,是评价饭店组织长远效能的一个标准。

现代饭店组织短期、中期和长期的效能评价标准各有不同的侧重点。短期效能主要以经济效益、工作效率和职工保留率为评价标准。中期效能是以组织的适应能力、职工发展情况和目标相融性为评价标准。长期效能则以生存能力为主要评价标准。

(二)现代饭店的组织气氛

1. 领导方式

领导方式包括饭店决策者的经营思想和管理方法,各级管理人员的政治素质和业务素质。

若饭店决策者的经营思想保守落后,不能适应复杂多变的市场环境要求,势必影响饭店的经营成果,从而影响饭店组织中职工的工作积极性。各级管理人员的素质决定了管理人员的管理方法和管理艺术,有着良好进取意识的管理人员能不断地吸收和运用先进的管理方法,使饭店的效益不断增长,使饭店组织中每个职工都能心情舒畅地努力工作。

2. 饭店目标

饭店制定目标应该具有合理性和科学性。合理、科学的目标应该是能够激励组织内每个人"跳一跳,摸得到",应该对组织内每个人的工作都具有挑战性、一定程度的风险性和可及性。

3. 矛盾、冲突的性质和程度

饭店组织内部存在矛盾和冲突是客观事实,而且是不可避免的。上下级之间、部门与部门之间、职工与职工之间都可能因某件事而产生矛盾和冲突。矛盾与冲突对饭店组织的影响是有利有弊。由于引起矛盾、冲突的原因各异,因此矛盾、冲突的结果也是不同的。例如,两个部门之间因工作安排不协调,而导致矛盾、冲突的产生。通过矛盾、冲突的处理过程,找出了部门间不协调的原因,并加以解决,以后两部门间的工作安排将更趋于合理。这类矛盾、冲突的性质是好的,对组织是有利的。但是,如果两个职工因个人之间的原因产生矛盾、冲突而影响了工作,这种矛盾、冲突对组织有百害而无一利。两种不同性质的矛盾、冲突对饭店组织气氛的影响是截然不同的。

饭店组织内部矛盾、冲突过于频繁,对饭店组织气氛也将产生不良影响。即使是有利于组织的矛盾、冲突也是如此。尽管矛盾、冲突的双方都是为了饭店的利益,可是人是有记忆和感情的,频繁的矛盾、冲突会影响双方感情,增加对双方的不信任感。在这种情绪的支配下,又容易诱发新的矛盾、冲突,从而产生恶性循环。若是不利于饭店的矛盾、冲突频繁发生,对组织气氛将会产生更加恶劣的影响。

4. 职工对饭店组织的认同感

职工对饭店组织的认同感是指饭店组织内的职工对本组织的真正认可。不能简单地认为进入了饭店组织的每个职工都对饭店组织已经有了认同感。培养职工对本组织的认同感是产生良好组织气氛的根本出发点。

培养饭店职工"爱店如家"的思想,是提高饭店职工对饭店组织认同感的基本方法。管理人员应努力提高饭店组织的凝聚力,使每个职工都因"我"是这个饭店组织的成员而产生自豪感。

5.奖、罚制度的性质

饭店组织必须有一系列的检查、奖惩制度,这些制度是衡量每个职工工作表现的标准。因此,在制定奖罚制度时必须切合实际,使这些制度能真正起到奖勤罚懒的作用。同时,在执行奖罚制度时必须做到对每个职工都一视同仁,只有这样,才能确保饭店组织的正常运转。

6.饭店组织内部的沟通

饭店组织内部的沟通包括管理层之间和部门之间的业务信息的沟通,组织中人与人之间、管理人员与被管理人员之间的内心沟通和信息的沟通。

饭店组织内进行语言沟通的方式有平行的沟通、交错的沟通和隐含的沟通三种。三种沟通语态与方式都有各自的作用和效果。对不同的沟通对象、不同的场合,采用适当的方式才能获得满意的沟通效果。

饭店组织内部的信息沟通应尽可能采用双向信息流,避免信息的单向流动。在发布指示、命令时,要有接受指令者的信息反馈,确认接受都已收到并明确其内容。

饭店组织内部的沟通有否障碍,是影响饭店组织气氛的极其重要的因素。良好的饭店组织气氛,是产生高效能饭店组织必不可少的先决条件。创造良好的饭店组织气氛,是每个管理人员进行饭店组织管理的主要内容。培养饭店员工对饭店组织的认同感和饭店组织内部相互沟通,又是形成饭店组织良好气氛的关键。

(三)授权

授权是指上层管理人员将自己所拥有的一部分责任和与之相应的权力授予下属。责任是指下属必须履行上司指示的义务,完成被分配的工作,对失误解释并承担责任。权力是一种支配人和事物的力量。授权不但能使员工具有高度的工作投入感,而且对顾客服务更加直接与快捷。

1.授权的原因

(1)经济原因。管理人员因时间关系,可能因一些小事而耽误了大事,从而影响饭店计划的执行,造成资源的浪费和经济的损失。

(2)精力限制。个人的精力是有限的,工作过度劳累会导致工作效率和工作质量下降,特别是高层管理人员,如果事事要亲自处理,将会出现"瓶颈"现象,影响整体工作的规划和进度。

(3)专业分工。饭店是一个综合性的企业,管理工作繁多,需要进行专业分工,有些技术性的工作交给专业人员处理更为合适。

(4)培养人才。饭店的长远目标是持续和扩展饭店经营。为了达到这个目标,饭店必须培训员工和管理人员,渐进地授权是培养人才的最佳方法。

2. 授权的程度

影响授权程度的主要因素有以下几项：

(1)受权者的管理才能是否能够胜任。授权必须授给能够完成任务的人，这是授权者必须考虑的首要问题。

(2)饭店规模不大，上层管理人员有能力和精力直接加以控制，则不必授权下级处理。

(3)饭店控制子系统的效能。

(4)授权者上级的管理观念。如果上级的管理观念对授权者的方法不欣赏的话，则应避免采用授权的方法，以免引起误会。

3. 授权的程序

(1)决定将某项工作指派给下级。

(2)授予完成该项工作所需要的足够权力。

(3)使受权者明白由他负责的那项工作。

(4)保持联络以便协助和考核。

(5)奖励成功者。

为了确保授权的有效度，需要注意以下几方面的问题：

第一，确定合理的授权程度。授予下属多大权力，这取决于下属担任这项工作的能力与意愿，如果能力很强，积极性又很高，就可以授予全权。相反，只能授予部分权力或不授予权力。

第二，严格遵守正确的授权程度。首先，管理者要与被授予权力的下属深谈一次，说明将被授予的责任、权力、待遇，了解下属面临的问题与要求。其次，一旦决定要公开宣布，这涉及工作领导关系的名正言顺问题。同时，要将权力和责任交割清楚，以免产生不必要的混乱与争执。

第三，当已授权给下属范围内的事情需要处理的话，必须要先尊重这一下属的意见。

第四，授权人要对最终工作结果负责，这就是所谓"授权不授责"的原理。它的含义是，当你将完成某一任务所需的责权授予下属时，这一任务完成好坏的最终责任，还是在你这个授权人身上。因此，授权人必须始终掌握下属的工作进展情况，随时进行补救或控制。

第五，要成功地在饭店顾客服务中实行授权，不仅要求饭店在理念上作出转变，还要求饭店在制度、组织结构和行动上采取实质性的举措。研究表明，饭店只有从以下四个方面采取行动，授权才能实现：①在组织内进行适当的分权；②组织信息共享；③组织内的知识共享；④组织成员共享组织的利润和报酬。

四、饭店组织管理系统的运作与整合

饭店组织管理系统的运作与整合是以市场需求和顾客满意为出发点,以饭店的运作流程为改造对象,对饭店系统的运作流程进行根本性的分析和思考,通过对饭店组织管理系统的运作方式及构成要素的整合与组合,获取饭店更大的绩效。

饭店组织管理系统的运作与整合包括以下内容:

1. 饭店业务过程的运作与整合

业务过程是饭店组织运作的中心环节,其运作与整合的成功与否,决定着饭店组织效能的发挥,并将对组织整合产生重要的影响。饭店业务过程的运作与整合主要有以下几方面:

(1)饭店日常工作的运作与整合。由饭店组织管理系统的基层管理部门指导各服务部门的员工重新设计日常工作以提高其工作绩效。如马里奥特饭店的员工在饭店总部的支持下成立各种类型的团组,这些团组在每项业务中都取得了显著的突破。在餐饮方面采用了一种创新的服务系统确保服务员能把服务时间百分之百地花费在餐厅以满足顾客的需要,而厨师则在早餐酒吧制作现炒现卖的煎鸡蛋和其他的佐料等等。

(2)顾客需求变更的运作与整合。通过建立一个追踪顾客对饭店问题投诉的类型与起因的机制,以迅速解决顾客的需求变更。如顾客临时取消在预定中心的客房可能会引起讨价还价的争执,如能根据有无空余客房和预订提前的天数一次敲定最佳可能房价,则会很容易地解决此类问题,等等。

(3)饭店各部门之间工作程序的协调与整合。通过成立相关的研究小组,研究顾客需求与部门间工作程序的科学性与协调性,并对饭店各部门之间工作程序进行调整与整合,以适应顾客的需求和提高顾客满意度。饭店部间的沟通和协调有利于饭店对顾客的需求作出迅速准确的反应。

2. 组织系统结构的整合与再造

作为一个系统,饭店流程的改变必然会导致饭店组织系统结构的变化。饭店组织系统结构的变化主要体现在由金字塔式的等级制向层次减少的扁平式组织结构的转变。目前,我国饭店的组织系统结构大多是由总经理、部门经理、主管、领班、员工等五层次的人员要素组成,过多的层次容易使员工对上层的依赖性增强而工作独立性减弱,遇事往往先请示,等一级一级批下来付诸实施时,已延误时机。流程再造后饭店业务过程的高效率和快速反应使得具有人员紧凑、富有弹性和灵活高效等特点的扁平化趋势日益凸现。相应地,饭店中层管理人员的职责也会发生变化:由监工变为教练,即把主要工作放在对员工进行业务培训和传递业务信息上,而不是作为一个层次对员工进行监督和管理。

3. 组织系统理念和价值观整合

(1) 饭店组织系统结构上,实现由维护型向开拓型的转变。维护主要是维护现状或维护本部门利益,而开拓型则表现为创新性和开放性。一方面,不拘泥于饭店现有的规章制度和上下级领导关系,大胆授权员工,灵活机动地处理具体的问题;另一方面由重视本部门利益转向谋求共同利益,各部门将工作目标集中于顾客满意和饭店的整体利益。

(2) 饭店组织系统的评价标准上,实现由重视上级满意向重视顾客满意的转变。流程再造以提升顾客满意度为驱动力和目标。相应地,实行以顾客满意度为标准的评价制度后,就能改变只重视上级满意的本末倒置的现象。

(3) 服务组织系统观念上,实现由"条规约束"型向"凝聚协调"型的转化。与传统管理依赖严格的规章制度对企业员工进行的"刚性"管理相反,现代饭店管理应从古老东方的哲学智慧中得到启迪,注重"柔性"的亲和沟通,通过贯彻亲密原则,使管理层和操作层达成共识,构成一体同盟,从而在追求卓越和成效中达到有价值的目标。

五、非正式组织

饭店正式组织是指由饭店所有者和管理者为实现饭店目标而建立起来的组织。由于饭店员工的需求呈多样性,这些精心构筑的饭店组织无法满足员工的需要,因此,员工会基于对某些共同志趣爱好形成一种并无特定目标、计划,也无正式规章制度的小群体,这就是非正式组织。因此,饭店非正式组织是指为满足员工的需要而不是为了满足饭店的需要而产生的团体。非正式组织虽然不能发挥饭店的组织管理职能,但它们对饭店各项管理工作可能带来影响,因此,饭店非正式组织也是饭店组织管理系统中一个不可忽视的子系统。

1. 正式组织与非正式组织的关系

一般来说,正式组织的决策者和各级领导多数是由上级任命的,下属通常无权选择上司,上级对下属不仅有下达指令和监督、指挥的职权,而且还掌有奖励和惩罚的大权,呈明显的等级关系;而非正式组织是自然形成的,非正式组织的领导往往是由于他在某一方面有着超群的才华或能力,才被有某些共同利益或兴趣的群体推举出来的,非正式组织内的成员没有明确的等级关系,彼此间更加协调。这两种组织往往同时并存于饭店内部。当正式组织与非正式组织的利益相一致的时候,正式组织的领导实施管理时往往可以起到事半功倍的作用。而当正式组织与非正式组织之间出现利益不一致时,这种不一致极有可能干扰饭店管理职能的正常发挥,各级管理者必须认真对待。

2.对待非正式组织的态度

由于非正式组织可能起建设性作用,也可能起破坏性作用,因此,对管理者来说,必须了解它们,并利用它们的正面效应,防止和消除它们的负面效应。

(1)利用非正式组织的正面效应

非正式组织能提供正式组织所不能满足的需要,从而使正式组织更稳定、更团结,这是非正式组织的一个重要的积极效应。如我国大多数饭店利用员工八小时以外的业余时间,组织一些晚会、交流和竞赛等活动来增加员工之间的接触与交往,从而加深员工之间的感情,这种感情有利于员工在工作中的相互配合和协助。

(2)非正式组织具有一定的积极作用

有些非正常组织的存在有助于增加饭店的知名度,饭店领导应善于识别这类非正式组织,承认这类组织的存在,并加以引导和利用。例如1994年6月,世界杯足球赛正在紧张地进行,上海远东不夜城大饭店的部分男青年员工正在悄悄筹划成立一支足球队。大饭店总经理知道此事后,决定因势利导,成立一支以饭店名字命名的足球队,并为足球队训练和比赛开绿灯。每遇重要比赛,饭店组织员工呐喊助威,饭店凝聚力大增,饭店允许足球运动员占用一部分上班时间进行训练或观摩,这反倒使得球员们更加倍努力工作。

(3)消除非正式组织的负面效应

非正式组织往往有一定的负面效应,饭店管理者可以通过控制产生非正式组织关系的环境来消除非正式组织的消极作用。如部门经理通过调动员工的工作岗位、工作部门、工作班次打破消极的非正式组织关系。饭店管理者也可以通过鼓励员工个人间的竞争,奖励员工个人成就来削弱非正式组织团体间的关系。

六、组织制度

现代饭店组织管理系统中的组织制度一般指基本制度、经济责任制度、岗位责任制度和工作制度。

(一)现代饭店基本制度

1.总经理负责制

总经理负责制是饭店组织管理中实行的领导制度。总经理负责制明确总经理是饭店的法人代表。饭店建立以总经理为首的经营管理系统,总经理在饭店中处于中心地位,全面负责饭店的经营和业务。总经理负责制是适合饭店现代化管理,适合饭店市场经营,适合按饭店规律管理饭店,适合以法治店而产生的。总经理负责制是饭店管理体制的基本内容之一。

总经理负责制要求总经理对饭店负有主要职责,同时也规定了总经理所应具有的相应权力和权威。

2. 职工民主管理制

职工民主管理制的基本形式是饭店职工代表大会。职工代表大会具有管理、监督和审议三方面的权力,具体的工作内容主要包括:

(1)听取和审议通过总经理的工作报告。

(2)审议饭店的发展规划、经营计划以及一些重要的经营管理问题。

(3)审议饭店各项基金使用,以及饭店福利等有关饭店全体职工的切身利益的问题。

(4)监督饭店的各级干部,对成绩显著的干部,提出表扬和嘉奖,对不称职的干部,提出撤换的建议。

实行民主管理制,体现了饭店职工在饭店中的主人翁地位,是社会主义饭店搞好经营管理的关键之一。在实行民主管理制的同时,要正确处理好民主和集中、自由和纪律以及权力和责任的相互关系。

(二)经济责任制度

在饭店内部实行经济责任制可以增强饭店的活力,提高饭店职工的工作责任心,充分发挥他们工作的主动性、积极性和创造性。

1. 饭店集体经济责任制

集体经济责任制按管理层次分为饭店、部门、班组的责任制。集体经济责任制应具体落实到责任者——饭店总经理、部门经理和主管。

(1)饭店经济责任制。包括整个饭店必须完成的各项经营管理指标,饭店总经理和副总经理的岗位责任、工作权限和奖惩条例。

(2)部门经济责任制。包括该部门必须完成由饭店整体经营管理指标分解到该部门的具体指标,部门经理的岗位责任、工作权限和部门的基础工作以及奖惩办法。

(3)班组经济责任制。班组长(或主管)是饭店基层的管理人员,其基本职责就是执行部门下达的计划,组织安排班组内具体操作人员的工作,做好经营情况的原始记录和职工岗位经济责任制的考核。

(4)职能部门经济责任制。职能部门的工作对饭店的经济效益无直接影响,因此,他们的工作表现较难用数量来衡量。在考核职能部门的工作时,可以采用按工作质量划分等级的方法。

职能部门经济责任制主要包括:该部门指导一线部门或班组进行经营业务活动应负的经济责任,与其他职能部门协作完成工作的情况和为一线部门、班组服务的情况,完成饭店基础工作的情况(如饭店培训部门、人事部门),完成饭店总经理交办的其他工作情况。同一线部门经济责任制一样,也必须包括岗位责任、工作权限和奖惩方法。

2. 经济责任制的制定原则

饭店内部的各种经济责任制由于层次不同,责任对象不同,因此职责也各不相同。可以根据各级、各部门的具体内容采取各种不同的形式。但是,无论制定何种形式的经济责任制,都必须遵循以下三条原则:①权、责、利相结合;②国家、集体、个人利益相统一;③劳动所得与劳动成果相结合。

3. 集体经济责任制的考核

制定饭店内部经济责任制必须坚持严格的考核与监督,严格的考核和监督是使经济责任制避免流于形式的保证。

集体经济责任制经营管理指标考核包括以下四个方面:

(1)指标值。在正常情况下,考核指标值应以原定的指标为标准。但是事实上在实施指标时,由于经营环境和各种客观因素的变化,完成的指标必然会产生一些偏差。除了在制定指标时要考虑到有适当的弹性以外,在考核时亦可加以适当调整。调整的指标可由下式计算。

考核指标值＝原定指标值＋新增指标值－新减指标值

对无法用数量表示的指标,可用定级标准。如职工福利增长指标,可采用民意测验的方法定出增长程度。

(2)协作情况。饭店是一个完整的系统,有很多经营指标必须由若干部门、班组和个人共同协作才能完成。例如,饭店的出租率指标必须依靠客房部、销售部和总服务台的密切配合才能完成。因此,对这样的指标进行考核时应着重考核各协作部门、班组和个人的协作情况。这种情况包括:①指标中应该承担部分的完成情况;②在协作的部门、班组和个人提出求援时,提供帮助和给予支持的情况;③主动对协作部门、班组和个人提供帮助的情况。

(3)指标完成进度的均衡性。同样完成指标,但方法不一样。前松后紧、突击完成等现象不利于整体饭店系统的协调,应加以避免。因此,完成指标进度的均衡情况也是考核的一个重要方面。

(4)完成指标的措施和方法。实行经济责任制,对完成指标的措施和方法由各部门、班组和个人自己确定,以充分发挥各级的主动性和创造性。对不但完成了指标,而且完成指标的措施和方法都较好的部门或个人要进行奖励。对那些因循守旧,排斥新技术、新方法的;不采用现代管理方法,光凭老经验办事的;不是依靠调动职工积极性来提高工作效率,而是依靠加班、加点突击完成的;不顾饭店的长远利益,采用杀鸡取卵的经营方式和不顾其他部门或个人,甚至挖其他部门和个人墙脚的部门、班组和个人,尽管完成了指标,也必须指出他们的缺点。对这些部门、班组和个人及他们所采用的不正当的方式或方法,不但不能给予鼓励,而且对影响饭店长远利益、损人利己者还应给予处罚。

(三)岗位责任制度

岗位责任制是饭店各工作岗位及人员的职责、作业标准程序、权限等的责任制度,是饭店集体经济责任制的基础,是饭店组织管理工作的基础工作。

实行岗位责任制的前提条件是责权统一。岗位不同,工作内容也就不同,岗位职责的内容也就不一样。岗位责任制由以下 4 项基本内容组成:①职责范围和具体工作任务;②每项工作任务的基本要求、标准和操作程序;③应承担的责任;④协作要求。

现代饭店岗位责任制的实施是通过岗位责任书的下达来达到。岗位责任书内容包括:职责范围、服务技能、工作程序、服务标准四大部分。

(四)工作制度

工作制度是执行现代饭店控制职能的具体保证,也是现代饭店的基本制度,是经济责任制度实施的保证。饭店的工作制度一般指前台部门的服务规范、程序和后台部门的操作规范。总台接待员的接待程序与规范、楼层客房服务员打扫客房的程序与规范、餐厅引座员的程序与规范等均属前台部门的服务规范、程序,而财务制度、奖惩制度、考勤制度、仓库领货制度、培训制度等则属后台部门的操作规范。

工作制度的制定必须以国家星级评定标准和其他有关标准化规定为依据,各饭店制定的工作制度不可低于国家的有关标准。

如上海好望角大饭店编制的《管理规程和服务规范》的制度包括:"劳动用工制度"(下分"全员劳动制实施办法""岗位聘用实施办法""下岗职工管理办法"与"各类费用赔偿或补偿的有关规定"等 4 小节),"工资、福利管理办法""专业技术职务评审和聘任办法""饭店财务管理制度"(下分"财务管理条例""成本核算和费用控制""饭店仓库管理制度""审计工作制度""现金、支票等收缴款及保管制度""费用、成本开支报销规定""关于'中心'借款手续的规定""'中心'财务人员工作守则"等 8 小节),"固定资产管理制度""饭店采购工作管理制度""工程的运行和管理制度"等几十种。

饭店应有一套制定与修改制度的程序。制度是十分严肃的,每项制度的出台须经过有关方面慎重、周密的斟酌。一旦出台,就不要轻易更改,朝令夕改有害于制度的权威性与严肃性。但是所有制度都不可能一成不变,随着市场环境和饭店具体情况的变化,可能有的制度已不再适应(或部分不适应)饭店实际运作的需要,因此必须作相应变化。

第三节 饭店计划管理系统

现代饭店计划管理涉及饭店经营管理活动的各个方面,是现代饭店管理的核心问题。饭店系统外部涉及方面多,市场变化复杂。饭店系统内部各部门之间、饭店与环境之间存在着许多既相互联系、又相互制约的关系。要使现代饭店的经营活动顺利进行,就要求各部门各环节有统一的计划并严格地执行计划管理,在规模上、程序上、工作进程上按计划发展和活动。在统一计划的指导下,发挥各个部门的作用,保证饭店的经营活动能高效、协调地进行。

一、饭店计划管理的概念

饭店计划是指饭店面对未来、立足现实,通过对饭店经营管理活动的运筹计议、决策规划所形成的全面安排饭店管理和经营业务活动的文件。饭店计划是饭店在计划期的行动纲领和奋斗目标,它规定了饭店管理和经营业务活动的内容,为饭店的管理和经营业务活动提供了依据。

饭店计划管理是在国家(主要是上级主管部门)的调控和指导下,饭店根据内外环境条件,用科学的方法确定饭店的经营管理目标,通过对饭店计划的编制、执行和控制,指导饭店的业务活动,保证饭店取得双重效益的管理活动的总称。计划管理具有双重含义,一是指对饭店计划编制本身的管理,二是指实施计划,用计划指导管理饭店。计划管理是饭店企业管理的首要职能,它决定饭店的管理目标和规定实现目标的途径与方法。它通过从提供编制计划依据到最终实现计划目标这样一个全过程而发挥作用。在饭店的经营管理中,为协调各方面的活动,需要用计划作共同的行动纲领。

饭店计划管理系统的任务主要有:

1.分析和预测饭店未来的变化。饭店应综合饭店内外环境条件,对市场进行科学的预测,通过市场调查掌握市场状况和发展趋势,了解顾客需求和客源变化,对饭店的条件进行理性的分析,把综合预测的结果和饭店的内部条件有机结合起来,为确定饭店的计划目标创造条件。

2.以财政预算为基础,确定饭店计划目标。饭店应对计划资料、国家政策和企业经营方针进行对比分析,确定饭店各部门在市场开发、产品销售收入、成本、费用和利润等方面的长期计划、中期计划和近期计划,并且应提出饭店在计划年各阶段的目标。

3. 拟定实现计划目标的方案。对计划目标进行可行性分析和经济论证,从多个方案中选出最优的行动方案和主要的措施,确定最优的实现目标的途径。

4. 合理分配和配置资源,搞好综合平衡。计划管理要合理地配置资源,就要与管理的组织职能有机结合起来,对各部门为达到目标所需要的劳动量作出匡算。同时经过实际测算,得出各部门所需劳动要素的精确量。在取得数据的基础上,再行分配人、财、物力。在劳动量的实际组合与分配上,各部门由于利益的关系会产生许多矛盾和不平衡。饭店的计划管理就是要通过在各部门提出合理的量保持各部分的平衡。饭店要充分注意调动各级管理人员、各部门、各环节的积极性,保证计划任务能够顺利完成。

5. 检查计划的执行情况。检查、监督是计划职能和控制职能的交接面。饭店管理者应有一套反馈控制系统,及时检查反馈计划的执行情况,在操作中给予必要的指导,发现偏差和意外情况,及时进行调整和纠正,使饭店计划在新的已经发生变化的情况下依然能指导饭店的经营业务活动。

二、计划指标与计划体系

(一)饭店的计划指标

饭店的计划指标是饭店在计划期内要达到的经营管理水平和目标。在饭店计划中有一系列既相互联系又相互制约的指标所构成的有机整体,称为饭店计划指标体系。饭店的计划指标体系,反映了饭店的经营管理水平以及在经营活动过程中各个方面的相互依存关系。

按指标的性质,可将饭店计划指标体系分为两大类。

1. 质量指标

这是用来表示计划期间饭店的人力、物力和财力的利用,以及经营活动中服务质量、工作质量要达到的水平。质量指标通常用相对数(百分比)来表示。

饭店的质量指标主要有:

(1)客房(床位)出租率。这是衡量饭店接待能力利用情况的基本指标。

$$客房(床位)出租率 = \frac{出租客房(床位)数}{可使用客房(床位)数} \times 100\%$$

不同级别的客房(床位)出租数应分别计算。

(2)资金利润率。反映饭店的经济效益,是反映饭店经营管理水平的一个综合性考核指标。

$$资金利润率 = \frac{利润总额}{资金总额} \times 100\%$$

(3)服务质量。指饭店提供服务的规格、标准要求及满足客人需求的程度。各部门根据饭店总的要求和措施提出各自提高服务质量的目标和措施,并由各部门的工作质量来体现出服务的质量。

(4)劳动生产率。这是衡量饭店职工工作效率的指标。这项指标通常由人均营业额、人均创汇额、人均创利额来表示:

$$人均创汇额 = \frac{创汇额}{饭店平均职工人数} \times 100\%$$

饭店平均职工人数指全年的平均职工人数。职工的定员指标也属于饭店计划指标。

(5)设备完好率。指饭店投入使用的设备完好数与全部设备的百分比。理论上对直接提供给客人使用的设备的完好率应达百分之百。除此之外,还有费用率、食品原料损耗率、毛利率等指标。

2. 数量指标

数量指标表示计划期内,饭店在经营管理活动中各项工作所要达到的数量要求。数量指标通常以绝对数来表示。

现代饭店的数量指标主要有:

(1)接待人数。指计划期内饭店接待人数的总量,是饭店经营的直接成果。接待人数有住宿人次数和人均过夜数两个指标。

(2)营业额。这是各部门营业额的总和。在制定营业额指标时必须将其分解到各个营业部门。

(3)利润额。这是考核饭店经营活动质量和饭店经济效益的一个综合性指标。

利润总额 = 经营利润 + 营业外收入 — 营业外支出

(4)人均消费额。这是衡量饭店经营水平的好坏和饭店产品是否试销对路的指标。饭店人均消费额除了确定计划期的数额外,还应包括计划期比报告期增长率的指标。

(5)饭店成本。指各部门在确定完成营业额计划指标情况下付出的成本总额之和再加上企业管理费。在计划期内,饭店成本指标包括以下三个内容:

$$饭店成本总额 = \Sigma(各部门计划期成本总额)$$

$$成本降低率 = 1 - \frac{计划人均接待成本 \times 计划接待人数}{实际人均接待成本 \times 实际人均接待人数} \times 100\%$$

$$营业额成本 = \frac{计划成本总额}{计划期营业额} \times 100\%$$

除此以外,还应有能源消耗量、工资总额、物资需要量和供应量、职工福利、职工培训等指标。

(二)饭店计划体系

制定计划是饭店计划工作的主要内容。饭店计划种类较多,用途各异。组成饭店计划体系的计划主要包括长期计划、近期计划(年度计划)和短期业务计划三类。

1.长期计划

饭店的长期计划是饭店经营目标的具体化,属于战略性计划。因此,长期计划必须依据经营目标来编制。长期计划的编制期一般在3至5年,是饭店的设备、服务、经济、人员等方面发展的战略性目标和纲领性计划。长期计划的主要内容有:

(1)饭店的发展目标。在计划期内,饭店各项主要指标所要达到的水平,各项主要经营指标的发展速度和增长速度。

(2)投资与基建目标。在计划期内,准备对哪些设施设备进行更新改造,新建或扩建哪些项目,以及这些项目的资金来源。投资计划除包括饭店内部的投资外,还包括对饭店外部的投资,诸如建立食品基地、职工幼儿园等。

(3)经营管理目标。在计划期内,饭店经营管理要达到的水平,其中包括市场占有率的提高、新市场开发、饭店组织结构的调整、各种管理制度的建立和完善。

(4)职工培训目标。职工教育培训的计划包括培训人数、培训方法和方式等。

2.近期计划

近期计划也称年度综合计划,是现代饭店最重要的计划。它的内容涉及整个饭店,综合饭店的主要经营活动,它既要包括国家的指令要求,又要反映出市场对饭店产品的需求。饭店的近期计划具体规定饭店在计划期内各个方面的目标和任务。在内容上,它包括两个部分:

(1)综合性计划。它包括饭店全部的年度指标,以及各项指标向各子系统分解和分配的情况说明。

(2)部门计划。由各业务和职能部门制定,指出在计划期内各业务和各职能部门在各自业务范围内所执行的目标和任务。它包括:①营业部计划。也称前厅计划或接待量计划。根据饭店年度综合性计划的目标和任务以及业务预测,确定全年接待总人次,各季、月接待人数以及按合同接待的团队、散客人数和饭店自行外联的旅客人数。②客房部计划。根据饭店的年度综合性计划目标和任务,核定部门的客房(床位)数、接待总人数,制定部门经营决策计划。③餐饮部计划。根据饭店年度综合性计划的总目标和任务,确定餐饮部营业额及营业额的构成。包括宴会、点菜、团队用餐、酒吧等占营业收入的比例。同时,制定餐厅装配、服务质量、酒吧装配等经营决策计划,制定菜肴创新,酒水、菜肴等原料的供应与采购计划。④商场计划。根据市场预测和年度接待总计划,制定包括销售的商品品种、销售收入、销售方法等计划,以及商场装饰,流动资金占用与资金周转计划,服务项目与服务质量计划等。⑤服务质量计划。主要确定饭店所要达到的服务水平、规格标准和对各部门工作质量的具体要求。服务计划是由饭店与各业务部门共同商讨制定的。⑥劳资计划。主要确定职工人数、人员构成比例、劳动生产率等,确定工资总额和平均工资额以及奖金水平、分配方案和奖惩方法等计划。⑦基建与维修计划。包括饭店准备进行兴建、扩建的项目投资决策,饭店设备更新改造计划,以及饭店设备的管理要求、维修保养计划等。⑧物资供应计划。根据饭店综合性计划中的接待量总目标和任务,确定各部门为完成所规定的目标和任务所需要的物资种类、数量、储备量,以及物资采购方法、贮存和保管条例、资金占用量等各种物资供应计划。⑨财务计划。规定财务收入和支出、资金投放、流动资金定额、利润总额指标和计划。主要包括固定资产折旧计划、流动资金计划、利税计划、财务收支平衡计划、成本计划等。⑩职工培训计划。包括职前培训和在职培训两方面。在职培训包括在计划期内准备要培训的部门、人员分配以及培训的方法形式和类型,所要达到的要求和考核检查的措施等。⑪宣传公关计划。包括饭店形象树立的宣传、公关方法和渠道的制定,以及饭店产品推销、市场占有与旅游中间商关系等方面的计划。

饭店的近期计划主要由上述计划组成。在部门计划中又可分为一线业务部门计划(前四种计划)和二线后勤部门计划(后七种计划)。各种计划都应围绕饭店年度综合计划的总目标、总任务来制定,各部门计划有各自特定的内容和范围,有其各自的独立性,又有相互的联系。各部门计划之间的协调与控制是饭店年度综合计划顺利进行的前提和保证。

3. 短期业务计划

饭店短期业务计划的制定是为了使饭店接待业务不因淡、旺季的不同而有明显的差别,使得饭店在不同季、月的计划不是饭店年度计划的简单的平均;而是在编制近期计划的基础上,还须考虑不同季、月的短期业务计划,而对每季或每月饭店各部门的日常业务和进度进行具体的规定。一线业务部门根据饭店近期计划制定出短期的接待计划,二线后勤部门围绕一线业务部门的接待计划编制属于各自范畴内的短期(季、月)业务计划,以保证饭店近期计划不受淡、旺季的影响而顺利进行。

三、现代饭店计划编制

现代饭店计划编制是饭店计划管理的前提。编制饭店计划首先要有明确的经营方针和经营策略,在正确的方针和策略指导下编制的计划才能适应饭店的实际需要,适应市场变化的需要。此外,在编制饭店计划时,还应遵循一定的依据和原则并采用科学的编制方法(技术)。这样,才能使编制的饭店计划具有科学性和适应性,从而达到预期的效果。

(一)编制饭店计划的依据和原则

1. 制定计划的依据

(1)以国情为依据。以国情为依据,是指饭店计划的制定,要从当前的国情(经济政策、政治、文化、社会等情况)出发,要考虑到哪些因素为国情所约束,哪些因素为国情所允许。同时,还必须注意与国情所体现的各种客观环境保持动态平衡,以保证所制定的计划能同国家的各项政策、方针同步。

(2)以市场为依据。以市场为依据,是指饭店计划要根据饭店市场的需求,根据市场竞争情况来制定。饭店业与市场需求存在相互依存的关系,没有市场需求,就没有饭店业。只有了解市场需求、竞争情况,并根据市场需求的规模、需求量与趋势的变化情况制定饭店各种计划,才能保证计划适应市场竞争的需要。

(3)以经济合同为依据。经济合同是饭店和相关企业(旅行社、物资供应、航空公司、邮电、银行、基建等)签订的具有法律性质的契约。它使饭店的客源、物资供应具有确切的保证。制定饭店计划应根据合同中所规定的内容和所需要承担的责任进行制定。经济合同不仅是饭店年度计划的依据,也是饭店长期计划的依据。

(4)以饭店的接待能力、以往的经营数据为依据。根据饭店的接待能力,诸如客房接待能力等情况,结合往年饭店经营的数据(如住宿人次、人均过夜数、人均消费额等)记载,确定饭店经营乃至各个部门的计划(如营业额、利润、人均创利等)指标,才能使所制定的计划符合饭店本身的能力和实际,使计划具备可行性和科学性。

2. 制定计划的原则

(1)科学性。科学性原则要求现代饭店计划的制定要符合旅游规律的要求,要遵循经济规律,使饭店计划能对饭店的经营管理等实际工作具有指导性。科学的现代饭店计划除了具有其先进性外,还要能够体现饭店内、外部比例和协调关系,要能真实地反映出淡旺季不同季节中饭店接待的人力、物力、财力情况和经营目标。

(2)实际性。实际性原则要求计划制定时要从国情和市场情况出发,切实做到下列几点：①在制定计划的任何环节都应从店情和市场情况出发。②要从定性、定量两方面研究店情和市场情况,在了解国情和市场情况的基础上,认清各个影响因素及其相互关系。③在制定计划时,要了解国际市场情况,了解国内主要旅游市场、目标市场情况,了解当前市场情况；还应研究影响市场的各种因素,考虑饭店与外部、部门与部门、淡季与旺季等不同情况,对各种市场信息进行全面、系统、科学的统计和分析,并根据实际情况,对市场发展趋势作出预测。

(3)灵活性。任何计划都必须注重灵活性,饭店计划更应重视这一点。饭店所接待的客人是流动的,人的流动在主观意识上十分敏感,政治和社会的影响、经济状态的变化,甚至一个偶然的社会事件、一部电影、一个故事、一道名肴,都有可能明显地影响客人的流动,造成市场的转移。因此,在制定饭店计划时,要考虑实际情况并预测情况变化可能产生的偏差,从而在人力、财力、物力的分配、使用上留有适当的余地,使所制定的计划带有灵活性,以适应市场变化。

(二)编制现代饭店计划的步骤

编制现代饭店计划一般按四个步骤进行。

1.饭店环境分析

这是一个调查研究过程,以便掌握饭店的内外部条件。饭店的内部条件包括饭店的综合接待能力、劳动力情况、设备条件及员工素质等。饭店的外部条件包括国家的指令性、指导性计划,市场变化情况,供需关系等内容。

2.确定计划目标

这是饭店在计划期内经营管理活动应当达到的期望值,主要包括销售额、出租率、质量、劳动生产率、利润、成本等经济效益指标。

3.方案的比较和选择

从拟定的多种方案中选择出理想、可行的方案。所选择的方案应符合经营目标的要求又不超出饭店内、外部的约束条件。

4.综合平衡

包括三方面的平衡：①以利润为中心的综合平衡,主要指营业收入与成本、费用的平衡；②财务收支平衡；③经营业务平衡,主要指接待任务与能力的平衡,接待计划与人、财、物供应的平衡等。

(三)编制饭店计划的方法

1.发展速度和增长速度

发展速度和增长速度说明饭店各项经营管理活动发展的快慢速度和上升或下降的趋势,用于衡量各项指标在计划期内的执行情况,为下一计划期提出发展和增长的要求。例如,人均营业收入要求在计划期内增长10%,即提出了增长速度10%。

由于对比的基期不同,发展速度分为定基发展速度和环比发展速度。它们的关系如图4-5所示。

环比发展速度是以上一个计划期的数值作为基期,基期是可变的;而定基发展速度的基期是不变的。

$$发展速度 = \frac{计划期水平}{基期水平} \times 100\%$$

$$增长速度 = 发展速度 - 100\%$$

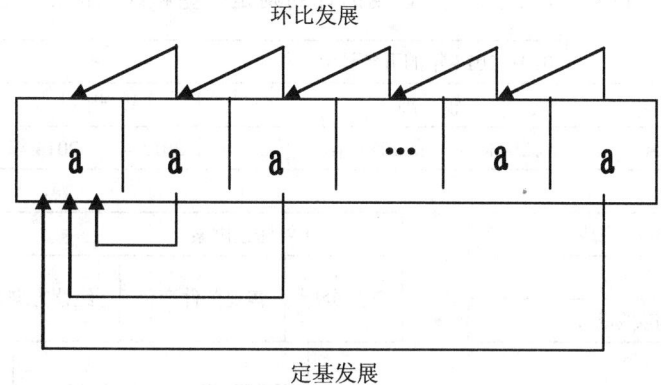

图4-5　定基发展速度与环比发展速度

2. 平均发展速度和平均增长速度

平均发展速度指饭店经营管理活动在较长时间内逐期的平均发展速度。

$$平均发展速度 = \sqrt[n]{x_1 x_2 x_3 \cdots x_n}$$

$$平均增长速度 = 平均发展速度 - 100\%$$

式中:$x_1, x_2 \cdots, x_n$ 为各计划期的环比发展速度;n 为环比发展速度的期数。

3. 编制计划的几种方法

(1)固定增长法。饭店计划中的数量指标如销售额、利润等,可按照饭店发展的长远目标所规定的增长速度利用下式来计算。

$$a_n = a_0 (l + x) n$$

式中:a_n 为 n 年应达到的水平;a_0 为基期水平;n 为计划期数;x 为增长速度。

(2)滚动式计划编制法。滚动式计划编制法是饭店实行全面计划管理,编制灵活的、有弹性的计划的一种科学方法。这种方法改变了通常静态的计划编制方法,使饭店计划更好地适应市场需求的变化。饭店的市场灵活性和饭店经营环境的多变性,需要饭店计划随市场需求的变化而进行科学的调整。

滚动式计划编制法是一种动态的计划编制方法,是在每次制定和调整计划时,将计划期按时间顺序向前推进一个计划期,即所谓滚动一次,而不是等全部计划执行后,再重新编制下一计划期的计划。滚动式计划编制法适应于长、中、短期计划的编制。

①滚动式计划编制程序。滚动式计划编制的程序如图4-6所示。

从图4-6的程序可以看到,饭店在2009年编制2010~2014年的五年计划时,2010年是即将实施的具体计划年;后四年的计划分为近期与远期两个时间段,近期的计划要细致而精确些,远期的计划则是一些粗线条的估计。

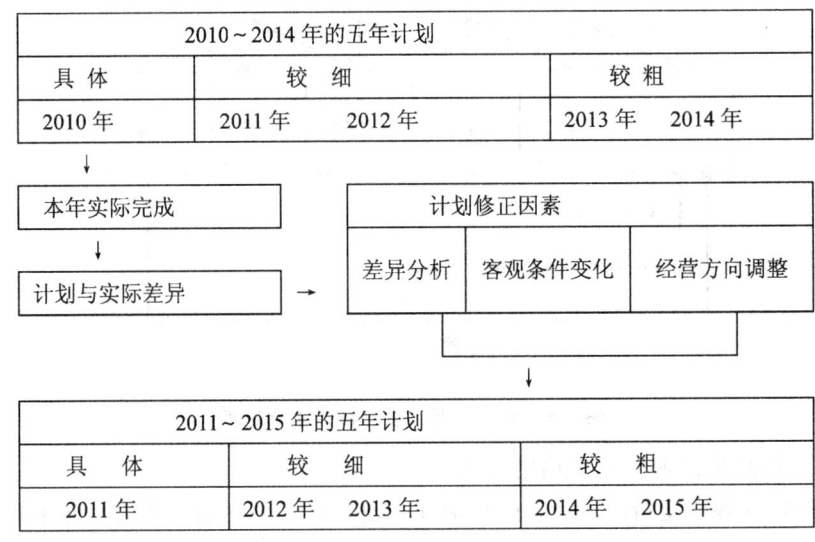

图4-6 滚动式计划编制

②中、短期滚动程序。五年计划的计划期较长,进行精确的预测比较困难。因此,饭店也可运用中期滚动计划。中期滚动计划编制程序如图4-7所示。由图4-7可见,编制2001年计划时,对2011年、2012年进行预测。根据预测情况将2010年计划与后两年衔接起来。执行2010年计划后,根据2010年的实绩和其他修正因素及对2010年的预测情况,调整2011年的计划,并对2012年和2013年进行预测,形成"干当年,看明年,想后年",使饭店有一个比较切合实际的中期计划,以指导饭店的经营管理活动。

2010年	2011年	2012年		
	2011年	2012年	2013年	
	计 划	2012年	2013年	2014年

图 4-7　中期滚动式计划编制

用滚动式计划法编制季、月业务计划的程序如图 4-8 所示。

季、月的业务计划是最基本的执行计划,因此,必须具体、细致、准确。

	一季			二季			三季			四季		
	1	2	3	4	5	6	7	8	9	10	11	12
2000年12月编制	←实施计划→			←展望→								
	2001年三月编制			←实施→			←展望计划→					

图 4-8　短期滚动式计划编制

短期业务也可按照图 4-8 的程序编制。编制 1 月份计划时,对 2 月、3 月进行预测……

③滚动式计划编制法的特点。

一是应用滚动式计划编制方法可以较好地发挥市场的调节作用。在每期计划执行后,根据主客观条件及时地进行调整、修正,使计划具有较大的灵活性,更加切合实际情况。二是在编制执行计划的同时,通过对下一计划期情况的调查研究与预测,使计划具有更强预见性。三是使计划具有连续性。因为本期计划是建立在上期计划执行结果的基础上的。所以,本期计划既是上期计划的延续,又是下期计划的基础。

四、现代饭店计划管理

现代饭店计划管理除计划编制的任务外,还包括计划的实施和计划的控制两大部分,在计划控制中应采用相应的计划管理技术,以便对执行计划的时间、所需的各种资源的使用加以控制。

(一)现代饭店计划的执行

计划的执行和实施是计划的目的。计划的执行包括以下几项工作:

1.建立一个以总经理为首,部门负责人组成的业务指挥系统

指挥系统要有一套机构、制度和方法,有明确的业务分工和权责关系,按分工和业务范围领导计划的执行,并充分发挥这个系统的协调作用。

2.建立健全经济责任制

按经济责任制的内容,将计划落实到各部门、各班组和个人,并严格按责任制的规定追究计划执行过程中产生偏差的原因和责任。

3.建立计划的检查、考核制度

充分利用饭店管理组织系统和管理信息系统,对计划的执行情况进行及时的信息反馈和检查,并对各部门、班组、个人的计划完成情况进行考核、记录、统计,以保证计划的顺利进行。

4.调动员工积极性

计划必须由员工来完成,因此,要调动员工积极性,要向员工解释计划的目的,执行的具体方案、措施,完成计划的注意事项,促使员工在执行计划中能充分发挥自己的聪明才智。

(二)现代饭店计划控制

现代饭店计划的控制就是在计划执行过程中定期或不定期地把计划中的各项指标与实际执行情况进行比较,发现差异,分析原因,采取措施,以保证计划顺利完成。计划控制主要有以下几项工作:

1.明确分段标准

在计划期内,要把饭店计划的各项指标分成若干阶段指标,使计划在执行阶段的某一定时限有明确的指标标准,以利检查计划的执行情况。

2.检查计划的执行结果

检查计划执行结果的方式有日常检查、定期检查、专题检查、重点检查和店务会议检查等。计划执行结果检查的实质是计划执行情况信息的反馈和比较过程。通过计划执行情况信息的反馈和比较,找出计划执行过程中产生的偏差,进行校正修订,以保证计划的顺利进行。计划执行过程中信息的反馈是通过以下步骤达到的:

(1)建立按目的、按时期有关量与质的报告制度,采用数据统计、图表显示等手段,报告(反馈)计划执行情况。例如,定期报告住店人数和人均过夜数的统计资料,以及各业务部门的营业额、成本率、饭店的财务情况等。

(2)将这些统计数据和报告的情况,结合定期信息会议,与饭店计划中规定的目的、目标或阶段指标进行归口、归类比较。

(3)通过所反馈的实际执行情况与计划目标的比较,找出差距(别),分析产生差距(别)的内在和外在原因。

3.计划的校正和修订

将检查出的差别和产生差别原因的分析结果,反馈给计划执行部门并按不同性质对计划进行不同的校正和修订,计划的校正和修订可遵循以下原则:

(1)若产生的差别较小或是可以接受的(允许范围内的),也必须进行反馈,以便决定是维持原来的目标还是作出较小的修订。若产生的差别超出可接受的范围,则需采取相应的修订措施。

(2)若差别是由于个别偏差或具体行动造成的,则可指定产生偏差行为的部门加以纠正。

(3)若差别是由于执行过程中有关部门的配合行动所产生的,则必须考虑采取必要的协调措施加以修订。

(4)若差别来自国情的变化或地区的财务政策,则要求修改原来的实施办法。

(5)若差别是发生在计划的抉择方面,则需考虑修订原来计划。

(三)现代饭店计划管理技术

现代饭店计划管理技术主要是指在执行饭店计划时,如何对执行计划的时间和所需的各种资源的使用加以控制,使计划能以最短的时间和最低的资源消耗得以完成的方法。下面介绍两种主要的计划管理技术——线性规划技术和网络计划技术。

1.线性规划技术

线性规划是用于解决生产计划问题的一种定量分析方法。这种方法在20世纪30年代开始得到应用,到40年代,线性规划已成为现代企业计划管理中对可供使用资源进行控制的主要方法。线性规划主要解决的计划问题有两类。

第一类:在可供使用的人力、物力资源有限的情况下,如何筹划使其产生最大的经济效益。

第二类:在计划已定的情况下,如何筹划使完成计划所消耗的资源最少。

线性规划的具体操作方法很多,下面通过两个例子介绍线性规划在解决上述两类问题中最基本的方法。

(1)第一类计划问题(图解法)。

[例1] 某饭店供应甲、乙两种快餐。饭店每天可供使用的主辅料分别为100千克和240千克。甲、乙快餐获利和用料如表4-2所示。问如何安排生产计划才能获得最佳利润?

表4-2 甲、乙快餐获利和用料表

		甲餐(百份)	乙餐(百份)
获利		300元	200元
耗料	主料	20kg	10kg
	辅料	30kg	60kg

解:这是一个饭店在可供使用资源有限的情况下进行计划安排问题,属于第一类问题。

设:生产甲快餐 x 百份,乙快餐 y 百份,则

最大获利 $S=300x+200y$

S 为目标函数,S 越大,获利越大。S,y 均受原料供应限制,限制约束条件为:

$$\begin{cases} 20x+10y \leqslant 100 \\ 30x+60y \leqslant 240 \\ x \geqslant 0, y \geqslant 0 \end{cases}$$

用图 4-9 的图形来表示约束条件。OEC 阴影部分为主料限制区域,OAF 阴影部分为辅料的限制区域。可见,要满足主、辅料的限制条件,必须处在图 OABC 的阴影区域内。

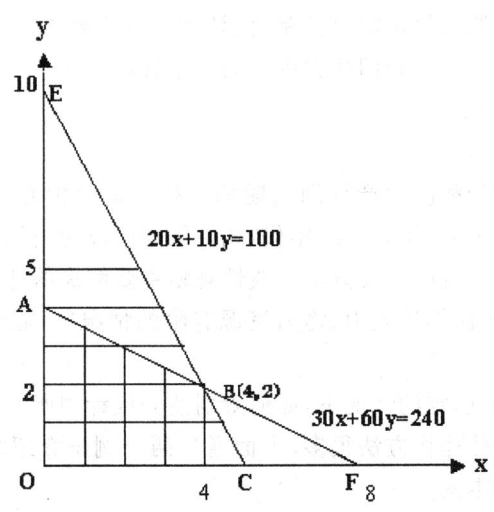

图 4-9 约束条件示意图

现将目标函数

$s=300x+200y$ 变成直线方程 $y=-\dfrac{300}{200}+\dfrac{S}{200}$

则方程在 y 轴上截距越大,S 越大。直线在 OABC 区域内经过 B 点时的目标函数方程的截距最大,即 $B(4,2)$ 为最优解点。故:

$s=300x+200y$
$=300 \times 4+200 \times y$
$=1600$(元)

1600 元为最大值。所以,安排生产甲快餐 400 份,乙快餐 200 份计划可获

最佳利润。

此题也可以用求多元线性方程组的数学方法求解。

(2)第二类计划问题(矩阵缩减法)。

〔例2〕某客房部的人员分为四个小组,这四个小组将去完成计划中的4件不同的项目。由于各小组的人员数量和对每个项目的操作熟练程度不同,因此,每个小组完成各个项目所需时间也各不相同,具体所需时间如表4-3所示。问如何计划安排才能最快完成计划任务?

表4-3 项目时间表　　　　　　　　　　　　　　　　　　　(单位:工时)

项目\小组	1	2	3	4	项目\小组	1	2	3	4
甲	2	10	5	7	丙	13	14	12	11
乙	15	4	14	8	丁	4	15	13	9

解:显然,这是属于第二类问题。

假设:甲做(1),乙做(2),丙做(3),丁做(4),则总工时为:

2+4+12+9=27,需27个工时。

若:甲做(2),乙做(3),丙做(4),丁做(1)则总工时为:

10+14+11+4=39,需39个工时。

由此可知,不同的安排将产生不同的人力资源消耗,用矩阵缩减法进行分析可获最优的安排。矩阵缩减法步骤如下:

①列出矩阵。矩阵的行数和列数称为阶数。本例的矩阵为4阶矩阵。如矩阵(1)。

②逐行缩减矩阵。逐行缩减矩阵的方法是将每行中各元素减去该行中最小元素。如矩阵(1)中第一行的最小元素为2,第一行各元素减去2得0,8,3,5。各行依此进行,使每行中至少出现一个元素为零。得矩阵(2)。

③逐列缩减矩阵。与逐行缩减一样,按列进行,使每列都至少出现一个元素为零。若该列已有零元素,则不必再缩减。在矩阵(2)中,只有第三列需进行缩减。得矩阵(3)。

$$\begin{bmatrix} 2 & 10 & 5 & 7 \\ 15 & 4 & 14 & 8 \\ 13 & 14 & 12 & 11 \\ 4 & 15 & 13 & 9 \end{bmatrix} \quad \begin{bmatrix} 0 & 8 & 3 & 5 \\ 11 & 0 & 10 & 4 \\ 2 & 3 & 1 & 0 \\ 0 & 11 & 9 & 5 \end{bmatrix} \quad \begin{bmatrix} 0 & 8 & 2 & 5 \\ 11 & 0 & 9 & 4 \\ 2 & 3 & 0 & 0 \\ 0 & 11 & 8 & 5 \end{bmatrix}$$

　　　矩阵(1)　　　　　　　　矩阵(2)　　　　　　　　矩阵(3)

④检验。这一步骤是检验经过以上缩减步骤后是否已产生最优的分配方案。方法是作零元素的最少覆盖线。即将矩阵中零元素全部覆盖的线。最少覆盖线的条数称为维数。若维数与阶数相等,则说明已经有最优分配方案。零元素的位置就是最优分配方案。如果维数小于阶数,则还需进一步地进行优化。经过检验矩阵(4),其维数小于阶数,必须进一步进行优化。

⑤优化。将未被覆盖线覆盖的元素减去其中最小元素,将覆盖线交点上的元素加上这个最小元素,其余元素保持不变,得到矩阵(5)。

然后,对矩阵(5)再进行检验。检验和优化可能会反复进行多次,直到通过检验。矩阵(5)经一次优化已通过检验,得到矩阵(6)。在矩阵(6)的零元素位置上找出最优分配方案。

由矩阵(6)可知,甲可安排项目(1)(3),乙可安排项目(2),丙可安排项目(3)(4),丁可安排项目(1)。最优方案的确定是先安排无选择余地的班组乙和丁。

$$\begin{bmatrix} 0 & 8 & 2 & 5 \\ 11 & 0 & 9 & 4 \\ 2 & 3 & 0 & 0 \\ 0 & 11 & 8 & 5 \end{bmatrix} \quad \begin{bmatrix} 0 & 8 & 0 & 3 \\ 11 & 0 & 7 & 2 \\ 4 & 5 & 0 & 0 \\ 0 & 11 & 6 & 3 \end{bmatrix} \quad \begin{bmatrix} 0 & 8 & 0 & 3 \\ 11 & 0 & 7 & 2 \\ 4 & 5 & 0 & 0 \\ 0 & 11 & 6 & 3 \end{bmatrix}$$

  矩阵(4)   矩阵(5)   矩阵(6)

最优分配方案为:乙做项目(2),丁做项目(1),甲做项目(3)[项目(1)已安排丁做,甲也已无选择余地],丙做项目(4),则总工时为:5+4+11+4=24。达到了以最少的人力资源消耗,完成计划任务的目的。

2. 网络计划技术

网络计划技术又称网络分析法。它是通过对网络图的绘制、计算、分析来确定和实施计划的一种科学的计划管理技术。网络计划技术有两种基本方法。

(1)关键路线法。关键路线法用于计划中各个项目完成工作所需时间是已知的情况。

关键路线法的基本思想是"向关键路线要时间,向非关键路线要资源"。其方法是在完成计划的多条路线中找出花工时最多的一条,作为关键路线,并在此路线上寻找办法缩短此路线的时间,使其能按时或提前完成计划。

关键路线法的主要步骤是:①分析计划中的各个工作之间的顺序和逻辑关系;②按各工作项目之间的顺序和逻辑关系绘制网络图;③通过计算,找出网络图中的关键路线和非关键路线;④运用关键路线的基本思想,对网络图进行优化,从而达到控制计划执行的目的。

〔例3〕"烹调制作计划",两位厨师在一起制作某菜肴,要求收到菜单50分钟内必须上菜。制作该菜肴的具体工作项目和时间如表4-4所示。由此制定出操作计划(A、B完成后才能做C)。

表 4-4　烹饪时间表　　　　　　　　(单位:工时)

项目代号	时间(分/人)
准备主料 A	60
准备辅料 B	20
烹　　制 C	10

解:此例有几种计划安排,如图 4-10 所示。

按(a)方案进行,需时 90 分钟,达不到要求,且总有一人闲着无事。按(b)方案进行,需时 70 分钟,达不到要求,而且在 B 项做完后,有一人要闲着等 40 分钟,A 项才能做完。按(C)方案进行,需时 50 分钟,达到要求。由于将 A 项分开,以避免在备料中有人闲着。只有在执行 C 项时才有一人空着,浪费 10 分钟,这是无法避免的。

```
          A      B      C
(a)   ①  →  ②  →  ③  →  ④
         60     20     10
```

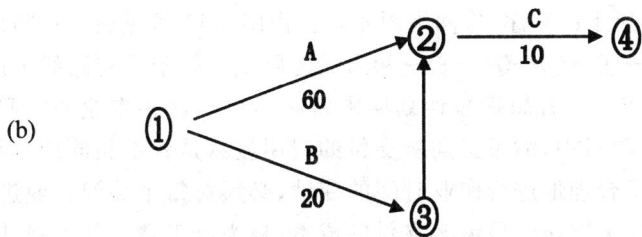

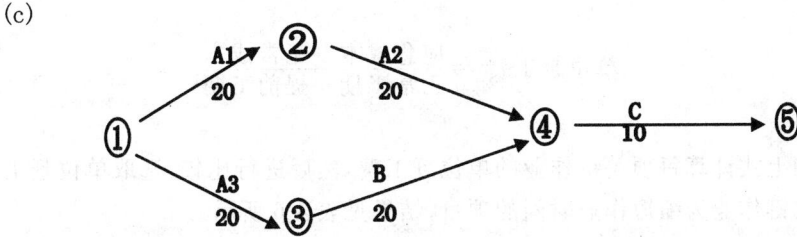

图 4-10　几种计划安排示意图

这是一个很简单的网络分析,复杂网络分析原理也是如此。

[例 4] 某饭店计划开设一个新餐厅。经分析,该计划共有 10 项作业,每项作业时间及其之间的先后顺序如表 4-5 所示,由此找出其关键作业路线。

表 4-5 作业时间及其之间顺序   单位:天

作业代号	作业内容	作业时间	后续作业
A	市场调查	12	B、C
B	资金筹集	30	E
C	需求分析	5	D
D	菜肴设计	15	E
E	成本计划	7	F、G
F	人员招聘	18	H
G	设备材料准备	20	I
H	人员培训	14	J
I	餐厅布置	16	J
J	试营业	7	

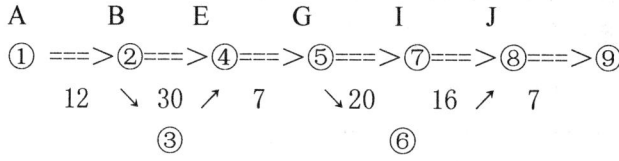

图 4-11 作业网络图

解:根据表 4-5 所示的顺序,作网络图 4-11。由图 4-11 可见(也可通过结点时差计算),①→②→④→⑤→⑦→⑧→⑨为关键路线。处于关键路线上的 A、B、E、G、I、J 为关键作业。若想缩短计划期限就必须缩减这些作业的时间。但是,在这些关键作业项目中,缩短工期所支付的费用显然是各不相同的,而所起的作用却相同。为了合理地进行作业时间的变动,必须对每个关键作业进行成本分析。为提前完成关键作业另需多支付的成本,称为赶工费。赶工费计算方法如下:

$$单位赶工费 = \frac{应急成本-正常成本}{正常工期-提前工期}$$

用上式计算每项关键作业的单位赶工费,然后进行比较,选取单位赶工费较小的关键作业为缩短作业时间的项目,结果见表 4-6 所示。

表 4-6 作业结果

作业代号	关键作业	多支付成本(元)	提前时间(天)	单位赶工费
A	*	400	4	100
B	*	700	5	140
C				
D				
E	*	50	2	25
F				
G	*	300	5	60
H				
I	*	200	4	50
J	*	1000	2	500

从表 4-6 可知,要缩短整个计划的完成期,可选择缩短关键作业 E、G、I 的作业时间,因为 E、G、I 作业的赶工费较低。

关键路线上的作业时间每缩短一天,即整个计划将提前一天。因此,单位赶工费还可用来与提前一天营业的收入进行比较,以决定是否必要将计划提前完成。

另外,当关键作业的作业时间缩短后,整个网络图会发生变化,关键路线需要重新确定。通过计算与分析,找出新的关键路线,再进行比较、调整和优化,如此反复进行,直到计划趋于完善。

(2)计划评审技术。计划评审技术用于计划中各个项目完成工作所需的时间是不确定的,需要通过概率分析,估计出工作时间。因此有时也称非肯定型网络法。

计划评审技术与关键路线法的基本原理相同,都是以网络图为基础,通过网络图来反映计划中各项目的顺序关系,分析每个项目在整体计划中的地位,并通过网络图时间的计算来调整、优化计划,以达到有效的计划管理。

第四节 饭店管理控制系统

现代饭店管理控制系统是一种具有某种特定控制功能的观念系统。从组织结构上看,它与管理信息系统、作业系统相互渗透、融为一体,构成了饭店的实体系统。

一、现代饭店管理信息系统

1. 饭店的信息

饭店的信息是指那些用来沟通饭店各部门之间的联系和反映饭店经营管理活动情况的饭店内部的各项指令、计划、报表、数据和规章制度,以及描述饭店外部环境变化的数据、消息等。

饭店的信息不仅是饭店的重要资源,而且是现代饭店经营决策的重要依据,是控制饭店系统正常运转必不可少的条件和饭店系统纵、横向联系的重要手段。

2. 饭店的管理信息

现代饭店的管理信息按其内容可分为:

(1)指令信息。指饭店各级行政管理人员在组织生产、经营中向其所管辖的部门及工作人员发出的各种经营决策、行政命令、工作计划及工作布置等。上层管理人员、决策机构是指令信息的信源,下层机构、工作人员是指令信息的信宿。

(2)数据信息。指包括非指令性信息的所有数据信息、字符信息与音像信息,如各种报表、统计图表、市场信息、上报数据等。

现代饭店的管理信息按其作用可分为:

(1)决策信息。用于饭店决策人员进行长远战略计划、各种重大决策制定的信息。它包括饭店内、外部信息,饭店经营环境构成,以及政治、技术、经济等各方面的信息情况。

(2)监控信息。用于对饭店系统正常运转时进行校正、控制的信息。它包括经营管理的明确计划、指标以及系统输出情况的各种反馈信息。

(3)作业信息。指维持饭店系统日常业务活动所需的信息。包括物资的库存数、待出租的房间数、客房预定数等。

3. 现代饭店管理信息系统的结构

饭店的管理信息系统是在饭店经营管理中,对资料信息进行处理、存贮、使用的信息系统。

现代饭店管理信息系统的基本结构如图 4-12 所示。

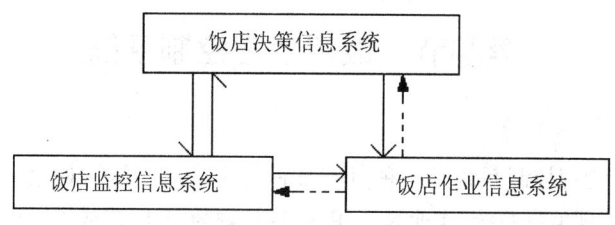

图 4-12 现代饭店管理信息系统的基本结构图

由图 4-12 可见，饭店的管理信息系统由决策信息系统，监控信息系统和作业信息系统组成。

(1)现代饭店决策信息系统。主要由总经理办公室、统计室、资料室组成。它的作用是对来自饭店内、外部的各种决策信息进行处理、分析，并向总经理、副总经理、董事会、店务委员会等高层决策人员和机构提供制定各种重大决策和战略决定的数据和依据。

(2)现代饭店监控信息系统。包括财务、人事、总经理办公室等子系统。它的作用是根据各种输出情况的反馈信息与预定的计划、指标决策等信息进行比较、分析，指出系统运行是否正常，并提出校正办法。

(3)现代饭店作业信息系统。包括客房、餐饮、商品、康乐、工程、车队等子系统。它的作用是根据所提供的各种作业信息来维持、保证饭店系统正常业务活动的进行。

现代饭店管理信息系统是一个多层次、复杂的系统，它必须对大量的信息进行各种各样的整理分析和贮存。随着科学的发展，将计算机系统与管理信息系统联系起来，用计算机进行信息统计分析和贮存、提高管理信息系统的效率，已成为饭店管理是否现代化的衡量标准之一。

4.现代饭店管理信息系统的分析

现代饭店管理信息系统分析目的是要对一个新的管理信息系统进行设计并对现有管理信息系统进行改进。饭店管理信息系统分析由以下步骤构成：

(1)调查研究。指对饭店的现状以及目前信息在饭店内流动和利用的实际情况进行调查。通过调查，掌握信息的种类、形式以及信息在饭店内的流向。

(2)输出要求。指饭店各个部门对管理信息系统提出的输出信息要求，它包括信息内容、期限、方式、数量及对信息进行检索方面的要求，以保证输出的需要。

(3)输入要求。指对信息输入的时间、内容、精确度以及信源的要求，以免造成信息的重复、失真和繁琐。信息输入的要求应取决于输出的要求，即以出定入。

(4)绘制信息流程图。通过绘制各种信息在饭店系统以及各个所属子系统的流程图，阐明信息在各个部门的输入输出情况以及信息与各个部门之间的关系，使管理信息系统中的信息流图像化和明朗化。

(5)设计或改造。根据上述各步骤的分析，设计出符合要求的新的管理信息系统或根据分析、对比，对现有的管理信息系统进行改造。饭店管理信息系统的调整、改造是随着饭店经营管理的动态环境变化而随时进行的。

二、现代饭店管理控制系统

1. 现代饭店管理控制系统结构

现代饭店管理控制系统的基本结构取决于现代饭店的管理体制。在管理系统的外部，每个饭店都有直接的上级主管单位，这个上级主管单位就是饭店的控制者，饭店就是这个主管单位的受控对象。而在饭店管理系统的内部，饭店各级管理人员在工作中为达成某一目标，都必须采用各种方法、手段来对各自所属的受控对象施加影响，进行各种直接或间接的干预，他们是处在不同层次，不同级别的控制系统中的控制者，同时，他们又是各自上级部门的受控者。例如，饭店的各部门经理是各部门所属的各作业班组的控制者，同时又是总经理、副总经理的受控者。饭店内各级管理人员在饭店的经营管理中经常需要向其下属下达有关工作指令并需要下基层检查工作或听取下级有关工作汇报并作出相应的指示。这个过程实际上就是管理控制系统的"指令(控制)监测反馈调控"过程。因此，对于饭店管理控制系统来说，每个子系统(各级管理控制系统)都是一个饭店管理微控制系统。微控制系统的结构和工作流程如图 4-13 所示。

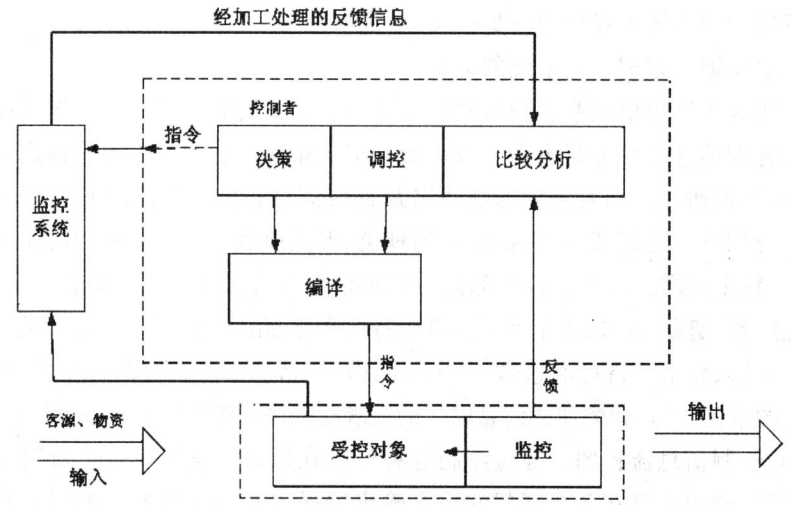

图 4-13　现代饭店管理微控制系统结构与工作流程图

2. 管理控制系统的运转过程

每个控制系统都有自己明确的控制目标。控制目标(决策)在下达到受控对象之前必须经过"编译"处理。编译的目的是使受控对象能够更加准确地理解控制者的意图，并在工作中接受控制者的指导。编译的内容包括以下几种：

(1)向受控对象解释达成这个目标的具体意义。

(2)为受控对象更好地达到控制者所制定的目标编制一个工作计划。工作计划内容包括：

① 确定计划指标。常用的计划指标有生产、销售指标，例如产量指标、产品质量指标、营业额与利润等；经营管理指标，如成本控制、客房利用率与餐饮部原料消耗等。② 指出完成计划指标的途径和措施。③ 制定出本计划的具体实施方案。④ 指出有关注意事项。

(3)控制有关的奖惩措施。

控制系统在向受控对象下达编译指令时，监控系统与监测工作也同时进入工作状态。在现代饭店管理系统中，监控工作多数是通过基层管理人员的下班检查、考核、数据纪录、报表制作以及与有关工作人员交谈、抽样调查，通过对受控对象工作情况、工作效率的原始资料搜集等工作而达到。监控获得的信息资料经加工、整理后及时反馈给控制者。

现代饭店管理控制系统的控制者（高层决策机构或高层管理人员）对作业系统与监控系统反馈来的各种信息进行综合分析，并与原来的目标、决策、计划对照、比较，确定受控对象在执行计划时与控制者的目标、计划的偏差情况，并对产生的偏差进行分析，找出偏差的产生原因和校正对策，并通过编译过程下达给受控者。控制者对产生偏差的受控对象的干预手段和方式根据不同情况和需要分别用行政手段、经济手段或法律手段进行直接或间接的干预（奖惩）。干预的目的是为了校正偏差，干预的原则是"有的、有力、有利、有节、因势利导、循循善诱"。

3.饭店管理控制系统中可控与不可控因素分析

按控制论的观点，饭店系统中的可控因素与不可控因素可以分别定义为：在一定的范围（饭店系统内部）内，一定条件（饭店控制者力所能及、受控者能承受的条件）下，饭店控制者能直接干预与无法直接干预的因素。因此，饭店系统内的组成部门以及它们之间彼此相互作用而产生的结果都是可控的因素，而饭店系统以外的环境因素都是不可控因素。例如，饭店的产品价值、目标市场、生产经营策略等是饭店系统的可控因素；而饭店市场需求、市场竞争、政治经济局势等是饭店系统的不可控因素。可控因素与不可控因素之间的关系可用哈瓦德营销组合图，如图4-14表示。

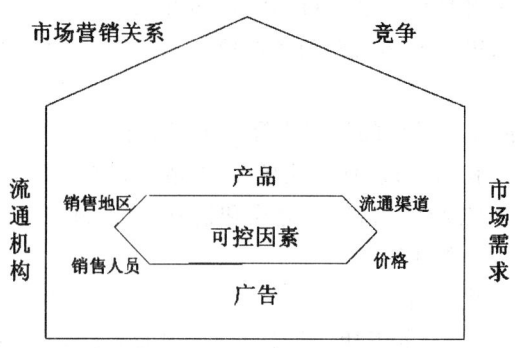

图 4-14 哈瓦德营销组合图

现代饭店系统的可控因素与不可控因素是相对的。对于可控因素,由于控制者对受控者的干预要在一定的约束条件下进行,且干预的方法及程度都有一定的局限性,所以"可控"只是相对的。对于不可控因素,虽然控制者无法对它进行直接干预,但由于它与系统内部的可控因素总存在某种联系(例如,物流与信息流的交换等),因此,控制者可以通过对系统内部某些因素的调整来对它施加一定的影响而达到间接干预作用。例如,饭店产品的价格是可控因素,饭店系统可根据市场需求情况对自己的产品价格进行调整,但这种调整受成本等方面的限制,具有一定的限度和幅度。而饭店市场需求是不可控因素,饭店不能对市场需求进行直接的干预,但饭店可以通过改变产品结构、提高质量、改变营销渠道、调整价格等方式来刺激市场需求,对它实行"间接干预"。

4. 现代饭店管理控制系统中的关键环节控制

现代饭店管理关键环节有四个方面:产品质量、价格、服务质量、成本消耗。故关键环节控制就是上面四个方面的控制。

第五节 现代饭店系统分析与评价

一、现代饭店系统分析

现代饭店系统分析是通过对功能、结构、状态、环境的分析,使各级系统管理人员了解系统的作用、运行工作状态以及系统与环境之间的各种联系,明确各不同层次系统的分析、协调等工作在系统经营管理活动中的问题和情况,谋求最佳的系统整体管理效果,创造最优的系统经济效益。

1.现代饭店系统的功能分析

系统的功能源于系统组成部分的相互作用。因此,现代饭店系统功能分析的目的在于检测饭店各部门(子系统)的功能及其作用以及各部门之间相互影响、相互制约的关系。

现代饭店系统功能可以用带有各自不同的约束条件的目标函数形式来反映。现代饭店系统的目标函数通常有两大类:

(1)直接反映系统功能强弱的目标函数

这种目标函数的函数值通常表示系统所完成的工作指标,如营业额、人均创利、资金周转率、成本、功能指数等。

(2)间接反映系统功能强弱的目标函数

这类函数只反映系统某一方面的功能,如饭店市场预测目标函数,其函数值可能是市场对某一产品的需求量,如团队对客房的需求量等,一般来说,饭店经营中的多数预测均属此函数。

因此,现代饭店系统的功能分析实际上就是对现代饭店系统目标函数的计算、分析和比较。例如,饭店员工在某段时间内人均所创纯利可用目标函数表示为:

$W = (V - C)/N$

式中,W 是饭店员工在某段时间内人均所创纯利,V 是饭店在某段时间内接待的总人数和客人接受饭店各项服务的概率与人均消费额乘积的加和值,即

$$V = \sum_{i=1}^{m} 概率_i \times 人均消费额_i \times 接待总人数$$

C 是饭店在某段时间内所支出的总成本(固定成本和变动成本之和),N 是饭店员工总人数。

现代饭店系统功能实质上就是各子系统功能的集合体现。因此,饭店系统功能的分析可以通过各子系统功能的分析而得到反映。

2.现代饭店系统结构分析

系统结构分析的目的在于明确饭店内部的分工、协作关系,提高工作效率,有助于系统的正确诊断与结构优化。现代饭店系统结构分析工作主要有以下几点。

(1)按系统内各个不同层次子系统的位置,画出饭店系统实体结构图,标出各系统人员的任务、职能及所处位置。注明各子系统之间的物流、信息以及工作流程图。

(2)根据各子系统所承担的任务、职能、功能强弱及其彼此间的协调、制约关

系,分析现行的系统结构是否合理,要不要调整。

(3)通过计算各作业系统的营业额占整个饭店营业额的比重,分析饭店市场目标的变化以及饭店系统内重点的转移。

3.现代饭店系统的状态分析

现代饭店系统的状态分析主要指饭店系统经济活动状态的分析。

现代饭店系统经济活动状态分析主要内容包括:前台接待业务的经济活动状态分析、后台接待业务的经济活动状态分析和财务状态分析。

(1)前台接待业务经济活动状态分析

此项分析的目的在于了解饭店前台各作业系统状态是否正常,各子系统之间的工作状态是否协调。分析的内容主要是前台接待业务活动的各项计划、指标完成情况。

①接待能力分析。根据统计核算和业务核算,分析饭店接待能力是否达到计划指标,接待能力的利用情况,影响接待能力利用的内外因素等。分析方法可以采用对比分析法、因素分析法或结构分析法和相关分析法等。

②接待人数分析。指对饭店接待总人数和计划指标的差异分析,平均过夜人数、接待人数的市场分类分析,淡旺季各月接待人数分析以及影响客源的因素分析。以此分析来检测系统的利用率。

③服务质量分析。主要分析达到计划指标情况、质量问题状况,各部门由于质量所造成的损失原因等。

④劳动分析。包括劳动生产率完成计划指标分析、劳动生产率提高或降低分析、劳动质量分析、劳动定员分析等。

⑤物资消耗与设备分析。物资的消耗分析主要分析物资消耗定额与计划指标的差异、控制消耗物资消耗量的分析等。设备分析主要指设备损坏分析与设备状况分析。

(2)饭店后台供应业务的经济活动状态分析

饭店后台供应业务的经济活动状态分析主要有供应量的分析、供应质量的分析、消耗分析以及设备利用分析。

(3)财务状态分析

财务状态分析包括以下几个方面。

① 流动资金利用效率分析。通过应收款周转率、库存周转率以及流动资金周转率等指标的分析来评估饭店流动资金的利用效果。

$$应收款周转率 = \frac{某期间总销售额}{该期间平均应收款额}$$

$$库存周转率 = \frac{库存消耗额}{平均库存额}$$

$$流动资金周转率 = \frac{某时间营业收入金额}{流动资金平均占用额}$$

流动资金周转率的大小与营业收入额成正比,与流动资金平均占用额成反比。流动资金周转率越大,说明饭店的流动资金利用率越高,财务状态越佳。

② 固定资金利用效率分析。饭店固定资金利用效率可以通过固定资产结构变化和固定资金占用率的分析来反映。固定资产结构说明饭店固定资金的占用情况及固定资金配置是否合理,它的变化指一定期间内各类固定资产在总额中所占比例的变化。固定资金占用率则表明固定资产的利用程度,它通过平均占有额和收入总额比值来反映:

$$固定资金占用率 = \frac{固定资金平均占用额}{营业收入总额} \times 100\%$$

固定资金占用率越小,表明每百元营业收入占用的固定资金越少,资金使用效率越高,经济效益越好。

③ 成本分析。成本分析是以一定的分析方法,对饭店成本核算资料进行分析。分析内容主要是对成本中的各种计划指标及其执行情况进行分析比较。

第一,饭店各种类型的成本分析。主要包括营业成本、营业费用成本、企业管理费及费用结构分析。

(a) 营业成本指标分析。营业成本是指饭店为客人提供各项服务时直接消耗的费用。例如,餐饮部的食品和饮料成本、商品部的商品成本等。营业成本的指标通过营业成本率来体现:

$$营业成本率 = \frac{营业成本}{营业收入} \times 100\%$$

控制营业成本率是饭店经营管理中的一个重要方面。

(b) 营业费用成本分析。营业费用是饭店营业部门在业务经营中所需支出的各项费用。例如,工资福利、燃料费、水电费、宣传广告费等,营业费用的指标可以通过营业费用率来体现:

$$营业费用率 = \frac{营业费用额}{营业收入} \times 100\%$$

营业费用率的分析目的在于进行系统成本的有效控制。

(c) 企业管理费指标分析。企业管理费是饭店管理部门为组织和管理饭店经营活动所发生的各项费用。例如,行政管理费、办公费、保险费等。是各营业部门提供服务的间接费用。它的指标可以用企业管理费用率来体现：

$$企业管理费用率=\frac{企业管理费用额}{营业收入}\times100\%$$

(d)费用结构分析。费用结构分析主要分析饭店经营中各项费用结构的相对比例，以观察其相对比例的变化和发现各种成本控制过程中产生的偏差和问题。

第二，饭店的固定成本、变动成本和混合成本分析。饭店成本若按其随销售量增减而变化的关系分类，可分为固定成本、变动成本和混合成本(半变动成本)。

饭店的固定成本在一定的销售范围内，不随销售量的变化而变化。例如，设备的折旧、行政办公费、管理人员工资及教育培训费等不随饭店销售量的变化而变化。

变动成本指随着销售量的增减而按比例增减的资本。例如，食品饮料费用、客房的易耗品、临时工资、福利等。变动成本随销售量的变化是正比例的。又如，当销售额上升10%时，食品饮料费用也将相应上升10%。反之，亦然。

混合成本则指随销售量的增减而不成正比例变化的成本。例如，饭店空调费用，器物破损费，水、电、气消耗费用等。混合成本实际上是固定成本与变动成本之和。因此，混合成本随销售额增减而变化的大小取决于固定成本与变动成本各自所占的比例。例如，当客房的出租率上升20%，饭店的水电费不会按比例也增加20%。这是因为，饭店的水电费除了一部分用于客房的水电外，还有一大部分用于饭店的锅炉房、水房、大厅、餐厅等公共部位，而这一部分的水电费用无论客房出租情况怎样，都必须支出。有经验的管理人员一般把水电费这个混合成本按60%比例分摊为变动成本，40%为固定成本。在成本分析中为了计算方便，常把混合成本分解为变动成本和固定成本两部分。分解方法一般采用高低点法和回归法。

高低点法就是在销售量与混合成本的统计资料中，找出混合成本的最高额与最低额以及销售量中相应的最高点和最低点，然后算出变动成本的变化率：

$$变动成本的变化率=\frac{混合成本最高额-最低额}{销售量最高点-最低点}$$

然后把高点(或低点)销售额乘以变动成本变化率而获得变动成本两部分。高低点法计算简单，但精确度较差。

回归法则是根据混合成本的统计资料中的数据描点作图，并设作图的直线方程为 $y=a+bx$，直线方程系数 a 即为混合成本中的固定部分，而系数 b 则为变动部分的变化率，a、b 可用最小二乘法求得。回归法分解混合成本中的固定成本部分和变动成本部分比较精确，但计算比较复杂。

④ 量、本、利分析。量、本、利分析又称保本分析，是对饭店销售量、成本和利润之间关系进行研究的一种定量分析方法。

影响饭店利润的因素有两个：销售收入和销售成本，三者之间关系为：

销售收入＝销售成本＋利润

其中，

销售收入＝销售单价销售量

销售成本＝单位变动成本销售量＋固定成本

第一，饭店盈亏临界点（保本点）分析。盈亏临界点就是饭店营业收入刚好等于总支出的分界点，即处于此点时饭店的销售额刚好等于成本总和，饭店既无亏损也无盈利。饭店盈亏临界点分析就是计算饭店处于盈亏平衡时的保本销售量和保本销售额。

$$保本销售量＝保本销售率＝\frac{固定成本}{单位售价－单位变动成本}$$

保本销售额＝保本销售量×单位售价

$$保本销售率＝\frac{固定成本 \times 销售额}{销售额－变动成本}$$

第二，边际贡献率分析。通常把销售额大于变动成本的那部分差额成为边际贡献（边际利润）。即：

边际贡献＝销售额－变动成本

边际贡献首先用来偿付固定成本，再有盈余，那就是利润了。即起到补偿固定费用、贡献盈利的作用。

边际贡献率表示销售额中能用于补偿固定费用以及为利润做贡献的比例。

$$边际贡献率＝\frac{边际贡献}{销售额}\times 100\%$$
$$＝\frac{销售额－变动成本}{销售额}\times 100\%$$

用边际贡献率来衡量和分析销售额变化对利润的影响非常方便。例如，当销售额为 1 000 元（100%），若变动成本为 400 元（40%），则边际贡献为 600 元（边际贡献率为 60%）。这就是说，在盈亏平衡后（即固定成本全部得到补偿后），每销售 100 元，就有 60 元为净利润。考虑到饭店的客房、餐饮、商场等各部门的边际贡献各不相同，对于整个饭店而言，其边际贡献率应为综合边际贡献率：

$$综合边际贡献率=\frac{各产品的边际贡献总和}{各产品的销售额总和}\times100\%$$

第三,保本销售额与边际贡献率关系。保本销售量、保本销售额与边际贡献、边际贡献率的关系为:

$$保本销售量=\frac{固定成本总和}{单位边际贡献}\times100\%$$

$$保本销售额=\frac{固定成本总和}{边际贡献率}\times100\%$$

$$饭店保本销售额=\frac{饭店固定成本总和}{综合边际贡献率}\times100\%$$

通过保本销售额和边际贡献值的分析,可以帮助管理人员做计划时参考饭店达到盈亏平衡时所要求的销售额来制定目标营业额。

⑤ 盈亏平衡图分析。盈亏平衡图分析是用图解方法分析销售量、成本和利润之间的关系。

第一,盈亏平衡图制法(如图 4-15 所示):一是以成本和销售收入为 y 轴,销售量(额)为 x 轴,作图;二是画出固定成本直线,固定成本与销售量无关,是一条平衡于 x 轴的直线;三是画出变动成本的直线,变动成本随销售量增加而增加;四是把变动成本的直线加在固定成本线之上画出总成本直线;五是画出销售直线,销售收入随销售量增加按销售单价比例上升。

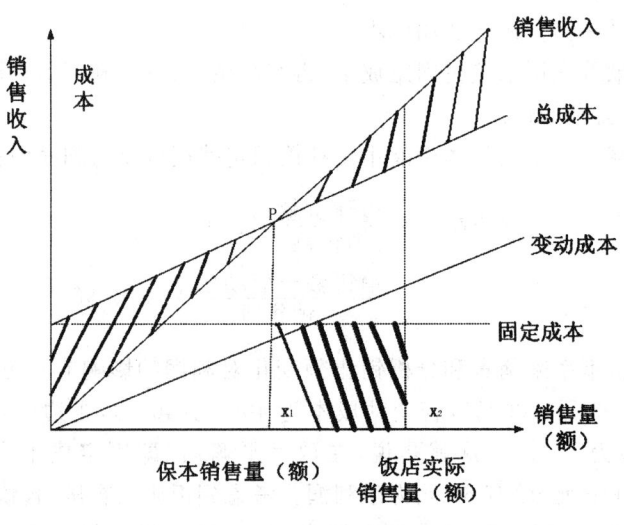

图 4-15 盈亏平衡图

第二，盈亏平衡图分析：在盈亏平衡图中，销售收入直线与总成本直线相交点 P 为盈亏平衡点，表示饭店处于此状态时的营业情况为不亏不盈。此点所对应的销售量（额）x_1 为保本销售量（额）。P 点左侧区域总成本线在销售收入线上，成本大于收入，若饭店营业情况处于此域状态，则饭店是亏损的。P 点右侧区域销售收入线在总成本线上，成本小于收入，饭店处于此区域的经营状态是盈利的。

若饭店的实际销售量（额）为 x_2，则平衡盈亏图上的 x_1-x_2 之间就称为安全经营区，安全经营区是指饭店能够获利的经营区域。安全经营区越宽，表明饭店经营的安全状态越好，利润稳定性越大。可见，饭店经营安全区的大小是衡量饭店经营状态好坏的一个重要指标，它的定量计算可以用经营安全率来表示。

$$经营安全率 = \frac{实际销售额 - 保本销售额}{实际销售额} \times 100\%$$

$$= \frac{x_2 - x_1}{x_2} \times 100\%$$

经营安全率越大，饭店安全状态越好。它的标准如表 4-7 所示。

表 4-7 饭店安全状态标准

经营安全率	>30%	25%～30%	15%～25%	10%～15%	<10%
安全状态	好	较好	不太好	要警惕	危险

例如，某饭店的盈亏平衡图中的 x_2 和 x_1 分别为 94 万元和 68.92 万元，则该饭店的经营安全率为 26.68%，表明该饭店的经营安全状态是较好的。

在盈亏平衡图中，安全经营区的宽度大小主要取决于饭店的成本构成。固定成本比例越高，安全区域越小。这是由于固定成本比例越高，使保本销售额（x_1）越大的原因造成的。

第三，利用盈亏平衡图分析量、本、利关系时应注意如下问题：一是上述的分析都是在假定物价不变下进行，如果物价变动，固定成本与变动成本也会发生变化，量、本、利关系就可能不同。二是上述分析把销售量、变动成本和总成本都假定为线性，实际经营过程中都有可能变成曲线。例如，在完成一定业务量以后，由于产品价格的变动而造成销售额出现曲线情况，经营过程中新产品开发造成固定成本和变动成本增加而出现曲线等。三是对于饭店各部门的量、本、利分析，还应考虑饭店间接费用和管理费用的摊派带来对经营利润的影响，通常处理方法是：按所摊派的比例加入总成本，以及只计算直接成本而不考虑所摊派的间接成本。

4. 现代饭店系统的环境分析

现代饭店系统环境分析的目的在于认识饭店与其所处环境之间的物资、能量与信息之间的联系,分析各种不可控因素的发展、变化规律及其对饭店系统管理的影响。

现代饭店系统的环境分析主要包括以下几个方面的内容:

(1) 原料、能源、人员、水资源的供应状况(诸如数量、质量)及其发展的变化情况。

(2) 与市场、营销机构、挂钩性的旅行社、航空公司以及上级主管部门之间的信息联系情况。

(3) 饭店市场需求及其变化情况。

(4) 社会经济、政治局势的变化情况。

(5) 饭店的"社会形象"情况。

(6) 同行竞争对手产品的种类、数量、质量、销售策略与营销方式的分析。

(7) 政府、上级主管部门的有关政策和规定。

现代饭店系统环境分析的方法既可以采用调查、对比、归纳、估计等定性分析方法,也可以采用上述介绍的资料统计、数据计算、作图、建立模型进行预测模拟等定量分析方法。

二、现代饭店系统评价

对现代饭店系统而言,饭店经营效果的好坏反映了饭店系统经营管理的水平和业绩。因此,现代饭店系统的评价实质上就是饭店经营效果的评价。评价方法通常采用经营绩效评价法。

1. 评价指标

饭店系统的绩效评价可以通过考核饭店系统的资金周转率、销售利润率和资金利润率这三项指标来进行。

$$资金周转率 = \frac{销售额}{资金总额} \times 100\% \quad (a)$$

$$销售利润率 = \frac{利润}{销售额} \times 100\% \quad (b)$$

$$资金利润率 = \frac{利润}{资金总额} \times 100\%$$
$$= 销售利润率 \times 资金周转率 \quad (c)$$

对饭店而言,资金利润率是反映饭店经营效果的一个综合性指标,是饭店绩效的评价标准。如果饭店的资金利润率低于一定的限度,饭店将无法生存和发展,这个最低限度就是饭店经营必须达到的资金利润率标准。这个标准可根据饭店的历史资料并参照同行业标准而定,或按投资者的要求而定。

2. 评价曲线与评价区间

(1)评价曲线。若令 Z 为资金利润率,x 为销售利润率,y 为资金周转率,则由(c)式有 $Z = x \cdot y$。由此式可以在坐标系中画出代表不同资金利润率的 Z 曲线族。

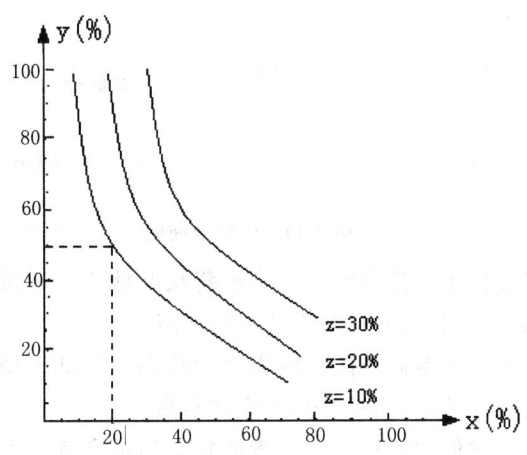

图 4-16 资金利润率曲线族

从图 4-16 可见,Z 值所表示的资金利润率越大,曲线离开坐标原点越远。

利用资金利润率曲线族,可以在 x、y、z 3 个坐标中由已知的任意二项指标查得另一项指标。

例如,已知销售利润率为 20%,要达到 10% 的资金利润率,所需的资金周转率可从 $Z=10\%$ 的曲线上找到。即在 $Z=10\%$ 曲线上,当 $x=20\%$,所对应的 $y=50\%$。

(2)评价区间。评价曲线的评价区间可由盈亏临界曲线画出。盈亏临界曲线指按饭店最低资金利润率标准做出的 $Z = x \cdot y$ 曲线。

例如,某饭店的最低利润率标准为 10%,则在 $x-y$ 坐标系上画出此临界曲线,做坐标原点顶角平分线,可得图 4-17 的四个区域。

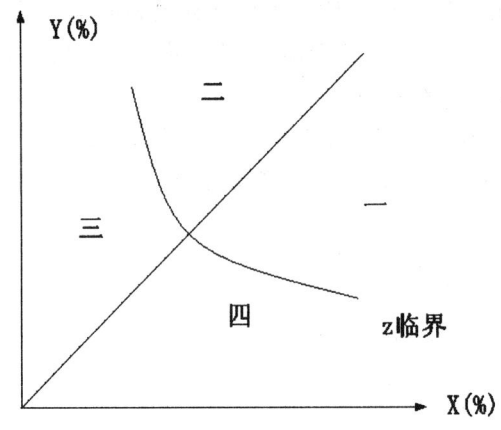

图 4-17　评价区间图

区域一为资金积累型盈利区。饭店经营状况处于此区域时可盈利,盈利主要来自较高的销售利润率,而资金周转率并不高。

区域二为资金周转型盈利区。饭店经营状态处于此区域时可盈利,盈利主要来自较高的资金周转率,而销售利润率并不高。

区域三为利润过低型亏损区。尽管此状态的资金周转率很高,但由于销售利润率太低而造成亏损。

区域四为资金积压型亏损区。亏损是由于资金周转太慢产生资金积压而引起。

由上述 4 个区域的分析可见,要使饭店经营处于盈利状态,则必须对销售利润率和资金周转率进行合理的组合,任何一项的极端都不能促使饭店经营创利。从理论上说,销售利润率和资金周转率的最优组合应该是处于临界曲线上方的对角线上。绩效优化的目的在于经营创利,所以任何优化措施的目标应该是使饭店的经营状态的坐标点趋于这条对角线上。

三、现代饭店系统优化

现代饭店系统优化可以通过系统绩效的评价和分析来达到。优化的目的在于对原有的系统状态进行分析、改造以提高系统的经营效果,创造更大的利润。因为现代饭店系统的评价可以通过评价区间、评价曲线分析来达到。因此,可用评价曲线进行系统的优化。采用评价曲线进行系统优化的步骤如下:

1. 根据饭店的经营数据,按式(a)和式(b)计算出饭店资金周转率(y),销售利润率(x)等评价指标。

2. 根据饭店的最低资金利润率标准,在 $x-y$ 坐标系中作出盈亏临界曲线(Z)及对角平分线,得出如图 4-17 所示的评价区间。

3.按照步骤(1)计算的 x、y 值确定饭店经营状态在评价区间的坐标位置和所处的区域,分析所处状态的经营情况,并提出优化方案。

4.优化方案的分析,比较并定出最佳优化方案。

5.对优化方案实施的具体情况进行分析,预测优化方案实施后可能达到的绩效指标。

为使系统优化能保持适应性,必须经常对系统的绩效进行分析,不断进行优化的调整。优化措施既要照顾目前利益,又要考虑措施的时间性和合理性,如此才能达到系统优化所预期的目的。

综上所述,现代饭店的绩效评价和优化的过程可用图 4-18 表示。

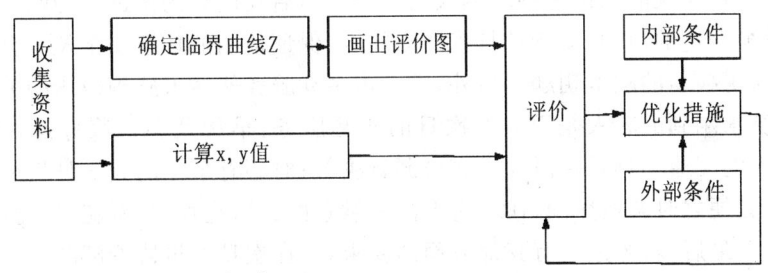

图 4-18 饭店绩效评价与优化流程

案例与习题

一、案例

（一）前台派重房

某日晚近 11 时,常来北京从事商务活动的李先生疲惫不堪地乘车从机场赶到饭店。由于次日将有一个非常重要的商务谈判需要尽早休息,他催促前台接待员迅速办理完了入住手续,拿着房卡和房间磁卡钥匙在行李员的指导下来到楼层。当李先生用钥匙打开房门时却十分惊讶地发现分配给他的房间已有一对夫妇在休息。为客人提拿行李的行李员凭经验判断这是一起派重房,意识到问题的严重性,他在向客人深表歉意后立即将事故汇报给大堂副理。大堂副理迅速赶到楼层,采取措施安顿了疲劳且气愤的李先生,并安抚了受到惊吓的夫妇,用诚恳的态度和积极的行动化解了由于前台员工操作失误带来的恶劣影响。

思考:为什么造成派重房？大堂副理应采取哪些补救措施？如何避免此类事故的发生？

分析:

1.由于各个饭店所使用的设施设备差异很大,造成派重房的原因也不同,归纳起来有以下三个方面：

(1)在纯手工进行接待操作且使用机械门锁系统的饭店,若前厅和客房两个部门不能有效控制和核对房态,前台不能及时调换房间状态显示标志则会发生派重房现象。

(2)在前台电脑系统和磁卡门锁系统因制式不同不能连通使用的饭店,易发生此类情况。

(3)前台电脑系统和磁卡门锁系统可以兼容,但前台人员忽略制卡机的提示或键盘操作失误,也会发生此种现象。

2.大堂副理应迅速赶到现场,在向双方客人诚恳表示歉意的同时要简要说明员工操作失误的缘由来寻求客人的理解。然后在前台的协助下为刚到的客人重新选换合适的房间,安抚被打扰的原住客,保证他们的住宿安全及不会再被惊扰,同时更换新的磁卡钥匙。另外,进一步主动服务使客人感到饭店的关怀和诚意,如征求刚到的客人是否需要次日的叫醒服务,早餐及会议服务是否需要安排,客人的交通工具是否需要饭店协调解决等;对心有余悸的夫妇见机征求是否需要在方便之时调换房间,还要送上深表歉意的饭店礼物(如鲜花、果篮等)来抚慰客人。最后,若客人还有其他方面的要求,需在次日上报协调解决。

3.现将高发的派重房原因和对策提供如下：

(1)前厅和客房两个部门在一天中的上午、下午和晚上至少3次核对房态,房态的转换要及时无误。对于有客人入住且无行李或轻便行李、对于房态报表中显示空房而实际有客人入住的情况要及时填写在《房态差异报告》上,通过指定人员依据资料迅速解决。

(2)前台员工在为客人选派房间后,应先将已售出房在电脑中占房转入住,然后依据程序将房卡钥匙发放给客人。尤其是在客人入住高峰时,更要坚持这一程序。行李员在引导客人进房前,应主动为客人开启房门,这样既可示范客人如何准确使用房间钥匙,又可在发生此类现象时更灵活主动、得体地处理突发事件的发生。

(3)前台员工在预配房时,各种表单上的房号要书写清晰,电脑中占用房号与表单和房卡上的号码要复核一致。尤其在团体入住前的准备过程中,要分清房类和房数,避免房号漏配和制卡操作失误的派重房现象。在当日入住和离店房量较大时,原则上不预派将离房,在确认客人已经结账离店,房间已得到及时清理和房态得到转换后再配置房间,做到万无一失。

(4)在前台做夜审而暂时停机前要打印空房报表,以备此时来客的房间选派。分派好的房间要及时在空房报表中划掉以避免误派现象的发生。

(5)客人在结账退房时,收银处要及时收回客人手中的房卡及房间钥匙,以免客人持钥匙又回原房间消费和使用客房。

(二)里兹—卡尔顿的"黄金标准"

该饭店的"黄金标准"举世闻名,其中授权一条更是令全世界饭店业同行称绝。饭店规定,饭店的任何一个员工一旦遇上客人的投诉或提出询问,不管那些投诉或询问属于什么类型,是不是涉及本部门或本岗位,或针对哪个人,他便"拥有"这个投诉或询问,他有权立即放下手边的常规工作去处理投诉或询问。饭店还专门给每名员工每年2000美元的权限去处理客人的各种问题。员工们深知这个"拥有"和每年2000美元的份量,他们都十分珍惜饭店给予他们的权力,使用时尽可能谨慎。这个授权制连同其他一些服务标准的实施,使里兹—卡尔顿获得了令全美所有饭店赞美不已的梅尔考姆—贝尔特里奇质量奖。

分析:里兹—卡尔顿饭店基于服务员的高素质及饭店对他们的信任,将处理投诉或询问的权力授予员工,使顾客的投诉或询问能迅速得到解决,提高了顾客的满意度,同时也提高了员工对工作的责任感,这不失为一良策。

(三)每年过个主题年

舜耕山庄开业多年来,由于种种原因连年亏损,新到任的总经理经过反复思考,把当年定为"舜耕效益年",并召开管理人员会议,提出自己的设想,很快获得全体与会者的认同,统一了思想。经过一年的努力,山庄首次扭亏为盈。此后,针对山庄历史包袱沉重、饭店业竞争激烈的现状,总经理把新的一年定为"舜耕发展年"并提出十大突破的想法。到了年底,山庄完成了年初制定的各项工作任务。在连续两年取得较大进展的基础上,山庄又提出了"舜耕管理年"的目标。

分析:舜耕山庄根据自己的实际情况,结合市场的形势,连续三年提出三个不同的阶段性发展目标,管理主题突出,针对性强,并善于同员工进行沟通,将目标与员工的积极性结合起来,让饭店的计划深入员工的心中,所以,舜耕山庄能够取得显著的成绩。

请问,上述案例中的主题年目标属于现代饭店计划体系中的何种计划?结合案例阐述现代饭店计划管理的任务。

二、习题

1. 饭店组织管理理论由哪些原则组成?如何正确理解有秩序原则?
2. 如何评价饭店组织的短、中、长期效能?
3. 如何进行有效授权?
4. 阐述饭店经济责任制与岗位责任制的关系。
5. 现代饭店为什么要进行计划管理?计划管理有哪些基本任务?
6. 如何利用滚动式计划编制法编制饭店的短期计划?
7. 了解和掌握关键路线法进行计划管理的程序与方法。

第五章 现代饭店资源管理

学习目的

通过本章的学习,掌握现代饭店人力资源管理和财力资源管理的概念、内容与方法,熟悉饭店物力资源管理和信息资源管理的概念、内容与方法,了解饭店时间资源管理及形象与口碑塑造的概念、内容与方法。

主要内容

- 现代饭店资源概述

  饭店资源的定义　饭店资源类型及其特点　饭店资源管理研究的内容　饭店资源管理的原则　饭店资源管理的方法

- 现代饭店人力资源管理

  人力资源的计划管理　人力资源开发　人力资源管理的方式与方法　人力资源激励与管理

- 现代饭店财力资源管理

  财力资源管理的概念　财力资源管理的内容与方法　财力资源开发　财力资源计划管理　营运资金管理　成本控制管理　营业收入与利润管理　财务分析

- 现代饭店物力资源管理

  现代饭店物资管理　饭店设备管理

- 现代饭店信息管理

  现代饭店的信息　饭店服务信息　饭店信息资源的概念、构成与特征　饭店信息资源管理　饭店信息的管理

- 现代饭店时间资源管理

  时间资源管理概念　时间资源管理的内容　时间资源管理的特征　时间资源管理的基本方法　劳动时

间管理　时间资源管理评价　时间管理现代化
- ● 现代饭店形象与口碑塑造
  现代饭店形象、口碑的概念和类型　现代饭店形象、口碑的资源性质　现代饭店形象、口碑的构成　现代饭店形象、口碑塑造的原则与方法　现代饭店形象、口碑塑造　现代饭店形象、口碑的评价现代饭店可利用的资源越来越多,现代饭店资源管理涉及内容也越来越广泛,理论性和实践性均较强。在本章内,我们从现代饭店资源的概述和宏观管理入手,对构成现代饭店资源的人力、财力、物力、信息、时间、形象与口碑等资源的特点、内容、开发、管理与利用进行了系统的全面的阐述与分析。

第一节 现代饭店资源概述

一、饭店资源的定义

饭店资源有以下几种定义:

1. 能为饭店所利用的,并由此产生经济效益和社会效益的有形物质和无形物质。

2. 在饭店中能对顾客产生吸引力,可为饭店业开发和利用,并可产生经济效益、社会效益和环境效益的各种事物和因素,都可视为饭店资源。

3. 饭店资源是指能吸引旅游者,并能为饭店的经营运作提供各种可能因素及其产物。

4. 饭店资源是在现实条件下,能使饭店业吸引顾客并进行各种经济活动的各种因素的总称。

对饭店资源定义的描述可以因各自的出发点和强调的重点不同而有所不同,但不管从哪个角度阐述饭店资源的定义,都必须阐明饭店资源所应具有的三个基本点:

1. 饭店资源具有吸引顾客的"吸引功能"。

2. 饭店资源具有效益功能,它能为饭店的经营活动所利用,并能产生出经济、社会和环境效益。

3. 饭店资源是各种社会因素及其产物的总和。这些因素和产物可以是有形的,也可以是无形的;可以是已开放的,也可以是未开放的;可以是现实的,也可以是潜在的。

二、饭店资源类型及其特点

1. 饭店资源类型

现代饭店资源可以根据不同的目的而有不同的分类方法。

(1)根据饭店资源的特点,可以分为:

①人力资源。指饭店中的人员及与饭店有直接关系的其他人力。

②财力资源。指饭店拥有或者控制的能以货币计量的经济资源,包括各种财产、债权和其他经济权利。

③信息资源。指饭店共同用于各部门之间的联系和反映饭店经营管理活动情况的饭店内部的各项指标、指令、计划、报表、数据和规章制度,以及用来描述饭店外部环境变化的数据、消息等,能不能为饭店经营管理目的带来有用的并能为人们所认识的情报资料。

④时间资源。指伴随着饭店经营活动出现的人流、物流、信息流等运动而存在的时钟时间、日历时间、劳动时间、收入时间、可控时间和不可控时间等有效时间。

⑤口碑、形象资源。指饭店在经营管理活动中在社会公众或消费者心目中,所形成或树立的相对稳定的地位和整体形象。社会公众对现代饭店产品、信誉、服务质量、管理水平、人员素质等的良好评价、看法和整套要求及标准。

(2)根据现代饭店资源的本身属性,可分为:

①有形资源。它包括现代饭店中的人力资源、财力资源、物理资源等能为饭店控制和利用,并能为饭店产生社会、经济效益的有形可见的并客观存在的硬资源。

②无形资源。它包括饭店中的信息资源、时间资源、形象资源和口碑等具有价值、客观存在的、无形的、不可见的软资源。

(3)根据饭店资源开发、利用程度,可分为:

①基本资源。指饭店经营管理活动中所必须的资源,它包括人力资源、财力资源、物力资源、信息资源等。

②特殊资源。它包括时间、口碑、形象、政策优惠等在内的资源。

2.饭店资源的特点

(1)组合性。饭店资源的组合性是指在现代饭店的经营活动中,孤立的、单一的资源是无法形成吸引力的资源,无法对饭店产生经济效益,只有把饭店所具有的资源共同形成资源体,才能发挥其作用。

(2)时代性和变异性。在不同的历史时期、不同的社会经济状况、不同的科学技术水平条件下,现代饭店资源的实质、内容、体现形式、功能作用都可能不同,并且会随着现代饭店业的发展而发展。因此现代饭店资源具有时代性的特征并呈现出变异性。

(3)价值的不确定性。现代饭店资源价值的不确定性主要反映在:①现代饭店的资源难以用数字来计算。②现代饭店资源的价值随开发、利用的深度和程度的不同而不同。③现代饭店资源的价值随时间的延长而不同。有些资源的价值会随时间的增长而增加,有些资源的价值会随时间的增长而减少。

(4)多样性。饭店资源的多样性表现在:①资源类型的多样性,既包括人、财、物资源等有形资源,又包括时间、信息、口碑、形象等无形资源。既有硬资源,又有软资源。②资源价值的多样性。既包括有形价值,也包括无形价值;既有现时价值,又有潜在价值。③资源开发利用方式的多样性。既取决于资源本身直接的开发利用,也有间接、潜在的开发利用。④资源效益的多样性。现代饭店资源产生的效益不仅有社会效益,而且有经济效益,还有环境效益。

三、饭店资源管理研究的内容

1. 人力资源管理

主要研究饭店人力资源管理的对象、任务,人力资源的计划管理与开发,人力资源管理的方式与方法,人力资源的激励管理等方面的内容。

2. 财力资源管理

主要研究饭店财力资源管理的方法,财力资源开发、计划管理,资金管理,成本控制管理,营业收入与利润管理,经济活动分析等方面的内容。

3. 物力资源管理

主要研究饭店物力资源管理的特点、任务,物资存贮原理、方法,库存物资管理,设施设备管理等方面的内容。

4. 信息资源管理

主要研究饭店信息的收集、加工、反馈和贮存管理,现代饭店信息的管理与使用,现代饭店信息管理对策等方面内容。

5. 时间资源管理

主要研究饭店时间资源管理的基本方法,无形劳动时间资源管理,有形劳动时间资源管理,现代时间资源管理的评价等方面内容。

6. 口碑与形象塑造

主要研究饭店口碑与形象的构成和内容,口碑形象塑造的原则与方法,口碑、形象的塑造,现代饭店口碑、形象评价等方面内容。

四、饭店资源管理的原则

1. 计划管理原则

饭店资源类型繁多,各种资源在服务过程中的作用、关系复杂,饭店要充分发挥资源的作用,就必须对资源进行计划管理。根据饭店的资源情况,对饭店资源的开发、使用执行严格的计划管理,才能使饭店所有的资源在经营活动中充分发挥作用,各种相互关系才能协调。

2. 系统性原则

饭店资源分布在饭店系统的各子系统中,子系统与系统间的资源在系统的运行中存在着相互依赖、联系、制约、协调的关系。因此,在饭店资源的管理上,既要系统地分析整个饭店资源的使用与管理,又要考虑各子系统之间资源的协调和联系;既要将饭店资源形成一个有机整体,有效地发挥整体资源的作用,以满足饭店系统和环境的需要,又要使饭店各子系统在特定情况下发挥资源的个体作用,以适应饭店系统对其子系统的要求;既要考虑各种资源的独立性、特征性,又要注重资源间的相互协调。

3. 有序原则

有序原则要求饭店资源管理维持良好的资源秩序,特别是人与物的秩序。良好的秩序是现代饭店进行高质量、高标准服务的前提。

4. 时效性原则

时效性原则要求资源管理要有强烈的时间概念,资源的使用效率与时间关系甚大。资源管理时效性主要体现在两个方面:一是资源的开发、使用有时效性,不注意时间效能,就会浪费资源,破坏资源;二是资源的经济价值有时效性,不注意时间效能,就会降低或抵消资源的作用。

5. 节约原则

资源节约原则是指在资源的使用与管理中要尽量减少资源的浪费,用计划合理的资源投入取得或超过预定目标。现代饭店资源节约原则应从下面几个方面得到体现:

(1) 资源占用的合理性。

(2) 资源的合理组织。

(3) 资源的使用效率。

6. 现代化原则

管理现代化原则要求饭店资源管理思想要适应新技术革命的要求,要采取科学方法,定性与定量相结合的管理技术和方法,管理手段应实现科学化和电脑化。

五、饭店资源管理的方法

1. 运筹学法

(1) 规划论法。运用数学方法对目标函数和约束条件的关系进行研究,从而确定如何统筹安排、合理调度人员、设备、材料、资金、时间等。线性规划的研究对象方法有两类:一是任务确定后,如何统筹安排,以最少的人力、物力资源去完成它们,使得完成任务最多。

(2) 排队论法。也称随机服务系统理论。它是研究拥挤和排队现象,以解决服务设施最优数量的一种技术,也就是在公共服务系统中,设置多少设施为宜。任何排队系统都包括三个方面:一是潜在顾客,二是排队线,三是服务设施。从以下三方面考虑:服务设施的布局;顾客排队规则,是按先后顺序,还是优先服务,或任意服务;服务时间。

(3)库存论法。研究的是仓库贮存问题。库存论法是研究如何解决库存物品的供求矛盾,以确定最佳库存量的方法。库存方法应根据需求方式来确定。

(4)决策论法。决策论的基本要点有:①饭店组织机构、职能和决策联系在一起,而决策是饭店许多个人和集团决策的集合。②饭店资源管理活动的中心决策。③决策是一个过程,而不是一次简单的行动。④决策的原则为:第一,信息准确原则;第二,预测先行原则;第三,可行性论证原则;第四,系统整体原则。

(5)权变理论法。权变理论强调应变,根据饭店企业所处的不同内外环境,采取不同的、能适应发展的管理。在方法上,权变理论采用大量事实和典型例子进行研究和概括,把千变万化的方法归纳为几个基本类型,从而提出每一类的管理模式。

2. ABC 管理法

ABC 管理法,也称为重点管理法或 ABC 分析法,其基本思想是"关键的是少数,次要的是多数"这一原理。在饭店资源管理中常用于物力资源、时间资源的管理中。

3. 制度法

制度管理法采用规章制度的形式把饭店资源管理中的一系列标准、程序、规则固定下来,使之成为饭店资源管理中的重要组成部分。饭店中的各种规章制度必须具有三个方面的内容:①明确规定其针对的条件和范围;②明确规定其操作的基本流程和步骤;③明确规定在违反制度时应负的责任。

饭店资源管理中的制度主要有两大类:一是保证饭店产品质量的各项规章制度,包括直接为客人服务的规章制度和维护劳动纪律,间接为客人服务的各项规章制度。这类制度全面且具体地规定了各项服务工作必须遵循的准则和要求,责任明确,分工清楚,便于贯彻执行和检查考核。二是保证饭店营业运作有序化的各项规章制度,包括各种财务制度、物资管理制度、设备使用维护制度,以及饭店后台各部门为前台保证的各种规章制度。

4. 计算机方法

计算机方法利用现代饭店中的计算机网络或局部网络,借助各种管理系统软件,采用数学模型对饭店中的人力资源、财力资源、物力资源、信息资源、时间资源、口碑形象等资源进行计划、使用、控制和管理。计算机方法不仅使饭店资源管理更具科学化和定量化,而且节省资源、增加资源效率、提高管理水平和经济效益。

第二节 现代饭店人力资源管理

人力资源是现代饭店六大资源之一,也是饭店最基本、最重要、最宝贵的资源。饭店的经营管理实质就是通过组织人力资源来使用和控制饭店的其他五大资源——物资、资金、信息、时间、形象和口碑,从而形成饭店的接待能力,达到饭店经营的预期目标。人力资源管理工作是一项难度较大的工作,具有良好素质的人员队伍绝不是自然形成的,只有通过管理人员周密的计划、组织、管理和培养才能产生、维持和发展。

一、现代饭店人力资源的计划管理

现代饭店人力资源的计划管理是通过科学合理地制定劳动定额、编制定员等工作达到的。人力资源计划管理的目的是通过合理地调配劳动力,选择合适的劳动组织形式,对人力资源进行科学的劳动分工并组织好协作关系,充分发挥和调动饭店人力资源的积极作用,合理、协调地进行饭店各种服务活动,创造饭店效益。

劳动定额和编制定员管理,就是饭店人力资源计划和调配管理。劳动定额是制定员工配备计划、调动员工积极性、开展劳动竞赛、评估工作成绩、劳动报酬分配的重要依据。编制定员是在劳动定额的基础上,确定饭店所需人力的标准。劳动定员是职工配备和招收的基础,是合理地、节约地使用人力,提高劳动生产效率的约束条件。

1. 劳动定额的类型

(1)时间定额。指在一定的设备和劳动组织条件下,采取合理的劳动方法,完成一项任务所需要的劳动时间。

(2)工作量定额。指在一定的设备、设施和劳动组织条件下,采取合理的劳动方法,在单位时间内应完成达到合格标准的劳动量。

2. 制定劳动定额的方法

饭店制定劳动定额的方法一般有以下几种:

(1)经验统计法。这是以历史上实际达到的指标为基础,结合现有设备条件、经营管理水平和职工的技术、政治思想水平,并预计劳动效率可能提高的因素,经过综合分析研究后制定出定额的方法。

(2)技术测定法。这是通过分析职工操作技术和组织条件,在挖掘潜力的基础上,对定额各部门的时间进行计算和实际观察来制定和修订定额的方法。这种方法包括分析计算、工作日写实和测时两部分内容。

除此以外,还有统计分析法、比较类推法等。

3. 编制定员的原则

编制定员,就是在劳动定额的基础上确定使用劳动力的标准,即配备多少职工和配备什么样的职工。编制定员必须遵循下列三个原则:

(1)编制定员水平应做到科学合理。既应保证工作量,又要避免人员的窝工浪费。所谓科学,就是在条件大体相同的现代饭店中机构比较精简,定员相对少,劳动组织合理,劳动效率高。所谓合理,就是要满足服务的需要,做到岗上有人,该做的事有人做。编制定员的标准因饭店的硬件和软件要求标准不同而不同。

(2)编制定员时,应综合考虑、分析影响定员的各种因素。这些因素包括饭店的等级、规模,饭店业务组织形式,饭店劳动手段现代化程度,劳动效率,业务经营情况。

(3)正确处理各类人员之间的比例关系。必须进一步分析服务人员的劳动效率和饭店全部人员的劳动效率的比例关系,并用这两个指标与同类型同规模的饭店以及同类型不同规模的饭店进行比较,以判断本饭店定员编制的先进合理程度,然后再从数量、质量、人员类型方面分析研究定员人数与实际人数之间的差异。

4. 编制定员的方法

(1)按劳动效率定员。就是根据工作量、劳动效率、出勤率来计算定员。凡是实行劳动定额管理并以手工操作为主的工种,都可以使用这种方法计算定员。计算公式是:

$$定员人数 = \frac{每一轮应完成的工作量}{服务员的劳动效率 \times 出勤率} \times 每日轮班次数$$

(2)按岗位定员。就是按饭店组织机构、各种服务设施,确定需要服务人员看管岗位的数量,再考虑各个岗位的工作量、劳动效率、开动班次和出勤率等因素来确定人员。这种方法一般适用于饭店的前厅工作人员、综合服务设施服务人员、门卫人员、行李人员、值班电工、设备维修工人等。

(3)按比例定员。就是按照与职工总数或某一类人员总数的比例,来计算另一类人员的数量。

(4)按组织机构、职责范围和业务计分工定员。这种方法主要用于确定饭店管理人员和工程技术人员的数量。

二、现代饭店人力资源开发

现代饭店人力资源开发是通过招聘与择员、员工素质塑造、培训等手段来提高饭店人力的劳动技能和素质水平，使人力具有适合本行业特定劳动内容和劳动对象的行业素质和技能。

(一)员工招聘与选择

1. 招聘人选应具备的条件确定

根据履行各岗位职责所需要的知识、技术和技能等方面的要求，确定拟招聘人员应具备的资历、经历、年龄、技术、能力等条件。

2. 招聘途径确定

饭店员工招聘有多种途径，确定以何种途径招聘员工没有任何约束条件。

(1)内部招聘。指从饭店内部招聘员工来填补空缺的位置，一般适应于中、基层管理人员的招聘。内部招聘容易产生合格的人选，有利于发掘、使用内部人才，激励员工积极性；缺点是受人才的限制，若失误(招聘不当)可能诱发员工的抵触消极情绪。

(2)外部招聘。指从社会上公开招聘人员，一般适合于饭店基层岗位的补缺。外部招聘一般可以采取职工推荐和广告招聘两种形式。

(3)内外公开竞争。这是一种招聘中、基层管理人员、技术人员、专业人员的有效途径，便于挑选理想、合适的人选。

(4)从学校毕业生中招聘。这是增加专业管理人员，引进、补充新生力量的主要途径，但由此途径招聘的人员缺乏实际工作经验，需要有一段时间的实际锻炼和培训才能较好地上岗。

3. 招聘员工选择

(1)选择标准。根据不同的工作岗位，有不同的选择标准，除了将招聘人员应具备的条件作为选择员工的主要标准外，还应将招聘人员的工作能力、动机和工作态度、仪表仪容、性格等方面内容作为员工的选择标准。

(2)选择方式。一般采用审查档案(包括应聘申请表、简况表等)、考试、面试等手段进行选择。

4. 试工

试工的目的在于了解、审查受聘人员的实际工作能力和态度。试工期一般分为3~6个月。试工期要对新受聘人员进行定期的成绩评估，以便确定是否正式录用。

(二)饭店员工素质的塑造

1. 管理人员的基本素质

为了有效履行管理者的职责,不管哪一层次的管理者,都必须有优良的政治素质、心理素质、文化素质、组织管理素质和身体素质。根据我国旅游饭店的实际,以下几点尤为重要:

(1)坚定的政治方向;

(2)强烈的事业心;

(3)诚实、公正、廉明的品德;

(4)果断、务实、民主的作风;

(5)沉着、冷静、自律的风度。

2. 专业技术人员的基本素质

专业技术人员的素质,最根本的是要有强烈的饭店意识,优秀的道德品质、良好的工作作风和过硬的业务技术。作为后面三条一般已有明确的标准,毋庸多说,至于饭店意识,主要是指服务意识、商品意识等。专业技术人员应该甘当"老二",努力为前台服务,不断改善服务态度,提高工作质量。

3. 服务人员的基本素质

饭店服务人员的基本素质主要体现在:

(1)端庄可人的仪表、仪容;

(2)礼貌的举止和热情的服务态度;

(3)良好的服务意识与熟练的工作技能;

(4)善于语言交际与沟通服务;

(5)具有较强的应变能力。

(三)人员培训

1. 饭店人员培训的内容

现代饭店人员培训的内容基本可以分为三大类,即工作技能培训、人际关系技能培训和思维智能培训。

(1)工作技能。主要指饭店各项工作职位、各个岗位的业务操作知识和技能、语言能力等。

(2)人际关系技能。主要包括对内和对外两个方面的人际关系技能。前者是指善于处理同事之间、上下级之间、各部门之间的人事关系,创造融洽、和谐的人事气氛,培植团体通力协调一致精神的能力;后者则主要指处理与客人关系的技巧。

(3)思维智能。主要指思维抽象能力、策划能力、组织能力、决策能力、督导能力、理解能力、独立工作能力、创见性等。

培训这三大类技能的侧重程度,对于处在饭店人事组织结构不同层次的员工来说是不相同的。一般来说,职位越高、担负管理职能越重的管理人员,越需要思维智能的培训。普通员工则侧重于工作技能的培训。而人际关系技能的培训是每个人都迫切需要的。

2. 员工培训的类型和方法

(1)岗前培训。新员工的岗前培训是十分重要的,岗前培训的内容应包括饭店的历史和概况、饭店经营宗旨和经营方针政策、饭店组织机构的介绍,使新员工尽快熟悉工作环境,成为饭店一员。此外,岗前培训还应该包括对新员工进行饭店规章制度、组织纪律、安全知识的教育。

(2)岗位培训。岗位培训是员工不脱离工作岗位所接受的一种培训方式,是员工培训最主要的形式。岗位培训一般由各管理人员和经验丰富、技术熟练的老员工来担任培训者。老员工本身的知识、技能和素质是培训成功的先决条件,但是优秀的管理人员和老员工未必就是很好的培训者,饭店的人事培训部要帮助他们制定培训目标和计划,指导他们使用有效的培训方法。

(3)工作模拟训练。工作模拟训练法是在模拟的工作条件下,让受训人员完成相应的工作。这种方法能同时训练多人,在短期内使受训人在分配到正式岗位以前受到专门训练。工作模拟法除需要设备外,还需要工作经验丰富的指导教师,指导教师应具备全面的操作技术和知识,并且还应具备传授知识和技术的本领。这种方法对培训厨师、调酒员、餐厅服务员、前台服务员等较为合适。但该方法涉及的费用较大。

3. 管理人员的培训

(1)候补经理培训。饭店选拔有培养前途的人选作候补经理,由现任经理带着干,进行个别指导。现任经理不在时,候补经理可作代理经理,以培养岗位接班人。此法的优点是能培养候选人处理具体问题的能力和作实际决策的本领,使候选人掌握第一手管理工作经验;缺点是只有一个候选人,只受一种管理职位的培训,不够灵活,因为一个人的能力较难预测,只有在实际工作中才能考察出来。

(2)轮流实习。饭店选定几位培养对象,送到管理岗门轮流实习,在实习过程中考察培养对象有否管理工作才能,考察各人适合什么样的工作。这种培养法比较灵活,实习面比较广,受训人员能学到较全面的知识和技能,但受训人员在每一岗位的受训时间较短,并且没有真正决策的机会。

(3)脱产培训。脱产培训可采用研讨会、案例讨论会和短期培训的方法。

三、人力资源管理的方式与方法

(一)现代饭店人力资源管理的方式

当前,人力资源的管理方式主要受 X 理论、Y 理论和 Z 理论三种管理理论的影响,并由此产生出三种不同的人力资源管理方式:

1. 以 X 理论为基础的管理方式

X 理论,实际上是一种以任务为中心的管理理论。其管理的依据是,普通人对工作有一种天生的厌恶,不愿意负责,缺乏抱负,但愿意听任摆布。由于对雇员缺乏足够的信任,X 理论主张在职工和管理者之间进行明确的分工,确立管理者的权威,采取"命令与统一""权威与服从"的方式,并且通过严格的定额、考核、奖惩等制度,对职工的行为进行控制。这种管理方式在我国中外合资、外方管理的饭店表现得比较明显。

2. 以 Y 理论为基础的管理方式

Y 理论,实际上是以人为中心的管理。这一管理方式的理论基础是行为科学。这一理论认为,人们工作是正常自然的需要,它不仅表现为一种生活需求,而且也表现为一种精神需求,如社交、自我实现等。一旦人们将企业目标视为己任时,他们就会自觉、努力地工作。所以,Y 理论主张正面引导和鼓励,并努力创造良好的工作环境帮助清除职工前进道路上的障碍,使职工能够获得自我实现的机会。近年来许多西方饭店管理集团已从 X 理论管理模式转向 Y 理论管理模式,我国的大部分国营饭店也采取了这一管理模式。

3. 以 Z 理论为基础的管理方式

Z 理论是日本管理者在总结 Y 理论的基础上,结合日本的民族特点而提出来的管理模式,其核心在于强烈的企业精神和特殊的协作文化。这一理论的基本点和 Y 理论无本质区别,实际上可以说是以人为中心的管理模式的分支。Z 理论管理模式就是要使雇员相信,他们也是企业的主人,与雇主利益一致。

以上三种管理方式,各有所长,也各有所短。作为以任务为中心的 X 理论,对于建立饭店业务经营的正常秩序,实现管理和服务的系统化、标准化、规范化,克服员工的惰性等方面都有着重要的作用。特别是在人们生活尚不富裕的时期,不失为一种有效的管理方法。但是,由于这种管理方式是以"强制"为基本特征,所以容易扩大管理者和员工的矛盾,加深员工的对立情绪,从而使饭店组织失去凝聚力。作为以人的思想感情为基础的 Y 理论和 Z 理论,不把员工看成是会干活的机器,而是当作"人"来关心,给予充分的理解、信任和关怀,注重激发员工的工作激情,这在现代条件下,应该说是一种积极的管理方法。但是,如果光靠感情,也难以收到良好的效果。三种管理方式应该互相联系、互相补充、有机结合。我国饭店对人的管理,应该坚持以制度管理为基础,以政治思想工作为主导,以物质刺激为辅助的管理思想,把制度激励机制、物质激励机制、精神激励机制有机地结合起来。

(二)人力资源管理的方法

1. 政绩评估

政绩评估一般有定量考评与非定量评估两种方法。

(1)定量考评方法。定量考评方法一般采用公式进行计算,通过得出考评指标的得分值而使考评的结果有定量的数据。考评所用计算公式要考虑到考核指标小的计划值、实际值、受奖系数、受惩罚系数等因素。

例如,常用的考评公式有:

当 $Z_K \geqslant Z_{K3}$ 时,$D_K = d_K + b_K(Z_{K3} - Z_{K2}) + a_K(Z_{K1} - Z_{K3})$

当 $Z_K < Z_{K3}$ 时,$D_K = d_K + b_K(Z_{K3} - Z_{K2}) - c_K(Z_{K1} - Z_{K3})$

式中:D_K 为第 K 项考核指标的得分值,D_K 越高,考评成绩越好。

Z_{K1}、Z_{K2}、Z_{K3} 分别为第 K 项指标的实际完成值、上级计划值和自订计划值,计算分别如下:

Z_{K1} =(实际完成第 K 项指标额/平均值 $-l$)×100

Z_{K2} =(当年上级下达的第 K 项指标额/平均值 $-l$)×100

Z_{K3} =(自订第 K 项指标额/平均值 $-l$)×100

a_K、b_K、c_K 分别表示第 K 项指标的超额受奖分数、超额受奖系数、欠额受罚系数。

(2)非定量考评法。非定量考评方法通常有自我考评、同级相互考评和由上一级管理者进行考评。常见的考评方法有以下几种:

第一种,强制等级比例法。这种方法是将员工工作的综合表现和员工潜在的发展能力作为考评标准。将考评成绩分为若干等级,并强制性地给每个等级一定的百分比。根据考评者的综合表现比例,将全体考评归入相应的等级中去。这种考评方法适用于考评人数较多的基层职工的考评。

第二种,评分法。这种方法是在考评时将之前各项考评项目的得分标准详细列出,使考评者能针对得分标准填写各个考评项目的得分。各项考评项目的得分填入考评表格,并以总得分来判断优劣。制作考评表格时,应考虑各考评项目的重要性不同,给予适当的权数进行考评总分计算。此种考评方法适用于对管理人员进行考评。考评时,可能让被考评者按考评标准进行自评,再由考评者审评,也可直接由考评者进行考评。

第三种,比较法。这种方法是将各个被考评者的综合成绩或某项成绩进行相互比较而确定最好或最差。常用的比较法如下:

①排队比较。先在众多的考评者中列出成绩最好和成绩最差的被考评者，然后按成绩进行排队。

如：　　<u>　　　最　好　　　</u>　…　<u>　　　最　差　　　</u>
　　　　　　A、B、C、D……　　　……W、X、Y、Z

这种比较法容易引进考评者的主观因素，使考评较难客观。

②成对比较。这种比较形式如体育的循环赛一样，将每一个被考评者与其他被考评者进行一对一比较，排出成绩顺序。这种考评方法仅适用于被考评人数较少的考评。

2.劳动报酬

饭店的劳动报酬是落实、检查岗位责任制的一种方法，也是调动员工积极性、保证服务质量、提高饭店经济效益的一种有效的管理手段。饭店员工的劳动报酬形式包括工资、奖励、津贴和福利等。

（1）工资。工资的形式包括以下几种：

①计时工资。这是根据员工工作时间支付报酬的一种形式。计时工资额是根据工资标准和劳动时间计算。计时工资制包括小时工资制、日工资制、月工资制三种类型。

②计件工资。这是按职工生产的合格产品的数量和完成一定的工作量，依照预先规定的计件单价计算劳动报酬的一种形式。饭店有时在雇用临时工时使用计件工资。

③浮动工资。这是根据饭店经营成果的好坏，以基本工资为水平线，发给员工上下浮动的工资。它是把员工基本工资的大部分作为固定工资，把基本工资的小部分，连同奖金、利润留成的一部分作为浮动工资。

（2）奖励。奖励可包括物质奖励和精神奖励两种。精神奖励主要从思想、政治上给予肯定，赋予荣誉和光荣称号，以激发员丁的自尊心、自我实现和成就感，激发员工工作的自觉性和积极性；物质奖励的方式主要以奖金的形式实现。

奖金是对员工超额劳动和有突出贡献的补偿和奖励。因此，饭店在奖金的分配发放中要建立严格的考核（评定）标准和发放原则。奖金的发放标准和原则要有一定的数字指标和考核数据。不同的岗位、不同的部门其标准和原则应有所区别。

（3）津贴。津贴也是劳动报酬的一种辅助形式，它是为了补偿员工额外和特殊的劳动消耗设立的。对于现代饭店而言，一般设立以下几种津贴：

①岗位津贴（服务津贴）。主要适用于班、组分配给最基层的服务员。

②职位津贴。对象为饭店各级管理人员，可从总经理到各部门的主管、领班，以调动各级管理人员的积极性，搞好各部门、班组工作而设立。职位津贴的

发放标准随饭店的不同而不同。

③技术津贴。对象为饭店的各类专业技术人员(如高级厨师、工程技术人员等),目的是鼓励各类技术人员钻研业务、提高技术服务水平而设立。技术津贴的发放原则是根据技术职称来发放,属于哪一级技术职称,就领取哪一级的技术津贴。一般来说,技术津贴不低于部门经理的职务津贴。

除了上述津贴外,有的饭店还设有员工取暖津贴(寒冷地区)、工作餐补贴、服装补贴等其他形式的津贴。

3.福利

饭店的福利待遇也是调动员工向心力、凝聚力和积极性,保证服务质量的重要方面。饭店社会福利的内容包括员工的住房条件、医疗保险、交通便利状况、子女上学条件、食堂以及业余生活和节假日活动等。

四、人力资源激励与管理

(一)激励的概念与作用

激励在管理心理学中指激发人的动机,使人有一股内在动力,如有一定的目标行动的心理活动过程,或者说是调动人积极性的过程。激励的内涵通常包括个人行为的动因、行为的方向或目标,以及如何保持这种行为三个基本因素。在考虑激励时首先要意识到每个人的体内都含有一种动因即内驱力,使人按照某一特定方向或方式行动,或使之与外在环境动力相结合产生某种行为;其次,每个人的行为都具有导向性;同时,每个人都具有导向系统即内驱力与环境力量的结合,综合判断人的行为方向或通过反馈,调整行为目标。

激励是现代管理学的核心,激励在现代饭店的人力资源管理中具有非常重要的作用:

1.激励有利于充分发掘员工的潜力。

2.激励能够提高劳动效率。

(二)现代饭店员工积极性激励理论与方法

1.马斯洛(maslow)的"人类需求等级论"

"人类需求等级论"认为人在生活中存在以下5个需求:

(1)生理和生存上的需求,即衣、食、住、行需求。对于饭店员工而言,在工作安排、工作待遇基本合理的情况下,饭店员工都会以积极勤奋的工作态度去追求这方面的需求。

(2)社会安全和工作安全需求。每个员工都希望能置身于一个安全的社会与安全的工作环境中,当员工在这方面需求得到满足时,会保持和促进他们的工作热情和工作态度。

(3)感情与归属上的需求。每个饭店员工都渴望有一个温暖的工作环境,员工愿意在一个具有向心力而又富有自豪感的群体中发挥自己的工作积极性,愿意为这个集体作贡献。

(4)工作岗位和受人尊重的需求。每位饭店员工都希望成为饭店获得声誉、获得效益的一名有功成员,希望每项成绩中有自己的参与,希望看到自己的工作成果。因此,要调动员工的积极性,首先要尊重他们的工作,承认他们的工作或劳动价值。

(5)自我实现的需求。每个饭店员工都希望达到发挥自己才干的理想地位和目标,都希望通过勤奋工作和努力达到自我实现的需求。因此,要帮助员工达到这种需求,激发他们的积极性。

2. 赫兹伯格(Herzberg)的"双因素论"

"双因素论"强调:

(1)激励因素。对饭店而言,指饭店员工的职责范围、工作或服务应遵循的标准、程序和工作责任。每个饭店员工都渴望明确自己的职责范围、工作责任、服务程序、质量标准,以便通过自己的努力和奋斗来区别自己与他人的工作效果。同时也希望给自己一个独立工作和取得成就的机会,更为重要的是想以自己的工作成果来使领导关心自己和承认自己在饭店中的存在价值。因此,饭店管理人员要为员工创造这种激励因素,激励员工的积极性。

(2)工作条件或工作环境因素。对饭店而言,当饭店的工作条件或工作环境因素不存在或不好时,会引起员工对本身工作的不满意而出现一种工作的消极情绪而影响员工的工作态度和工作效益。

3. 麦克寒兰德(Moclelland)的"成就效益论"

"成就效益论"强调三点内容:

(1)为有志员工提供发挥才干所需求的权利或权限。

(2)为有志员工提供创造工作成就的需求。

(3)提供部门之间的协调。

4. 斯根奈(Skinner)的"强化激励管理理论"

"强化激励管理理论"强调:

(1)任何一项工作必须有奖励。因此,饭店管理人员应采取多种奖励形式,调动员工的积极性。通常,饭店的奖励有以下几种形式:①求知奖励。在我国现代化饭店中,主管、部门经理等中层管理人员最需要求知奖励。通过求知奖励的学习,可以提高管理人员的知识业务水平。激发有志员工的积极性。②晋升奖励。这是饭店高级员工、领班、主管最想获得的一种奖励形式。晋升奖励是调动有志员工最有效的激励手段。③考察旅游奖励。这是激励广大员上最有效的奖励形式,是一种行之有效、奖励面广的方式,可起到高额奖金所起不到的激励作用。④物质奖励。作为一种长期激励员工的奖励形式,可以长期、反复地使用。

(2)每项工作或服务的完成情况要有评比,要有奖有罚。工作效果的评比奖罚是具有很强的激励作用的。工作效果的评比周期宜短不宜长。

(3)奖励要确认员工的业绩,批评要指明前进的目标。作为一种激励方式,批评不要也不应该让受批评的员工陷入被动局面。

(三)激励管理措施

1.增强员工的团体精神

为了增强饭店的团体精神,管理者必须努力让员工参与,鼓励员工、发掘员工的潜能、从而减少相互竞争的"磨损",使员工相互协作达成工作目标。

2.挖掘员工自身的激励因素

激励的效果决定于激励的手段和激励的对象这两个基本要素。因此,研究和寻找有效的激励手段之前,首先要去真正地了解被激励的员工。

3.工作激励

激励效果的产生决定于员工自身需求、所从事的工作和管理者的强化手段。没有工作,激励必然不会产生。员工在完成工作的同时满足了其兴趣和自我实现的成就欲,即高层次的需求。因此,工作本身具有激励作用。为了发挥工作激励的效果,在管理中要注意以下几个方面:

(1)人尽其才;

(2)工作丰富化;

(3)工作目标激励;

(4)角色激励。

4.领导行为的激励

管理手段的使用者即领导是激发员工动机的第三大要素。领导行为的激励主要表现在三个方面:

(1)情绪激励;

(2)期望激励;

(3)榜样激励。

(四)员工积极性激励注意的问题

调动员工积极性就是通过满足员工的需要,来激发员工争取达到饭店目标的动力。员工的需要是多方面的,既有对金钱、物质方面的需要,也有对事业、成就等精神方面的需要。因此,管理人员必须时刻注意以下几方面的问题:

1.调动职工积极性能使员工取得工作成绩和有出色的工作表现,要想员工积极工作,管理人员必须对员工的工作成绩有一个公正、客观的考核方法。

2. 管理人员必须向员工讲清楚,怎样去完成某项工作才是所期望的行为,使员工认识和理解他的工作必须达到规定的标准。

3. 管理人员必须了解员工是否具有完成该工作的能力,如果不具备这样的能力,则需要给予培训和学习的机会。

4. 管理人员必须把奖励按工作成绩,公正地落实到每个员工个人身上,使每个员工都获得他认为由于自己的努力而应得的奖励,并认为是有价值的奖励。

5. 要使员工对奖励的价值感到满意,不仅仅在于提高奖励的价值,而且与奖励的形式也有着很大的关系。

第三节 现代饭店财力资源管理

饭店的经营活动,从价值上看是一种资金运动的循环过程,并贯穿于饭店经营活动的始终。

一、现代饭店财力资源管理的概念

现代饭店的经济活动过程,实质上就是资金从被占有到以货币形态被重新收回的资金循环过程。资金这种循环过程以会计形式表现,构成了饭店财务。所以,从狭义上说,现代饭店的财力资源管理,就是饭店的财务管理,它体现了饭店经济活动过程中由资金运动所形成的经济关系。

二、现代饭店财力资源管理的内容与方法

现代饭店财力资源管理的内容包括以下几个方面：

1. 资金管理

（1）筹资和投资管理。主要是指按计划从各种渠道筹集资金并进行投资活动的管理。

（2）各项资产管理。主要包括流动资产管理,固定资产管理,无形资产、递延资产及其他资产的管理。

（3）外汇资金管理。主要是对各种外汇资金及其风险的管理,以实现外汇收支平衡。

2. 成本与费用管理

主要是对现代饭店成本与费用的开支标准、开支项目、开支范围的管理。

3.营业收入、税金、利润的管理

主要是对现代饭店收入的实现及其分配进行的管理。

4.经济活动分析

经济活动分析也称为财务分析。主要是通过财务报表对现代饭店的经营活动及其所取得的财务成果进行考核、分析评估。

现代饭店财力资源管理的方法主要有以下几方面：

1.财务预测和财务决策。现代饭店财务预测，是在充分调查研究的基础上，根据掌握的资料，运用科学的方法，对饭店前期的投资建设和经营中的财务情况所作的展望和估计。财务决策为经营者决策提供各种财务资料和经济信息。

2.计划管理。计划管理就是编制和执行财务。它是饭店财务部门对资金运动进行管理的一种方法，是规划饭店资金占用量、成本费用水平和盈利能力的一种手段。

3.建立各项财务管理制度。

4.实行定额管理。定额管理是指在正常情况下，为了保证经营活动的正常开展，对饭店的资金占用和耗费规定的一定数额。

5.日常控制。日常控制是指在经营过程中，对资金的收入、支出和占用、耗费等进行严格管理，将其控制在计划规定的范围之内。

6.财务检查。

7.清查财产。

8.编制财务报表。

9.财务分析。

分析的内容包括资金分析、成本费用分析和盈利分析等。

三、现代饭店财力资源开发

1.资本金的筹集

资本金是饭店在工商行政管理部门登记的注册资金，企业实际收到投资者投入企业的资金称为实收资本。资本金等于实收资本，也等于注册资金。饭店资本金由以下四个方面构成：

(1)国家资本金；

(2)法人资本金；

(3)个人资本金；

(4)外商资本金。

资本金筹集方式有：国家投资、各方集资、发行股票。

饭店资本金可由投资者用各种形式投入：①现金投资；②实物投资；③无形

资产投资,包括专利权、商标权、非专利技术、土地使用权等。

2. 负债融资

负债融资指通过负债筹集资金,即通俗说的举债经营。负债是饭店一项重要的资金来源,几乎没有一个饭店只靠自有资本而不运用负债就能满足资金需要的。

3. 资金成本

资金成本是指现代饭店为筹集一定数量的资金而支付给资金提供者的一种报酬。在饭店财力资源管理上通常用相对数表示资金成本,并把这种资金成本额同所提供的资金之间的比率作为资金成本率:

$$资金成本率 = \frac{资金成本额}{筹集资金总额 \times 筹资费} \times 100\%$$

四、现代饭店财力资源计划管理

1. 资金计划

(1) 固定资金计划

固本资金计划内容主要包括以下各项主要指标:固定资产总值、固定资产平均总值、固定资金利润率等。

(2) 营运资金计划

饭店的营运资金计划也称流动资金计划,是确定饭店在计划期内流动资金需要量、流动资金来源及利用效率目标的计划。饭店的营运资金计划主要包括流动资金占用额、来源额和利用效率三个部分。

(3) 销售收入计划

销售收入计划,是确定饭店计划期销售商品和提供劳务的数量和金额的计划。饭店销售收入计划,应包括饭店所有营业部门的销售收入情况和预测值,包括以下几个方面的年和月的销售收入目标和预测:①客房销售收入计划;②餐饮销售收入计划;③其他销售收入计划。

2. 成本费用计划

(1) 营业成本计划

① 餐饮成本计划

餐饮成本计划是指达成预期成本指标的一种行动方案。餐饮成本计划的指标包括:计划期饮食产品成本额、每一品种或主要品种的计划单位成本、主要原材料耗用成本、成本降低额。

② 商品销货成本计划

商品销货成本计划一般按大类商品编制,通过计划确定每一大类商品销货成本,考察和掌握各类商品销货成本的构成预测成本水平,控制销货成本,计算经营损益,确定计划目标利润。

(2)费用计划。饭店的费用包括饭店的营业费用和企业管理费两部分。费用计划是通过制定计划指标达到的。饭店费用计划指标的计算方法有以下几种:销售额百分比法、规定费率计算法、直接计算法、按预算包干数确定法。

3.利润与利润分配计划

(1)饭店利润计划指标内容主要由经营利润、营业外收入、营业外支出和利润总额构成。

(2)利润分配计划

4.财务收支计划

(1)年度财务收支计划。年度财务收支计划是以收支平衡的形式,集中地反映了各个单项计划(如固定资产折旧计划、流动资金计划、利润计划和专用基金计划等)的最终成果,并表明饭店计划年度主要的财务收支情况和饭店与国家之间的缴、拨款关系,饭店同银行之间借、还款关系,以及饭店与其他企业的投资关系等。

(2)月度财务收支计划。月度财务收支计划一般也是以平衡表的形式,集中地反映饭店某一个月内预计的货币收支和支出数额及其平衡关系。

5.借款还款计划

借款还款计划规定饭店计划年度基建借款、专用借款以及外汇借款的借入、归还和年末未还数额。这部分计划应根据饭店现有借款种类、借款计划或借款合同分类编制。

6.外汇收支计划

外汇收支计划是饭店财务计划的重要组成部分,它集中反映有关外汇收支指标的计划情况。

五、现代饭店营运资金管理

(一)货币资源管理

1.现金管理

(1)现金流量的预算。包括:①销售额预算。销售额(营业收入)预算包括客房、餐饮、商场、娱乐、出租汽车等的销售额预算;② 账款收现及其他现金收入;③现金支出;④净现金流量与现金余额。

(2)现金流转控制。为了实现现金流转同现金预算估计数保持连续不断地进行比较,最方便的方法是使用现金收支日报表和现金收支月报表。

(3)现金的日常管理。现金的日常管理包括以下内容:①正确核定与执行库存现金限额;②严格遵守现金的使用范围;③严格执行现金收支规定;④定期与银行核对账单,及时纠正差错;⑤严格核定业务周转金定额;⑥建立健全现金的内部控制制度;⑦加强现金保管和交款提款过程的安全防卫工作。

2. 银行存款管理

银行存款管理包括:

(1)银行存款管理。

(2)支票管理。

3. 业务周转金管理

业务周转金的管理一般有两种方式。一种是采用定额周转金办法,即由财会部门根据实际开支情况,规定业务周转金限额,并按此限额预付款项,实际支用后手续报销,补足原来限额;另一种是按估计需用数支付,实际支用后一次报销,多退少补。饭店各营业网点收款的业务周转金通常有三种管理方法:

(1)班前领用,班后退还。

(2)各自领用,各自保管。

(3)交接使用,每天退还。

4. 外汇管理

现代饭店的外汇管理主要是外汇额度的申请、使用和管理,以及饭店为客人提供的外币兑换服务的运营与管理。随着市场开放度和国际化的扩大,现代饭店对外汇管理的任务与作用越来越小。

(二)存货资源管理

此部分内容将在下面论述。

(三)债权资本管理

1. 饭店应收账款管理

(1)赊销额的控制。饭店赊销额的大小,取决于饭店的信用政策。有些饭店采用紧缩的信用政策,则营业收入中赊销收入较小,现销收入比例较大。反之,采用松弛的信用政策,则营业收入中赊销收入比例较大。

(2)信用政策的确定。

(3)收款期的控制。应收账款收款期越长形成呆账的可能性越大,从而风险也就越大。控制应收账款的收款期,一般采用定期编制账款分析表分析法,以便掌握不同收款期的应收账款的分布情况。

(4)加强应收账款的催收工作。

(5)现金折扣政策。

(6)坏账准备。

(四)应收票据的管理

票据属于有价证券,是出票人自己承诺或委托付款人在见票时或指定日期无条件支付一定金额、可以流通转让的有价证券,包括期票和汇票两种。

六、现代饭店成本控制管理

1. 现代饭店成本控制的基本方法

(1)预算控制法。预算控制法是以预算指标作为经营支出限额目标,以分项目、分阶段的预算数据来实施成本控制的方法。具体做法是把每个报告期实际发生的各项成本费用总额与预算指标相比,在接待业务不变的情况下,要求成本不能超过预算。

(2)主要消耗指标控制法。主要消耗指标是指对饭店成本费用有着决定性影响的指标。主要消耗指标控制,就对这部分指标实施严格的控制,以保证成本本预算的完成。

(3)制度控制法。这种方法是利用国家及饭店内部各项成本费用、管理制度来控制成本费用开支。

(4)标准成本控制法。标准成本指饭店在正常经营条件下以标准消耗量和标准价格计算出的各营业项目的成本,是以各营业项目的标准成本作为控制实际成本时的参照依据,也就是对标准成本率与实际成本率进行比较分析。

2. 饭店成本费用的控制

(1)客房经营成本费用的控制。客房成本费用可以分为可变费用和固定费用两部分。可变费用从总额上会随着出租率的提高而增加,从每间客房的费用来讲则是个常数;固定费用却与此相反,其总额不会随出租率的高低而变化,但从每间客房分担的固定费用来讲,则会随着出租率的提高而减少。因此控制客房费用的支出,降低消耗,一方面要提高客房出租率,以降低每间客房分摊的固定费用;另一方面要对可变费用进行定额管理,严格按照客房消耗品定额控制消耗量。

(2)餐饮经营成本费用的控制。餐饮的成本费用控制包括直接成本和费用控制两部分:

①直接成本的控制。餐饮直接成本的高低取决于毛利率的高低。毛利率是毛利与营业收入之比,用公式表示为:

$$毛利率 = \frac{毛利}{营业收入} \times 100\%$$

毛利是餐饮的收入与直接成本之差。它等于收入减直接成本,或等于利润加费用加税金。毛利是利润的基础。毛利率表明毛利在营业收入中所占比重的大小。

餐饮成本的控制很大程度上还取决于采购环节的控制。只有按要求采购到质优价廉的合乎规格的材料,才能提高原材料的利用率,提高成货率,降低单位成本,提高毛利率,增大毛利额。

②餐饮营业费用的控制。餐饮部的营业费用包括人工费、经营用品费、水电燃料费及其他费用。

(3)商品销售成本费用控制

商品销售成本费用包括商品的直接成本(商品进价)和销售费用两部分。商品的销售费用包括运杂费、保管费、包装费、商品损耗、保险费、工资、职工福利费、低值易耗品摊销等。

3.现代饭店成本分析(详见第三章第五节)

七、现代饭店营业收入与利润管理

1.营业收入管理

(1)营业收入管理的要求:①账户清楚;②记账准确;③走账迅速;④一次结清。

(2)营业收入的日常管理:①正确核算营业收入;②认真执行合同规定;③及时办理结算,尽早收回营业收入。

2.现代饭店利润管理

(1)利润的构成。现代饭店的利润总额是饭店经营活动取得的净收益,一般由营业利润、投资净收益、营业外净收益构成,其公式表示为:

利润总额 = 营业利润+投资净收益-营业外净收益

管理利润=经营利润-管理费用-财务费用

经营利润=营业收入-营业成本-营业费用-营业税金及附加

营业外净收益=营业外收入-营业外支出

净利润 = 利润总额-所得税

(2)饭店利润的考核指标。利润是一项全面体现饭店经营状况和财务成果的综合性指标,对其考核通常采用以下几种指标:

①利润额。这是反映饭店经营成果的绝对值指标。它反映饭店在一定时期取得的利润总额数,综合地表明了饭店经营承包活动的经济效益情况。

②利润率。这是反映饭店经营成果的相对值指标。

$$利润率 = \frac{利润}{营业收入} \times 100\%$$

③资金利润率。这是一个相对值指标。

$$资金利润率 = \frac{利润总额}{全部资金平均占有额} \times 100\%$$

④人均利润率。这是反映饭店在一定经营时期内,每个员工平均实现的利润额指标。

$$人均利润率 = \frac{利润总额}{饭店职工人数}$$

八、现代饭店财务分析

1. 比较分析法。比较分析法是将经济指标进行对比的一种方法,通常以本期实际指标与下列各项指标相比较:

(1)与本期计划指标比较,用来检查计划完成程度,了解实际与计划的差异。

(2)与上期、上年同期或历史最好水平的实际指标相比较,用以了解各项指标的升降情况和发展趋势。

(3)与条件大致相同的先进饭店的实际指标相比较,找出本单位的薄弱环节,向先进企业看齐。

2. 比率分析法。比率分析法是计算有内在联系的两项或多项指标之间的比例关系,据以分析企业经营活动的质量、结构、水平的方法。饭店财务分析通常运用下列两类比率:

(1)以营业收入为计算基数的经营效益指标,如资金占用率、费用率、利润率、劳动效率等。

(2)以利润额为对比对象的综合经济效益指标,如资金利润率、人均创利额等。

3. 动态分析法。动态分析法是将某项财务指标历年的数据按时间顺序排列成动态数列,据以分析其发展趋势、发展速度、发展规律的分析方法。具体有两种形式:

(1)定基对比。即均以一个固定的年份为基数进行对比。

(2)环基对比。即各年的同一指标都以上年为基数进行连续对比。

4. 因素分析法。因素分析法是对单项综合性财务指标的变动原因,按其内在组合的原始因素进行数据分解,以测定每一因素对综合指标影响程度的一种分析方法。运用因素分析法,需将各个原始因素中的一个因素当作可变因素,把其它因素当作不变因素,进行逐个替换,分别找出每一同素对综合财务指标的影响程度。

5.平衡分析法。平衡分析法是利用指标间的平衡关系,分析指标间的差异,测定指标变动的影响因素的一种办法。在饭店财务分析中主要用来衡量资金来源和资金占用的平衡关系。

第四节 现代饭店物力资源管理

一、现代饭店物资管理

(一)物资管理概述

现代饭店的物资管理是饭店的一项重要管理职能。饭店的经营管理活动必须有一定数量的物资储备做基础。但是,如果饭店物资储存数量过大,不仅会造成饭店资金的占压,而且必须为大量储存的物资支付库存保管费用。其中食品原料经过长期贮存会逐渐的损坏变质或降低规格,造成很大的浪费。因此,为了提高经济效益,现代饭店应该合理地控制物资采购数量,科学地进行物资保管。

1.现代饭店物资管理的特点

现代饭店的物资品种多,要求标准高。一个中型饭店一般需要上几百种乃至上千种物资,四、五星级的饭店需求的数量会更多,而且饭店等级越高,所需物资的标准要求也越高。

现代饭店许多物资的单价价值小,但是需求量大。现代饭店的日常运转需要大量的小价值物品,像客房用品中的小香皂、牙刷,餐厅的餐巾纸、卫生筷等,这些物品价值较小,容易被管理人员和员工所忽视。但是,这些物品需求量大,如果管理不善,造成这些物品的丢失和浪费,势必会加大饭店的成本,影响饭店的经济效益。

饭店物资重复使用量大,周转环节多。饭店的很多物资是需要重复使用的,像客房的棉织用品、餐厅的台布、餐具等,这些物品在使用、洗涤、重新使用的环节中,要经过客房、餐厅、洗衣房、仓库等许多地方,周转环节多,物品管理的难度大。

物资管理工作直接影响饭店的服务质量。物资供应是现代饭店前台正常经营和服务的基础,如果物资不能按时供应,必然影响饭店的正常经营。如果物资质量较差,就会影响使用效果,从而降低服务质量。如果物资品种不齐全,就无法为客人提供高质量的服务。服务质量的优劣与物资的供应、物资的质量、物资的保管工作是密不可分的。

2.现代饭店物资管理的内容

饭店物资管理工作的主要内容有:

(1)物资供应的计划工作:包括物资消耗定额和储备定额的制定与管理,物资供应计划的编制与执行。

(2)物资供应的组织工作:包括物资采购的申请与定货,物资的验收入库与仓库管理,物资的发放与回收利用等。

(3)节约开支、资金占用的管理工作:包括物资的价格、资金的占用量和占用时间等。

(二)物资存贮原理与方法

1.存贮原理

(1)需求。饭店存贮物资的目的是为满足需求。饭店的物资需求有两种形式:一种为确定型需求,即需求量是明确的;另一种为随机型需求,这种需求从表现上看似乎是偶然的,但是利用统计资料进行分析,可以找出其统计规律。

(2)采购(补充)。饭店存贮的物资由于对需求的供应而在不断地减少。为了保证饭店的经营运转,维持持续的供应,必须给予补充。饭店物资补充的方式一般是向其他厂商采购,也有一些物资,如饮料、点心等等可以自己生产。

(3)费用。在存贮或采购时,都必须支付一些费用,这些费用可以分为三类。

①存贮费。存贮费是饭店为已采购物资的保管、贮存所支付的费用。

②采购费。采购费主要包括采购物资的手续费、采购人员的差旅费、电讯往来的费用等。采购费用与每次采购物资的数量无关,但与采购次数有关。采购次数越多,则采购费用越高。

③缺货损失费。由于库存物资不足,饭店失去销售机会而引起的损失,即因缺货或供应不足而蒙受的缺货损失费。

(4)存贮策略。贮存物资数量过多,必然造成存贮费的上升;反之,减少贮存物资的数量,则采购次数将增加而引起采购费的上升,而且有可能造成供应不足的现象。因此,管理人员必须有正确的物资存贮策略,使饭店为贮存物资而支付的存贮总费用达到最低限度。

2.存贮方法

存贮方法应根据需求方式来确定。

(1)确定型存贮方法。确定型存贮问题是指物资需求量是确定的数值。确定型存贮方法按照饭店的供应方式又可分为不允许缺货和允许缺货两种。

①不允许缺货的确定型存贮方法

饭店认为有些物资必须始终保证供应而不能中断。对这类物资应采用不允许缺货的存贮方法。不允许缺货的存贮方法主要有以下两种:

第一,订货点法。订货点法的基本思想是,当库存的物资消耗到一定库存数量时,必须立即发出订货单,以保证在剩余的物资用完之前,又有新的物资补充。这时的库存数量称为订货点。订货点必须正确合理,既不会造成物资积压,又不致引起供应脱节。

库存物资的周转过程如图 5-1 所示。时间轴从原点 0 开始,库存物资数量在原点 0 时为 Q,随着饭店业务的持续进行,库存物资量不断消耗,由 Q 降至 H。这时饭店必须开始进行采购,因为采购物资需要时间,不可能立即得到补充。在等待采购的物资到来的这一段时间内 $t_1 - t_2$,饭店业务仍在照常进行,所以库存物资量又由 H 降至 M,这时新采购的物资运到,库存物资数量又重新恢复到 Q。这样完成了一个循环。从 t_1 到 t_2 这段时间是发订货单到收到定货的时间,称为订货周期。为了避免发生意外而影响饭店的正常经营业务活动,饭店必须保留一部分物资贮备。这部分物资的数量 M 称为保险贮备量。从这次采购到下次采购所完成一次循环的时间($t_1 - t_3$)称为订货间隔。

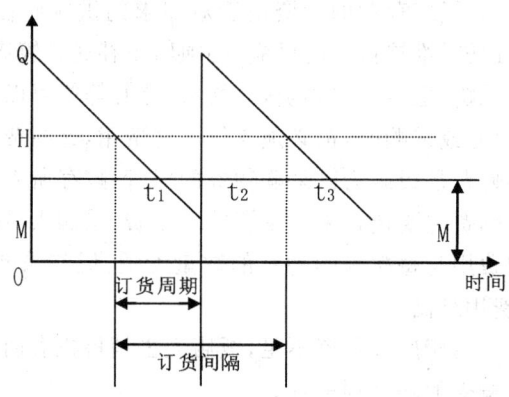

图 5-1 库存物资周转过程图

由图 5-2 可知,饭店发出订货单的库存量即订货点应该是 H。H 的计算公式为:

$$H = t \times d + M$$

式中:H 为订货点(箱、件等);t 为订货周期(日、月等);d 为平均需求量(箱/日、件/月等);M 为保险储备量(箱、件等)。

在使用上式确定订货点时,须注意订货周期与平均需求量单位要统一。

由订货点的计算可知,订货周期缩短将减少物质的贮存量;需求量的增加则将增加贮存量。

保险贮备量的大小可根据供应商的供货表现来决定。一般采用供应商可能误期的最长时间乘以这段时间的平均需求量。

订货点法简单易行,但是没有考虑到存贮和采购费用。这个方法比较适用于需求量较大而周转较快的物资。

第二,经济订购批量法。饭店某项物资的全年需求量为 T,我们决不会一次将一年的需求量 T 全部采购回来,必须将 T 等分,进行多次的采购,每次采购量为 Q,如图 5-2 所示,每次采购间隔时间为 t。一年采购若干次,则全年分成若干段。如图所示,全年采购四次,则四段 t 之和为(一年)的订货周期。R 为满足订货周期的库存数量。

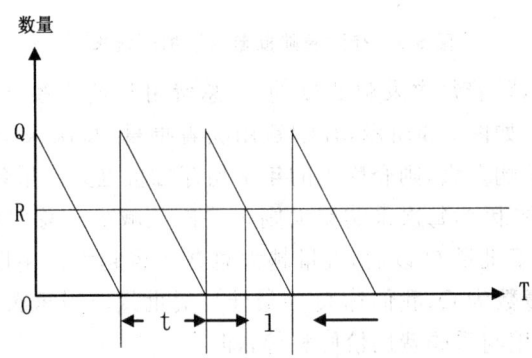

图 5-2 经济订购批量法示意图

显然,饭店全年贮存某项物资的数目为若干个三角形面积之和。……

$$\frac{1}{2Qt_1} + \frac{1}{2Qt_2} + \cdots \frac{1}{2Qt_n} = \frac{1}{2Q(t_1 + t_2 + \cdots + t_n)}$$

式中:若干个 t 之和等于 1,即某项物资的全年平均贮存量为 $(1/2)Q$。
全年需求量为 T,每次采购量为 Q,则全年采购次数为 T/Q。
设:存贮费用为 C_1 元/单位货物年;
采购费用为 C_3 元/次。
则:全年的存贮费用:

$$y1 = (1/2)QC;$$

全年的采购费用:

$$y2 = SC_3/Q$$

全年的总费用:

$$F = y1 + y2 = (QC_1)/2 + TC_3/Q \tag{1}$$

因为不允许缺货,所以不存在缺货损失费。

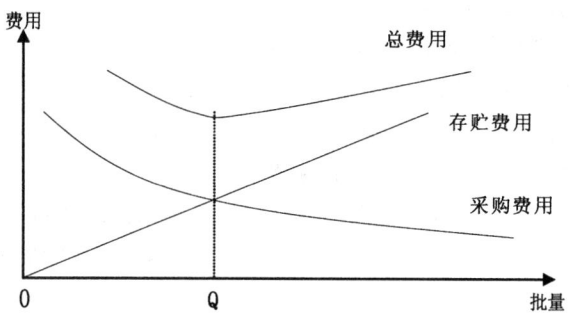

图 5-3 存贮费随批量的增加而增长

由(1)式可知,随着每次采购量 Q 的变,总费用 F、存贮费 y1 和采购费 y2 都会随之产生变化。如图 5-3 所示,存贮费用随着批量(每次采购数量)的增加而增长。因为每次采购量大,则仓库中的年平均存贮量也大。采购费正相反,随着批量的增加而减少,因为每次采购量大则采购次数减少。总费用开始是随批量增加而减低,但过了批量 Q 以后,批量越大总费用也越大。由图 5-3 可看出,总费用最低时的批量数为 Q,我们称 Q 为最佳订货批量。当每次采购量为最佳订货批量时,存贮费用与采购费用恰好相等,即:

$$QC_1/2 = TC_3/Q$$

则:
$$Q = \sqrt{2CT/C} \quad (2)$$

式(2)称为经济订货批量公式,简称为 E.O.Q 公式。将(2)式代入(1)式得全年最低总费用公式

$$F = \sqrt{2C_1C_2T}$$

总之,使用经济订购批量法光靠套用公式是不够的。如果有些物资处于供不应求状况,将给 E.O.Q 公式的使用增加难度,这就需要管理人员在实际工作中领会其基本思想,灵活掌握使用。

②允许缺货的确定型存贮法

饭店有些物资出现缺货现象,饭店可能是有利的。因为采取允许缺货的采购方法当库存降到零时,并不急于补充,可以等一段时间再办。饭店虽然因此而产生了缺货损失,但可大大降低存贮费用和采购费用。

饭店采用允许缺货的采购方法必须要有先决条件,即不影响饭店正常的经济活动和饭店的声誉。

采用允许缺货的采购方法,物资的存贮量变化如图 5-4 所示。图中,Q 为每次采购数量;d 为缺货数量;V 为实际需求数量;t_1 为有货供应时间;t_2 为缺货时间;t 为采购间隔时间。

全年平均存贮量为 X 轴上方三角形面积之和,全年平均缺货量为 X 轴下方三角形面积之和。

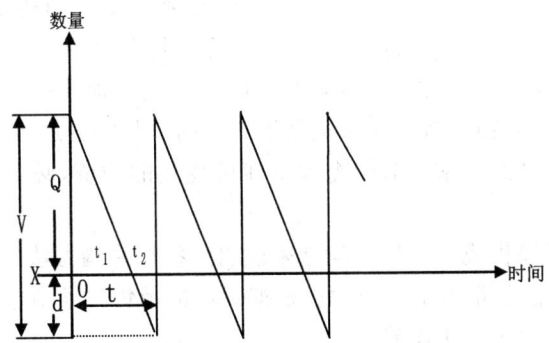

图 5-4　允许缺货采购方法时,物资存贮量变化图

若:单位物资贮存量 C_1 元/单位货物年

单位物资缺货损失费 C_2 元/单位货物年

每次采购费 C_3 元/次。

则全年总费用：

$$F = 存贮费 + 缺货损失费 + 采购费$$
$$= \frac{(V-d)2}{2V}C_1 + \frac{d_2}{2V}C_2 + \frac{T}{V}C_3$$

其中,

实际需求量：

$$V = \sqrt{2TC_3(C_1+C_2)/C_1C_2}$$

缺货量：

$$d = \sqrt{2TC_3C_1/C_2(C_1+C_2)}$$

最佳采购量(允许缺货)：

$$Q = V - d = \sqrt{2TC_3(C_1+C_2)/C_1C_2} - \sqrt{2TC_3C_1/C_2(C_1+C_2)}$$
$$= \sqrt{2TC_3C_2/C_1(C_1+C_2)}$$

最低总费用：

$$\sqrt{2TC_1C_2/(C_1+C_2)}$$

(2)随机型存贮方法

饭店对某些特殊的物资,运用确定型采购方法是无法解决的。例如,饭店某项设备所需的备用部件,市场上无现货供应,必须在工厂制造该部件时,提出备用件订购的数量。如果该部件不损坏,备用部件将毫无用处,从而造成浪费。但是,如不预先订购,万一该部件损坏,对饭店所造成的损失更大。对这些物资的需求都有一个共同特点,就是需求量是不确定的。只能通过历史资料,才能计算出不同需求量出现的概率。对于需求量随机变化的物资,必须运用随机型采购的方法来解决。

下面用餐厅销售或生产快餐问题来说明随机型采购方法。餐厅每天销售的快餐数量为 r,r 的数量是不确定的。根据餐厅的销售记录销售量 r 的概率 $P(r)$ 是可以计算的。如表 5-1 所示。

表 5-1

销售量 r	r_1	r_2 …… r_1 …… r_n
概率 P(r)	r_2	$P(r_2)$ …… $P(r_2)$ …… $P(r_2)$

其中:

$$\sum_{i=1}^{n} p(r_i) = 1$$

餐厅规定快餐只准当天销售,若当天销售不出去,只能处理。餐厅每销售一份快餐可赢利 k 元,若销售不出去则亏损 K 元。餐厅每天应采购(或生产)多少份快餐可盈利最多?

解决这个问题的关键是确立采购量 Q 为何值时,餐厅的盈利期望值最大,即确定最佳定货点,使餐厅因采购过多所造成损失的期望值与采购太少而造成缺货损失的期望值之和为最小。销售(生产)快餐数量为 r,概率 p(r) 是已知的。

设:采购数量为 Q

①当 r<Q,即供过于求时,这时餐厅有(Q — r)份快餐无法售出,餐厅所蒙受损失的期望值为:

$$\sum_{r=0}^{Q} h(r_i) K(Q-r) p(r)$$

②当 r>Q,即供不应求时.这时餐有(r—Q)份快餐的缺货。餐厅因缺货而蒙受损失的期望值为:

$$\sum_{r=Q+1}^{\infty} k(r-Q) p(r)$$

餐厅总的损失期望值为:

$$C(Q) = \sum_{r=0}^{Q} p(r) + \sum_{r=Q+1}^{\infty} p(r_i) k(r-Q) p(r)$$

求上式的最小值,得:

$$\sum_{y=0}^{Q} p(r) = \frac{k}{k+h}$$

上式中 k、h 及 P(r)均为已知值,即可求得 Q 值。

(三)现代饭店库存物资管理

饭店所需物资种类繁多,其重要程度、消耗数量、价值大小也都各不相同。为了提高饭店的经济效益和便于各种物资的管理,饭店管理人员必须对数以千计的物资运用 ABC 分类法进行科学的分类,根据物资不同类型的特点采用不同的管理方法。

1. ABC 分类法

ABC 分类法是 ABC 分析法在物资管理中的运用。

在物资管理过程中,我们按照"关键的是少数次要的是多数"这一原理把物资分成三类。

A 类物资:这类物资在物资数量上只占了饭店使用物资总数量的 5%~10%,而这类物资所占用的资金一般却占资金总额的 60%~70%,所以这类物资属于关键的少数物资。

B 类物资:这类物资在数量上和所占的资金一般都在 20%左右,属于一般物资。

C 类物资:这类物资的数量占了饭店使用物资数量的 60%~70%,而所占资金额却占资金总额的 15%以下,是次要的多数物资。

ABC 分类法选择的两个相关标志是物资数量的累计百分比和资金占用额的累计百分比。分类标准的百分比可根据物资管理的要求,由管理人员具体掌握确定。

2. ABC 分类法的具体步骤

(1)列出物资品种和占用资金表。

(2)根据各种物资所占用资金的大小,按从大到小的顺序重新进行排列,列表后计算每个品种物资所占用资金总额的百分比,并计算资金累计百分比。

(3)计算每个品种物资数量占物资总数的百分比,并计算数量累计百分比。

(4)作 ABC 分类曲线图进行分类。

(5)分类后,管理人员就可对不同类别的物资采用不同的管理和控制方法。对 A 类物资,必须进行严格的控制,进出都必须有详细记录,并经常进行检查,采购数量要详细计算;对 B 类物资只需给予一般控制和管理;对 C 类的物资只要稍加控制即可。

二、现代饭店设备管理

(一)设备管理概述

设备管理是指围绕着饭店的设施、设备、物质运动形态和效用的发挥,对其进行选择评价、购置安装、维修保养、更新改造、报废处理的全过程的管理。设备是饭店进行经营业务活动必要的物质条件。饭店设备的先进与否和各类设备的完好率直接影响饭店的级别和服务质量。因此,饭店管理人员应加强饭店的设备管理,保证饭店的正常经营。

1. 现代饭店设备的种类

现代饭店设备是指单位价值在二千元以上,使用年限在一年以上与饭店经营有关的固定资产。饭店设备按其性能可以分为以下十类:

(1)给排水系统设备,包括冷、热水供应、水处理和排水及卫生设备。

(2)供电系统设备,包括输电设备、配电设备和用电设备等。

(3)通讯系统设备,包括电话通讯系统、内部通讯系统和电传、传真系统、微机设备系统。

(4)空调、冷冻、通风系统设备,包括空气处理、输送、分配和冷热媒体源四大部分。

(5)电梯系统设备,包括客用、职工和货物用、消防用电梯,自动扶梯和观光电梯。

(6)健身娱乐设备。

(7)音像系统设备,音乐、广播系统和电视系统设备。

(8)安全设施,主要是消防保安系统设备。

(9)厨房和清洁卫生设备,主要包括厨房和洗衣房设备以及公共清洁设备。

(10)办公设备,主要有商务中心和饭店内部办公设备。

2. 现代饭店设备管理的任务

现代饭店设备管理的任务是根据饭店等级规格和接待对象,做好各种设备的采购、配置,制定各项管理制度,加强使用过程中的维修保养、更新改造和经济技术分析,提高设备使用效果,降低物化劳动消耗,提高经济效益。其具体表现如下:

(1)正确的选购设备。根据技术上先进、经营上适用、使用上安全、经济上合理的原则,正确地选购设备,为饭店提供优质的技术装备。

(2)保证各类设备处于最佳使用状态。特别是直接服务于宾客的设备,要做到百分之百的完好率。

(3)制定各类设备的安全操作规程和维修保养制度。经常检查设备的运行状态和安全性能,培训合格操作人员,保证机器和人身安全。

(4)培养饭店员工的全员化设备管理观念。对饭店的每一种设备设施都要将使用、保养、检查、维修任务落实到人,使每一个员工都认识到自己对饭店的设备负有责任。

(5)做好现有设备的更新改造工作。做好设计、技术论证、筹措资金,经济合理地使用老设备,实现增收节支。

(6)保证引进设备的正常运行。掌握引进设备的操作技术,做好引进设备零配件的供应和维修工作。

(二)设备的选购与更新

1. 现代饭店设备选择的标准

现代饭店在选购饭店设备时要考虑社会、经济和饭店本身的一些因素,争取选购的设备成本最小、质量最好。其选择的具体标准有以下几个方面:

(1)成本最低原则。现代饭店在选购设备时要充分考虑设备使用的自然寿命、设备的技术发展速度、设备在使用中的节能情况,考虑设备使用周期中的总费用大小,对其进行经济评价,力争使所选购的设备长期成本最小。

(2)安全方便原则。客人的安全是以设施设备的安全运转为基础的。在选购饭店设备时,要对设备的安全性能进行测试,选择符合国家标准、在同行业中享有较高声誉的产品。考虑饭店设备使用的方便性,以便提高员工的工作效率。同时,有的设备是供客人使用的,如电梯、电视。因此,设备使用的方便性也是客人的需要。

(3)综合配套原则。饭店设备的综合配套有两层含义,其一是指饭店设备本身及各种设备之间要配套,包括单项配套、相互配套、设备数量配套和外观配套;其二是指设施设备要与饭店的经营管理相配套、与饭店的发展规模相配套。要考虑饭店的星级标准、饭店的经营特色,外露型设备的外观要有装饰性,与饭店的格调相符。

2. 现代饭店设备的经济评价

为了降低饭店选购设备的经济成本,饭店应对要选购的设备进行经济评价,通过对几种设备的对比分析,从中选择最为经济的设备。设备的经济评价是饭店设备投资的决策依据。评价方法有以下两种:

(1)设备投资回收期法。设备投资回收期法是以设备投资额回收期作为对购买设备的评价标准。在其他条件相同的情况下,应选择回收期最短的一种设备。设备投资回收期的计算公式为:

$$设备投资回收期 = \frac{设备投资额}{年利润 + 年折旧}$$

（2）追加投资回收期法。在选购设备时，既要考虑设备的购买价格，更要考虑设备的使用成本。常用的方法有追加投资回收期法，其计算公式为：

$$追加投资期 = \frac{P_2 - P_1}{C_1 - C_2}$$

式中：P_1、P_2 为可供选择设备的投资额，$P_1 > P_2$；

C_1、C_2 为可供选择设备的年使用成本，$C_1 > C_2$

设备投资评价只是对设备投资选择中以价值出现的因素作了定量分析，它对设备的其他性能无法进行评价。因此，在选购设备时，选购人员还应根据设备选择的原则对其他的一些因素进行定性分析，作出最好的投资决策。

3. 现代饭店设备更新的策略

（1）设备的寿命

①自然寿命。设备的自然寿命是指设备从开始使用到由于设备的机件磨损超过限度而无法使用为止。这段时间称为设备的自然寿命，也是通常所说的设备寿命。设备的自然寿命是传统的设备更新策略的主要依据。

②技术寿命。指设备从开始使用到设备由于功能落后而造成生产出的产品缺乏竞争能力，而被具有更好功能的设备所淘汰为止。这段时间称为设备的技术寿命。

③经济寿命。在设备的自然寿命还未结束以前，对设备的维修保养费用的增加、利润下降的损失等因素进行经济分析，找出各种费用之和最低的时间以决定设备更新的年限，这个更新年限称为设备的经济寿命。

（2）设备残值。指设备淘汰后转让给其他单位或作为废品处理给废品收购部门后可以回收的价值。设备使用越久，残值就越低。

（3）设备更新策略。饭店更新设备应以设备的经济寿命为标准，通过对各种费用的分析和计算，找出最佳的更新年限。

若以 T 为第 n 年的总支付费用，p 为设备的购买价格，s 为设备的残值，n 年为使用的年限，W 为第一年的维修保养费用，则设备最佳更新年限为：

$$n = \sqrt{2(p-s)/I}$$

在设备更新中，要考虑到：①设备每年的维修保养费用如果是非线性增长；②因使用年限的不同，调和残值也各不相同；③在总费用中还必须考虑设备因技术落后而损失的利润。在此条件下，可采用列表的方法计算每年的总费用，从而找到最佳更新年限。

(三)设备的日常管理

1.设备的日常使用管理

(1)制定设备使用保养规程

①由工程部具体负责对饭店内各种设备制定使用操作规程和保养规程。规程要针对不同设备的用途、性能、操作要求、保养要求制定。规程要求详细具体,简单实用。

②建立岗位责任制。设备操作、保养规程要落实到班组和个人,这需要岗位责任制给予保证。

(2)考核检查。一是要对各类设备使用情况进行考核检查,其主要指标有:设备能力利用、设备生产产量、设备状况、设备保养、运转正常程度、设备完好率、设备各项专业指标。二是对设备作业情况进行考核检查,考核检查有否违反操作规程。考核检查主要由各级管理人员实施,要定期进行,考核检查的结果要及时做好记录。

(3)培养和配备合格的操作者。

(4)充分合理地使用设备:

①设备不要搁置和闲置。

②设备设施的使用要充分,尽可能达到设计能力,特别是客用设备设施。

③设备设施要充分利用,但不能超负荷、超工时、超维修保养期使用。

④要注意维修保养,制定计划预休制度,确定各设备设施停用维修保养的时间和工作安排。

2.设备的日常维护保养

(1)确定标准,建立制度。要在饭店设备分类基础上,对各类、各种设备设施制定标准。标准确定后要汇编成册,分发到各部门,并向全体员工进行宣讲。日常维护保养制度有工程部制定,由饭店发布,作为对每个部门的规范要求。

(2)饭店设备的日常维护保养。饭店设备的日常维护保养包括使用部门的日常保养和工程部门的日常维护保养。

(3)定期维护保养。定期维护保养是指由工程部承担的定时间、定对象、定内容、定工作量和标准的维护保养。工程部根据各类设备的保养要求、设备的现状,制定出各类设备的定期维护保养时间和内容,并由工程部实施维护保养。

3.其他的日常管理工作

现代饭店设备的投资大,资金回收期长,种类繁多,涉及面又广,再兼之设备更新周期短。因此,对饭店设备设施的管理要求较高。除了上述设备设施的日常使用和维护管理外,饭店还需要进行其他的日常管理工作。

(1)核定需要量,确定购置计划。饭店各部门应该根据自己经营管理活动的需要,确定本部门所需设备的品种和数量,并向饭店主管部门提出申购计划,由主管部门进行综合评价,综合权衡,最后确定购置计划。

(2)建立设备技术档案,做好分类编号。设备的分类,可按用途分类,如机器、交通运输、家具、家用电器、厨房设备等;也可按部门分类,如客房设备、餐饮设备、康乐设备等。设备的编号没有统一的规定和要求,一般采用三节号码法。第一节表示设备的种类,第二节表示设备所在的位置,第三节表示设备的序号,如有附属设备的可用括号内数字表明。

建立设备档案是加强设备管理的重要环节。设备技术档案要分类建立,其内容包括:设备登记卡(记有设备名称、种类、规格型号、性能、参数等)、使用说明书和合格证、设备安装施工图、检修登记表、事故报告单、设备验收记录等技术资料。

(3)妥善处理设备事故,确保人员安全。饭店要积极采取措施防止设备事故的发生,如果发生事故,应立即通知工程部进行抢修,使设备尽快恢复正常运行。事后要分析事情发生的原因,总结经验教训,并记录在案,同时采取有效措施杜绝类似问题的重复发生。对事故责任者要视情节给予一定的处理。

第五节 现代饭店信息资源管理

一、现代饭店的信息

现代饭店的信息是指那些用来沟通饭店各部门之间的联系和反映饭店经营管理活动情况的饭店内部的各项指令、计划、报表、数据和规章制度,以及描述饭店外部环境变化的数据、消息等。

1.现代饭店信息分类

现代饭店信息的种类多如牛毛,可以从饭店信息的内容、作用、信息的来源、传播方式、信息的接受方式等角度出发对其进行分类。

现代饭店的信息按其内容可分为:

(1)指令信息。饭店各级行政管理人员在组织生产、经营中向其所管辖的部门及工作人员发出的各种经营决策、行政命令、工作计划及工作布置等。上层管理人员、决策机构是指令信息的信源,下层机构、工作人员是指令信息的信宿。

(2)数据信息。指包括非指令性信息的数据信息、字符信息与音像信息,如各种报表、统计图表、市场信息、上报数据等。

现代饭店的信息按其作用可分为：

(1)决策信息。为饭店决策人员进行长远战略计划、各种重大决策所制定的信息。它包括饭店内、外部信息以及饭店经营环境的构成及政治、技术、经济等各个方面的信息情况。

(2)监控信息。用于对饭店系统正常运转时进行校正、控制的信息。它包括经营管理的明确计划、指标以及系统输出情况的各种反馈信息。

(3)作业信息。维持饭店系统日常业务活动所需的信息。包括物资的库存数、待出租的房间数、客房预定数等。

现代饭店信息按其来源可分为：

(1)宾客信息。是指来自于宾客，反映宾客的特征、状况的信息。掌握充分的宾客信息，可以为现代饭店的个性化服务提供良好的基础。

(2)市场信息。是现代饭店经营管理环境中外部饭店产品供求状况及其相关因素的总和，它包括市场中饭店产品的数量、质量、效益状况，饭店产品的需求量，同行的新动向，供应商信息等多个方面。它是现代饭店经营决策的主要依据之一。

(3)行业管理信息。行业管理信息来自国家行业主管部门。主管部门制定的行业发展的政策、方针及行业引导方向对微观的饭店有着非常重大的影响。

现代饭店信息按其传播方式可分为：

(1)大众传媒信息。是指通过电视、电台、报纸等大众传播媒体散发出来的相关信息。

(2)小众传媒信息。它通常指路牌广告、传单等媒介散播出来的相关信息。

(3)网络互动信息。网络信息的发布具有互动性，信息接受者可以在网络中自由地选择自己喜爱的信息，而不是被动地接受机械的信息，因此它很受大众的喜欢，其发展速度也非常快。

现代饭店信息按其接受的方式可以分为：

(1)公开信息。

(2)限制接受的半公开信息。

(3)含有密级的保密信息。

2.现代饭店信息的特征

现代饭店信息的特性主要体现在：(1)客观性；(2)价值性；(3)可分享性；(4)可传输性；(5)可再现性；(6)可存贮性；(7)可积累性；(8)可压缩性；(9)可开发性。

除了以上特征外，现代饭店信息还具有延续性和继承性，可再生性和可增值性,扩散性和可控制性等特征。

二、现代饭店服务信息

服务信息是指服务过程中发生的各种现象和因素所反映出的信息要素的总和,它涉及到服务接受者、服务提供者和服务市场等主、客中介体。服务信息主要包括客史信息、供方信息和服务市场信息等三个方面。

(一)客史信息

客史信息是指宾客在饭店消费或进行其他活动时所表现出的个体和群体行为特征的总和。经饭店员工加工整理后的客史信息呈现出即时性和历时性(即信息会根据情况的变化不断进行补充或剔除)。在采用电脑联机方式构成内部网络或局域网络的现代饭店,可以建立一个饭店客史信息系统,利用客史信息为客人提供相应的服务,提高饭店的服务质量和档次。以计算机网络为基础的饭店客史信息通常包括以下四个方面内容:

1. 常规信息

常规信息包括客人个体常规信息和团队群体常规信息。客人个体常规信息包含客人的照片(可从证件上复制)、姓名、曾用名、笔名、别称(有些客人喜欢别人用一些雅号象船王、股市大王等称呼自己,以显示自己特殊的身份)、性别、年龄、民族(或国籍)、籍贯、宗教信仰、职业、职务、来自何处、工作单位、消费能力、每次入住的时间、此次住店的日期、房号、支付方式等多种信息。有些信息无法从客人的证件中获得,应该通过其他途径获取,往往这种信息对饭店有较大的利用价值。对于旅游团队、中介商、公司、机构、社团组织等团队客人而言,饭店还应该建立团队群体信息。它包括团队的性质、出行目的、消费等级等相关信息。这类信息往往是饭店客史信息中的薄弱环节,常为前台员工所忽视。

2. 个性化信息

个性化信息包括客人的言谈、举止、外貌特征、服饰、性格、爱好、志趣、经历、人际交往等。在服务中,个性化信息对于习性反常、性格孤僻、有独特爱好的客人显得尤为重要。同时,对客人的体态(有的客人体态过大,床位需要特别安排)、身体健康状况也应有专门的信息反映。个性化信息是饭店进行个性化服务的基础。

3. 消费特征信息

主要包括食、宿、行、游、购、娱等六个方面。比如客人对客房档次、类型、楼层、朝向、房号的要求;喜欢哪一个餐厅、餐位、服务员、厨师;常吃哪些菜肴,偏好什么口味、烹制要求等;是否经常进行娱乐、健身,喜欢到哪些场所游玩;喜欢早睡早起还是晚睡晚起;购物上有些什么要求,等等。

这类信息还应包括客人及访客的支付习惯,是及时支付,还是习惯拖延,还要附上饭店给予的信用尺度(例如饭店允许宾客延迟付账或一月结一次账,或规定欠账的限额等)。如果客账是由当地政府机构或公司饭店结算的,他们的支付习惯也是消费习俗信息的一部分,因为他们可能只承担客人的食宿,其他费用由客人自理。

4. 宾客评价信息

包括对饭店、员工、硬件设施和服务方面的正面、反面与中性的评价,其形式有投诉、表扬、建议、填写意见表、送锦旗或匾额字画礼物、要求赔偿、向有关部门申诉、向司法部门起诉等。其中,最常见的是投诉、表扬和向他人诉说。它给饭店所造成的影响也是不一样的。

有些饭店的条件比较简陋,饭店没有配置电脑、没有联机成网,或者饭店的主机储量有限,这就要求饭店建立一套手工操作的客史信息系统。由于客人众多,客史信息总量大,因而有必要选择重点,逐步开展。通常说来,手工操作的客史信息系统应包括以下四个最基本的内容:

(1) VIP信息,即贵宾客史信息。VIP客人通常指政府高级公务员、高级商务客人、社会名流以及其他能够给饭店带来特别声誉或客源的客人。在规范的饭店,贵宾是由总经理或分管经理确定的。但有些饭店来一个客人就发一张VIP卡,或者客人一要就给,结果贵宾卡满天飞,失去了区分贵宾与普通宾客的实际效用,贵宾卡成了折扣卡。

(2) 长住客信息。在市场经济体制下,长住客是饭店生存的重要支柱之一,是饭店经营保本、收支平衡的重要基础。面对写字楼、商住楼、公寓的竞争,饭店应以更多的服务项目、更好的服务质量留住长住客、吸引长住客。在高档商务饭店里,为客户公司的秘书、家属举办节庆活动,定期设宴征求意见,配备长住客私人秘书、私人管家等,已成为有力的服务手段,其基础就是长住客信息的完整性、准确性。

(3) 忠诚客户(黄金宾客)信息。此类客人经常购买、使用饭店产品,对硬件的缺陷、价格的上涨、服务中的误差不敏感、不挑剔,认定的是饭店品牌和产品的一贯特性。为这些宾客建立专门的信息资料库,将成为饭店开发新产品、设立新项目、质量上等级的重要依据,也是改善饭店与客户关系的重要依据。

(4) 黑单客人信息。黑单客人是指曾经在本饭店或其他饭店有不良消费行为的客人。这些客人在饭店消费中因为逃债、赖债、损坏设施、损害店誉、犯罪嫌疑等劣迹而上了饭店"黑名单",应受到饭店的"格外关注"。同时,搜集与储存黑单客人信息,有利于兄弟饭店的及时防范。如北京地区饭店销售经理俱乐部就经常交换逃账者、欺诈者的信息。

(二)供方信息

供方信息是与饭店服务产品有关的所有信息的总和。供方就是提供服务和与服务有关的产品的个人或组织。在饭店业,它不仅包括饭店本身,也包括向饭店提供服务或产品的个人或组织,称为供应商或分供方。饭店将供应商提供的服务与产品和自己本身所具有的服务与产品进行整合,形成面向宾客的饭店整体服务产品。因此,供方信息有两个来源,一是饭店本身,一是供应商。

供应商信息包括供应商的数量、所供应物品的价格、质量、供应物资的市场需求状况等相关内容。了解供应商信息,及时购置、调配相关服务和产品,是饭店进行对外服务的基础之一。

饭店本身供应信息以饭店产品为核心,从传播的角度看,它应该包括面向外部的有形展示和面向内部的有形展示两个方面的内容:

1. 面向外部的有形展示

这里的外部指的是宾客或潜在的需求者,他们是服务组织(饭店)以外的人。展示的目的是传播饭店产品信息,显示饭店产品特征,刺激消费欲望,确立饭店的声誉和品牌。有形展示的方式有以下三种:

(1)常规方式。包括大众传播媒体广告、户外广告牌、告示牌、招贴画、大横幅、小旗、广告衫、专题宣传册等。值得注意的是,店堂内的有形展示往往以更直观、具体的方式传播产品信息。例如,餐厅外的活海鲜鱼缸、热带观赏鱼缸;墙上的厨师工牌号、照片和简短介绍;部分菜肴的原材料和半成品实物展览;厨师、服务员的现场操作表演及周边的名人字画以及其他艺术装饰品等,往往有很好的宣传效果。

(2)特殊方式。通过特殊的有形展示方式表达一些与饭店产品无直接关系的信息,以期吸引宾客,起到联带、互动作用。例如,美国米高梅饭店的拳击赛、广州中国大饭店的名车展销、北京梅地宾馆大堂内的魔鬼钢琴、上海齐鲁大饭店又粗又高的龙柱、上海波特曼—丽思卡尔顿饭店的沿墙瀑布等,它们都构成了饭店独特的风景线,其作用往往超过广告宣传。

(3)高科技方式。饭店借助最新科技成果传播服务产品信息,其内容生动直观,易于接受,感染力强,效果较佳。高科技有形展示方式分为单向被动传播和双向互动传播两类。

①单向被动传播。它是指饭店通过一些高科技的传播仪器向顾客进行单向的信息传播。这类传播仪器一般有四种,即:①多媒体触摸式导购电视屏幕,又称傻瓜机。它以菜单选择方式向客人介绍饭店的地理位置、建筑外形、客房、餐饮、娱乐及其他服务设施、服务项目;②电视传播系统。通过饭店的有线电视系统,配置相应的电脑终端与服务器,饭店可以向客人致电视欢迎词,接受客人的

留言、查账、订餐等要求;③液晶告示牌、超大屏幕高清晰度电视机等。此类设备置于大堂内,向宾客显示相关信息,常常可以取得较佳的传播效果;④即时型激光摄像投影机。

②双向互动传播。采用互动传播方式,宾客能点播、调用所需的信息资料,并以人—机对话与用户—用户对话的方式求答解疑、深入了解、讨价还价、预订客房与餐位等。广东国际大饭店、黄山饭店等少数饭店、风景区已制作了网上主页,拥有专门的英特网网址,供中外宾客随时访问、游览。与英特网联机的宾客不但能远距离查阅到傻瓜机内的一切内容,还可调阅网址内储存的信息,并与主页电脑服务器对话。目前,美国三分之一的饭店已进入英特网,具备展示、浏览、预订功能。个别饭店甚至开设了英特网赌场,供宾客在网上赌博。

2. 面向内部的有形展示

饭店员工开展对客服务,应该掌握足够的饭店信息,它可以通过内部的有形展示来获得。饭店面向内部的有形展示有四种方式:

(1)参观饭店。让新员工参观饭店可以使他们获得关于饭店的许多感性认识,了解饭店的设施状况等饭店信息。希尔顿集团有条规定,新员工入店须参观饭店一至二天,其目的是让他们熟悉环境、了解服务产品的特征。

(2)新产品介绍。向员工介绍新产品,让他们了解新产品的特性、价格、服务中应注意的事项,为对客服务提供良好的基础。汕头金海湾大饭店前台各班组在每天的晨会上常常传播食品、酒类、客房用品设施等方面的知识。南京丁山花园饭店厨师每推出一个创新菜肴,往往先让餐厅服务员看一看、闻一闻、尝一尝,以掌握新菜肴的色香味形和服务要求。这类有形展示也是一种内部沟通,往往要求跨班组、跨部门进行,有助于减少服务员与客人接触时一问三不知的现象。

(3)文字通报。除晨会、部门培训外,饭店和各部门的重大活动或产品信息,还可以通过店报、部门通讯、告示、备忘录、文件、通知、黑板报等形式发布。

(三)服务市场信息

服务市场信息是市场中与饭店服务有关的所有现象、关系所呈现出的信息要素的总和。服务市场信息是饭店开发、增减服务产品和进行相关营销活动的主要依据之一。它包括服务市场中的竞争者信息、客源信息和中介商信息等四个组成部分。

1. 竞争者信息

包括市场中竞争者的总量信息和个体信息。竞争者的总量信息主要指市场中的客房总数、类别归纳、餐位数量、硬件设施配套程度、服务质量、宾客评价、实际房价和出租率、营业额、毛利率、负债情况等反映市场总体状况的要素。它可以帮助饭店进行准确的市场定位分析;除把握竞争者的总量信息外,还有必要掌握饭店每一个竞争对手(饭店、公寓、商住楼)的详细情况。价值含量高的竞争者个体信息主要有竞争对手的融资能力、资金来源、投资背景、经营管理能力、员工构成、工资水平、开业计划、促销手段和目标市场等,同时还包括竞争者对本店资源(宾客、员工、人才、销售渠道)的威胁情况。

2. 客源信息

主要包括本地的客源结构,市场中全部客人的区域构成、职业构成、消费能力、来本地的目及本地多数同行的客源构成等内容,这是细分市场的依据。

3. 中介商信息

包括中介商本身的信息和中介商所掌握的客源代理信息。为了争夺旅游中介商,必须掌握本地或外埠有能力介绍客源的旅行社、客房预订中心、旅游汽车公司、航空公司及其他公司、政府机构等相关中介组织的信息。

三、现代饭店信息资源的概念、构成与特征

1. 现代饭店信息资源的概念

目前,国内外学者对现代饭店信息资源这一概念的认识和理解存在着狭义与广义之分。狭义上将现代饭店信息资源理解为饭店经营活动中文献集合、数据集合、信息集合或信息技术集合。广义的理解为现代饭店信息活动中所有要素的总称。

2. 现代饭店信息资源由三部分构成

(1)饭店经济活动中经过加工处理有序化并大量积累后的有用信息的集合。

(2)为某种目而生产有用信息的信息生产者的集合。

(3)加工、处理和传递有用信息的信息技术集合。

3. 现代饭店信息资源的经济特征

现代饭店信息资源属于经济资源范畴,因此它具有一般经济学特征。

(1)作为生产要素的人类需求性。人类之所以把信息资源当作一种生产要素来需求,主要是因为信息不仅本身就是一种重要的生产要素,可以取代(或部分取代)物质原料、信息资料等非信息投入要素,而且可以通过与这些非信息要素的相互作用,使之增值。

(2)稀缺性。信息资源之所以具有稀缺性主要是因为在既定的时间、空间或其他约束条件下,信息资源拥有量总是有限的。现代饭店经济活动行为者要获取信息就必须付出相应的代价。

(3)使用方向的可选择性。

四、现代饭店信息资源管理

1. 现代饭店信息资源管理的概念与定义

现代饭店信息资源管理，是指现代饭店为达到预定的目标，有效地运用各种手段和方法，对涉及现代饭店信息活动的各种要素进行的合理组织与控制。在国外，信息管理常指信息资源管理。因此，可以说现代饭店信息管理既包括狭义的信息资源管理，也包括广义的信息资源管理。

现代饭店的信息资源管理一般可划分为三大块，即控制信息资源管理、运作信息资源管理和市场信息资源管理。控制信息资源管理属宏观层次，它主要由饭店的各层管理人员运用法律、行政、经济等手段予以实施，并进行信息资源的开发和利用。运作信息资源管理属微观层次，主要是由饭店各操作、服务班组来实施。市场信息是沟通宏观与微观两个层次的桥梁，市场信息资源的合理开发与运用必然会对饭店的经济活动产生巨大的推动作用。

2. 现代饭店信息资源管理的特征

（1）突出组织机构层次的信息管理或面向组织的信息管理。这种信息管理不是饭店层次的，也不是个别层次的而是组织机构层次的。

（2）追求将技术因素和人文因素结合起来解决问题。即不单纯依靠技术，还强调运用人文及技术两种因素的合力。

（3）关注信息在战略决策、战略管理层次的作用，并因此而提出了调整组织机构的结构等问题

（4）从经济学的角度，引入商品和市场观念，以经济机制为杠杆来推动对信息资源的管理和利用。

（5）导致出现了一种新的职业方向。

3. 现代饭店信息资源管部的对象、内容和手段

现代饭店信息资源管理的对象是多层次多因素的。既包括饭店内部各组织层次的信息管理，也包括饭店外相关组织层次的信息管理；既包括与饭店有关的各种信息的管理，也包括涉及饭店活动的人、财、物、机构和环境。从微观的角度上看，现代饭店信息资源管理的对象是与饭店经营管理活动有关的各种数据及各种信息的载体。它包括各种文献、资料、文书、文件、语言、文字、图像、表格、符号、代码等。从宏观的角度上看，现代饭店信息资源管理的对象是饭店的信息处理系统或称信息管理系统，它包括信息网络系统和与信息系统有关的环境。

从微观的角度上看，现代饭店信息资源管理的内容主要为信息的处理，它包括信息的收集、加工、传递，信息的反馈与贮存，信息的使用和经营，信息的管理策略与对策，信息系统的组织、维护和控制。从宏观角度上看，现代饭店信息资

源管理的内容包括:(1)现代饭店信息的处理;(2)现代饭店组织中的信息管理;(3)现代饭店信息技术的综合管理;(4)现代饭店中信息政策与信息法规;(5)现代饭店人员的信息心理与信息行为;(6)现代饭店信息价值与成本的测算。

现代饭店信息资源管理采用技术、经济、法律三大主要手段,技术手段主要指信息技术,它是信息资源管理中占主导地位的因素,是信息管理进入现代化的先决条件。计算机软硬件、计算机网络、管理信息系统多媒体的引入,使现代饭店的信息管理比其他资源的管理显示出更明显的效果。经济手段主要是通过经济政策,把信息以及信息所带来的效益提高到经济的层次上,并使之与经济的发展相联系,使咨询信息与信息技术为经济服务,从而形成信息经济。法律手段是通过各种信息法规、政策的建立和实施来达到信息管理,是实现信息管理规范化和有序化的有力手段之一。

五、现代饭店信息的管理

现代饭店信息的管理是对饭店经营管理活动中各种信息进行系统的处理和管理。它包括信息的收集、加工、传递、反馈、储存、维护和使用等整套程序和工作。

1. 现代饭店信息的收集

(1)现代饭店信息收集的范围。现代饭店需要收集的信息范围有:①上级信息。指上级领导机关下达的信息。②系统内信息。指现代饭店的行业领导和隶属系统内的信息。③平行信息。指同行业相关单位的相关信息。④社会信息。指社会对饭店的印象、反映、意见、建议和要求。⑤经营活动信息。指现代饭店开展经营活动所需要的有关信息。

(2)现代饭店收集信息的途径和方法。现代饭店信息收集的途径与方法随信息收集范围的不同而有所区别:

①上级信息主要通过公文、函件、会议记录和电话记录方式来收集。

② 系统内的信息收集方式和途径主要通过饭店内部运作中的各种报表、数据等方式来达到。

③平行的信息主要通过建立信息网络来收集。

④社会信息主要通过调查访问、会议座谈、咨询和现场巡视等方式进行收集。其中,神秘顾客法效果较好。神秘顾客法是指由饭店出资邀请饭店业的专业人士或资深顾客以普通顾客的身份来饭店进行消费,并就饭店产品中存在的问题以专题报告的形式向饭店反映,其结果全面、客观、建设性强,并且能够涉及到大量的采用其他调查方式无法得到的服务细节问题。

⑤经营活动信息主要通过饭店运作中的各种报表、数据,经营活动中的各种观察、记录、饭店各种会议记录和计划,通过对消费者的调查访问、意见征询和留

言等形式来达到。

现代饭店信息的收集也可以根据信息的使用目标不同而采用不同的收集方法。根据使用目标收集信息的方法主要有以下三种：①自下而上的广泛收集。②有目的的专项收集。③随机积累法。

(3)现代饭店信息收集的原则。现代饭店信息收集一般遵循四项原则：

①针对性原则；②实事求是原则；③适时提供原则；④新、实、准确、简明、迅速原则。

2.现代饭店信息的加工

信息加工是信息处理程序的核心环节，它是指运用科学的方法，对收集的原始信息进行识别、分析、筛选、综合、归类、排序，使之系统化和条理化的过程。

(1)现代饭店信息的识别与分析。现代饭店信息的总量浩如烟海，饭店员工尤其是管理人员应该懂得识别和分析信息，判别不同信息性质的差异，分析判断其价值，从而找到有利于饭店的信息。识别和分析信息的主要方法有：

①时间回溯法。包括由远及近的顺溯法和由近及远的逆溯法，其运用视信息本身的类型和目标而定。顺溯法在老饭店编制店史、店志、大事记中运用较广。如果需要辨析大型饭店的投资额、建设周期、饭店产权买卖、无形资产价值计算、国有饭店跨国发展中的资产流失、饭店产权、经营权转让中的欺诈行为、宾客对饭店服务的投诉重点等，宜用逆溯法，以追溯到最新信息、数据，从中筛选出最典型、最有说明力的材料。

②系统归纳法。系统归纳法是将收集到的所有信息按照一些标准进行归类整理，饭店员工可以从中各取所需。在归纳时可以以信息的所属部门、信息的性质等为标准，各饭店根据本身的需要进行取舍。如五星级的珠海银都饭店在迎接星级复查前，别出心裁，用大幅报刊广告征求社会各界的评议。饭店共收到626份批评和建议，涉及到25个营业点。经分类辨析，饭店按性质将其归成6个大类。宾客对洗衣质量、饼屋员工的服务态度、商务中心的营业时间等许多方面提出了意见，成为饭店整改的方向之一。

③排队法。它是根据运筹学的原理，对服务信息中的拥挤、充斥现象，从定性、定量的概率统计角度，探索完善服务质量的有效办法。它又分为经验型和数理分析型两种。在客源高度集中的总台、行李房、电话总机、餐厅、商场等地方，员工来不及运用电脑进行统计分析，仅能根据所接受的信息，分析服务对象的时间顺序、身份、事由（如急着外出、马上要离店或其他特殊情况）等，确定信息的重要性和价值，作出服务时间优先、项目优先、质量优先与否的决断。而根据长期的信息分析，电脑能对客流量、概率分布、随机因素等设计队列模型，供方据此调整人力、物力和服务时间。在信息拥挤的情况下，有限的人力与物力，难以做到

服务质量的规范统一,故对部分服务对象可能提供较多的项目或设施,而对其他人仅提供简单的基本服务。

④类比推测法。它是根据信息之间的因果、对称、趋同关系,分析推测信息之间的真伪和重要性。如河南三门峡有家星级饭店,客房部经理、总经理多次接到各楼层01号客房客人的投诉,客人抱怨经常有陌生人敲门,打扰了他们的休息。总经理试着在401房住了一晚,情形果然如此。总经理经过推测,发现原来许多客人将01号客房当成了楼层值班室,以致许多客人敲门要求服务。最后,饭店对01号客房进行了空间改造,解决了上述问题。

(2)现代饭店信息的筛选。筛选是对信息进行去粗取精的过程,将内容贫乏、与饭店或部门工作关系不大的信息淘汰掉,严格控制价值不大的信息流混入信道,以增加信息的负担,尽量保持信息流质的净化和最佳状态。

(3)现代饭店信息的核实。信息的真实性,直接关系到决策的效果。提供内容真实准确并有较高质量的信息,将有助于饭店正确地指导经营运作和进行科学的决策。因此,应使信息资料准确无误。

(4)现代饭店信息的编制。在编制信息时,首先,要对信息资料进行分析综合,要分析信息资料的性质,要分析信息资料的代表性、典型性,要分析信息资料反映事物的动态情况;其次,要选择信息资料传送的最佳形式;最后,要做好信息资料的分流,保证信息流的净化。

3. 现代饭店信息的传递

按照信息的情况,可把信息的传递分为三种方式:

(1)单向传递;(2)相向传递;(3)反馈传递。

不管采用哪种传递方式,在传递信息资料时,要注意以下几点:

一是传递信息要选择适当的时机,信息的时效性是通过及时而适时的传递来显现的;二是传递信息要适度;三是传递信息时要保持信息内容的完整性和连续性。

4. 现代饭店信息的贮存

信息的贮存是通过建立信息库,对有保存价值的信息进行严格的登记、科学的编码和有序的排列而进行贮存备用的过程。现代饭店信息的贮存通常采用卷宗储存、胶卷储存与电脑储存方式。

不管采用哪种存储方式,现代饭店信息的贮存,都应经过以下几个过程:

(1)登记;(2)编码;(3)排列。

5. 现代饭店信息的维护

保持信息处于使用状态叫信息维护。狭义上说,它包括经常更新存储器中的信息,使信息均保持合用状态;广义上说,它包括系统建成后的全部管理工作。

信息维护的主要目的在于保证信息的准确、及时、安全和保密。

6. 现代饭店信息的作用及其使用

(1) 现代饭店信息的作用

①改善宾主关系。饭店员工通过对客人完备信息的掌握，可以提高对客服务的主动性，为客人提高高度个性化的服务，从而改善宾主关系，促使宾客产生认同感、依赖感，推动宾客的需求，并形成良好的口碑效应。

②促进内外沟通。饭店通过信息的外部沟通，可以让广大宾客了解饭店、熟悉饭店产品，消除广义宾客的畏惧感和神秘感，促进他们进店观赏游玩、尝试消费。外部沟通的方式有举办公益性活动、开展商业性公关活动、成立部分服务免费的新型俱乐部以及敞开店门让公众参观等类型。饭店内部信息沟通的方式有设立总经理信箱、召开职代会、开展业务讨论、干部述职评议、部门联谊、家属座谈、专题演讲、辩论和对话等多种形式。

③强化内部控制。饭店可以运用信息理论实现对人、财、物的控制。

一是人力信息控制。人力信息控制包括对饭店员工的年龄、学历、外语水平、工作表现、客人评价、考核资料、个人简历，同行工资分配方式和员工平均收入水准，劳务市场动态，储备型人才库，本店员工总体素质、培训计划等信息的掌握与控制。人力信息是劳动力成本核算的基础。二是财力信息控制。财力信息控制的目的是降低采购成本、防止收益截流、资产流失以及跑单、欠账等现象，以提高利润。为此，许多饭店设计了大量的表格和单据，重点控制采购和流动资金，并采取多重交叉的申报审查支付方式。如锦江集团北方分公司的各饭店原采用货比三家、质优价廉的采购方式，现采取联合报价、多方选择的方式，广泛搜集厂商、市场价格信息，一年内物品采购成本降低了10％。三是物力信息控制。物力信息控制指对饭店的固定资产、流动资产的破损、耗费、报废、添置、物资的验收、仓储、部门调拨等信息的掌握与控制。如上海扬子饭店为做好餐饮成本费用管理控制，膳食部食品采购组从收集、分析各类有关信息入手，严格把好"市场询价与物资采购"、验收与入库、"领料与物资出库"以及"仓库管理与损耗"四大关，成功地推动了衡山集团的低成本战略。

④寻觅新的市场机会。现代饭店大都以自身为依托，实施一元为主、多元发展的战略。信息在其中可以起到非常重要的作用。它可以帮助饭店在充分发挥自己优势的基础上寻觅新的投资方向，争取新的生存空间，以多元的架构保持饭店的长期稳定发展。

(2) 现代饭店信息的使用

信息的使用包括两个方面，一是技术方面，二是如何实现价值转化的问题。

技术方面要解决的问题是如何高速高质量地把信息提供到使用者手边。

信息价值转化是信息使用概念上的深化,是信息内容使用的深度上的提高,信息使用深度大体上可分为三个阶段,即提高效率阶段、及时转化价值阶段和寻找机会阶段。

提高效率阶段联系于数据处理阶段,这时使用信息技术的主要目的是提高效率,是手工作业机械化,是省人力。及时转化阶段已认识到管理艺术在于驾驭信息,已经认识到信息的价值要通过转化才能实现,鉴于信息的寿命有限,转化必须及时,信息才能转化为价值。因此,这个阶段信息可以说主要用于管理控制。寻找机会阶段是企业利用信息在市场中寻找、捕捉能对企业产生效益的机会。这个阶段中,信息的特征是商品化。

在现代饭店中,信息的使用主要体现在饭店经营活动的管理上,概括起来,有以下几个方面:

①在前台系统业务活动中的使用。它包括信息查询、预订客房、入住登记、客账结算、客户档案、销售分析等方面的使用。

②在后台系统业务活动中的使用。它包括人力资源管理、财务管理、设施设备管理、仓库管理、能源控制等方面的使用。

③在决策、预测中的使用。

第六节　现代饭店时间资源管理

在现代饭店经营活动中,时间资源是运动着的物质资源存在的一种客观形式,是物质资源运动的顺序性、间隔性和持续性的反映,是物质资源运动过程的顺序更替和前后联系的表现。时间资源作为物质资源存在的客观形式而具有价值性,从经济学的角度出发,具有价值的时间资源定义可用下式表示:

$$T=\frac{V}{Z}$$

上式中,T 为时间;V 为使用价值,它是一种有用功;Z 为个人或群体的工作效率。

上式表明,当使用价值一定时,时间价值就取决于工作效率的高低,即工作效率愈高,时间的值就愈小,或者说物质资源的运动周期愈短,时间价值就愈高。

一、现代饭店时间资源管理概念

现代饭店时间资源管理是应用现代科学技术的管理方法对时间的耗费进行

预测、预控、计划、实施、检查、总结、评价及反馈,以克服时间浪费,达到既有效率又有效果,既合理又经济地完成预期的饭店管理目标。因此可以说,时间资源管理是克服时间浪费,为时间的消耗而设计的一种系统程序。

二、现代饭店时间资源管理的内容

现代饭店时间资源管理包括以下内容:
1. 现代饭店时间资源管理方法的探索;
2. 对现代饭店的有形劳动、无形劳动进行科学的时间管理;
3. 对现代饭店时间资源管理效果进行评价;
4. 现代饭店时间资源管理现代化研究。

三、现代饭店时间资源管理的特征

现代饭店时间资源管理的特征是既注重对饭店体力劳动(有形劳动)的时间管理,又强调对饭店脑力劳动(无形劳动)的时间管理,并逐步把时间管理的重心从体力劳动的时间管理转移到脑力劳动的时间管理上。

有形劳动的时间管理是从"时间是常量"的概念出发,对人们体力劳动时间的效果进行科学管理方面的研究与探讨(以美国的管理科学之父——泰罗为代表)。研究的重点是劳动者每小时劳动的合理动作、工作程序与工资报酬,目的是提高劳动生产率——每小时劳动的产品数量。

无形劳动的时间管理是从"时间是变量"的概念出发,对人们脑力劳动时间的效果进行科学管理方面的研究与探讨(以当代的行为科学学派为代表)。研究的重点是劳动者(包括体力劳动者与脑力劳动者)的工作有效性与积极性。

四、现代饭店时间资源管理的基本方法

1. ABC 时间管理法

(1)基本原理。基本原理是抓住工作的 80% 的价值,集中在工作的 20% 的组成部分上这一法则,运用"关键的是少数,次要的是多数"原理,按工作的轻重缓急,在所面临的系统中起作用的程度、贡献的大小,分为 A、B、C 三类,排定优先次序,抓住影响全局对整个系统有举足轻重作用的工作,重点突破。

(2)ABC 时间管理分类法的工作分类。根据"关键的是少数,次要的是多数"的原理,把面临的工作进行排队,并根据工作的重要程度将它们分成 A、B、C 三类,分类的标准与方法如表 5-2 所示。

表 5-2 ABC 时间管理法分类标准与方法

分类	比例	特征	管理要点	时间分配
A 类	占工作总数量的 20%—30% 每天 1—3 件	(1)最重要:具有本质上的重要性 (2)最迫切:具有时间上的迫切性 (3)有后果	重点管理 (1)必须做好 (2)现在必须做好 (3)亲自去做好	占总工作时数的 60%—80%
B 类	占总工作数量的 40%—50%	(1)重要 (2)一般重要 (3)无大的后果	一般管理,最好自己去做,亦可授权别人去办	占总工作时数的 20%—40%
C 类	占总工作数量的 40%—50%	(1)无关紧要 (2)不迫切 (3)影响小或无后果	不管理,可以忘掉	0

根据表 5-2 的工作分类作巴雷特曲线图。

按累计效果百分数对巴雷特曲线进行分类。

A 类:关键的、重要的工作。B 类:一般性的工作。C 类:次要、不重要的工作。

(3)ABC 时间管理分类法的操作步骤。ABC 时间管理分类法流程图如图 5-5 所示。

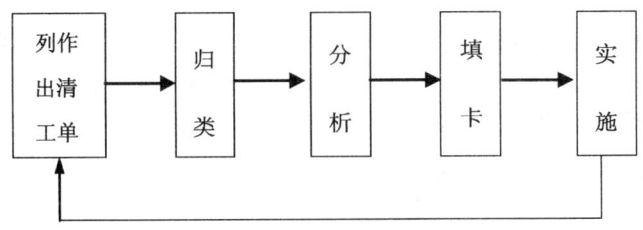

图 5-5 ABC 时间管理分类法流程图

2.时间管理目标法

此方法适用于一切从事无形劳动的人的时间管理,特别是管理者和领导人员的时间管理。

(1)时间管理目标法原理。其原理是运用控制论和反馈原理把目标管理的方法应用于时间管理上,起到预控时间的作用,从而达到预定的目标,提高工作的有效性。这是一种很有成效的定量管理时间的方法。

(2)时间管理目标法的关键。目标就是期望取得的成果,因此关键在于选择的目标要准确,若目标偏离、决策不准则投入的时间愈多,浪费也就愈大。

(3)时间管理目标法的操作步骤:

①问题分析。在每一目标区段保留一段最低的批量时间,对饭店的问题加以比较深远的思考,制定决策方案。

②拟定目标清单。其中包括成果目标和过程目标,将这些目标按次序排列,从最急迫的到可延缓的,进行优化,选出最佳目标。

③决策后对目标制定出时间分配标准。目标要具体、定量化,标准愈具体,指导性愈强。不易定量的目标用"等级表"确定标准,并给以定量时间,确定完成期限。

④填写时间管理目标卡,建立时间目标规划体系。

⑤用时间分段法检查和控制时间。

⑥总结、分析、评价和反馈。

3.时间管理信息法

(1)基本原理

从分析无形劳动者管理时间的行为发展过程入手,运用现代科学管理中的三类基本动力中的精神动力和信息动力,采用形象鲜明的格言和总结时间管理的警句,造成一种具有强烈的时间观念的外部环境,使无形劳动者受到激励而始终处于一个持续的兴奋状态,逐步增强无形劳动者的时间观念,从而培养进行有效的时间管理的习惯,对自己及他人实行全过程的时间管理。

(2)时间管理信息法的管理方式

①外部客观环境营造。外部环境营造的原则是要采用多种方式创造条件,使环境中的人能随时随地接触到有关时间管理、提高时间效率的信息,通过这些信息的映入和提醒,以增强环境中人对时间观念的"点的记忆"。外部客观环境的营造应包括以下两个方面:对管理者自身生活全过程进行时间管理的信息输入的环境营造,使全体人员都能获得时间管理信息输入的环境营造。

需要、事业心、成就欲	引→起	动机很强的时机观念	促→进	内心紧张	产→生	对时间管理的行为	达→到	管理时间的目的	感→到	满足,紧张消除

图 5-6 环境中人的时间管理的行为、动机的产生

时间管理信息法的全过程可用图 5-7 来体现。

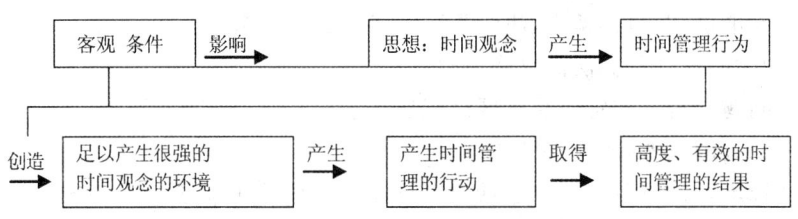

图 5-7 时间管理信息法流程图

②环境中人的行为动机激励。人们的时间管理行为产生于很强的时间观念这一动机,而这种动机又是由人们的需要来决定的。需要在动机的激发和行为的产生中起着原动力的作用。

从行为科学和心理学上对环境中人的时间管理的行为产生和动机激励过程如图 5-6 所示。

4.网络计划技术

网络计划技术又称网络分析法,它是通过对网络图的绘制、计算、分析来确定和实施计划的一种科学的对劳动时间进行预控计划管理的技术。网络计划技术有两种基本方法:(1)关键路线法;(2)计划评审技术。计划评审技术与关键路线法的基本原理相同,都是以网络图为基础,通过网络图来反映计划中各项目的顺序关系,分析每个项目在整体计划中的地位,并通过网络图时间的计算来调整、优化计划,以达到有效的劳动时间管理。

5.法律制度法

法律制度方法主要通过时间法和各种有关时间使用的规章制度,对饭店领导层的管理活动和饭店经济活动中各项活动的时间进行调整。

饭店的时间法律制度法作为一种调整员工时间管理行为的规则,它规定员工的时间耗费行为的合理与不合理,时间支出的可行与不可行,并对饭店内的全体成员具有约束力。时间法律制度法明确规定了时间制度关系主体的权利和义务,并用强制力保证其实现。因此,时间法律制度法是增加饭店时间利用效益、提高工作效率的有效手段。

饭店管理中用立法形式规定下来的各项劳动时间管理规章制度必须具有三个方面的内容:①明确规定其针对的条件和范围;②明确规定各项活动所允许的时间数量;③明确规定在违反制度时应负的责任。

6.时间管理自我诊断法

时间管理自我诊断法是应用"案例诊断"的原理,对自己的时间使用情况进行自我分析,了解自己的时间使用类型,掌握自己时间的使用规律,改善使用时间的方法,提高时间管理的有效性。其做法是把时间管理上的实际处理情况搜集起来,以"案例"的形式分类归纳整理,提出常见的处理方式,从而标定自己的时间管理属于何种类型,然后再对一些主要影响自己的时间处理方式进行会诊,对一些"疑难杂症"进行定向的研究和解决。

五、现代饭店劳动时间管理

1. 有形劳动与无形劳动

现代饭店的有形劳动是对饭店有形资源开发、利用所进行的劳动,其劳动结果是生产出实体的产品,这些产品的价值数量可以简单地用数值来表示。

现代饭店的无形劳动是对饭店无形资源开发、利用所进行的劳动,其劳动生产出的往往不是具有实体的产品,而是一些无形的产品,其价值、数量也难以用具体的数字来反映。

2. 现代饭店劳动时间与时间管理

现代饭店劳动时间是指在饭店经营活动中,从事某一劳动(有形的,或无形的)所耗用的实际时间。这个时间是劳动人员用于劳动所需要的工作时间与用于个人生理需要、恢复劳动、处理意外事件所需要的辅助时间的总和。

现代饭店劳动时间管理是对现代饭店的劳动时间进行计划、预控、管理的过程。有形劳动时间管理重视的是在某时间段内劳动的效率和质量。无形劳动时间管理的重点是在某时间段内劳动的效能,即劳动的有效性和贡献。

因此,现代饭店劳动时间管理的目的在于达到以下成效:

(1)创造价值相同时,减少时间的耗费;
(2)耗费时间相同时,增加创造的价值;
(3)增加创造价值的同时,减少时间的耗费;
(4)时间耗费略有增加时,创造价值大幅度增加;
(5)创造价值略有下降时,耗费时间大幅度下降。

3. 现代饭店劳动时间管理的原则

(1)管理原则

管理原则要求在进行任何劳动时,其时间的耗费必须遵循决策、计划、预控、组织、指挥、检查、调节、反馈、评价、总结等管理程序,对时间进行有系统、有目的、有效率的管理。

(2)价值原则

时间的价值原则认为:

①每个劳动者都有一个时间与价值组成的坐标曲线。此坐标曲线反映出劳动者在不同时间状态下的价值,要求劳动者有效地利用价值的最佳时间区段。

②每项劳动、每个劳动成果(如产品、服务等)在不同的时间段中有不同的价

值体现。因此,要认识时间的价值性,依照时间的价值原则对劳动者及其劳动时间和劳动成果进行管理。

(3)目标原则

目标原则要求现代饭店劳动时间管理中,将从事劳动所耗费的时间有效地用于所期望达到的目标上。这里的目标是劳动的效率和效能。

(4)预测原则

预测原则要求通过估计时间耗费的未来效果,分析时间耗费的各种方式产生的价值,选择最优方案。

(5)预控原则

预控原则就是根据预测的结果,制定时间管理的最佳方案,并对最佳方案的实施进行预先的控制。预控原则可以使时间管理改变传统的事后检验的方式,变成事先依据价值与对目标的贡献程度而定量支出时间,达到预先控制的目的。

(6)最佳原则

最佳原则要求劳动者抓住自己的最佳时区,瞄准劳动项目的最佳时区开展工作,以达到最佳的劳动效果。

(7)周期原则

周期原则要求现代饭店劳动时间管理必须研究和分析有关时间因素的循环周期规律,探求造成这种周期性的原因,并运用科学的综合分析方法。把各规律应用于时间管理中,从而提高时间管理的有效性。

4. 现代饭店劳动时间管理方法

(1)有形劳动时间管理方法。对于有形劳动的时间管理方法以及如何测定其效率、如何鉴定其质量的方法,由于管理学界不遗余力的研究和实践,已有了相当的成就,并积累了丰富的经验。现在我们已经能够运用测定有形劳动时间管理的方法来促进劳动者产出的增加,我们也用一套完整的衡量办法和制度来进行有形劳动的时间管理。这一套管理方法包括:①动作研究;②时间研究;③作业研究;④工作设计;⑤作业标准与程序化;⑥定额管理;⑦计划评审法;⑧全面质量管理方法;⑨工作制度化,等等。

这些管理方法的探索和实践,当今已完全被应用在有形劳动的时间管理中,从而极大地推动了饭店生产力的发展。在可支配的资源(包括时间资源)极度匮乏的情况下,因为效率的提高而减少资源(包括时间资源)的浪费,显得更有实际意义。

同时,我们还有了一套比较成熟的用于有形劳动时间管理的检查方法和手段,这些方法和手段可以使我们有效地研究有形劳动者个人一小时的工作量,制定出节约工时的具体方案,研究其产生效果的管理程序,并分析标准工时和标准时间与实际所需要工时的差额,找出原因,算出效率指数,从而达到提高劳动效率的目的。

(2)无形劳动时间管理方法。无形劳动时间的管理是现代时间管理的核心和重点。现代时间管理采用了现代管理科学的理论和方法,而使系统工程学、数理统计、网络分析、行为科学的理论和方法在现代时间管理中得到了广泛的应用。既然无形劳动的时间管理是现代时间管理的主要内容和任务,那么,现代时间管理的方法也就完全适用于无形劳动的时间管理。现代时间管理的基本方法已在前面详细论述过,此处不再论述。

六、现代饭店时间资源管理评价

1. 时间管理评价的定义

时间管理评价是指根据人们时间管理的实际状况,通过定性和定量鉴别和测定,对饭店系统中人的时间管理的效果进行综合分析,系统评价,把管理与效果有机地联系起来,促进工作效率和劳动生产率的提高,提高现代饭店的管理效益。

2. 有形劳动时间管理评价

(1)评价的指标

①数量指标。这是一个定量的评价指标,表明在某一段时间之内,饭店在经营管理活动中各项工作所要达到的数量要求。数量指标通常以绝对数来表示。数量指标是评价有形劳动时间耗费程度的重要指标。现代饭店的数量指标包括:接待人数、营业额、利润额、人均消费额、能源消耗量、物资需要量、职工培训人数等。

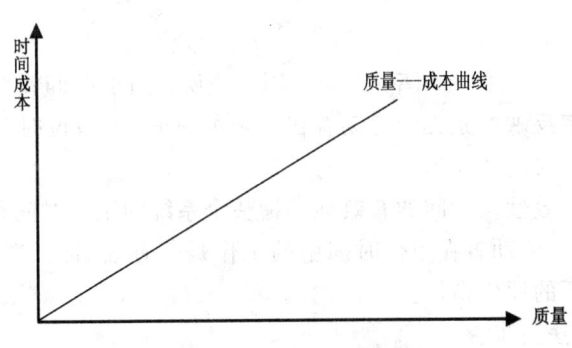

图 5-8 质量成本曲线图

②质量指标。现代饭店的质量指标是用来表示在某一时间段(计划期)内饭店的人力、财力、物力的利用,以及经营活动中提供的产品质量、服务质量、工

作质量所达到的水平。所谓质量,就是提供满足要求的标准的产品,是衡量产品好的程度,这种程度反映出有形劳动时间管理的效果。质量指标愈高,其时间成本费用也愈高,其关系如图 5-8 所示。

可见,质量指标既表现了有形劳动的效果(程度),也反映出有形劳动耗费的效果。质量指标通常用相对数(百分比)来表示,现代饭店的质量指标主要有:①客房出租率;②资金利润率;③服务质量;④劳动生产率;⑤设备完好率。

(2)评价的步骤

有形劳动时间管理评价的步骤由确定标准工作时间、时间耗费成本分析、产品数量分析和产品质量评价四个步骤组成。如图 5-9 所示。

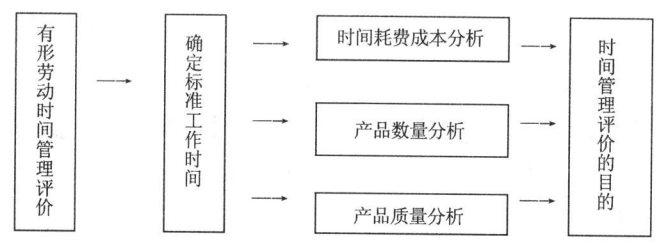

图 5-9　时间管理评价步骤

3. 无形劳动时间管理的评价

(1)评价指标

①时间利用率。时间利用率是指单项事物在时间进程中的某种属性,是对无形劳动者时间利用程度的度量,是一种定量的评价指标。公式如下:

$$n = \frac{t_1}{t}$$

在上式中,n 为时间利用率;t_1 为有用工作所耗费的时间;t 为总工作时数。

时间利用率反映的是无形劳动者在一定的时间(或单位时间间)内,有用功的时间与总输出时间的比值。

②时间的有效性。时间的有效性是指整个系统的工作时间在时间进程中的某种属性,指无形劳动者在单位时间中的工作是否有效,是否产生较大的效果,是一种定性分析的评价指标。

(2)评价方法与步骤

①选定评价区段。对无形劳动时间管理的评价是对某一时间区段内,即单位时间内的时间管理的评价,因此,选择的评价区段要有代表性。

②分析目标实现的程度,即目标期望值。分析预定目标如期实现的可行性,进而明确系统的目标。效果与目标值是相关联的,不明确目标,其效果也是空

洞的。

③计算时间利用率。先算出某一时间区段内有用工作消耗的时间和区段总工作时数,再算出时间利用率 n 值。

④计算时间的有效性。由于时间的有效性是一种定性分析,其效果很难度量,也无法精确计算。一般利用检查项目与时间管理的有效性程度的正相关关系,采用强制打分法,直接进行定量分析。

$$时间有效性=\frac{实际平均分之和}{总分数(100)}\times 100\%$$

百分数愈高,说明时间管理的有效性愈强。

⑤系统评价。用系统的观点综合评价时间管理效果的两项指标,指标越高则表明时间管理的效果越高,但是也要具体分析时间利用率是否满足系统时间的有效性,这样才能对无形劳动的时间管理进行客观的评价。

4. 有形劳动时间管理评价与无形劳动时间管理评价比较

有形劳动时间管理与无形劳动时间管理的评价在评价对象、评价指标、评价尺度、目标的确定、现状的测定等方面均存在差异。其差异比较如表 5-3 所示。

表 5-3 两种时间管理评价比较

	有形劳动时间管理评价	无形劳动时间管理评价
评价对象	劳动产品	
评价指标	时间	劳动效果
评价尺度	产品的数量、质量	时间的利用率,时间的有效性
目标的确定	确定标准工作时间	确定工作目标
现状的确定	测定实际耗费的时间	分析实际渐近目标的期望值
目标和现状的比较	$\frac{标准工作时间}{实际耗时}=$ 效率	$\frac{工作目标时间}{实际耗时渐进目标值}=$ 效果

七、时间管理现代化

时间管理的现代化是相对于一定的时间阶段而言的。

1. 时间管理现代化的内容

(1)时间管理思想现代化。时间管理思想现代化要求管理者不断深入地研究和认识时间耗费过程中起作用的时间的本质特征和时间管理的规律,增强时间观念,提高按客观规律办事的自觉性,正确地确定决策目标,采用科学的标准程序和办法,运用现代管理的原理或观点管理时间资源。

时间管理思想现代化应遵循以下原理:

①系统原理。把整个时间耗费过程看成是一个紧密联系相互依存的事物或要素组成的系统,并依据系统观点对时间耗费实施管理。

②反馈原理。时间管理的利用率和有效性的提高,关键在于是否有灵敏、准确、有力的反馈。

③封闭原理。封闭原理要求在时间的管理过程中,每一环节都必须构成一个封闭的环路,这才能形成有效的时间管理。要在耗时过程中通过检查不断反馈,不断修正,不断采取封闭的对策。

④弹性原理。由于时间管理活动涉及的因素多、变化大,主次矛盾又都交叉在一起,因此,时间管理要留有余地,保持一定的弹性。

⑤极强的时间观念的思想。

(2)时间管理组织现代化。遵循科学管理规律,实现管理体制的合理化,组织结构和权力结构的科学化;在组织结构上强调系统性,重视提高组织和系统管理的工作效率、时间的利用率及有效性。

(3)时间管理方法现代化。管理方法现代化的内容十分丰富,如经营预测和决策方法,全面时间管理、时间控制的统计方法,滚动式计划方法,网络计划技术,重点分析法(ABC 分析法),价值分析法,预定动作时间标准法等。

时间管理方法现代化还包括以下内容:

①管理方法标准化、作业化。

②管理方法信息化。

③管理方法定量化。

(4)时间管理手段现代化。管理手段现代化主要包括两个方面:一是信息传递手段的现代化;二是信息处理手段的现代化。

2.时间管理现代化的标志

时间管理现代化在不同历史阶段也有不同的标志。泰罗倡导的在工作时间研究中利用马表测定工时的方法,是 20 世纪初期的时间管理现代化的雏形;福特所倡导的"三化"(即单一化、专业化、标准化)和大量流水作业的生产方式则是 20 世纪中期的时间管理现代化的标志。当今的时间管理现代化所具有的标志包括:

(1)业已完成的体力劳动的时间管理向脑力劳动的时间管理的转移,是时间管理现代化的根本标志。

(2)应用时间管理工程学的理论和方法自觉地认识时间的概念并且用于实践。

(3)运用预测预控的方法控制时间的耗费过程,使时间的支出永远在自己的有效控制之中。

(4)时间输出是否定量化。

(5)广泛应用现代时间管理科学方法。这种广泛的应用是指自觉应用现代时间管理的方法,并在应用中不断完善和创造新的有效的时间管理方法。

第七节　现代饭店形象与口碑塑造

形象和口碑是现代饭店无形的财富和资源,是饭店在经营管理活动中不断积累、塑造而形成的。

一、现代饭店形象、口碑的概念和类型

1. 现代饭店形象、口碑的概念

现代饭店形象又称饭店的公众形象或公关形象,它指的是在社会公众心目中相对稳定的地位和整体印象,具体表现为社会公众对饭店或饭店组织的全部看法、评价和整套要求及标准。

在理解饭店形象概念时,应注意以下几点:

(1)饭店形象必须是相对稳定的形象。

(2)饭店形象是整体性的。

(3)饭店形象只是表现为公众舆论或口碑,并不等于公众舆论或口碑。

2. 现代饭店形象、口碑的类型

根据形象自身的性质,饭店形象可分为:

(1)自我期待形象。指的是饭店希望在社会公众心目中具有的对自身的全部看法、评价和标准。它又包括两种:一是理想形象,即对自身形象所作的较长远规划和设计;二是目标形象,即饭店希望通过某项或一系列公关活动所要达到的形象状态。

(2)社会实际形象。指的是社会公众及社会舆论或口碑对饭店的真实看法和评价,它是通过一定的公关努力而达到的实际效果,是一种形象现实。

根据不同的评价主体,饭店形象又可分为:

(1)总体形象。指的是所有公众对饭店的全部看法、评价和态度的总体趋势、主流口碑,所以又称为整体形象。

(2)主观形象。指的是饭店所坚信的社会公众对该饭店的看法、评价和态度。

(3)有效形象。指的是饭店的主要公众对该饭店的真实看法、评价和态度。

(4)特殊形象。指的是特殊公众对饭店的评价、看法和态度。

二、现代饭店形象、口碑的资源性质

1.现代饭店良好的形象、口碑所体现的资源效果

良好的饭店形象和口碑资源效果可以体现在以下四个方面：(1)信任效果；(2)吸引效果；(3)缓和效果；(4)竞争效果。

2.现代饭店良好的形象和口碑所体现的资源功用

(1)能提高企业的知名度；(2)能吸引人才，提高生产力；(3)能激励员工士气，形成良好的工作气氛，提高工作效率；(4)能使营业额大幅度上升；(5)容易筹集资金；(6)能增强投资者的好感和信心；(7)能使饭店的基础得以长期稳固；(8)能提高广告效应；(9)有利于内部管理。

三、现代饭店形象和口碑的构成

1.现代饭店形象和口碑的构成要素

认知、信赖和好感是构成现代饭店形象和口碑的三要素。

(1)认知。认知就是认识和知道的过程，即首先要了解饭店产品（或服务）的存在。一般来讲，消费者在购买饭店产品之前，必须首先对饭店产品或饭店形成好感和信赖。消费者产生信赖和好感之前，又必须先了解饭店产品的性能和饭店的存在。

(2)信赖。由于认知的不断加强，通过信息不断传入大脑，渐渐成为大脑的确定信号——这就是信赖。认识程度愈深，就愈加强了信赖感。

(3)好感。好感是指饭店或饭店产品已经得到了肯定的评价，而且大众的接受程度也已经确定。认知程度越深，好感程度越强。

2.现代饭店形象、口碑构成的主体、客体、媒体

广义的饭店形象的主体泛指社会组织，而狭义的饭店形象的主体则是指饭店本身及饭店中的人。饭店形象和口碑的客体是公众，是那些购买饭店产品和接受饭店服务的那些消费群体。不同档次、不同类型的饭店，其消费群体也不同。具有相似目标和性质的饭店，往往拥有相似的公众。现代饭店形象和口碑塑造的媒体实际上就是传播信息的形式。饭店形象主要是通过以下几种形式来传递信息的：(1)符号；(2)资料；(3)报道和活动；(4)态度和价值观；(5)实物。

3.现代饭店形象、口碑的组成内容

(1)产品的形象与口碑

产品形象的好坏主要取决于：①饭店为顾客提供的产品和服务的价值，即满意的质量、价格和服务等；②饭店员工在履行接待服务业的职责时所表现的责任

心、道德心和态度。

影响产品形象的两个因素,分别称为经济学的原因和社会伦理方面的原因。从前者来看,产品的质量起决定作用,但其他方面也不可忽视。从后者来看,它主要是一个公共关系的问题,它要求产品具有高度的社会责任。

(2)服务形象和口碑

现代饭店的服务形象和口碑,是指消费者对饭店提供的服务是否热情、周到,服务项目是否齐全、便利,服务态度是否真诚、礼貌,服务质量是否保证、让人满意的反映和评价。

(3)员工的形象和口碑

公众对饭店员工的总体素质、能力、文化修养、道德水准、服务水平等方面的评价和看法,构成饭店员工的集体形象。整体形象通过每个员工的具体形象表现出来,所以要提高员工总体形象,就必须提高每个人的形象。

(4)机构形象和口碑

公众对饭店的内部职能机构的设置、人员配置及其运转方面的综合评价,便构成一定的机构形象和口碑。良好的机构形象体现在许多具体方面:①机构设置健全;②人员配置精简;③运转灵活;④办事效率高。

(5)管理形象和口碑

管理形象和口碑指的是公众对饭店的管理水平、管理方式和管理行为的评价和看法。管理形象的好坏体现在饭店行为的各个方面:①经营决策;②服务管理;③销售管理;④人事管理;⑤工作环境管理。

四、现代饭店形象、口碑塑造的原则与方法

1. 塑造饭店形象、口碑的原则

(1)有效性原则。有效性原则是指通过饭店形象、口碑塑造中的公共关系活动和提高公关活动的效率,力求取得预期最佳效果的原则。

(2)总体性原则。总体性原则亦称整体性原则,是指把饭店不自觉的、分散的、不连续的公共关系工作系统化、统一化、整体化和科学化的原则。现代饭店要统一观念,统一政策,全面规划,协调行动。

(3)统一性原则。统一性原则是指在设计塑造饭店形象和口碑的公共关系活动时所追求的工作目标要统一的原则。统一性原则包括:①知名度和美誉度的统一;②公众利益与组织利益的统一;③总体形象和特殊形象的统一;④创名牌产品与创名牌企业的统一。

(4)竞争性原则。现代饭店要使自己的形象"捷足先登",首先,要积极地寻找机遇,参与竞争,主动地进行自我宣传,追求自我发展;其次,现代饭店形象的

设计要防止类似化倾向,要独树一帜,新奇富有特色和想象力,从而引起公众的注意和兴趣,增加吸引力。

(5)形象性原则。形象性原则,是指通过设计简洁、鲜明、形象的饭店标记和产品标记,如店标、店名、店徽等,使饭店及其产品形象易于传播,便于记忆。

2. 塑造饭店形象、口碑的方法

塑造饭店形象和口碑的方法,是根据饭店一定的公共关系目标和任务而实施的若干具体方法和技巧构成的。不同类型、不同规模的饭店,或同一饭店不同发展阶段,或同一阶段中针对不同的公众对象及公关任务,需要有不同的塑造方法:

(1)建设型塑造方法。饭店的公共销售人员采取宣传和交际的高姿态,向社会公众主动作自我介绍,主动结交各方朋友,努力让尽量多的人知道自己、理解自己,从而进一步接近自己,这就是建设型的塑造方法。它的主要功能是提高饭店的知名度,引导、启发公众对饭店的认识、好感和信赖。建设性塑造方法主要适用于饭店开创阶段,以及某项服务、产品塑造方法初创、问世阶段,为了提高知名度,采用高姿态的传播方式,如开业广告、开业庆典、免费招待等。

(2)维系型塑造方法。维系型塑造方法是通过各种传播媒介,以较低姿态,持续不断地向社会公众传送饭店的各种信息,在不知不觉中造成和维持一种有利的意见气氛,使饭店的良好形象潜移默化地储存在公众的长期记忆系统中。这一方法适用于饭店的稳定、顺利发展时期。如保持一定的见报率,长期树立在高大建筑物上的饭店名称、标志或商标巨型广告,逢年过节对常客的专访、慰问,给老关系户适当的优惠或奖励等。

(3)防御型塑造方法。防御型塑造方法主要是发挥饭店的内部职能,及时地向决策层和各业务部门提供外部信息,特别是反映批评的信息,提出改进的参考方案,协助饭店各部门协调内部职工关系,以防为主,堵塞漏洞。防御型塑造方法适用于饭店出现潜在的公关危机的时候。

(4)矫正型塑造方法。这一方法适用于饭店公共关系严重失调,饭店形象发生严重损害的时候,它一般分为外部矫正和内部矫正。外部矫正,由于外在某种误解、谣言,甚至人为的破坏,损害了饭店的形象,公关销售部应迅速查清原因,公布真相,澄清事实,纠正或消除损害形象的因素。内部矫正,由于饭店内在的不完善造成产品质量、服务态度、服务质量、管理政策、经营方针等方面的问题,而导致外部公共关系严重失调,这时公关销售部门应尽量控制影响面,同时将外界舆论反馈给决策等有关部门,分析公共关系失调的原因,提出纠正的措施,协助有关部门解决实际问题,并利用各种公共关系方式向传播界和社会公众公布纠正的措施和进展情况,平息风波,恢复信任。

(5)进攻型塑造方法。这种方法适用于饭店系统与环境发生某种冲突、摩擦的时候,为了摆脱被动局面创造新局面,抓住有利时机和条件,改变决策,迅速调整。方法包括:避免受环境的消极影响;改变饭店对原有社会环境的依赖关系,不断拓展新的市场和新的产品,吸引新的顾客群;组织同业联合会,进行协作与交流,尽量降低与竞争者之间的摩擦等。

(6)宣传型塑造方法。宣传型塑造方法是用各种传播媒介迅速地将饭店内部信息传送出去,以加强社会公众对饭店的了解程度,形成有利的社会舆论的活动。其具体形式有:发新闻稿、进行公共关系广告、印刷发行公共关系刊物和各种视听资料、举行各种大型活动或表演等。宣传型塑造方法的特点是,主导性强,时效性强,能比较有效地利用传播媒介沟通与公众的关系。

(7)交际型塑造方法。交际型塑造方法是通过无媒介的人与人的直接接触,为饭店广结良缘,建立广泛的社会关系网络,其方式包括社团交际和个人交际,如宴会、座谈会,以及招待会、谈判、专访、慰问、电话沟通、亲笔信函等。它具有直接性、灵活性和人情味,能使人际间的沟通进入"情感"的层次。

(8)服务型塑造方法。服务型塑造方法是以各种实惠的服务为媒介,向公众提供各种实在服务,以期获得公众了解和好评,如各种消费教育、培训、指导、售后服务,各种完善的服务措施等。

(9)社会型塑造方法。社会型塑造方法是利用举办各种社会性、文化性、公益性、赞助性活动来开展公共关系的模式。其目的是塑造饭店的文化形象、社区公民形象,提高饭店整体的社会知名度、美誉度。具体形式有赞助文化、教育、体育、卫生等事业,支持社区福利、慈善事业,扶持新生事物,参与国家、社区重大活动并提供赞助等。其特点是着眼于整体形象和长远利益,公益性强,文化性强,影响力大,但成本也比较高。

(10)征询型塑造方法。征询型塑造方法是以采集信息、舆论调查、民意测验、参与决策等为手段,以民意代表的姿态出现,及时地对民意和舆论作出反映,为饭店的经营管理决策提供参谋,保持饭店与社会环境之间的动态平衡。其形式有:开办各种咨询业务,建立来信来访制度和客人意见征询制度,设立热线电话,接受和处理投诉等。征询型塑造方法的特点在于通过日积月累的努力,逐步形成良好的信息网络。

在塑造饭店形象和口碑的活动中,要将上述方法有机地结合起来使用。在具体工作中,要不拘一格,勇于创新,才能树立和维护饭店的良好形象。

五、现代饭店形象、口碑的塑造

现代饭店形象和口碑的塑造,是以顾客的需求为导向,从理念识别、活动识别、视觉识别三个方面来研究和塑造能为消费者接受和理解的饭店形象和口碑。

1. 理念识别

理念,顾名思义就是企业经营管理的观念,我们也称为指导思想。对饭店而言,它包括饭店企业文化、企业道德、企业伦理等方面的内容。在现代饭店市场中,饭店的声誉和形象已经作为一种饭店资产而存在。企业理念的重要任务就是要利用各种方式塑造好饭店形象,管理好形象的资本。饭店必须通过培养一种企业理念来引发、调动全体员工的责任心,并以此约束和规范全体员工的行为。

识别包含理念的统一性和理念的独立性两层含义。前者是指饭店内外、上下的理念必须一致。后者是说每个饭店的理念要有区别于其他饭店的特性,只有具有独立性才能达到识别的目的。

(1)理念识别的内容。饭店理念识别的内容由饭店使命、经营观念、行动准则、活动领域四部分组成。它们之间的关系可用图 5-10 来表示:

饭店使命	活动领域
经营观念	
行动准则	

图 5-10 理念识别各部分之间的关系图

(2)饭店企业理念的表现形式。饭店企业理念具体表现分内在的和外在的两个方面。

饭店企业理念的内在表现,主要体现在:与人与事的公正态度,经营管理的特色,对产品或服务质量的追求,创新与开拓精神,积极的社会观和价值观,遵规守法。

饭店企业理念的外在表现,主要体现在饭店必须树立良好的信誉。良好的信誉是饭店树立了正确的理念之后,通过对外提供产品服务的过程逐步树立起来的。

(3)饭店企业理念形成的条件。企业理念形成的外部条件强调对饭店的了解,即对饭店所处的环境的了解,了解处于上述环境中的饭店所具有的特点。饭店企业理念的内部条件主要是强调饭店企业理念的形成要充分体现出饭店的独特个性。饭店独特个性表现在两个方面:饭店定位,是指饭店在变化中找出其自身不变的原理——独特而统一的特性,这样才能形成饭店独特的理念,最终传达出独特的、统一化的饭店整体形象和饭店的本质。

2. 活动识别

活动识别和饭店的理念识别一样,包含有两层含义:一是活动识别的统一性,这是指饭店的一切活动应该上下、内外都一致,即饭店的全体员工和各个部门所进行的各种活动都只有一个目的,就是塑造饭店良好的形象;二是饭店活动识别的独立性,活动识别应体现出与其他饭店所不同的个性,这种独立于其他饭店的个性,恰恰是社会公众进行"识别"的基础。活动识别分为服务活动识别和社会活动识别两大类。

(1)服务活动识别。我们把在饭店内部对全体员工的教育和培训,以及创造良好服务工作环境以保证提供优质产品和优质服务的活动称为服务活动识别。现代饭店是提供服务产品的企业,为顾客提供优质的服务是饭店的使命,也是饭店形象和口碑塑造的基础。

(2)社会活动识别。我们把服务活动识别除外,饭店为塑造饭店形象而面对社会的一切活动称为社会活动识别。饭店的社会活动识别主要包括促销活动、公益性活动、公共关系活动、广告活动、市场营销活动、展示活动、宣传活动等等。

社会活动识别具有非常强的目的性,为了加强目的性,要求所制定的社会活动识别目标要非常具体和清晰,尽量避免抽象和含糊。社会活动识别的目标既要具体又要可行。

社会活动识别还应该注意整体性。社会活动的内容十分丰富,形式多种多样,而且是一个逐步积累的过程。社会活动不能一次就达到目的,而是需要多次的连续积累。同时,每次社会活动又都不是孤立的,而是连续相关、互相促进的。

3. 视觉识别

(1)视觉识别内容。现代饭店形象塑造中的视觉识别内容有以下几个方面:店标与店徽、饭店建筑物、宣传用品、制服、展览和展示、广告及其他。

(2)视觉识别在饭店形象塑造中的作用。①视觉是人们获得信息的主要渠道;②统一的视觉识别,有利于消除饭店内外信息传送中出现的差异;③作为饭店的一种完美的表达形式,有利于为社会大众所理解。

4. 现代饭店形象、口碑塑造的策略

(1)统一思想认识。达到统一思想认识的标准有两条:要使全体员工都明确树立饭店形象的重要作用;要使全体员工认识到,树立饭店形象与饭店每个员工都有密切关系,而不仅仅是某些专业部门的事。统一思想认识应表现出饭店对内对外的口径、动作要一致。

(2)结合饭店实际。树立饭店形象是在激励饭店全体员工的基础上,通过确立饭店的理念、行为和活动,充分展示出饭店的特性和吸力。因此,在选择采用何种形式树立饭店形象时,必须结合饭店的实际情况,要考虑到使用方法的适用性,不能生搬硬套。

(3)进行正确的饭店市场定位。为该店的产品和服务进行正确定位,能清楚地让消费者明确区分饭店与其他竞争者之间的不同;能加强消费者对购买饭店提供的产品与服务的信心。企业的定位以市场的调查为基础。饭店定位是饭店的专长加上顾客的特别需求。

(4)保持一致性。保持一致性是指在树立饭店形象的过程中必须保持上下一致、言行一致、前后一致和内外一致。饭店只有保持一致性,才能显示出饭店的整体形象。

(5)抓住和把握好树立饭店形象的内外部时机。内部时机主要包括:①新饭店成立或合并成饭店集团之时;②饭店周年纪念或重大活动之时;③饭店易主或人事大变动,欲创新作风之时;④饭店体制变化或经营理念改变与重整之时;⑤消除不良影响统一饭店形象之时;⑥评星或晋升高一星级之时。外部时机主要包括:①进军国际市场,朝国际化经营之时;②新产品、新服务项目的开发与上市之时;③竞争的产品个性不明显之时;④饭店规模扩大,朝多样化经营之时;⑤饭店对外宣传出现危机和分歧之时,等等。

5. 现代饭店形象、口碑塑造的步骤

(1)制定明确的饭店理念及战略。树立正确理念必须注意以下几点:

①要突出饭店理念的差异性;

②要强调饭店目标的超前性。

(2)把饭店理念和饭店目标活动具体化。

①通过教育活动,使饭店的理念成为饭店全体员工的共识;

②当饭店的理念得到饭店员工真心实意的拥护时,饭店全体员工在参与饭店各种内外活动过程中,要求员工按照饭店所实施的战略来统一行动。

(3)把饭店理念视觉化。视觉化包括两层内容:一是把饭店理念应用于饭店基本要素的设计,即使饭店的标志、标准率等内容能反映出饭店的理念;二是把基本要素用于应用要素上。

六、现代饭店形象、口碑的评价

1. 现代饭店形象、口碑评价指标

评价现代饭店形象和口碑的基本指标有两个:知名度和美誉度。

即:饭店形象 = 知名度×美誉度

(1)知名度。指的是社会公众对一个饭店知道和了解的程度,它通常可以从以下三个方面去评价:

①量度。即知晓该饭店的公众数量多少。其测量方法可采用抽样调查去进行。一般说来,饭店的知名度与知者的数量成正比,用公式表示为:

$$量度 = \frac{知晓人数}{调查人数}$$

②广度。即知晓者的分布范围和广度。知名度与量度并不直接等价,因为如果量度相等,而分布范围不同,两个饭店的知名度在实际上是不等的。可以用经验约定的办法来设定不同范围的广度系数。如全世界范围定为1,世界小范围定为0.9,全国范围定为0.7,省市地方范围定为0.6,如此等等。

③深度。即知晓者获得有关饭店的信息量的多少。一般可采用问卷调查的方式,选择若干问题,涉及饭店的历史、现状、产品、员工、机构、服务等各个方面,看公众回答正确的比率,从而判断公众所掌握信息的丰富程度。假如一个问卷有 X 个问题,用 $N_1, N_2, N_3 \cdots N_x$ 分别表示对问题予以正确回答的公众人数,用 N 表示被调查人数总量(以所回收到的问卷份数为准),则有下列公式:

$$深度 = \frac{N_1 + N_2 + \cdots + N_X}{X \times N} \times 100\%$$

通过量度、广度和深度三个具体指标,便可相对准确地判别一个饭店的知名度和社会影响情况(即名气大小)。知名度的定量公式为:

知名度 ＝ 量度×广度×深度

(2)美誉度。美誉度指的是社会公众对一个饭店的信任和赞许的程度。知名度高,并不一定饭店形象好。因为饭店之出名也可以是因为坏名声的缘故。只有当知名度与美好的名声相结合,才能说明饭店具有良好的社会公众形象。

评价美誉度可采用问卷调查法,也可以采用意见箱(簿)、公众来信的意见反馈等多种方法。一般来说,公众对饭店的评价可区分为三种性质,好的评价,即赞扬、表杨、信任等;不好的评价,即批评、抗议、反对等;以及中性评价,即没有明显的倾向性。美誉度通过好的评价量在总评价量中所占的比例反映出来。

在评价美誉度时,必须考虑公众赞赏或否定的程度。我们通常把公众的肯定态度或否定态度分别划分为不同等级,不同等级得到不同分值。只有当被调查者全部持肯定评价且都极为赞赏时,美誉度才能达到100%。

需要指出的是,如果用问卷调查的方法调查公众的评价,则需要对每一个问题分别计算出美誉度的量值,然后总和再求平均值,即得到饭店的美誉度总值。该总值(总平均值)才能反映美誉度的真实情况。

在评价饭店形象好坏时,必须同时评价其知名度和美誉度两个方面。离开任何一方面,都会导致饭店形象的评估失真。

2.现代饭店形象、口碑评价方法

评价饭店形象的好坏,通常采用抽样调查法,根据公众的回答来判别,由此可得到一些定量化的结果。但是,数字往往非常枯燥,为了直观地反映出饭店形象的状况,常采用一些形象评估工具图表,使之一目了然。

(1)饭店形象要素调查表。这是最原始的工具图表。它可以反映出社会公众为什么对饭店形成这样的而不是另外的看法、态度和评价。在使用这种图表时,饭店调查人员应首先根据本饭店的具体情况,确定一些基本的形象内容要素,它应比较全面,能够反映出每一种形象构成的情况。然后运用语义级差法制作调查表格,把每一个要素分成程度不同的若干等级,被调查者就自己的看法在相应的等级中进行选择、评价。最后调查人员进行统计,并求出相应的百分比。

例如,某饭店对100名常客进行下列形象要素调查,结果分布如表5-4所示。

表5-4 饭店要素调查表

	前厅服务	客房服务	菜肴质量	康乐服务	商务中心	其他
非常好	20	10	10	25	20	20
好	50	40	15	30	40	30
满意	20	30	25	40	30	45
不满意	10	15	35	6	8	5
很不满意		5	15		2	

由表5-4可见,该饭店在形象要素方面给常客留下不好的印象主要是菜肴的制作方面。因此,要提高常客对饭店整体形象的好评,就得改进菜肴制作质量。

(2)饭店形象内容间隔图。主要用来反映饭店自我期待形象与实际社会形象的差距,也可用来检测公关活动的效果。饭店在规划、设计自己的形象时,必须具体化,对每一个形象要素都应有相应的期望值,但经过一定的公关工作之后,要检查这些期望值是否达到。使用形象内容间隔图,可以使饭店实际形象与期望形象之间的差距具体化、形象化,从而明确饭店在形象方面的问题所在。

这种图表的使用方法是:先将饭店形象划分成若干形象要素,然后让被调查者用百分制打分;再求出各要素的平均得分,将这些平均分值在相应的刻度中标出;最后将各点连接成曲线,即得到饭店的形象要素曲线。为示区别,可用虚线表示饭店自我期待形象,用实线表示饭店在社会上的实际形象。

例如,某饭店抽样调查了典型客户100名,这些常客对每一要素所评价的分值所形成的曲线如图5-11所示。

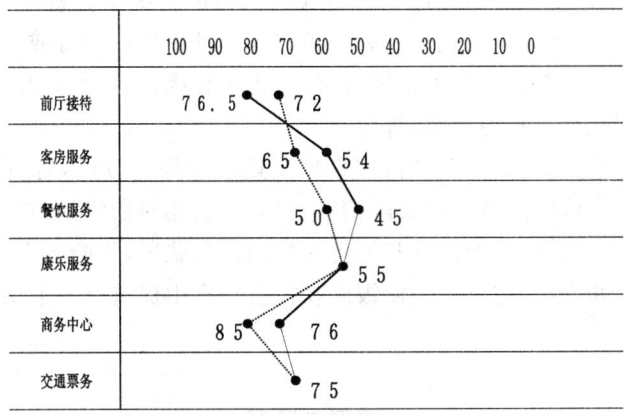

图5-11 饭店形象内容间隔图

从图5-11可直观地反映出,该饭店的期望形象要高于实际形象,这可能是因为公关工作的失利或者期望形象太高。如果经常使用这种图表检查饭店的形象状态,可明显地看出饭店形象的动态状况。因此,它也是形象监测的重要而有效的方法之一。

(3)组织形象地位四象限图。在此情况下,饭店公关销售人员勿需对饭店形象的每一个要素进行调查,而只需了解公众对饭店的总的评价和看法,这时可采用形象地位四象限图。组织形象地位四象限图如图5-12所示。

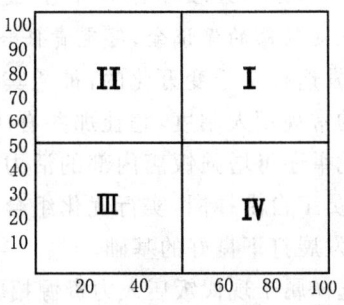

图5-12 组织形象地位四象限图

图5-12中,象限Ⅰ是高知名度、高美誉度,说明饭店形象良好;象限Ⅱ高美誉度、低知名度,表明饭店的知名度欠缺;象限Ⅲ低美誉度、低知名度,饭店形象欠佳;象限Ⅳ低美誉度、高知名度,饭店需要提高美誉度。这样,就从总体上

直观地显示出一个饭店的实际社会形象。但如要进一步分析，就需要依靠饭店形象要素调查和形象内容间隔图。

（4）媒介报道范围分析。这是根据媒介报道的情况来分析。一般采用两个指标：一是见报率或被电台或电视台报道与采访的频率（次/月或次/年）；二是媒介报道范围。在分析媒介报道范围时，应考虑多种因素，如媒介级别、报道长度、报道位置、媒介态度、报道次数，等等。

饭店在评价其形象和口碑时，应根据上述四种评价方法，有所选择，综合分析。要根据各个饭店的特点和实际情况，建立一套相对稳定的、符合本饭店实际需要的评价体系，经常性地检查和评价自身的形象状况，不断寻求完善的提高饭店形象的途径和方法，这样才能使饭店在社会公众中保持有一个稳定的、良好的形象和口碑。

案例与习题

一、案例

（一）答辩上岗

神憩宾馆是建在泰山顶上的一座三星级饭店，春节刚过，饭店就成立了"竞争上岗、优化组合"的工作小组，制定了《双向选择竞争上岗的实施办法》，发布了《实行部门经理（主任）竞争上岗，公开答辩的通知》，并将旅游局下达的经济指标分解到各个部门。工作小组确定了各部门的编制，设计出选择岗位的表格，提出了答辩的要求。准备完毕，总经理召开了全体员工大会，进行公开竞争答辩。大多数答辩者都把重点放在完成经济指标的设想与措施上。答辩完后，宾馆立即组织员工公开评议竞岗干部，经总经理办公室研究，最后确定了8位部门经理。竞岗人员录用后须交纳一定数额的保证金，签定责任合同，并试用三个月。

分析：人力资源的开发途径是千变万化的，神憩宾馆从内部做文章，打破领导任免干部和安排人事的常规用人制度，它让那些有决心、有能力、有群众基础的人有了成功的机会。此举还可增强饭店内部的活力，有助于提高管理水平和服务质量。同时，让部分员工自由择岗，实行优化组合，可以发挥每个员工的主观能动性，从而为饭店的发展打下良好的基础。

上述案例中的人才选择属于现代饭店人力资源招聘的何种途径？其优缺点是什么？

（二）工程协调会

江苏南通大饭店的工程部与客房部、餐饮部曾一度不和，客房部和餐饮部指责工程部对设备的维修、保养管理不力，工程部则抱怨两个部门的员工操作设备不当，设备刚修好，没过几天又来报修。总经理获知后，立即将客房、餐饮和工程三个部门的经理聚到一起,三个部门的经理开诚布公地讲述了自己部门工作的实际情况,最后达成了谅解,工程部门保证尽最大努力解决前台的后顾之忧,客房部和餐饮部也表示配合工程部的维修保养。南通大饭店的工程维修又进入了良性状态。

分析:现代饭店的许多设施设备具有高价值、高损耗的特点,如果不注意平时的保养和维护,加之不规范的操作,其寿命将大大降低,从而增加饭店的成本。江苏南通大饭店通过部门之间的协调,清除了原来的误会,使设备保养和维护又步入良性运转的轨道。此举充分说明部门之间的协调和理解在现代饭店的设施设备管理中有着非常重要的作用。

请问:三个部门为什么会存在误解?结合案例阐述如何对饭店设备进行日常使用管理和日常维护保养。

(三)名牌衬衫上的锈斑

某日早晨,南京玄武饭店的服务员小岳到已经退房的707号房打扫卫生,她发现垃圾桶里有一件九成新的名牌衬衫,小岳很纳闷:这么好的衬衫,客人为什么要扔呢。她再一看,原来衬衫上有一块巴掌大的锈迹。她在班务会上汇报了这一情况,大家同意小岳"将这件衬衫洗干净后再还给客人"的建议。客房部的一位主管通过总台了解到客人在马来西亚的地址,当天下午,小岳就将已经洗熨得干干净净的名牌衬衫寄到客人家去了。10天后,饭店的总经理收到该客人打来的电话,客人连声称赞饭店的服务态度,并说他将把此事写成文章发表在当地的一家报纸上。

分析:现代饭店都在提倡为宾客提供个性化服务、超值服务,但由于饭店服务的平凡性、繁杂性,这一原则要真正落到实处还需要饭店的每一个员工和各级管理人员用"心"而不是用"眼"去看待服务。南京玄武饭店的服务员小岳凭着自己日积月累的实践经验和强烈的服务意识,为饭店赢得了声誉,这件事充分说明了"饭店无小事",饭店每一个员工都应该明白这一点。

根据案例,你认为饭店的此项举动体现了饭店形象、口碑塑造方法中的何种方法?饭店形象、口碑塑造还有哪些方法?

二、习题

1.现代饭店人力资源有几种管理方式?怎样进行饭店人力资源业绩的评估?如何对饭店员工进行激励?

2.现代饭店成本控制有几种方法?成本分析涉及几方面内容?通过几个相应的指标来体现?

3.现代饭店物资有哪几种存贮方法?怎样进行确定和管理?

4.现代饭店信息管理的内容涉及哪几个方面?饭店信息管理主要有哪些

工作？

5.现代饭店时间管理有哪些方法？如何对饭店时间资源管理进行评价？

6.如何对现代饭店的形象、口碑进行评价？

第六章 现代饭店服务与质量管理

学习目的

通过本章的学习,掌握饭店服务质量的概念、内容、特点、构成要素和服务质量管理方法,并能在服务质量管理中熟练应用 ABC 分析法、因果关系法和 PDCA 循环法。熟悉服务管理、全面质量管理的含义、内容,了解饭店交互服务质量管理、服务质量评价体系的内涵和内容,认识服务质量承诺与服务保证、顾客满意与顾客价值的本质与内涵。

主要内容

- 饭店服务管理概述
  服务管理的含义和本质　饭店服务管理的特征　饭店服务管理的内容
- 饭店质量概述
  饭店服务质量的概念　饭店服务质量的内涵　饭店服务质量的特点　饭店服务质量的构成要素　饭店服务质量的衡量　饭店服务质量构成内容
- 饭店质量管理方法
  质量分析方法　质量管理方法
- 饭店全面质量管理
  全面质量管理的含义　全面质量管理的内容　饭店全面质量管理的基础工作
- 饭店交互服务质量管理
  饭店交互服务质量管理的内涵　饭店交互服务质量管理的基本内容
- 饭店服务质量评价体系
  饭店服务质量评价的内容与范围　饭店服务质量评

价的准则　饭店服务质量的评价主体　饭店服务质量评价体系的构建
● 饭店服务质量承诺与质量保证
服务质量承诺　服务质量保证　服务质量保证体系　服务质量认证
● 饭店顾客满意与顾客价值
顾客满意　顾客价值　客人投诉与处理

饭店是一个服务性行业,饭店为客人提供的产品主要是服务。因此,现代饭店质量管理实质就是服务质量的管理。"服务质量是饭店的生命线",饭店管理人员应把服务质量的管理作为饭店管理的重要内容。本章主要内容包括饭店质量概述、全面质量管理、服务质量管理的运作与保证体系、服务质量评价等内容。

第一节 饭店服务管理概述

服务是饭店企业的主要产品,服务管理是现代饭店管理的重要内容。在饭店企业的发展过程中,越来越多的饭店意识到加强饭店的服务管理是提高顾客保留率的关键。本节将着重探讨服务管理的含义、本质、特征及服务管理的具体内容。

一、饭店服务管理的含义和本质

1. 服务管理的含义

服务管理是指饭店企业根据顾客感知服务质量的产生和变化,进行开发、组织和管理,以实现效用、质量及各方(组织、顾客、其他各方和社会)目标的一种管理方法。

2. 服务管理的本质

从本质上看,饭店服务管理的内涵包括以下几方面:

(1)饭店发展是由顾客驱动或市场驱动的,而不是饭店内部的效率或标准驱动的;

(2)饭店服务管理强调组织内部跨职能合作对顾客满意的重要性,而不是强调通过传统的以专业化和劳动分工来获得饭店顾客满意的途径;

(3)质量管理是服务管理内在的组成部分,而不是一个孤立的问题,应进行综合的考虑,才能真正实现顾客满意;

(4)饭店不应将员工的内部开发和强化员工对饭店目标和战略的投入当作行政管理任务,而应将其当作饭店成功的战略性先决条件。

二、饭店服务管理的特征

饭店服务管理的特征包括:顾客导向、顾客感知质量导向、长期观念、综合管理方法、关注质量和内部开发与强化。

1.顾客导向

顾客忠诚是成功的服务管理的里程碑,忠诚的顾客来自饭店的顾客导向方针与策略。服务管理的研究表明,留住顾客对获利性有正面的影响。顾客保留率取决于饭店向顾客提供的服务质量的好坏程度。

2.顾客感知质量导向

饭店服务管理强调顾客关注质量、感知质量。饭店服务管理认为,质量是由顾客评价的,质量管理是服务管理的一个重要的内在组成部分,在许多方面对其有决定性的影响。因此,饭店可运用感知服务质量模型、差距分析模型、SERVQUAL方法和其他一些质量管理模型和工具进行服务管理,提高顾客的关注质量和感知质量。

3.长期观念

饭店服务管理强调在经营中应与顾客建立长期的伙伴关系、网络和管理战略联盟,以提高顾客的忠诚度,同时饭店也应更多地考虑加强与社会各阶层人员、组织的联系并建立持续的社会关系,从而达到饭店的目标。

4.综合管理方法

饭店强调只有将饭店营销、操作服务和人力资源管理整合在一起,才能最终影响顾客的保留率,最终达到饭店利润的最大化。

5.关注质量和内部开发与强化

饭店服务管理强调关注员工的发展和员工对饭店目标和战略的投入,饭店应在内部员工中注入服务意识和创造顾客导向的行为,通过采用积极的、类似于营销的方法,将饭店一系列内部活动以积极的、类似营销的、协调的方式统一起来,加大内部的开发和利用。

三、饭店服务管理的内容

1.确定顾客感知质量标准

饭店可运用感知服务质量模型、差距分析模型、SERVQUAL方法等了解顾客的感受与顾客的期望之间的差异程度,以便认识到饭店在向顾客提供产品和服务时顾客得到的全面效用和全面质量的程度,从而调整偏差,提高效用和质量标准。

2.传递全面效用和全面质量

饭店不仅强调饭店的内部效率、规模经济和成本降低这些基本因素,还应以顾客为导向,将饭店的外部效率置于重要地位,高度重视饭店员工的团队工作,进行跨职能的合作和建立跨组织的伙伴关系,树立与顾客保持长期合作伙伴关系的观念。这种将顾客驱动、质量导向、长期导向、员工导向等因素进行有机结合的方式,有利于饭店的持续发展,是一种向顾客传递全面效用和全面质量的有效途径。

3.实现顾客希望的效用或质量

饭店可通过以下方法来开发和管理组织以便实现顾客希望的效用或质量:

(1)确立"组织—员工—顾客"的关系。由于饭店员工是联系饭店服务组织与顾客的纽带,他们与顾客进行面对面的交往以提供顾客需要的服务,他们的行为及行为结果是顾客评价服务质量的直接来源,而对饭店组织而言,员工通过向顾客提供服务为饭店组织创造价值,是饭店实现利润的关键。因此,饭店应加强员工培训,提高员工的满意度,从而提高员工对顾客服务的效率,最终提高顾客对饭店的忠诚度。

(2)提高饭店的技术水平。运用高新技术提高饭店服务接待能力和接待质量,实现高效、有针对性的服务。

(3)加强态度管理和沟通管理。一方面是对员工的服务态度的管理,提高员工对饭店岗位工作的认真程度和责任感,树立良好的职业道德行为,为顾客提供最佳的服务;另一方面是与员工及顾客的沟通,了解他们的需求,尽可能满足他们。

(4)进行有效的授权。在为顾客提供直接服务的过程中员工是否能及时、有效地为顾客解决不同的问题是饭店组织取得优质服务的关键。饭店除按照规定的标准、规范、准则等处理外,还应进行权力下放,并辅之以相关解决问题的方法,从而及时、快速地解决问题,获得顾客的满意。

4.设立合理的饭店组织

饭店可通过设立合理的饭店组织来实现效用、质量以及各方(组织、顾客、其他各方和社会)的目标。

第二节 饭店质量概述

一、饭店质量构成内容

从图 6-1 中可以看出,饭店质量是通过硬件设备质量和软件服务质量来体现的。其中,饭店的设施质量,是指饭店的建筑物和内部设施的规格和技术水平,包括饭店服务项目的多少,设备的完好程度、舒适程度等;饭店的实物产品质量,是指饭店提供的餐饮和购物品的质量,包括实物产品的花色品种多寡、质量好坏等;饭店的服务用品质量,是指饭店为提供住宿、餐饮而必备的服务用品,包括布草、餐具等;饭店的环境质量,是指饭店所处的自然环境和人际环境的水准,自然环境包括饭店内外部自然风景、绿化布局,人际环境指饭店的服务员、管理层与客人之间的相互关系;饭店的劳务质量是指饭店员工对客人提供服务时表现的行为方式,是饭店服务质量的本质体现,包括服务人员的气质、服务方式、服务技巧、服务效率、礼节仪表、语言风度、职业道德、团队精神等。

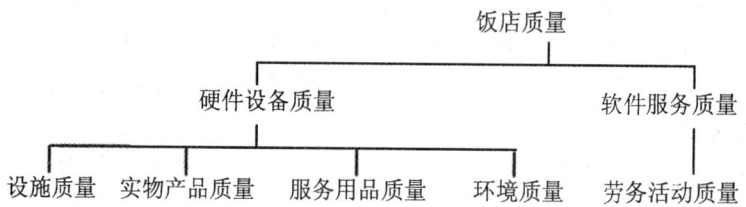

图 6-1 饭店质量构成内容

二、饭店服务质量的概念

饭店服务质量是指饭店提供的各项服务适合和满足宾客需要的自然属性,通常表现为满足客人的物质需求和精神需求两个方面。在质量管理中,通常把这种"自然属性"统称为质量特性。不同的服务具有不同的质量特征,不同的质量特征分别满足宾客不同的需求。同一种服务,由于质量特征的水平不同,因而其适应性,即满足宾客需要的程度也不尽相同。因此,饭店服务的这些自然属性能否满足宾客的物质和精神上的需要,以及满足的程度如何就是衡量饭店服务质量优劣的主要标志。

从消费者角度看,饭店服务质量是消费者对饭店服务的满意或惊喜程度。

三、饭店服务质量的内涵

饭店服务质量可分为功能质量和技术质量两大类,前者指提供顾客"什么"服务,后者指"如何"提供服务。因此,饭店服务质量具有以下内涵:

1.饭店服务质量的评判具有很强的主观性。在一定的环境和道德前提下,消费者会根据自身的需要和期望,说服务质量是"什么"就是"什么"。

2.饭店服务质量具有绝对性。无论有形设施还是无形劳务都必须保证质量,饭店的每个运作环节都是服务质量的重要组成部分。

3.饭店服务质量具有变动性。当顾客的需求改变或提高以后,饭店的服务质量也应随之而改变或提高。

4. 饭店必须提供高质量的服务，通过采用严谨的策略和制度，加强人员管理，来满足或超值满足现有及潜在的内部和外部顾客的要求和愿望。

5. 服务质量的提高，可以提供比竞争者更多的价值，获得更多的市场份额，并可为每个员工提供良好的发展和工作环境。

四、饭店服务质量的特点

现代饭店服务质量，同其他一般商品的质量相比，存在很大差别，其主要特点有：

1. 服务质量评价标准多元化

饭店产品的销售过程是有形物质消耗（酒水、饮食、商场商品）和无形劳动（各种服务）相结合的过程。一个具有高服务质量的现代饭店不仅要有现代化的客房、餐厅以及各种服务措施，而且还要有懂业务、善经营的各级管理人员和服务技术好、水平高的服务员，以及灵活方便的经营服务项目。因此，饭店服务质量评价标准就包括了有形设施标准和无形产品标准。饭店的服务是无形的，不能用数量化标准来衡量。因此，饭店服务质量的衡量标准一般通过下面两个专项来反映：

（1）满足宾客需要的一套服务规程作衡量标准。这一套服务规程是饭店服务所应达到的规格、程序和标准，它使饭店服务工作规范化、系统化、标准化。它的内容包括整套语言、动作和技能、操作要求，它可使本来零散琐碎的服务工作规范化。具体内容有以下三点：

第一，保证设施良好的运转规程。

第二，保证顾客舒适的规程，即制定各种操作规程和岗位责任制。

第三，保证质量的服务规程，如服务态度标准化、规范化。

（2）饭店"回头客"比率。这是一个从实际出发的直接衡量饭店服务质量的重要标志。

2. 饭店服务质量是多方面、多层次的劳动服务相综合的结果

饭店服务是由各个不同内容（不同部门）的一次次具体的服务所构成。因此，评价饭店服务质量，不仅要看某一个部门、某一环节的服务质量，而且要看服务全过程中各部门、各环节的服务质量。饭店服务的一次次具体的服务只有一次使用性，它的生产和消费同时进行。对某一环节、某一个部门的生产和消费的具体服务来讲，不合格的服务是不能返修的，是无法补救的。但对于饭店整体服务质量来讲，却是可以补救的。如若某服务不合格，不能使宾客满足，可以在另一次、另一项服务中给予补救，以挽回影响。因此，在饭店服务质量管理中，既要

十分注意对每一次服务的反映,又要注意对不合格服务的补救工作,以保证饭店服务质量。

3. 饭店服务质量是服务水平与技术水平相统一的结果

饭店服务质量往往表现在劳动者与旅游消费者的直接接触之中,因而,其服务质量一方面取决于劳动者的服务技术水平,另一方面取决于劳动者的服务精神和服务态度,而且后者比前者更为重要。因此,提高饭店服务质量,不仅要不断提高服务员的技术水平,还要注意提高服务员的素质和对服务质量的认识,培养全心全意为宾客服务的精神,树立"宾客第一"的思想。

五、饭店服务质量的构成要素

国外营销研究人员研究表明,饭店服务质量可以由以下五个基本要素构成:

1. 可靠性

可靠性是指可靠地、准确地履行服务承诺的能力。可靠性要求饭店在提供服务的过程中不折不扣,严格按照服务规程操作,使自己服务差错的可能性尽量小,确保客人的消费权益不受损害。可靠性是客人消费饭店产品看重的一大属性。

2. 反应性

反应性是指迅速提供服务的意识和对客人需求反应的程度。研究表明,在服务过程中,等候服务的时间长短是关系到客人的感知服务质量优劣的重要因素,让客人等待或不及时解决问题都会给质量感知带来消极的影响。因此,饭店提供各项服务时应尽可能减少客人的等候时间。服务效率始终是客人关心的问题,尤其是在"时间就是财富和生命"的现代,服务效率的低下可能会让饭店失去已有的客人。例如,希尔顿饭店联号用"快"字作为自己的服务特色,通过"快"的高效率服务来迎合现代社会消费者,尤其是商务客人的需要。

3. 保证性

保证性是指饭店员工所具有的知识、礼节以及表达出自信与可信的能力。包括完成服务的能力、对顾客的礼貌和尊敬、与顾客有效的沟通等。饭店员工亲切友好的问候和微笑将缩短宾客与新环境之间的距离,员工高超、熟练的操作技能和非同一般的应变能力则可使宾客备感放心和安全。为此,员工应尽可能拓宽知识领域,掌握服务过程中需运用的记忆、表达、分析、理解、公关等方面的能力和技巧,娴熟正确的外语运用能力则能增强国外宾客对饭店服务质量的信任与安全感。

4. 移情性

移情性是指设身处地地为饭店客人着想并对他们给予充分的关注,这是饭店对于客人的关心体贴与尊重程度。服务人员的友好态度,对客人无微不至的关怀,能够最大限度地满足客人情感上的需要,反之则会让消费者感到不快与失望。从饭店是"客人的家外之家"开始,饭店经营者一直倡导服务的情感色彩。

5.有形性

有形性是指有形的设施、设备、人员和沟通材料的外在形式。这是饭店员工对顾客更细致的照顾和关心的有形表现,如床头的晚安卡、天气预报等。由于饭店产品的无形性,经营者常常在服务设施与饭店建筑等硬件上下功夫,力求给客人以美感与关爱。

六、饭店服务质量的衡量

构成饭店服务质量的五个基本要素必然成为饭店服务质量的衡量标准,如表 6-1 所示。

表 6-1 衡量标准及示例表

衡量标准	示例
可靠性:为顾客提供可靠、安全的服务	简单精确,保存准确记录,按指定时间提供服务
反应性:员工愿意或乐意提供服务的程度	提供即时服务,快速回复客人的要求
保证性:员工的知识和传达信赖和信心的能力	使顾客产生安全感和信任感
移情性:对顾客的关照和个性化的关注	了解顾客的具体需求,为顾客着想
有形性:服务的有形保证	有形设备,员工外表,提供服务工具的形式

第三节 饭店质量管理方法

一、质量分析方法

质量分析是饭店质量控制与管理的基础工作。通过质量分析,找出饭店所存在的主要质量问题和引起这些质量问题的原因,使管理人员有针对性地对饭店影响最大的质量问题采取有效的方法进行控制和管理。质量分析的方法很多,主要介绍两种在饭店质量分析中比较适用的方法——ABC 分析法和因果分析图法。

（一）ABC 分析法

ABC 分析法，也称 ABC 管理法或重点法，是意大利经济学家巴雷特分析社会人员和社会财富的占有关系时采用的方法。美国质量管理学家朱兰把这一方法运用于质量管理并取得效果。运用 ABC 分析法，可以找出饭店存在的主要质量问题。

ABC 分析法以"关键的是少数，次要的是多数"这一原理为基本思想。通过对影响饭店质量诸方面因素的分析，以质量问题的个数和质量问题发生的频率为两个相关的标志，进行定量分析。先计算出每个质量问题在质量问题总体中所占的比重，然后按照一定的标准把质量问题分成 A、B、C 三类，以便找出对饭店质量影响较大的一至两个关键性的质量问题，并把它们纳入饭店当前的质量控制与管理中去，从而实现有效的质量管理。使质量管理既保证解决重点质量问题，又照顾到一般质量问题。

1. ABC 分析法分析饭店质量问题的四个步骤

(1) 确定关于饭店质量问题信息的收集方式。具体方式有：质量调查表、客人投诉、批评意见单和各部门的检查记录等。

(2) 将收集到的有关质量问题的信息进行分类，类别不宜太多。对饭店服务质量的分类一般有：服务态度、服务技巧、语言水平、饭店设备等。然后统计出每类质量问题出现的次数，并计算出每类质量问题在质量问题总体中所占的百分比。在分类时，对一些出现次数较少的质量问题可以归为一类。

(3) 作巴雷特曲线图。巴雷特曲线图是有两条纵坐标轴的直角坐标图。横坐标轴上标以分类后的质量问题，其排列的方法从左到右按出现次数的多少顺序排列，如图 6-2 中 Q1、Q2、Q3、Q4。左边的纵坐标轴为质量问题出现的次数，右边的纵坐标轴为质量问题出现的频率(%)。以每类质量问题出现的次数为纵坐标作图。最后按累计频率作巴雷特曲线进行分类。一般的划分标准为：

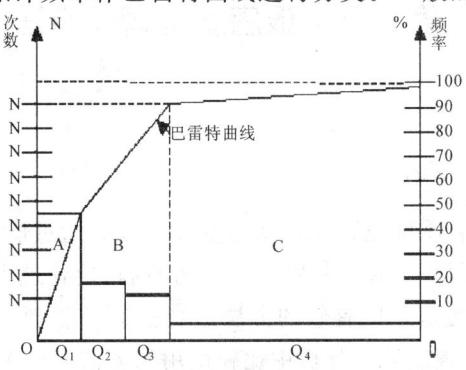

图 6-2　巴雷特曲线图

A 类是关键的问题,累计频率百分数范围在 0～70% 左右。

B 类是一般性的问题,累计频率百分数范围在 70%～90% 左右。

C 类是次要的问题,累计频率百分数范围在 90%～100% 左右。

上述分类标准不是绝对的。ABC 类划分的范围可以根据实际情况进行一定幅度的升降。如图 6-2 中 A 类问题的累计百分数范围为 0～65%。

(4)进行分析,找出主要质量问题。根据巴雷特曲线图的划分可知,在饭店质量问题中:

A 类问题是饭店存在的主要质量问题。这类质量问题在饭店质量问题总体中占 60%～80% 左右。由图 6-2 可知,A 类问题的个数虽然很少,仅有 Q1 个问题,但这一个质量问题却在饭店质量问题总体中占了 65%,说明 Q1 是关键的少数问题。如果这个质量问题得以解决,则饭店的服务质量将有大幅度的提高。因此,饭店管理人员对 A 类质量问题必须给予充分的重视,立即着手解决,并把这类质量问题作为当前质量控制与管理的主要对象。

B 类质量问题属于一般的质量问题。这类质量问题占饭店质量问题总数的 15%～25% 左右。这类质量问题尽管没有列入当前质量控制与管理对象,但管理人员也应给予足够的重视,以防止其产生上升的趋势。

C 类质量问题是次要的质量问题。虽然这类质量问题的个数很多,但这类问题只占饭店质量问题总数的 5%～15% 左右。这类质量问题往往带有较大的偶然性,管理人员不必为此花费太多精力。

2.用 ABC 分析法进行质量分析时应注意的问题

(1)在划分 A 类问题时,包括的具体问题项目不宜太多,最好是一项或两项,至多只能是三项,否则将失去突出重点的意义。

(2)划分问题的类别也不宜太多,对不重要的问题可设立一个其他栏,如图 6-2 中的 Q4,即为其他栏,把不重要的质量问题都归入这一栏内。

(二)因果分析图法

用 ABC 分析法找出了饭店的主要质量问题,可是这些主要的质量问题是怎样产生的呢？对产生这些质量问题的原因有必要作进一步的分析。因果分析图法是分析质量问题产生原因的简单而有效的方法。

1.因果分析图的概念

因果分析图法是利用因果分析图对产生质量问题的原因进行分析的图解法。因为因果分析图形同鱼刺,因此又称鱼刺图。

在饭店经营过程中,影响饭店服务质量的因素是错综复杂的,并且是多方面的。因果分析图对影响质量(结果)的各种因素(原因)之间关系进行整理分析,并且把原因与结果之间的关系用带箭线(鱼刺)表示出来,如图 6-3 所示。

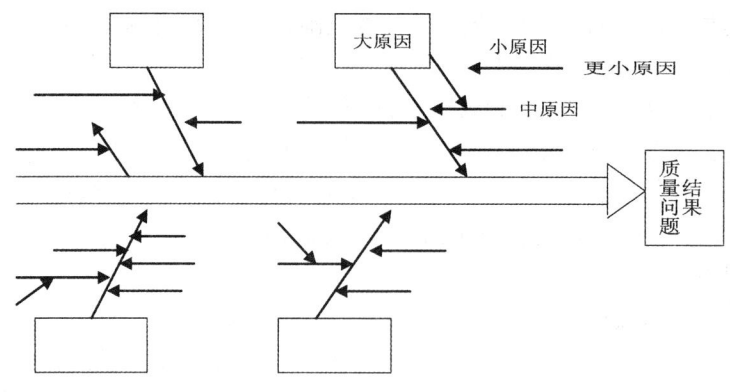

图6-3 因果分析图

2.因果分析图法的步骤

(1)确定要分析的质量问题,即通过ABC分析法找出A类质量问题。

(2)发动饭店全体管理人员和员工共同分析,寻找A类质量问题产生的原因。各种原因找出以后,还需要作进一步的分析,即查明这些原因又是怎样形成的。

在分析时,必须请有关方面的专业人员共同参与,听取不同的意见。对原因的分析应深入细致,直到对引起质量问题的各种原因能够找到相应的防止措施为止。例如菜肴质量差这一质量问题,其产生的原因是多方面的。可能是厨师的烹调水平差,也可能是原料或者烹调设备的原因等;而造成烹调设备问题的原因又可能是设备太陈旧,也可能是使用不当等。分析到最后的这些原因,必须是可采取具体的防止措施而能解决的,如设备陈旧可以更新,使用不当可以通过培训解决等。

(3)将找出的原因进行整理后,按结果与原因之间的关系画在图上,如图6-3所示。对分析寻找出的原因应进一步确定主要原因。确定主要原因可以采用加权评分法或者以原因为主要分析对象采用ABC分析法。

对影响饭店服务质量的大致原因可以从人、方法、设备、原料、环境等角度加以考虑。

二、质量管理方法

提高饭店的服务质量和工作质量需要一套完善的质量管理方法。在现代饭店的质量管理中,通常采用以下几种方法对饭店的质量进行控制和管理。

(一)PDCA循环法

PDCA循环法是一种质量控制的循环方法。在饭店质量管理与控制中,对饭店的质量管理活动按照计划（Plan）、实施（Do）、检查（Check）和处理（Act）四个阶段来开展，即按照计划、实施、检查、处理四个阶段组成的循环来进行。

1. PDCA 循环的程序和步骤

PDCA 循环是科学的质量管理工作程序，其中：

第一阶段是计划阶段。这一阶段的工作是制定质量管理目标、质量管理计划。规定目标和计划必须有明确的目的性和必要性，在目标和计划中要明确规定达到质量标准的时间和要求，以及由谁来完成、用什么方法来完成等内容。

第二阶段是实施阶段。这个阶段的工作是严格按照已定的目标和计划，认真地将它们付诸实施。

第三阶段是检查阶段。这个阶段的工作是对实施后产生的效果进行检查，并和实施前进行对比，以确定所做的是否有效果。还要将实施结果与计划阶段的目标和计划进行对比，以发现在实施阶段还存在哪些问题。

第四阶段是处理阶段。在这个阶段中，要把成功的经验形成标准，并确定以后的工作按这个标准来做。对不成功的教训也要进行总结，以避免重犯类似的错误；对于尚未解决的问题，留待下一个循环解决。

运用 PDCA 循环法解决饭店质量问题，可分成八个步骤进行。如图 6-4 所示。

(1) 计划阶段

步骤一：对饭店服务质量或工作质量的现状进行分析，找出存在的质量问题。运用 ABC 分析法分析存在的质量问题，从中找出对饭店质量影响最大的主要问题。

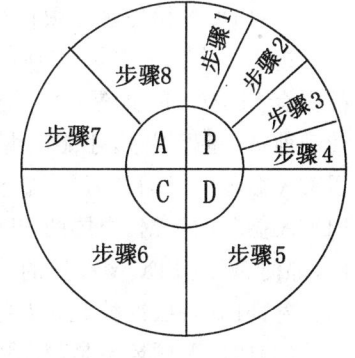

图 6-4

步骤二：运用因果分析法分析产生质量问题的原因。

步骤三：从分析出的原因中找出关键的原因。

步骤四：提出要解决的质量问题，制定解决质量问题要达到的目标和计划；提出解决质量问题的具体措施和方法以及责任者。

(2) 实施阶段

步骤五：按已定的目标、计划和措施执行。

(3) 检查阶段

步骤六：在步骤五执行以后，再运用 ABC 分析法对饭店的质量情况进行分析，并将分析结果与步骤一所发现的质量问题进行对比，以检查在步骤四中提出的提高和改进质量的各种措施和方法的效果。同时,要检查在完成步骤五的过程中是否还存在其他问题。

(4)处理阶段

步骤七:对已解决的质量问题提出巩固措施,并使之标准化,以防止同一问题在下次循环中再次出现。即制定或修改服务操作标准或工作标准,制定或修改检查和考核标准以及各种相关的规定与规范。对已完成的步骤五,但未取得成效的质量问题,也要总结经验教训,提出防止这类问题再发生的意见。

步骤八:提出步骤一所发现而尚未解决的其他质量问题并将这些问题转入下一个循环中去求得解决,从而与下一个循环的步骤一衔接起来。

2. PDCA 循环的关键问题

(1) PDCA 循环法必须按顺序进行,四个阶段的八个步骤既不能缺少,也不能颠倒。

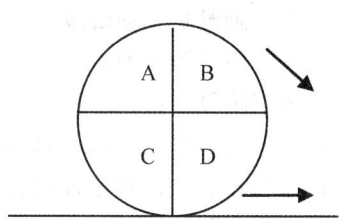

图 6-5 车轮式的 PDCA 循环

四个阶段的八个步骤就像个车轮一样,一边循环,一边前进,如图 6-5 所示。这个车轮必须依靠饭店组织的力量和全体员工的努力来推动,才能顺利地滚动前进。

(2) PDCA 循环法必须在饭店各个部门、各个层次同时进行。

饭店是个大的 PDCA 环,各个部门又有各自的 PDCA 环,各班组直至个人都应有 PDCA 环,如图 6-6 所示。只有当这些大环套小环,并且每个环都按顺序转动前进,互相促进,才能产生作用。例如,客房部根据饭店质量计划(即饭店的 PDCA 循环的 P 阶段)制定客房部的质量计划。这样外层的 PDCA 循环是内层 PDCA 循环的依据,内层的 PDCA 循环又是外层 PDCA 循环的具体化。通过饭店、部门、班组 PDCA 循环的一环扣一环把整个饭店的质量管理有机地结合起来。各部门、各层次彼此相互推动,相互促进。

(3) PDCA 循环不是简单的原地循环。

PDCA 循环每循环一次都要有新的更高的目标,犹如爬楼梯一样,如图 6-7 所示。每循环一次必须达到既向前推进了一步,又向上升高了一层。这意味着每经过一次循环后,饭店的质量水平就有了新的提高。

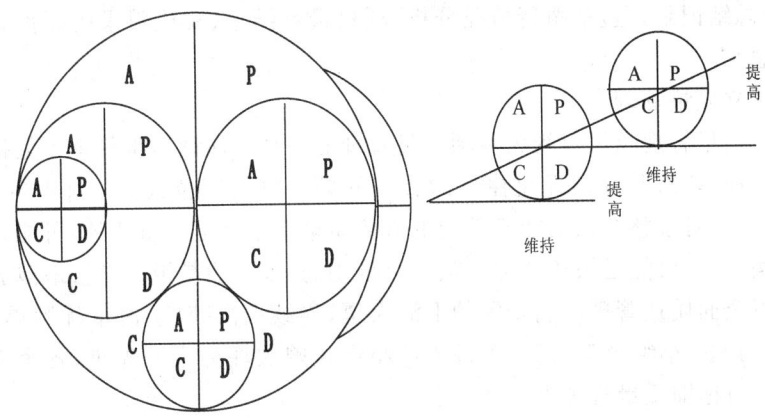

图 6-6　PDCA 循环在各部门同时进行　　图 6-7　PDCA 循环不是简单的原地循环

全面质量管理作为一种先进的管理思想,已经贯彻到饭店服务质量管理的各个层面。在服务质量管理的具体运作中,还应注意其他一些管理方式和管理工具。

(二)专项质量管理

专项质量管理又称为项目管理。1993 年国际标准化组织提出了"项目质量管理"的建议,意在强化质量体系要素中的某一环节的管理控制,以便在局部上提高服务和产品的质量。由于项目管理相对实用,更加简练,容易实施,因而得到了饭店的青睐,被广泛运用。饭店经常开展的"微笑服务月""礼貌服务周""环境卫生日",以及星级复查的准备活动、旅游主管部门倡导的优质服务评比、专门工种技能培训等,均属于专项质量管理范围。

1.专项质量管理的特点

(1)授权某一个人负全责;

(2)由某一个组织完成;

(3)在一个明确的时间内结束;

(4)有相对简练实用的评价审核标准;

(5)有一个清楚的目标;

(6)项目完成后有完整的质量文件材料。

2.专项质量管理的步骤

(1)确定项目概念,即项目的质量目标、管理者的期望;

(2)进行项目的可行性分析,评估实施该项目的条件、优势和困难;

(3)设计并确定项目实施的步骤、评价审核标准等;

(4)执行、运行。与该项目有关的组织、人员按规定的步骤完成各自的任务;

(5)总结记录。包括执行情况分析、项目最终结果、实施效果的评价和经验教训的总结。

3.建立质量管理点

建立质量管理点可以视为专项质量管理的一种。所谓质量管理点是指某阶段或某时期里,需要特别强化控制的关键问题、部门、岗位或人。那些问题、部门、岗位或人对于整个饭店或某部门的服务质量多半是至关重要的,可能是宾客投诉较集中的,可能是饭店或部门最难以推动的,也可能是饭店自身最薄弱的环节。如以全面质量管理闻名全国的上海大厦,连续四次获"上海市优胜单位"称号,他们的 QC 小组异常活跃,布件 QC 小组还曾被评为全国先进,各个 QC 小组的攻坚目标即质量管理点。

又如常熟华联宾馆是一家三星级饭店,为了提高服务质量,推出"请宾客为饭店出谋划策提建议"专项活动,在大堂、客房、营业场所放置建议表,以一定数额的货币奖励吸引宾客提建议。一年来,数百人提出了近千条建议,大到市场开拓、产品更新,小到员工服饰、用品摆放,而真正以获奖为目的而提建议的客人极少,多数客人谢绝奖励金额,申明是出于对饭店的关爱。

(三)零缺点管理(ZERO-DEFECTS)

零点管理是美国人克劳斯比于 20 世纪 60 年代提出的一种管理观念,当时的马丁·马里塔公司为确保制造导弹的军事质量可靠,提出"无缺点计划",20 世纪 70 年代日本将其应用到电子、机械、银行等行业。这种方法主要用于控制饭店的产品或服务量。同样,在饭店中采用这种管理方法,可以促使饭店服务管理达到最佳程度。其主要做法包括:

1.建立服务质量检查制度。许多饭店建立了自查、互查、专查、抽查和暗查等五级检查制度,督促员工执行质量标准,预防质量问题的出现。

2.DIRFT。即每个人第一次就把事情做对(Do It Right the First Time)。饭店服务具有不可弥补性的特点,所以,每位员工都应把每项服务做到符合质量标准,这是改善饭店服务质量的基础。

3.开展零缺点工作日竞赛。一般来说,造成饭店服务质量问题的因素有两类,即缺乏知识和认真的服务态度。知识的缺乏可通过培训等得到充实,但态度的漫不经心只有通过个人觉悟才有可能改进。因此,饭店可开展零缺点工作日竞赛,使员工养成 DIRFT 的工作习惯。

(四)其他质量管理方法

在饭店质量管理中经常使用的质量管理方法还有"末日"管理、团队协作(Team Work)、水平对比法和服务质量手册方法以及统计方法。常用的数理统计方法有分层法、排列图法、因果分析法、统计分析表法、直方图法和控制图法。

有些在 PDCA 循环中已有详述。

第四节 饭店全面质量管理

一、饭店全面质量管理的含义

现代饭店的全面质量管理,是从饭店系统的角度出发,把饭店作为一个整体,从饭店服务的全方位、全过程、全人员、全方法、全效益入手,以提供最优服务为目的,以质量为管理对象,以一整套质量管理体系、技术和方法而进行的系统的管理活动。

二、饭店全面质量管理的内容

1. 饭店全方位质量管理

饭店全方位质量管理,是指饭店内部的各个部门以及外部有关的行业,为宾客提供的各个方面服务的质量管理。全方位服务质量管理包括饭店前台各接待部门、后台业务部门、各职能部门以及饭店外部有关的饭店和物资供应部门(如食品、酒水、能源、旅行社交通等)的服务质量管理。饭店全方位服务质量管理的内容包括:

(1)通过利用和开发饭店现有的设备,向宾客提供符合质量标准的食、宿、行、娱、购,以及健身、交流、洽谈生意、会议等各方面的服务;

(2)通过市场的调研与探索,开发具有地方特色、本饭店特色、符合市场需求的产品,以满足住店顾客与地方消费者的需要,提高经济效益;

(3)通过业务部门与公关部门的广告、宣传以及设施改进和服务质量的提高,提升饭店的声誉和口碑,招待更多的客源,增强饭店的竞争力;

(4)通过与旅行社的业务联系,扩大业务关系,保证有较高的团队入住率以及扩大饭店涉外的声誉;

(5)通过与有关商品部门、工艺部门协作,提供高质量的旅游生活必需品和旅游纪念品,扩大饭店商场的服务项目,增加效益;

(6)通过与其他有关行业的联系,为宾客提供多口径的服务项目;

(7)通过专业教育和岗位培训,提高各级管理人员和服务人员的专业水平和服务水平;

(8)通过人力、物力、财力的决策计划、组织、协调与监督等管理工作,提供高质量、高效率的饭店管理。

2. 饭店全过程服务质量管理

全过程服务质量管理,指对饭店的各项服务从预备阶段到服务过程(阶段)、服务结束(后阶段)所采取的,具有相关性和连续性的管理。

(1)饭店服务预备阶段的质量管理,主要指饭店在直接接待宾客前各种准备服务工作的质量管理。它包括客房的预定,餐厅酒水、菜肴原料的采购、贮藏,商场商品的采购供应等方面的质量管理工作。既要多招徕顾客,又要创造条件接待好顾客,这就是饭店服务准备阶段质量管理的关键所在。

(2)饭店服务阶段的质量管理,主要指在直接接待宾客过程中的各项工作的质量管理。它包括总台的入住登记、房间分配、行李提送、房间清整、洗衣服务、餐厅的迎宾、上菜、斟酒以及美容、购物等服务质量的管理。

(3)饭店服务后阶段的质量管理,主要是指通过顾客意见卡、留言簿、投诉信、座谈会以及其他各种方式所征集到的客人住店后的意见和反映,掌握客房服务、餐厅服务、康乐服务、购物服务等各项饭店服务的反映信息,分析研究提高饭店服务质量的方法与手段,以便在未来的服务质量计划中提高标准。

3. 饭店服务全人员质量管理

饭店服务全人员质量管理,主要是指各级管理人员、决策人员、操作人员、服务人员等各层次人员的人才素质管理和素养管理,它贯穿于饭店各层次人员执行饭店质量计划、完成质量目标的过程之中。因此,要把全饭店及各个部门各自的质量计划、目标 落实到每个员工、每个岗位,使饭店上下各层次人员对质量计划、目标有统一的认识,大家清楚,认真执行。而饭店各部门的质量计划和质量目标,则是通过各部门的服务质量标准来衡量,来达到。部门不同,岗位不同,所要求的服务质量标准也就不同。

4. 饭店服务的全方法质量管理

饭店服务的全方法质量管理,主要指采用多样性和全面性的管理方法,以达到服务高质量的目的。

饭店服务质量管理的方法包括:行政方法、经济方法、法律方法、科学方法(计算机、电子秤等)、思想教育方法以及定性定量分析方法、数理统计方法等。饭店服务的全方法质量管理是多种多样管理方法的有机结合,是在有机统一的前提下,根据服务质量问题产生的原因有选择性、针对性的管理。

5. 饭店服务全效益质量管理

饭店服务全效益质量管理,主要指饭店服务既要讲究经济效益,又要讲究社会效益,并尽可能地把两者结合起来。提高服务质量,目的在于创造更大的经济效益,使饭店在市场竞争中立于不败之地。饭店服务在创造经济效益的同时,也要创造社会效益。尽管有时可能获利较少,但好的社会效益却可以给饭店带来良好的声誉和口碑。比如,饭店协助街道或工会组织举办"青年婚事新办茶话会",帮助教育部门筹办"留学生圣诞晚会"等,虽然获利较少,却能有好的社会效益。

饭店的全面质量管理是科学的现代质量管理,它运用科学的质量管理思想和方法,把质量管理的重点放在"以防为主"上,将质量管理由传统的事后检查服务质量的结果,转变为控制服务质量产生的因素,通过对质量的检查和管理,找出改进服务的方法和途径,从而提高服务质量。

三、饭店全面质量管理的基础工作

饭店全面质量管理内容的实现依赖于全面质量管理的基础工作。现代饭店就是通过一系列基础工作的操作与实施而达到饭店的全面质量管理。饭店全面质量管理基础工作的内容主要包括:

1. 标准化

标准化是指饭店在向客人提供各种具体服务时所必须达到的一定准绳和尺度。在饭店接待服务过程中,客人总是希望提供尽可能多的和好的服务。而饭店考虑到成本和效益,又不可能无条件地满足客人的一切要求;同时,服务人员的劳动也需要有一个客观的依据和标准。这就需要实行标准化管理。标准化的建立既为客人提供了一个衡量饭店所提供的服务是否符合价值规律的客观依据,又为服务人员的劳动和饭店服务质量检查提供了一个尺度。实行标准化要求饭店的设备配置、产品质量、服务水平和饭店的等级规格相一致。

(1)制定饭店质量标准的客观依据主要有三个方面:

①设施、设备的质量标准必须和饭店等级和规格相适应。等级规格越高,设施越完善,服务项目越多,设备越豪华舒适。这种质量标准要有不同的层次,层次越多,差别越明显,质价才能接近或吻合。如果饭店的经营条件和等级规格发生了变化,设施、设备、质量也应随之变化,如饭店改造后质量标准的变化等。

②产品质量标准必须和价值量相吻合,体现质价相符的要求。它包括物质设备的消耗用品的价值和人的服务价值两部分。由于它关系到消费者的利益和饭店的经济效益,必须制定得准确合理。标准过高,饭店要亏本;标准过低,客人不满意,影响饭店声誉,两者都违反等价交换的原则。

③服务操作质量标准必须以"宾客至上,服务第一"为基本出发点。服务是以活劳动支出为主,体现在服务态度、服务技巧、礼节礼貌、清洁卫生等各个方面,其质量高低主要取决于客人的心理反映。

(2)制定饭店的服务质量标准是一种非常复杂的工作。由于产品种类多,各

种服务操作的具体方式不同,标准也不一样。一般来说,饭店服务质量标准的内容大致包括八大类:

第一类,设施、设备质量标准。根据饭店等级规格规定设施和设备的数量、质量,包括前台服务设施和后勤保障设施等。经营过程中重点考核设施和设备的舒适程度、完好程度、损坏程度。

第二类,产品质量标准。以饮食产品为主。根据饮食产品的花色品种和成本消耗,制定生产工艺流程、烹饪技术要求,保证色、香、味、形俱佳,满足客人需要。

第三类,服务标准。根据住店客人的活动规律,规定从客人进店到离店过程中提供各项服务的具体要求、程序、操作规程。

第四类,安全卫生标准。安全卫生是服务质量高低的重要体现。安全包括客人的人身安全、财产安全、隐私安全和住店过程中的安全感,要通过制定和遵守操作规程、劳动纪律等来保证。卫生包括客房卫生、食品卫生、餐厅卫生、环境卫生等方面,要根据各部门、各环节的具体情况制定卫生标准,标准内容要具体、准确,便于检查。

第五类,服务操作标准。饭店服务质量的高低都是由服务人员的具体劳动创造的。因此,要根据各部门、各环节、各岗位的具体劳动特点规定服务人员的操作规程,这些操作规程的制定为服务人员的劳动提出了具体的要求,也为提高服务质量提供了基本条件。同时,也为检查服务质量和服务人员的具体劳动提供了客观依据。

第六类,礼节仪容标准。礼节仪容贯穿在服务过程的始终。因此,要规定饭店职工必须懂得和实际运用的礼节礼貌、着装、仪表、仪容要求,创造良好的服务气氛,给客人以舒适、大方、朴素、美观的感受。

第七类,语言动作标准。要规定服务人员必须掌握的礼貌用语,语音语调,微笑服务和坐立行走的姿势、动作、风度等,这也是服务质量标准的重要内容。

第八类,工作效率标准。提高服务工作效率是客人的基本需要。因此,提高服务质量要有时间观念,要根据各种服务劳动的具体要求规定完成时间,提高工作效率。

2. 程序化

程序化是指接待服务工作的先后次序,它以标准化为基础,通过服务程序使饭店的各项服务工作有条不紊地进行。

饭店的全面质量管理是一种系统管理,作为一个系统,它由许多因素组成。这些因素之间的纵向联系和横向关系,都有其内在的规律性,先做哪个工序后做哪个工序更适合消费者的心理,合乎事物规律,这就有个优选排列问题。程序化就是以标准化为基础,把这个优选排列找出来并使之固定化,成为接待服务工作的程式,从而为提高服务质量提供客观准则。

制定饭店的接待服务程序,必须注意以下方面:

(1)要研究服务工作的客观进程,即在制定质量标准的同时,要分析各项动作的先后次序,使之形成一个整体;

(2)要考虑饭店的人力、物力、财力诸因素,尽量扬长避短,发挥饭店特长;

(3)要分析客人的风俗习惯和生活需求,根据接待对象和服务项目不同来制定。如西餐服务的上菜程序和中餐不同,零点餐厅和宴会厅的服务程序不同;

(4)程序化是标准化而不是公式化,因此,要有相对灵活性。因为饭店服务是以手工操作为主,面对面服务,随时可能出现意想不到的问题。因此,在实行程序化管理的过程中,要提倡与实际结合,根据需要予以变通而有一定的灵活性;

(5)各项服务工作程序的制定与执行,要有一个过程。要以客人感到舒适方便为优选原则,而不能仅从服务人员自己的轻松方便出发。因此,要经过试行,逐步修改、逐步完善,达到科学合理,有利于提高服务质量;

(6)制定服务程序必须结合各项服务工作的具体特点,在标准化的基础上,采取因时、因地、因服务项目制宜的原则。

3.制度化

制度化是指饭店要用规章制度的形式把饭店内部服务质量的一系列标准和程序固定下来,使之成为质量管理的重要组成部分。

制度化作为全面质量管理的基础工作,它是确保标准化和程序化得到贯彻执行、达到服务质量目标的制度保证。例如饭店在旅游旺季,当设施利用率超过了一定限度时,服务工作量势必大量增加,如果没有制度保证,就可能偷工减料、马虎从事、降低质量标准。相反,在标准化与程序化的基础上,有了严格的制度,就必须按制度和标准办事,切实提高服务质量。所以,制度化使饭店的服务质量管理有了规矩和方圆,使职工有一个相对稳定的权威性约束,这就为服务质量管理提供了保证,有利于贯彻预防为主的方针。

饭店服务质量管理的制度主要分为两大类:一是直接为客人服务的各项规章制度,如进入客房制度、饮食产品检验制度等。这些制度全面而具体地规定了各项服务工作必须遵循的准则,要求全体服务人员共同执行。这些制度应责任明确,分工清楚,便于贯彻执行和考核检查。二是间接为客人服务的各项规章制度,如店容店规、奖罚制度、交接班制度、工作记录制度、质量统计分析制度等。这类规章制度是用以维护劳动纪律、保证直接为客人服务制度的贯彻执行的,要求全体员工共同遵守。

4. 原始记录

全面服务质量管理要求用数据说话。饭店的服务质量管理效果如何,有哪些经验,有哪些问题,客人的意见、要求如何,各种服务质量存在问题的比重如何等,都要靠原始记录来反映。因此,原始记录同样是饭店全面质量管理基础工作的重要组成部分。

饭店质量管理的原始记录要根据各部门、各环节接待服务工作的需要制作其记录表格,以便随时收集、了解服务质量管理的情况,及时发现管理中存在的主要问题和倾向。饭店服务质量原始记录的内容一般包括四个方面:

(1)服务人员的工作记录。这种记录是和服务人员的全部工作相联系的,重点是劳动数量、质量,其中有关服务质量的记录包括客人意见、设备损坏、特别事故、表扬意见等;

(2)服务质量检查记录。这种记录是和管理人员的工作记录结合在一起的。如客房、餐厅、商场等各部门管理人员的卫生检查、设备检查、安全检查等,检查的同时,记录下服务质量管理中的成绩、问题、意见,就成为原始记录的重要内容,如客房卫生的优秀率、合格率、返工率、设备事故次数等;

(3)投诉处理记录。投诉主要反映客人对服务质量的意见和要求。管理人员在处理客人投诉过程中,将存在的问题,发生的地点、时间、情节等记录下来,就构成服务质量管理的原始记录的重要内容;

(4)客人调查记录。这种记录是根据服务质量管理的需要,通过市场调查和住店客人调查,收集客人对服务质量管理的各种意见和评价,以便掌握事物发展趋势,采取相应措施。

5. 统计工作

统计工作是原始记录的必然结果。光有记录,没有统计,各种原始记录的数据无法集中,也无法进行具体分析,全面质量管理用数据说话的要求就无法兑现。所以,统计工作也是服务质量管理基础工作的重要组成部分。

统计工作的具体内容主要包括两个方面:一是服务质量管理中的优点和成绩,如客人的表扬信件、表扬内容所涉及的质量工作等;二是服务质量管理中存在的问题,如设备问题、服务态度问题、礼节礼貌问题等。在实际工作中,统计必须分组,根据不同类型或部门进行统计,通过样组分析,才能发现服务质量管理工作中的成绩或问题具体出在哪个环节,从而有针对性地采取措施,提高服务质量。在现代饭店全面质量管理中,原始记录与统计工作均可通过计算机进行处理。

第五节 饭店交互服务质量管理

饭店服务的生产和消费具有同时性,顾客消费时要参与服务的生产,并与饭店发生多层次和多方面的交互作用。交互服务过程的好坏直接影响顾客对服务的评价,决定着服务质量的高低。

一、饭店交互服务质量管理的内涵

1. 交互服务过程

过程性是服务最为核心和基本的特性。服务是一种过程,服务的生产与消费的同时性,决定了服务的完成需要顾客的共同参与。顾客在饭店所进行的消费,其核心价值是在消费过程中创造的,顾客直接参与服务的生产过程,顾客是消费者也是生产合作者。顾客要与饭店发生多层次、多方面的交互作用。萧斯克(Shostack,1985)使用了"服务交互"(Service Interaction)概念,用来指更广泛的"顾客与服务饭店的直接交互",既包括顾客与服务人员的交互,也包括顾客与设备和其他有形物的交互。

服务交互过程对于顾客、服务人员和饭店都具有极其重要的意义。对于一线服务人员而言,与顾客的交互是他们工作的重要组成部分。对于顾客来说,交互过程是他们消费服务和满足服务需求的时刻,服务交互质量影响他们未来的购买决策。对于饭店来说,服务交互过程无疑具有重要的战略意义。"与顾客简短的交互过程是决定顾客对服务总体评价最重要的因素",是饭店吸引顾客、展示服务能力和获得竞争优势的时机。

2. 交互服务质量

顾客在饭店里得到的服务由两个部分组成,一是作为过程的服务,二是作为过程结果或产出的服务。作为产出的服务指的是服务的最终结果,是顾客购买服务的基本目的。例如入住饭店,"产出"是住宿、饮食。顾客在获得这一产出的过程中,其感知的不仅是产品,而且也包括服务过程。芬兰学者格朗鲁斯(Geran Nuse)将服务质量划分为两个方面,一是与服务产出有关的技术质量(Technical Quality);二是与服务过程有关的功能质量(Functional Quality),前者说明是什么(What),后者反映如何(How)。服务质量是由产出质量和交互质量综合作用的结果。饭店所提供的产品存在着较大的同质性,而且其模仿速度也越来越快,为了在竞争中取胜,饭店必须以提高服务过程质量来获得差异性。

因此管理好交互服务质量,对于饭店提高市场竞争力具有十分重要的作用。

3. 饭店交互服务质量管理

饭店交互服务质量管理是指为实现饭店交互服务质量的提高,而采取的加强交互过程的控制、服务人员的培训,并创造顾客参与环境等管理活动。

二、饭店交互服务质量管理的基本内容

顾客对于饭店服务质量的评价高低取决于顾客对服务产出和服务交互过程的综合评价。交互服务是由顾客、饭店和服务人员共同参与完成的,这就增加了交互服务质量的不稳定性,以及交互服务质量的管理难度,需要饭店做好以下几个方面的工作:

1. 服务供求管理

良好的服务质量首先需要有一个良好的服务环境。服务与工业产品或农产品存在着更为明显的服务供求关系矛盾。这主要是由于服务"不存在库存"的特性。这种特性来自"运送的不可能性"和"生产时间的模式是由需求时间的模式所决定"的性质。饭店存在着明显的淡旺季,时常出现需求过剩或供给过剩的现象。在服务需求高峰期间,顾客蜂拥而至,饭店时常出现超额预订、员工超负荷劳动、设备超负荷运转的情况,这在很大程度上影响了饭店的服务质量。而在淡季,饭店则易出现设施设备闲置、人浮于事的状况,饭店面临较大的损失。

饭店应对供求进行合理调节,加强管理,从而为员工创造良好的服务环境。饭店应分析市场需求,了解和掌握市场信息,如预测市场规模以及可能出现哪些问题,做好旺季的应对工作,合理调配饭店资源,特别是人力资源。可采用适当增加临时工作为饭店的人力资源储备,避免员工因超负荷劳动而降低服务质量的现象出现。而在需求不足时,则可通过价格策略、促销策略等手段刺激顾客消费,避免饭店设施设备的闲置,增加饭店收入。

2. 员工授权管理

从本质上讲,交互服务过程是由顾客与一线服务人员共同完成的,管理部门不能干预、敦促、控制和检查每一次现场"表演",而只能居于"幕后"。服务人员在提供服务时处于核心位置。他们同顾客一起,通过交互作用,扮演了整体服务的"明星"角色。为了提高一线员工"现场服务"的技能,管理人员就应该对其进行培训,让他们意识到优质服务的重要性,使他们在无论有无监督的情况下都会尽心尽力地去为顾客服务。一线服务人员在交互服务质量上是起决定作用的。

如何才能使员工在无人监督的情况下能够提供优质的服务,保证顾客满意呢?这就要求饭店进行适当的授权,赋予员工快速解决问题的权力。授权有利于增强员工的成就感和自豪感,提高满意度,只有满意的员工,才能创造满意的

顾客;授权能够发挥员工的积极性和主动性,以更大的热情投入到顾客的服务中;授权能够使顾客的需求得到更快速、及时的满足。由于交互服务的过程十分短暂,因此要想在短暂的瞬间满足顾客需要,员工就必须有一定的权力,因为在"现场式"服务界面中没有时间进行协商。为了向员工们授权以使他们拥有他们的工作权限,喜欢他们的工作并提供成功的服务,管理者需要从"对其实施权力"的思想向"授权给员工"的管理理念转变。

授权不仅仅意味着权力的重新分配,成功的授权需要提供给员工必要的信息,使员工具备更好地为顾客服务的知识和能力,即处理好"鱼和渔"的关系,否则授权就等于一句空话,同时授权还应与奖励结合起来,对于出色的员工应获得更高的薪酬。当然授权绝不是完全的放手,管理人员还应当采取适当的控制措施,避免员工放任自流,不加约束。

3. 现场督导管理

交互服务是在"现场"完成的,因此现场督导和监控十分重要。服务的完成完全暴露在顾客面前,成为顾客评价饭店服务质量高低的重要组成部分,交互过程的任何差错都可能给顾客留下不好的印象。同时顾客直接参与服务合作,他们也认识饭店服务项目的多样性以及服务过程的复杂性,要求顾客投入较多的时间,因此饭店需要加强现场督导和监控,从而使交互过程顺利进行。一些饭店尽管有对员工进行授权,但这种权力是十分有限的,同时这也与员工的能力密切相关,当员工得到较好的指导与培训时,他们处理顾客关系的能力就相对较强。

4. 服务补救管理

饭店必须尽量地提高服务质量,为顾客提供无差错服务。然而,即使是最优秀的服务人员,在服务工作中也难免会发生差错。饭店服务质量问题存在的必然性主要是由于以下因素决定的:

首先,饭店服务生产与消费同时进行,增加了饭店服务质量的控制难度。因为在一线是由员工直接与顾客打交道,有许多无法控制的因素会产生。例如,新上岗的员工,由于缺乏服务技能,又没有老员工或者管理者在现场指导,面对客人的责问,她也许不能应变自如,从而引起客人的不满,导致服务质量的下降。

其次,员工素质的差异造成服务质量的不稳定。饭店员工的服务态度、服务技能存在明显的差异性,不同的员工其服务质量水平是不一致的。员工的素质可分为服务技能型、服务意识型、服务意识与服务技能结合型等,员工的素质不同,使服务质量水平也存在较大的差别。

再次,部门岗位的协调性。顾客在饭店所获得的服务是一个综合的概念,它由不同岗位的共同配合完成。据资料显示,顾客投诉的大部分原因是由于部门之间的协调能力差,因此部门之间若缺乏沟通和协作精神,将大大影响饭店的服务质量水平,因此服务质量水平因部门岗位的协调性而呈现出不同的特点。

以上因素决定了饭店服务质量问题存在的必然性,这要求我们采取一系列补救性措施,纠正差错,使不满的顾客转变为满意的顾客。

根据社会心理学家的研究,在日常的服务过程中,当顾客的经历完全符合他们的期望时,顾客通常会处于无意识状态。当差错服务发生时,顾客则从无意识状态中清醒过来,迫使顾客开始注意服务工作状况,仔细观察饭店如何纠正差错。及时采取补救性服务措施,可向顾客表明饭店高度重视服务质量和顾客的满意程度。

当饭店出现顾客对服务不满或是向饭店投诉时,一线员工和管理人员应高度重视,采取补救服务措施,平息顾客的不满。

(1)首先分析服务差错产生的原因

饭店服务差错产生的原因有许多种:设施设备的原因、员工服务态度和服务技能的原因、部门之间协调的原因等,管理人员可通过分析顾客意见书、顾客投诉记录等来了解,同时应加强同员工之间的沟通,因为员工直接与顾客接触,他们最知道顾客在哪些方面感到不满意,进而采取有针对性的补救性服务。

(2)有效地解决服务质量问题

在分析服务差错产生的原因之后,最重要的是如何采取有效的补救性服务,来解决这些服务质量问题。

①加强员工的培训。采取服务补救措施时,员工面对的是不满意,甚至是愤怒的顾客,因此应加强对员工的培训,提高员工现场处理和解决问题的能力。

加强员工服务态度和服务技能的培训。教导员工认真聆听顾客的意见,站在顾客的角度为他们考虑,真诚地承认服务过程中出现的差错,获得顾客的谅解。向顾客分析差错产生的原因,估计进行服务补救所需要的时间,提出合理解决方案。

及时有效的服务补救措施,能够大大减轻服务补救的工作量,而快速有效的应对措施,要求员工提高应变能力,因此管理人员应加强员工应变能力方面的培训,鼓励员工采用富有创造性的服务补救方案来解决问题。

②赋予员工一定的决策权。服务是由员工在一线为顾客提供的,因此当出现差错时,最先面对的是服务人员本身,作为管理人员应适当向员工授权,使员工掌握一定的权力,如赋予员工一定的赔偿额权力、决策权力,从而提高服务补救的效率。

(3)总结经验,进一步提高服务质量

补救性服务不仅可增强饭店与顾客之间的合作关系,而且可为饭店提高服务质量提供极为重要的信息。管理人员应充分利用这些信息,总结经验,进一步加强服务质量管理工作。

①找出服务差错产生的根本原因。服务差错通常表明服务体系中存在严重的缺陷。每次服务差错发生之后,管理人员都应尽力找出差错产生的根本原因,解决服务体系中存在的问题,而不能就事论事地纠正具体的差错。

②改进服务过程检查工作。饭店应系统地记录、分析各种服务差错,以便管理人员发现服务过程质量检查工作中的不足之处,采取必要的措施,改进服务质量检查工作。对经常出现差错的服务工作,管理人员更应加强服务质量检查工作。

服务过程质量检查和差错原因分析是两项密切联系的工作。改进服务过程质量检查工作,有助于管理人员发现经常性差错产生的根本原因;分析差错产生的根本原因,可使管理人员发现从前忽视了的服务薄弱环节。

③制定服务差错记录制度。饭店应采用高新科技成果,使用电子计算机直接进入信息体系,记录顾客投诉的各种服务质量问题。服务人员也可直接检索有关信息,例如,了解投诉者之前经历过的服务质量问题,就能更好地为做好补救性服务工作提供经验。管理人员则可以根据服务质量问题的类别和频率,研究具体的改进措施,提高服务的可靠性。

5. 人际交往管理

交互服务是由服务人员和顾客共同参与完成的,这就决定了一线员工与顾客之间的交往十分频繁。正确处理好一线人员与顾客之间的关系具有十分重要的作用。服务人员不仅要具有较强的服务意识,还应该有丰富的服务技能,能够处理好与顾客接触过程中所出现的各种问题。特别是在出现顾客不满时,应懂得随机应变,正确把握住顾客的心态,采取有针对性的措施来解决。与员工交往的顾客具有不同的类型,他们当中有冲动型、理智型、温和型和易怒型等等,作为员工应研究顾客心态,用不同的方法来对待不同的顾客。但最重要的是要"以诚相待",坚持"宾客至上"的原则,以自己的行为来使顾客认同饭店的文化和价值观,并对顾客进行正确的引导。

第六节 饭店服务质量评价体系

一、饭店服务质量评价的内容与范围

饭店服务质量评价的内容与范围主要包括饭店服务质量的内容、饭店服务

的过程、饭店服务组织的构成与服务结构、饭店服务结果和饭店服务的影响五个方面。

1. 饭店服务质量的内容

饭店服务质量的内容是饭店服务质量评价的核心内容。服务质量的硬件组成部分因饭店实际情况和客人需求有所差异,但毕竟有现实客观的衡量标准。而服务质量的软件组成部分则因依赖于服务提供者的个体差异和接受方的主观体验很难有客观量化的衡量。因此,饭店服务质量的内容关键在于考查饭店服务是否遵循了标准程序,例如,房务员在做床时是否按照一套公认的方法进行。对于饭店各项服务而言,其服务质量标准是早已制定好的,并希望每一位服务人员都能遵守这些既定规则。服务质量标准作为饭店质量管理体系中的前提,为饭店服务质量评价提供了依据,并将通过评价来确保其执行。

2. 饭店服务的过程

饭店服务过程的评价主要考查饭店服务中的各环节顺序是否科学、合理,是否保持服务活动的逻辑顺序和对服务资源的协调利用。以房务员打扫房间为例,服务员应该先做走客房还是住客房还是OOO(Out of Order)房？饭店服务工作的各项作业流程如何？通过对饭店服务过程、作业流程的规定与评价,可以发现和改正服务工作中的协调性与行动顺序上的问题,并不断改善服务质量。

3. 饭店服务结构

主要评价饭店为客人提供服务的饭店组织构成以及饭店服务本身的结构。对饭店服务而言,就是有形设施和组织设计上是否充足。有形设施和设备只是结构的一部分,人员资格和组织设计也是重要的质量因素。以餐饮部各班组为服务的活动单位为例,卫生、高档的餐具可以提高餐饮服务的质量,更重要的是,在各班组中开展评比与竞争,将激励机制引入其中,使每一位服务人员都产生工作的压力,这样才有利于保证与提高餐饮的服务质量。

4. 服务结果

服务结果是饭店服务质量评价的重要范围之一。服务结果不仅是客人评价饭店服务质量的重要方面,也是饭店进行服务质量管理的主要内容。饭店服务质量评价所考查的饭店服务结果包括"饭店服务会导致哪些状况的改变？""顾客满意吗？"等涉及饭店服务最终结果的问题。例如,我们已熟悉的餐桌上那些要求顾客评价服务质量的卡片,顾客抱怨是反映质量结果的有效指标之一。抱怨水平的上升一定说明服务质量的不可接受。通过对服务结果的某些指标(如投诉率)的分析可以评判饭店服务质量的好坏。

5. 服务质量影响

饭店服务质量影响是饭店服务结果的后续,是饭店服务结果的延伸,也是饭店服务质量评价的重要范围。饭店服务质量评价从两个方面考查服务质量的影响。一方面是饭店服务对客人的影响。这是饭店服务最直接、最重要的影响,如通过客人的回头率可衡量饭店服务质量的优劣。饭店服务质量评价对饭店服务影响考查的另一方面是对饭店服务易获性及其对饭店社区公众的影响。一家提供优质服务的饭店必然积极参与社区活动,能得到社区的认可与好评,在本社区中形成良好的公众形象,并通过社区的宣传与口碑,吸引更多的顾客。

二、饭店服务质量评价的准则

1. 可操作性

服务质量评价的可操作性与服务质量标准的可操作性密不可分。饭店不仅应该定性化地规定饭店各工种岗位的人员素质要求和岗位职责,还应将质量管理中的各标准加以定量化和程序化。如规定电话铃响三声必须回答,客房用餐服务必须在接到客人订餐要求后15分钟内送达等。服务标准的直观化和可操作化使服务质量评价有了依据,并可按照标准进行可操作的服务质量评价。

2. 系统性

饭店服务质量评价应是一个完整的系统。既要有作为服务对象的顾客评价,也要有提供服务的服务者本身进行的自我评价,还要有既不是服务对象也不是服务提供者,即不存在"利益"驱动的第三方评价。只有完整、系统的评价体系,才能保证评价结果的正确性。

3. 市场导向性

饭店服务质量评价应该随着饭店服务的变化而变化。各饭店在建立服务标准时,应坚持方便客人的宗旨,在实际做法上强调从客人的需要出发,改进不合理的标准和程序。教育员工树立"客人第一"的市场导向观念,以标准服务客人,由此,服务质量的评价工作也应坚持"顾客第一"的市场导向,不断调整评价依据,并以顾客满意为最终的评价结果。

4. 国际性

作为饭店质量管理的重要组成部分,应逐步完善饭店服务质量评价工作的体系,注重与国际先进水平的接轨。如南京金陵饭店,鉴于国际饭店业日趋注重宾客反馈意见的趋势,便不断强化这方面的工作,将征求意见的范围从主要服务领域扩大到饭店各个营业点和服务环节,并完善了问卷的设计,他们还改进了统计宾客满意率的做法,变计算相对数为统计绝对满意的意见数量,以此作为提高满意程度的自我激励因素。

三、饭店服务质量的评价主体

饭店服务质量的评价主体包括顾客方、饭店方和第三方三个方面。

(一)顾客方

1. 顾客作为评价主体的依据

(1)顾客是饭店服务的接受者。顾客是饭店服务的对象，满足顾客的需求是饭店的"天职"，饭店内的一切，包括各种大小设施、设备、豪华装潢、典雅氛围以及训练有素的员工，都是为了宾客才设置的。因此，由服务的接受者来评价服务提供者的工作与质量是最直接、最无可厚非的。

(2)顾客是饭店服务的购买者。作为饭店服务的购买者，顾客在饭店进行各种消费的同时，为饭店提供了经济效益。从这一角度看，顾客是饭店服务产品的最关键评判者。顾客对饭店服务质量的评价反映出顾客对饭店的满意度与忠诚度。服务质量好的评价促使顾客不但能多次光临，还能带亲戚、朋友一同光临。

(3)顾客是饭店管理决策层的"成员"之一。顾客对饭店服务质量的评价是饭店管理者作决策的重要依据。饭店的经营管理是紧紧围绕如何满足宾客需求而进行的，对宾客服务质量评价的分析与解剖是管理者发现问题，找到宾客期望的服务与宾客感知到的服务之间的差距，促使管理者加强对"真实瞬间"的管理，弥补宾客与饭店在接触过程中的不足之处的依据。因此，顾客对饭店服务质量的评价在饭店管理中起着十分重要的作用，是饭店管理决策的重要依据之一。

(4)顾客是饭店发展的推动力。顾客对饭店服务质量的评价是建立饭店良好口碑的关键。当饭店的服务达到或超过客人的期望时，饭店就会获得客人的优良评价，同时就会形成良好的口碑，有利于在公众面前树立良好的饭店形象，并建立饭店独特的品牌，提高饭店的竞争力，从而推动饭店的发展。

2. 顾客评价的影响因素

饭店服务质量最终是由客人的满意程度来体现，而饭店与顾客之间互动关系的质量决定了顾客的满意度，影响顾客满意度的因素归纳起来有以下三项：顾客预期的服务质量、顾客经历的服务质量和顾客的感知价值。

(1)顾客预期的服务质量

研究预期的服务质量是指顾客对以往饭店消费的经验，加上各种渠道的宣传(服务品牌、广告、口碑)以及自身的心理偏好所形成的对未来饭店服务的预期。具体而言，顾客预期的服务质量受以下四方面的影响：

①饭店的市场营销。饭店可能利用各种市场渠道进行产品宣传，但片面夸大其辞的宣传会使顾客形成较高的期望，若实际体验的服务质量不能与其相符，则顾客感知的服务质量会很低。因此饭店要严格控制市场沟通的准确性，使其

与提供的服务质量相吻合。

②饭店的品牌形象。饭店在长期的经营过程中,会逐渐树立起自己的形象,这对顾客评价服务质量有重要的影响,良好的饭店形象会使顾客较容易接受饭店的各种宣传,对饭店在服务过程的失误也更为宽容。反之市场形象差的饭店,顾客的要求也会较为苛刻。另一方面,形象好的饭店,顾客会对其服务产生较高的期望,苦他们不能保持高质量的服务,形象会逐渐受损。

③其他顾客的口碑宣传。一些有过类似经历的顾客向亲朋好友或其他人进行正面或反面的宣传,这是饭店难以控制的因素。需要注意的是,有的顾客由于受到特别的优待或对服务非常满意,他们往往会夸大宣传的效果,这在无形当中会增加其他人对服务较高的期望,从而影响顾客感知的服务质量。

④顾客自身的状况。顾客形成服务期望与自身的状况有很大的关系。一是顾客过去的经历会影响服务期望,例如,高级商务客人由于经常出入高档次的场合,他们对服务质量的期望会较高;二是顾客的心理偏好。这是一个比较复杂的问题,与其成长环境和遗传因素有关,在期望形成的过程中会自觉地起作用;三是顾客的需求,不同的需求会有不同的期望,需求强度越大期望值也会越高。

(2)顾客经历的服务质量

顾客经历的服务质量是由其所实际经历的消费过程决定的,评价自身所经历的服务质量往往较主观。一般而言,顾客经历的服务质量受到饭店服务标准化及个性化程度的影响。

①服务的标准化程度。饭店提供标准化、程序化、规范化服务的可靠程度,是提供优质服务的基础。研究表明,提供标准化服务可以消除顾客的不满,但不能带来顾客的满意。因此,仅提供优质的标准化服务并不能使顾客真正满意。

②服务的个性化程度。指饭店针对顾客不同的选择、不同的需求、不同的偏好,提供有针对性的个性化服务的程度。例如,里兹·卡尔顿饭店安装了一个可记录客户需求爱好并自动把信息传递到世界各地的知识系统,可以针对客人的不同偏好,提供有特色的个性化服务。

(3)感知价值

感知价值指顾客所感受到的价值相对于自己所付出的货币价格的服务质量。将价格概念引入整个框架,使不同价位、不同饭店的服务质量之间具有了可比性。在一定条件下,顾客感知的价值越高,其满意度也越高。饭店有必要深入研究饭店自身的价值链以及顾客的价值链,用服务创新来提升顾客的满意度,同时为培育饭店的核心竞争力奠定基础。

3.顾客评价的形式

(1)顾客意见调查表

顾客意见调查表是被饭店广泛采用的一种顾客评价的方式。其具体做法是将设计好的有关饭店服务质量具体问题的意见征求表格放置于客房内或其他易于被客人取到的营业场所，由客人自行填写并投入饭店设置的意见收集箱内或交至大堂副理处。此种调查方式的好处在于评价完全由顾客自愿进行，评价范围广泛，几乎所有的客人都容易参与。这种评价方式因在没有任何饭店工作人员在场干预的情况下进行，因此评价客观性比较强。

当前，国际上许多饭店开始利用因特网和其他一些在线服务进行顾客意见的调查，并取得了满意的效果。饭店将需要顾客评价的内容发布在网上，顾客只要轻点鼠标并按确定就可以立即将评价结果传输给饭店，这种方式不仅保证了顾客评价信息的快速与及时性，也将大大降低饭店为取得顾客评价而耗费的成本。

（2）电话访问

电话访问可以单独使用，也可以结合销售电话同时使用。电话访问可以根据设计好的问题进行，也可以没有固定问题，因此自由度与随意性比较大，如饭店总经理或公关部经理打给老顾客的拜访电话等。

（3）现场访问

又称突击访问，其做法是抓住与顾客会面的短暂机会尽可能多地获取顾客对本饭店服务的看法与评价。一名成熟的饭店管理者应善于抓住并创造机会展开对顾客的现场访问调查。事实上，可以利用的机会很多，例如，对特殊 VIP 顾客在迎来送往中的现场访问，对消费大户的现场访问，对偶然遇到的老朋友、熟客的现场访问等。

（4）小组座谈

小组座谈是指饭店邀请一定数量的有代表性的顾客，采用一种聚会的形式就有关饭店服务质量方面的问题进行意见征询、探讨与座谈。饭店利用小组座谈的方式开展顾客评价时，一般宜结合其他公关活动同时进行，如饭店贵宾俱乐部会员的定期聚会、节日聚餐等形式，不宜搞得过于严肃。参与聚会的店方人员应尽可能与被邀请的顾客相互熟悉，同时亦勿忘向被邀请的顾客赠送礼物或纪念品。

（5）常客拜访

《哈佛商业评论》的调查显示，对于饭店来说，20％的常客可以产生150％的利润；商家向潜在客户推销产品的成功率大约是15％，而向常客推销产品的成功率则达50％。可见，常客的购买频率高，购买数量大，因而其顾客价值和对饭店的利润贡献率也最大。因此，饭店管理者也应把常客作为主要目标顾客和服务重点，对常客进行专程拜访显示出饭店对常客的重视与关心，而对饭店富有忠诚感的常客也往往能对饭店服务提出有益的宝贵意见。

4.顾客评价的模型表述

顾客评价可以是用描述性的语言,也可以通过对顾客满意度的测量来反映。当前,已为国内外营销学界所普通认可的测量方法是由美国营销专家柏拉所拉门、塞登尔和贝利提出的 SERVQUAL 模型和克罗宁与泰勒在此基础上提出的 SERVPERF 模型。

(1)SERVQUAL 模型

美国著名的营销家柏拉所拉门、塞登尔和贝利在顾客评估服务质量问题上提出了"差异理论"(Gap Theory),他们认为顾客的感知服务质量(Perceived Service Quality)的高低决定了顾客对服务质量的评估,而顾客的感知服务质量取决于服务过程中顾客的感觉(Perception)与顾客对服务的期望(Exception)之间的差异程度。进而指出感知服务质量是"顾客作出的,与服务是否优质有关的全面的判断和看法"。用模型表示如下:

$$SQ = \sum(P_i - E_i) \tag{1}$$

式中:SQ 为 SERVQUAL 模型中顾客感知的总的服务质量;P_i 为顾客体验的第 i 个问题的得分;E_i 为顾客期望的第 i 个问题的得分。

公式(1)表示的是一个顾客感知的总的服务质量,将所得的分数除以问题的总数就得到一个顾客的 SERVQUAL 分数。把调查样本中所有顾客的 SERVQUAL 分数相加再除以顾客的总数就得到平均 SERVQUAL 分数。

在公式(1)中隐含着一个假定的条件,即提供的服务属性在顾客心目中的重要程度是相同的,不存在哪个属性更重要。但是实际状况却不是这样,不同服务属性在顾客心目中的重要性是不一样的,因此 SERVQUAL 模型中需要顾客填写服务属性的权重,这样得出的结果更符合实际。在公式(1)基础上可进一步得到加权计算公式:

$$SQ = \sum W_i \sum(P_i - E_i) \tag{2}$$

式中:W_i 为每个服务属性的权重。SERVQUAL 模型是较为科学、实用的质量评估方法,对服务质量的评估进行了系统的处理,得到了很多人的认可。但不可否认该模型还有许多要发展和完善的地方,比如,该模型从理论到实际观察都没表现出预期与结果的差别的基础是什么,关于对期望有不同理解,以差异分数描述服务质量的可行性等。[1]

---

[1] 张文建,王晖著.旅游服务管理[M].广东旅游出版社,2001:410

(2) SERVPERF 模型

克罗宁和泰勒认为 SERVQUAL 模型在概念化和操作化方面对评估服务质量是有缺陷的。表现在该模型在评估感知服务质量时顾客期望是指顾客应该期望什么,而在评估顾客满意度时是指顾客一直期望的是什么,两者之间存在矛盾。因此,两位学者提出了以服务表现(Performance)为核心的 SERVPERF 模型,即在评估服务质量时不考虑顾客期望的因子,而用服务表现来评估服务质量。即顾客只须就服务体验和服务属性的重要性打分,而不必给服务期望打分。用模型表述为:

服务质量＝服务表现 (3)

服务质量＝服务表现×权重 (4)

克罗宁和泰勒对银行、洗衣、快餐行业进行调查后认为 SERVPERF 模型比 SERVQUAL 模型更适于评估服务质量,而且不计权重的 SERVPERF 模型比带权重的 SERVPERF 模型评估效果更好。

5.顾客评价的特点

(1)顾客评价呈多元性

由于顾客消费需求各种各样,顾客的素质也相差悬殊,因此顾客对饭店服务质量的评价必然呈多元性。个别带有偏见、甚至有意挑剔的客人的评价也会是欠公平的。因此,对任何饭店服务质量的评价应是综合的。获得美国最高质量奖的里兹-卡尔顿饭店联号的宾客满意率是 97%。其总经理坦言,100%是不可能的,因为需要、满意、评价本身就有合理与不合理之别。

(2)顾客评价的被动性

客人一般不主动评价。客人只有在特别满意或特别不满意的情况下,才会主动地表扬、批评或投诉,在大多数情况下,并无外在的表示。对此,饭店除应采取必须的措施诱导与刺激宾客积极参与评价外,还可从投诉率、回头率等角度进行综合分析与评估。北京一家获得五星钻石奖的高档饭店,投诉量与年接待总量的比例是 1∶10000。香港半岛饭店的年回头客率为 40%。这些经验数据也可作为宾客对饭店服务质量的评价依据之一。

(3)顾客评价的模糊性

顾客对所提供服务的评价通常以主观评定为主,也就是说,大多数客人缺乏检验服务质量的有效工具与手段,难以评测服务效率、产品构成,没人会带秒表、秤、化验工具到餐厅就餐。同时,一般客人也不了解饭店服务的规范、程序和评价的尺度。因此,顾客的评价具有模糊性。

(4)顾客评价的兴奋点差异性

顾客有不同的文化背景、心理特质、个人经历。因此影响他们满意度的服务要素不尽相同,即具有相同满意度的顾客会关注不同的服务要素。兴奋关注点的差异性使得不同的顾客关注不同的服务要素,也就是说顾客对各类服务要素产生不同的权重。

(二)饭店方

1.饭店作为评价主体的依据

(1)饭店是服务的提供者

由于饭店服务具有生产与消费同一性,因此,饭店服务与其他产品相比有其特殊性。饭店服务的这种特殊性要求饭店应注重服务的事前、事中与事后评价,以保证饭店服务不产生不合格的产品。饭店对自身所提供的服务进行事前考评与事中控制能有效提高服务水平,而饭店服务的事后评价则能吸取经验教训,以防止不合格服务的再次出现。

(2)饭店是服务产品的相关受益者

饭店靠出售饭店产品,即饭店服务来获取经济效益,饭店员工通过自己的工作付出获得应有的工资报酬,从而实现自身价值。因此,饭店通过对自身服务产品的考评,清楚明白地知道所提供产品的品质优劣、市场适应性以及产品的盈利水平,从而作出调整服务产品、开发新的服务产品等一系列管理决策,以获取更大的效益。

(3)服务质量评价是饭店质量管理的环节之一

饭店对自身提供的服务水平进行评价是饭店质量管理中的重要环节。服务质量是饭店内各个部门和全体员工共同努力的结果,是饭店整体工作和管理水平的综合体现,是饭店管理工作的重点和中心。饭店在制定和实施服务质量方针之后,对服务质量进行评价是考核服务质量方针的落实与最终贯彻情况。通过饭店组织的自我评价,可以在了解服务水平的实际提供情况基础上,不断修正与完善各服务质量标准,避免出现顾客不满意或不合顾客需要的情况。

2.饭店方评价的组织形式

为了做好饭店的服务质量评价工作,就需要建立相应的评价机构,在具体实施饭店自我服务质量评价的过程中,各个饭店采取了不同的形式:有些饭店成立了专职的部门——服务质量检查部,简称质检部;有些饭店在培训部或总经理办公室内设立相应的检查评价机构;有些饭店采取非常设的服务质量管理委员会来执行服务质量的评价工作。

上述各种的组织形式各具有优缺点。设专职质检部门的优势在于有机构和人员上的保障,但不足之处在于机构设置繁杂,有限的人员很难对饭店各个部门都十分了解,故评价的水准会打折扣;设置于培训部之内有利于服务质量评价与培训工作密切结合起来,从技术和业务的角度来完善饭店的服务质量,但这样的形式缺乏权威性与其他部门的参与;设置于总经理办公室之内将赋予质量评价工作更大的行政权威,加重质量评价工作的分量,但缺乏专业性及其他部门的参与;非常设的服务质量管理委员,兼顾了评价的权威性与专业化,实现了各个部门的参与,但由于没有专职的部门和专业的人员,委员会成员对于自己部门以外的业务不尽熟悉,往往造成自己人评自己部门,因此对现存的问题不够敏感,深层次问题不易查出,且容易出现各部门护短的情况。

饭店在进行自我服务质量评价的过程中,到底采用哪种组织形式,应根据自身的具体情况来决定,如考虑整个饭店的管理方式是集权式还是分权式,饭店服务质量考查所面临的主要问题是缺乏权威还是缺乏技术还是各部门重视程度不一,等等。总之,最适合解决自身问题的组织形式就是最好的形式。

3. 饭店方评价的形式

在实践中,饭店自我评价服务质量的形式大体上可以归纳为以下几种:

(1) 饭店统一评价

这种评价形式由饭店服务质量管理的最高机构组织,定期或不定期实施。由于它是饭店服务质量评价的最高形式,因此具有较高的权威性,容易引起各部门的重视。在这种形式的评价中,要注意对不同部门的考核重点,因为即使是在同一家服务质量管理水平较高的饭店,部门与部门之间的服务质量也是会有较大差异的;要注意评价的均衡性,饭店服务质量的最终表现是通过饭店一线部门来实现的,但这并不意味着二线部门的工作对服务质量没有影响,恰恰相反,二线部门有时会起着决定性的作用,如采购部门对所需的食物原料准备不足等;应重视服务质量评价的严肃性,对于不达标、有问题的当事人和责任人必须依照饭店有关管理条例处理等。此外,对影响饭店服务质量的员工素质及出勤状况的考评也往往由饭店统一开展。

(2) 部门自评

部门自评是按照饭店服务质量的统一标准,各个部门、各个班组对自己的服务工作进行考核与评价。饭店自我评价应该是多层次的,大致可分成三个层次,第一层是店一级的,第二层是部门一级的,第三层是班组、岗位一级的。店一级的考评不可能每日进行,但又必须保证服务质量的稳定性,因此,部门和班组的自评就显得尤为重要。

需要强调指出的是,尽管是部门自评,但一定要按照饭店统一的服务质量标准进行,而不能自立标准、各行其是,否则,饭店的服务质量系统就会出现混乱。

此外,饭店的服务质量管理机构也要加强对部门考评结果的监督,随时抽查部门服务质量考评的记录,并随时与考评记录中的当事人进行核对,以防止可能出现的"糊弄"行为,若存在部门考评结果与饭店考评结果存在较大差异的情况,应引起足够的重视,并找出原因。

(3)饭店外请专家进行考评

饭店内部的各层次考评固然十分重要,但检查人员长久地处于一个固定的环境之中,难免会因身在此山中,而"不识庐山真面目"。因此,外请专家进行考评,不仅能使质量评价表现出较高的专业性,同时这些专家还会带来其他饭店在服务质量管理方面的经验,有利于饭店质量管理的改进。此外,这些"局外人"在协助饭店进行服务质量评价时,会帮助饭店发现一些被内部考评人员容易"麻痹"掉的问题。

(4)随时随地的"暗评"

随时随地的"暗评"是由饭店中高层管理者来实现的,即将服务质量考评工作融入饭店管理人员每一次的基层考查中。饭店管理者的每一次巡视都应作为对饭店服务质量的一次考评,对这一过程中发现的每一个问题都应及时纠正,这就如同饭店的培训绝不仅仅是在教室内完成的一样,而应纳入到管理人员对员工的每一个实际操作行为的纠正与训导之中。

无论是请专家考评还是管理者进行暗评之后,都应该完成各自的考评报告,以反映考评的结果,并将考评报告作为饭店质量管理的成果及员工奖惩、晋升的依据之一。

(5)专项质评

专项质评是指饭店针对特定的服务内容、服务规范进行检查与评估。饭店通常对自己的优势服务项目或在特定的时间内开展专项质评,并以服务承诺或服务保证的方式向顾客显示质评后的服务效果。如杭州市世贸中心饭店等多家优选出来的饭店,为迎接西湖博览会的召开,各饭店都进行了专门的质量考评,并进而作出优质服务的承诺,包括:设立西博会的专门咨询服务台,指定西博会联络员;为嘉宾提供 VIP 服务;实行明码标价,保证质价相符;总服务台与值班经理 24 小时接待客人;提供不少于 12 小时的餐厅服务和 24 小时的送餐服务;当日处理宾客投诉并给予答复等。

4.饭店方评价的特点

(1)评价的全方位性

饭店服务质量的高低取决于各部门每一位员工的工作结果,对服务质量的评价不仅是对被服务者的需求质量进行评价,还要对全饭店的各种工作的质量进行评价。饭店质量管理是全方位的,因为优质服务的提供不仅仅是饭店前台人员努力的结果,同时也需要后台人员所提供的保障,而饭店评价的多层次、全方位性正好可以做到这点。

(2)评价的全过程性

在多数情况下,服务质量的控制通常是由控制提供服务的过程来达到。因此,过程的评价与测量对达到和维持所要求的服务质量是不可缺少的。而从饭店或部门角度可以做到对饭店服务工作的全部过程的考评,包括服务前、服务中和服务后的三个阶段。这样的考评,不仅仅是面对客人所进行的服务,还包括了这之前所做的准备工作和之后的善后工作,更有利于服务质量考评后的总结与完善工作。

(3)评价的片面性

饭店自我评价由于考评人员长期处于一个固定的环境之中,难免会出现"不识庐山真面目"的情况。同时,还会因为走过场、搞形式等原因,使内部考评人员"麻痹"、"忽视"掉本饭店服务质量中的一些重要问题。

(4)评价的"完美"性

饭店自我评价中不论是哪层次的考评,一般都是事先通知的,即了解到的是被考评者在较为充分的准备之后的服务质量状况。因此,可能会因经过过多的"装饰"而缺乏真实性。同时,也存在各部门、各班组之间的相互包庇现象,所以饭店自我评价反映出的是饭店服务质量临近最高水平的一个基本状态。

(三)第三方

第三方指除消费者和饭店组织以外的团体和组织。目前我国饭店服务质量评价的第三方主要有国家及各省、市、县的旅游行政部门和行业协会组织。

1. 第三方作为评价主体的依据

(1)独立于利益相关者

第三方既不代表接受服务的顾客利益,也不代表服务提供者的饭店利益,是独立于饭店服务供应方和需求方的评价主体。由于没有利益关系,第三方的评价在客观性方面将胜于其他两方主体的评价。也正因为第三方能够客观地对饭店服务作出评价,其评价的结果较能让大众信服。

(2)实行行业管理

我国对饭店的行业管理主要通过相关的行业标准来评价和控制。已实施的涉及饭店的国家标准有:《旅游涉外饭店星级的划分及评定》《旅游饭店服务质量等级标准》等。这些标准由国家旅游局制定,并由第三方——国家及各省、市、县的旅游行政部门来执行。通过开展推行星级评定等制度,通过对全国饭店服务质量的考核、评价,不仅规范了全国饭店行业的市场秩序,提高饭店服务质量水平,而且实行了行业的科学管理,带动了整体旅游业的发展。

(3)推行标准化

第三方评价的重要作用还在于推行标准化。标准化是指为在一定范围内获得最佳秩序,对实际的或潜在的问题制定共同的和重复使用的规则的活动。要对整个饭店行业制定、实施统一的活动规则,这一任务无论是饭店的消费者还是单个饭店、集团都无法做到,而必须由第三方来完成。

2. 第三方评价的形式

第三方对饭店服务质量的评价形式主要有:

(1)资格认定

在我国,饭店的资格有定点与否和涉外与否两种资格,如旅游定点饭店、旅游定点餐馆、涉外饭店、涉外餐馆等。这些资格由第三方——国家及各省、市、县的旅游行政部门来认定。饭店的涉外定点资格是改革开放的产物,是针对旅游饭店资质、管理与服务水平不一致情况的应变之策,当全行业的管理与服务水准达到或接近国际标准时,涉外定点终将被等级认定所取代。

(2)等级认定

目前,我国饭店业存在两大等级认定体系:星级饭店体系与等级饭店体系。两者在等级标识、认定对象、评价项目、评价内容等方面均有差别。如星级饭店体系以涉外饭店为对象,以五角星的多寡为等级标识,星越多等级越高;等级饭店体系则以政府宾馆和餐饮业为主要认定对象,以文字反映被评对象的档次,如特级宾馆、一级宾馆、二级宾馆等等。我国饭店业的两大等级认定也是由第三方——国家及各省、市、县的旅游行政部门或相关的劳动管理部门来认定。

资格认定是行政行为,而等级认定则包含标准化成分。在实际运作中,上述两种认定有时会互相交叉,容易混淆。例如,星级饭店一定是涉外的,但旅游涉外饭店不一定都有星级,目前全国至少有两千家的涉外饭店没有星级。因此,旅游涉外是一种定点方式,而星级评定则是标准化工作的结果。

(3)质量认证

质量认证,是指由可以充分信任的第三方证实某一鉴定的产品或服务的质量符合特定标准或其他技术规范的活动。目前饭店业有 ISO9000 系列和 ISO14000 系列两大质量认证体系。我国已参加国际标准化组织,并取得认证资格。

(4)行业组织、报刊、社团组织的评比

这是由第三方的代表,如行业组织、社团组织、民意调查所、市场研究公司、报刊杂志等,通过各种不同的形式与方法对饭店服务质量进行评价。如我国的饭店百优五十佳评比,是在原来排行榜(评比星级饭店的经营实际,即"评强")的基础上,结合服务质量和宾客意见,从 1994 年起开始评比的。国外最知名的是美国《公共机构投资人》杂志,每年以打分方式评出 100 家全球最佳饭店。其他如美国质量协会、餐旅协会评比的"五星钻石奖"、台湾省商会评比的"年度最佳饭店"、日本旅业公会评比的"最佳休闲度假场所"等。

3. 第三方评价的特点

(1) 客观性与权威性

第三方即没有饭店所要考虑的成本及要求回报的经济利益,也没有饭店顾客希望得到的与自己付出相对等的享受利益。因此,第三方评价不容易受偏好和利益等因素的影响,评价结果较具客观性。此外,饭店的资格和等级认定与评定工作是由国家、各省市旅游行政管理部门履行的职能,其评定后的结果将在国际旅游市场上分别代表整个中国旅游饭店服务质量的形象,所以他们的评价应是具有权威性的。

(2) 局限性

一般而言,第三方评价只局限于产品或服务的主要功能、基本特征和通用要素,而未能(也无法)规定出顾客对服务质量的全面、特定、隐含的和日益提高、不断变化的需求。同时,因为必须考虑到整个饭店行业的现有水平,评价标准不可能定得太高,所以评价标准往往是普遍适合,却不带有特殊性而表现出局限性。

(3) 重结果性

以星评为例,"星级评定标准"只是一个对结果进行评价的标准,饭店可以按照该标准对硬件进行改造,使之达到标准要求。但是,如何对软件服务进行控制则会感到力不从心。显然,星评标准反映的是质量要求方面的预定的差异,并不表示比较意义上的质量优良程度,它更强调饭店功能、用途与费用的相互关系。因此,高星级饭店可能具有不满意的服务质量,反之,低等级的饭店也可能提供满意的服务质量。

④滞后性

第三方评价所遵循的标准是统一的尺度和规范,但标准也不是万能的,也需要不断丰富与补充。然而标准的更新往往是滞后的,因为制定出的标准有一个贯彻执行期和相对稳定期,通常是 3 至 5 年修订一次,标准的更新周期与飞速发展的市场需求之间客观上存在着不协调,从而导致饭店所提供的服务与市场需求的部分脱节现象。

四、饭店服务质量评价体系的构建

1. 饭店服务质量评价体系的构成要素

当前,各评价主体对饭店服务质量的评价处于各自独立的状态,虽然评星时有考虑宾客满意度,但只是把其作为一部分内容。而饭店组织的自我评价更没有得到各方的足够重视。全面、系统的饭店服务质量评价体系,如图 6-8 所示,应包括如下要素:

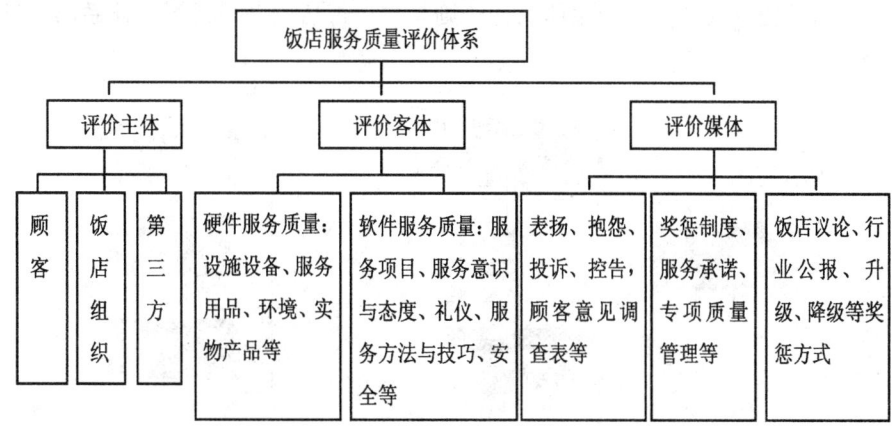

图 6-8 饭店服务质量评价体系的要素构成

①评价主体,即由谁来进行评价。

应当包括顾客、饭店组织及第三方。要对顾客满意这方面实施持续的评价,并积极寻求顾客评价中正面和反面的意见,以及它们在未来经营中可能的影响。组织的自我评价经常自以为向顾客提供了良好服务,但顾客可能并不认可,这表明了规范、过程和测量中的不足。所以应当将顾客的评价与组织自身评价进行比较,从而评定两种质量评价的相容性,以及为改进服务质量而采取相应措施的必要性。而进行阶段性的第三方评价可以让更多潜在的消费者对饭店服务质量产生正确的预期并予以信赖。

②评价客体,即评价什么内容。

应当包括饭店服务质量的各个方面:由设施设备、服务用品、环境、实物产品等构成的硬件服务质量,由服务项目、服务过程中的服务意识与态度、礼仪礼貌、服务方法与技巧、安全与卫生等构成的软件服务质量。对顾客满意的评价应集中在服务规范和服务提供过程等满足顾客需要的范围内。而第三方评价则应较侧重于对硬件服务质量的考查。

③评价媒体,即评价的表现形式,各评价主体反映评价结果的渠道。

顾客通过表扬、抱怨、投诉甚至控告等来表现其激烈的评价,而通过顾客意见调查表得出的结果可以反映顾客不同的满足程度。饭店组织以奖惩制度、服务承诺、专项质量管理等来反映其评价结果。第三方评价则以饭店议论、行业公报以及包括升级、降级等奖惩方式对评价结果进行公开。

2.饭店服务质量评价主体的逻辑关系

饭店服务质量的评价主体之间存在着现实的逻辑关系:顾客评价是服务质量评价的最终目的;饭店评价是提高饭店服务质量、进行顾客评价的参考和第三方评价的依据；以第三方为主体的评价则是整个饭店服务质量评价体系的基础，如图6-9所示。

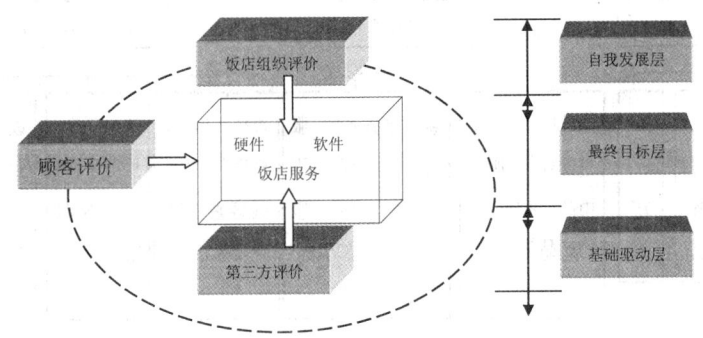

图6-9　饭店服务质量评价主体的逻辑关系

①顾客评价是饭店服务质量评价的最终目的，饭店的任何经营活动和管理手段都是为了满足顾客需要从而获取经营目标而建立和开展的。饭店服务质量评价体系也不例外，因为饭店的生存和发展有赖于顾客的厚爱和忠诚。顾客评价是饭店服务质量评价体系的焦点。以顾客为中心，以顾客满意为饭店追求的最终目的，既是饭店业确定不可动摇、不容辩驳的主题，也是对国际标准和准则的遵循。而且第三方评价的目的也是为顾客的最终满意服务的。

②第三方评价是整个饭店服务质量评价体系的基础，属于基础驱动层。一方面，第三方评价可以规定饭店产品或服务的主要功能、基本特征和通用要素，起到最低门槛作用，作为饭店的进入标准，并为顾客评价提供客观依据；另一方面，第三方评价可以综合饭店行业现有的和顾客评价的特性，制定比较客观且对顾客和饭店双方都能接受的标准，从而规范饭店服务，促进整个饭店业的标准化进程。

③饭店评价属于自我发展层，是第三方评价的依据和参考。饭店通过对服务过程、服务人员素质的控制等方面达到对自我服务质量的评价，从而向顾客提供稳定、高质量的服务。此外，饭店组织应在第三方评价的标准上，制定适合于自身发展的服务标准、服务程序和服务规范并加以规范的考核。

④饭店服务质量评价体系的核心是饭店服务，饭店服务是饭店服务质量评价各方的客体。而由顾客评价、饭店组织评价与第三方评价构成的大包围圈即是饭店服务质量评价体系的主要框架。

3.饭店服务质量评价体系的评价指标

饭店服务或服务提供的特性可以是定量的（可测量的）或者是定性的（可比

较的),这取决于如何评价以及是由饭店组织、第三方还是由顾客进行评价。许多由顾客作主观评价的定性特性,也是组织作定量测量的选择对象。饭店的服务标准必须依据可以观察到的和需经顾客评价的特性加以明确规定,而提供服务的过程也必须依据顾客不能经常观察到的但又直接影响服务业绩的特性加以规定。

饭店服务质量评价中的服务质量特性包括:设施、能力、人员的数目和材料的数量,等待时间、提供时间和过程时间,卫生、安全性、可靠性和保安性,应答能力、方便程度、礼貌、舒适、环境美化、胜任程度、可信性、准确性、完整性、技艺水平、信用和有效的沟通联络等等。因此,饭店服务质量的评价指标应包括以下内容:

①顾客满意指标。如顾客满意率、平均顾客满意度、顾客投诉率、投诉回复率、二次购买率等。

②服务硬件质量指标。如房间数量、设施设备档次与数量、设备完好率、设备维修率等。

③服务软件质量指标。如服务限时、服务人员高素质率、服务人员外语水平等。

④饭店经济指标。虽然各项经济指标与饭店服务质量评价并没有直接关系,但却可以从侧面反映出该饭店的服务质量水平。因为只有服务质量优良的饭店才会吸引顾客,在竞争中取得优势,从而赢得较好的经济效益,而服务质量差的饭店必然会失去顾客而没有经济效益。当前的星级评定中虽然没有对饭店的经济指标定出规定,但这却是必然趋势,只有加入对饭店经济状况的考核,评价才够完整。饭店经济指标可包括利润总额、销售利润率、利润增长率、资产利润率等。

4. 饭店服务质量评价体系的定量评价模型

综上所述,若设饭店服务质量为 Q,顾客评价结果为 C,饭店评价结果为 H,第三方评价结果为 G,那么饭店服务质量评价体系的模型可以用下式表示:

饭店服务质量 $Q = a \times C + b \times H + c \times G$

式中:a、b、c 为系数,且 $a+b+c=1$

其中,顾客评价 $C = \Sigma$ 各评价因子×因子的权重(Σ 因子权重为1)

饭店评价 $H = \Sigma$ 各评价因子×因子的权重(Σ 因子权重为1)

第三方评价 $G = \Sigma$ 各评价因子×因子的权重(Σ 因子权重为1)

上式中各方评价的结果是由各因子的具体得分及与其相应的权重相乘而得的。以顾客评价为例,为使说明简单化,假使顾客仅仅对饭店的设施设备打80分,对员工态度打90分,其中设施设备的权重为0.4,员工态度的权重为0.6,那么顾客评价的具体结果可表示为 $C = 80 \times 0.4 + 90 \times 0.6 = 86$。

各方评价因子及其权重的具体确定可以根据实际情况由各方自行确定,从而得出各自评价的具体结果。饭店服务质量评价体系模型中三方评价结果前的系数确定,可以用德尔菲法,即专家意见法来确定。

第七节 饭店服务质量承诺与质量保证

饭店为了吸引和招徕更多的客人,往往在对外宣传促销时,会从服务效率、服务态度、产品质量等方面向顾客作出各种服务质量承诺和保证,如提供各种服务的时间限额、各种"超值的享受"等等,一些饭店还推出了服务质量保证金制度,承诺当服务出现缺陷或顾客进行投诉时,饭店会根据实际情况向顾客提供物质或金钱补偿。服务质量承诺和保证,一方面有利于饭店进行对外宣传促销,提升其市场形象,吸引更多的客人;同时它有利于提高员工的服务质量水平,因为在服务质量承诺和服务质量保证的情况下,饭店管理人员和服务人员为了实现其承诺,获得顾客满意,就必须以承诺和保证的标准来严格要求自己,以免引起顾客的不满,甚至是投诉,引致饭店声誉和物质的损失。

一、服务质量承诺

服务质量承诺是指饭店向顾客作出的关于其能够提供高质量服务的口头或者书面的说明。服务质量承诺必须是建立在饭店自身拥有的设施设备、人员以及保证其承诺实现的各种有形与无形物质资源基础上,也即饭店必须拥有实现其承诺的各种资源保障。因为服务质量承诺从某种意义上说,是顾客形成对饭店服务质量期望的重要组成要素。当顾客在饭店所获得的实际服务质量感受与期望值相符时,客人不一定会有反应,但是当饭店提供的服务与其承诺不一致时,顾客则会有较大的反应,此时客人会有上当受骗的感觉。假如饭店无法提供及时有效的补救服务,则该客人将会转到竞争对手方去消费,并将其不愉快的经历告诉亲朋好友,或者是投诉到相关主管部门,导致饭店声誉和效益的损失。饭店的服务质量承诺应该是根据饭店的现有资源和能力提出的,必须是"名副其实"的承诺,否则不仅无法起到吸引顾客的目的,还将给饭店带来经济和名誉损失。

饭店服务质量承诺通常包括以下几个方面:

(1)客房质量与信誉承诺。包括客房卫生信誉承诺、客人入住登记与退房时间承诺、行李寄存时间承诺、急件转递时间承诺、楼层服务员服务承诺等方面。例如,有些饭店承诺客人入住10分钟后,如发现客房卫生状况不达标,楼层服务员将立即给予清理;如客人提出须换房,马上给予调换同类型房间,并致歉意;散客入住登记时间为2分钟,退房时间为2分钟等。若未能履行承诺,饭店向顾客致歉并支付一定的赔偿。

(2)餐饮质量与信誉承诺。包括餐饮卫生信誉承诺、上菜时间承诺、服务态度与服务效率承诺等。

(3)其他服务承诺。包括商务服务承诺、娱乐服务质量与信誉承诺、商场服务质量与信誉承诺等。例如,安徽省望江县白云宾馆为了搞好安商亲商活动,于2008年5月在安徽省商务部的网站上公开作出服务承诺:客商抵离宾馆时,门卫及时提供车辆引导和指航服务,大厅门口和餐厅门前有礼宾迎送;客人进入大厅,服务员保持微笑面容,站立说话,主动为客商提供问询、入住登记、行李寄存或物品保管服务等,共近二十条关于服务项目的承诺。

二、服务质量保证

服务质量承诺大多为口头上的承诺,而服务质量保证则更侧重于书面形式的规定。许多工业企业对产品质量实行"三保",而向顾客保证服务质量的饭店却极为少见。因为不少饭店的管理人员认为服务质量不仅受可控因素的影响,而且受不可控因素的影响,饭店无法始终保证优质服务。事实上,饭店完全无法控制的因素是极少的,服务态度、服务意识、服务技能、服务方法、服务设备等绝大多数影响服务质量的因素都是饭店管理人员和服务人员能够控制的。因此,关注顾客的满意程度,重视服务质量管理工作,向顾客提供服务质量保证,是饭店提高市场竞争力的关键。

质量保证指饭店采用有计划和系统的措施,保证并提高能够满足顾客需求的产品和服务。饭店要具备一定的质量管理能力和质量保证能力才能作出质量保证。因此,饭店服务的质量保证体系是建立在质量评价体系之上的。

饭店服务质量保证通常包括以下几个方面:

1. 硬件设施质量保证

硬件设施质量保证除常规的设施设备外,还包括网络系统、VOD点播系统、通讯系统、传译系统等商务硬件设施质量。

2. 服务质量保证

(1)服务态度保证

饭店保证以最优质的服务态度服务于客人,以吸引他们不断入住饭店。如维也纳马里奥特宾馆服务态度保证的内容是:友好和礼貌的殷勤接待;北京新世界万怡饭店向客人保证:至诚服务,美好感受;成都四川宾馆向客人保证:用我们的微笑,赢得您的微笑。

（2）服务标准保证

饭店通过制定高于其他同类饭店的服务标准,以让入住饭店的客人感受到高标准的服务质量,获得更高程度的满意。如维也纳马里奥特宾馆服务标准保证的内容是：提供马里奥特标准的服务；恩平金山温泉度假村保证：给您百分之百的享受；江阴国际大饭店保证：相约国际,共享人生；北京贵宾楼饭店保证：走进贵宾楼,人人是贵宾。

（3）服务到位保证

客人对饭店的服务质量感知往往发生在与服务人员接触的瞬间,因此饭店保证向客人提供准确、到位的服务,减少服务过程中的差错,让客人获得"物超所值"的产品和服务。如一些饭店保证向客人提供"ONE－STOP－SERVICE",即一次到位的服务,客人不论找到饭店任何一位服务员,这位服务员都应帮助客人完成他所需的服务；一些饭店保证向客人提供"DIRFT"(Do It Right the First Time),即每位服务员都应该把每项服务做到符合质量标准等等。

维也纳马里奥特宾馆是奥地利第一家推出宾客服务质量保证卡的饭店,每一位入住该宾馆的宾客都可以在总服务台上获得一张宾客服务质量保证卡。保证卡的内容如下：

①服务态度的保证。

②服务标准的保证。

③产品标准的保证。饭店除了提供服务外,还提供客房、饮食和娱乐设施等产品。对产品标准的保证内容是"提供最高等级的产品"。

④质量保证的适用区域。由于一家饭店有不少区域是租借给别人经营的。如维也纳马里奥特宾馆大堂四周的一部分房间租给了旅行社和商店经营。显然,饭店不能对所出租区域的产品和服务的质量作出保证。这一点要在质量保证卡上婉转地写明："这一质量保证适用于所有马里奥特宾馆管理的区域内。"

⑤对质量不满意部分的纠正与赔款保证。这是在质量保证卡中使宾客信服和对饭店有约束力的内容。维也纳马里奥特宾馆质量保证卡上写道："如果我们的服务不符合马里奥特标准的话,我们保证立即纠正,或退还给你不满意部分的钱款。"

⑥质量热线的电话。为了保证符合质量保证标准的服务与产品出现某些情况及时得到处理,质量保证卡上一定要提供质量热线电话,维也纳马里奥特宾馆就这样做了。

三、服务质量保证体系

1. 服务质量保证体系结构

饭店服务质量保证体系是由服务质量环、质量文件和内部审核三部分内容组成。

（1）服务质量环。它由影响产品和服务质量的相关活动构成,从识别需求开始,到评定服务结果为止,形成一个相互作用的环状模型。作为一个相对完整的环节,服务质量环的起点与终点均是宾主的接触面(点)。

(2)质量文件。它是饭店质量工作的基础,也是饭店标准化工作的一部分,主要包括质量手册、质量计划、运作程序、质量记录等。在日常业务活动中,各部门、班组的质量记录通常是薄弱环节,因为它由兼职人员承担,容易出现记录不完整、保存周期短、汇报沟通不够等缺陷。美国著名质管专家戴明认为,再完美的质量文件,如无基层检测评价、反馈修正、严格实施的话,质量文件仍是一纸空文,没有质量保证作用。

(3)内部审核。它用来评审质量体系的服务过程文件的有效性和具体实施情况,属于供方评定的一部分,是质量保证的基础。

2. 质量保证体系运作要素

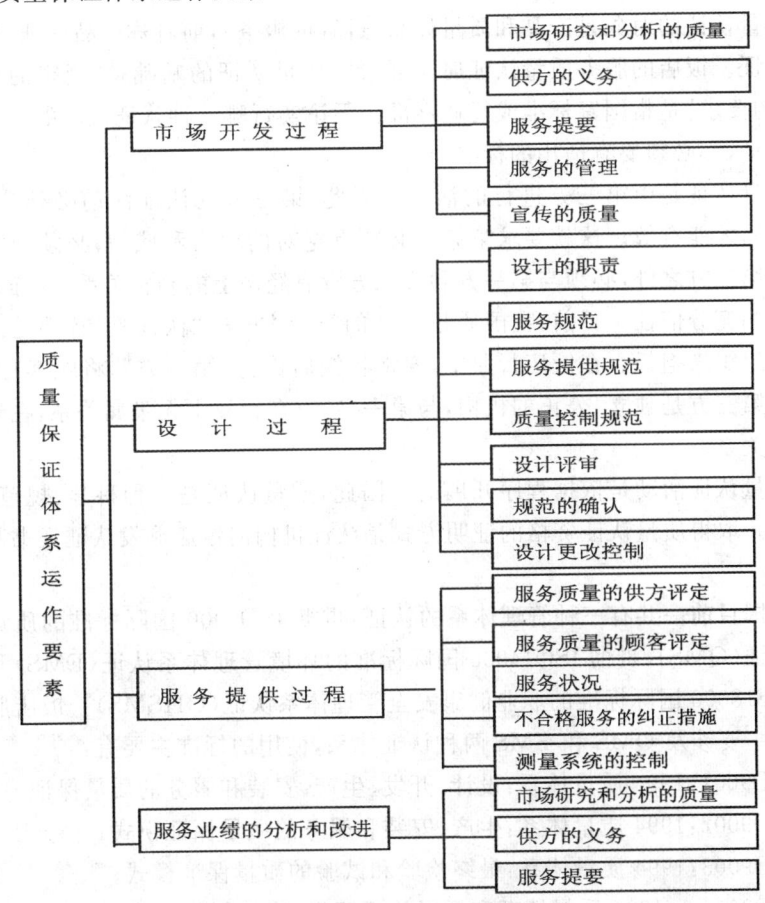

图 6-10 质量保证体系运作要素

为了方便理解和使用,ISO9004-2 标准的《服务指南》将影响或涉及服务质量的因素分成四大部分、二十个运作程序,形成服务质量保证的运作操作体系,并将其具体化。具体内容如图 6-10 所示。

四、服务质量认证

服务质量认证是服务质量保证的基础和保障。饭店服务质量认证是旅游行政主管部门根据饭店服务质量标准,对符合要求的饭店进行资格认证,并颁发相应的质量认证书的活动。目前我国饭店的服务质量认证主要采用国际通用的质量认证标准与体系。

质量认证也可简称为认证,是第三方依据程序对产品、过程或服务符合规定的要求给予书面保证(合格证书)。

质量认证的对象是产品和质量体系(过程或服务),前者称产品认证,后者称体系认证。饭店的服务质量认证属于后者。质量认证的基础是"规定的要求","规定的要求"是指国家标准或行业标准。无论实行哪一种认证或对哪一类产品进行认证,都必须要有适用的标准。

质量认证是由第三方进行的活动。因此,第三方的认证活动必须公开、公正、公平,才能有效。这就要求第三方必须有绝对的权力和威信,必须独立于第一方和第二方之外,必须与第一方和第二方没有经济上的利害关系,这样才能获得双方的充分信任。目前,我国质量认证的第三方——"认证机构"都是由国家认可的组织来担任。在饭店行业中,通常将饭店称为"第一方",将顾客称为"第二方",第三方是独立、公正的机构,与第一、二方在行政上无隶属关系,在经济上无利害关系。

质量认证活动是依据程序开展的。因此,质量认证是一种科学、规范、正规的活动。取得质量认证资格的证明方式是认证机构向饭店颁发认证证书和认证标志。

我国目前一共有三种管理体系的认证:贯彻 ISO9000 国际标准的质量管理体系认证(QMS)、贯彻 ISO14000 国际标准的环境管理体系认证(EMS)和贯彻 OHSAS18000 国际标准的职业健康安全管理体系认证(OHSMS)。饭店服务质量认证主要涉及 QMS 和 EMS 两种认证体系,使用的标准主要有:

ISO9001:1994 质量体系:设计、开发、生产、安装和服务的质量保证模式;

ISO9002:1994 质量体系:生产、安装和服务的质量保证模式;

ISO9003:1994 质量体系:最终检验和试验的质量保证模式;

ISO9004-1:1994 质量管理和质量体系要素:第一部分 指南;

ISO9004-2:1991 质量管理和质量体系要素:第二部分 服务指南;

ISO14001:1996 环境管理体系:规范及使用指南;
ISO14004:1996 环境管理体系:原则、体系和支持技术指南;
ISO14010:1996 环境审核体系:通用原则;
ISO14011:1996 环境审核体系审核程序:环境管理体系审核;

饭店进行服务质量体系认证时,应注意以下几个方面问题:

1. 在认证时,必须把 ISO9001/2 与 ISO9004-2 相结合。

由于作为质量体系认证的依据 ISO9001/2 主要是根据硬件产品质量形成全过程的特点提出的控制要求,而与饭店服务业提供的服务——这种特殊产品的质量形成过程有较大区别。而 ISO9004-2 则是按照服务业的特点提出的服务指南。它突出了服务行业的一般规律,具有较好的适用性。因此,对饭店服务行业运用 ISO9001/2 标准进行质量体系认证时,必须与 ISO9004-2 的有关内容相结合,才使饭店服务行业能更好地理解和掌握 ISO9001/2 标准所提出的各项要求。

2. 由于饭店行业的自身特点,在对照 ISO9001/2 标准条款时,有些内容宜粗不宜细。

3. 采用对照表的形式,是描述饭店服务质量体系的好办法。

作为申请认证的服务行业如何既能体现服务行业的特点,又能覆盖 ISO9001/2 提出的基本要求呢?解决这一难点的最好办法之一就是运用对照表(见 1998.7《中国质量认证》杂志中的《服务业质量手册编写的新思路》一文)。因为对饭店服务行业来讲,同一阶段的质量活动就包括多项对应标准的条款,特别是在服务现场这一重要环节,通常有多个要素相联系。所以使用对照表既可以较好地解决覆盖 ISO9001/2 要素的难题,同时也可以避免出现对饭店服务产品进行所谓"最终检验"的这种不符合服务产品特殊性质的现象。

第八节 饭店顾客满意与顾客价值

一、顾客满意

(一)CS 的概念

CS(CUSTOMER SATISFACTION)即顾客满意,是现代饭店的一种整体经营手段,CS 战略也被称作顾客满意战略,CS 始于 1986 年一位美国消费心理学家的创造,它是饭店为了使顾客能完全满意自己的产品或服务,综合而客观地测定顾客的满意程度,并根据调查分析结果,从饭店整体来改善产品、服务及饭店文化的一种经营战略,它建立的是顾客至上的服务,使顾客感到百分之百满意,从而效益倍增的一种新的系统。

CS 战略中的"顾客"一词涉及内容十分广泛,其一是指饭店的内部顾客,即饭店的内部成员,包括饭店的员工和股东;其二是指饭店的外部顾客,即凡是购买和可能购买本饭店产品或服务的个人和团体。因此实施 CS 战略的饭店所面临的顾客关系,不仅有饭店与员工的关系,同时还包括饭店与消费者和用户的关系。所以,CS 战略是一种以广义的顾客为中心的全方位顾客满意经营战略。

CS 战略的核心思想是饭店的全部经营活动都要从满足顾客的需要出发,以提供使顾客满意的产品或服务为饭店的责任和义务,以满足顾客需要、使顾客满意为饭店的经营目的。

顾客满意通常体现在三个方面:一是买到喜欢而满意商品;二是享受到良好而满意的待遇;三是消费者心理上得到满足,如个性、情趣、地位、生活方式等。

(二)CS 的基本含义

1."顾客第一"的观念

根据美国学者调查表明,每有一名通过口头或书面直接向公司提出投诉的顾客,就有约 26 名保持沉默的感到不满意的顾客。这 26 名顾客每个人都有可能会给另外 10 名亲朋好友造成消极影响,而这 10 名亲朋好友中,约有 33% 的人会有可能再把这种不满信息传递给另外 20 人。也就是说,只要一名顾客对饭店不满意,就会导致 $(26 \times 10) + (10 \times 33\% \times 20)$,即 326 人的不满意,可见影响之深远,后果之严重。因此,顾客满意就是经营者真正做到从思想上到行动上把顾客当作"上帝",在生产经营活动的每一个环节,都必须眼里有顾客,心中有顾客,全心全意地为顾客服务,最大限度地让顾客满意。

2."顾客总是对的"的意识

CS 活动要求员工必须遵守三条原则:一是应该站在顾客的角度考虑问题,使顾客满意并成为可靠的回头客;二是不应把对产品或服务有意见的顾客看成是故意挑剔的客人,应设法消除他们的不满,获得他们的好感;三是应该牢记,同顾客发生任何争吵或争论,饭店绝对不会是胜利者,因为你会失去顾客,也就意味着失去利润。

3."员工也是上帝"的思想

一个饭店,只有善待你的员工,这样他们才会善待你的顾客。满意的员工能够创造顾客的满意。因此,饭店要想使自己的员工让顾客百分之百地满意,成为顾客拥护者和顾客问题的解决者,首先必须从满足员工的需要开始——满足他们求知的需要、发挥才能的需要、享有权利的需要和实现自我价值的需要,关心爱护员工,调动员工的积极性,激发员工的奉献精神,树立员工的自尊心,使他们真正成为推进饭店CS战略、创造顾客满意的主力军。一句话,饭店必须用你希望员工对待顾客的态度和方法对待你的员工。

(三)饭店CS的构成

1.在横向层面上,它包括五个方面:

(1)饭店的理念满意,即饭店经营理念带给内外顾客的满足状态,它包括经营宗旨满意、经营哲学满意和经营价值观满意等;

(2)行为满意,即饭店全部的运行状况带给内外顾客的满意状态,包括行为机制满意、行为规则满意和行为模式满意等;

(3)视听满意,即饭店具有可听性的外部形象给内外顾客的满意状态,包括饭店标志(名称和图案)满意、标准字满意、标准色满意以及三个基本要素的应用系统满意等;

(4)产品满意,即产品带给内外顾客的满足状态,包括产品质量满意、产品功能满意、产品设计满意、产品包装满意、产品品位满意和产品价格满意等;

(5)服务满意,即饭店服务带给内外顾客的满足状态,包括绩效满意、保证体系满意、服务的完整性和方便性满意以及情绪和环境满意等。

2.在纵向层次上,它包括三个逐次递进的满意层次:

(1)物质满意层,即顾客对饭店产品的核心层,如产品的功能、质量、设计和品种等所产生的满意;

(2)精神满意层,即顾客对饭店产品的形式层和外延层,如产品的外观、色彩、装潢、品位和服务等所产生的满意;

(3)社会满意层,即顾客在对饭店产品服务的消费过程中所体验的社会利益维护程序,主要指顾客整体(全体公众)的社会满意程序。

(四)建立顾客满意级度

顾客满意级度是顾客在消费了饭店的产品和服务后所产生的心理满足状态等级体系,英文表达形式是Customer Satisfaction Measurement,简称CSM。

顾客满意级度可用顾客满意轴来表示,如图6-11所示。

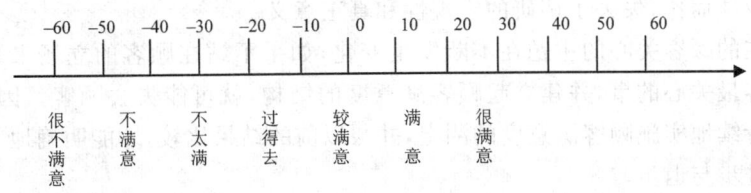

图6-11　顾客满意轴

顾客满意轴把顾客的满意水平分为七个等级：很不满意、不满意、不太满意、过得去、较满意、满意、很满意。七个满意等级的分值分别为－60、－40、－20、0、20、40、60 的分数总和为零。

建立顾客满意级度的目的是为了更好地测定顾客对饭店的满意度，以及顾客对饭店的产品或服务的满意度。在实际操作中，可以设定可能影响顾客满意的各个项目，让顾客根据自己的感受和评价，按照顾客满意轴的标准给每个项目打分，然后用下面公式进行计算：

$$CSM = (\sum X)$$

式中：CSM 代表顾客满意分值；

$\sum X$ 代表调查项目的顾客评分之和；

N 表示调查项目的数量。

CSM 得分高表明顾客满意，得分低则表明顾客不满意。

(五)顾客满意经营

所谓 CSM，是英文 Customer Satisfaction Management 的简称，意为顾客满意经营，也就是通过饭店推行 CS 战略来提高顾客满意度的经营方式。CSM 是指饭店为了使顾客能完全满足自己的产品和服务，综合而客观地测定顾客的满意度，并根据满意调查结果，整个饭店一体来改善产品、服务及饭店文化，提升饭店形象的一种经营战略。CS 经营的本质要求饭店必须做到以下方面：

1. 真心实意以顾客为第一

当前许多饭店虽然强调"以顾客为中心"的理念，但实际做的仍然是"饭店中心论"，他们仍然以自己饭店的利益为第一，仅将顾客满意视为饭店盈利的手段之一。因此，饭店在推行 CSM——顾客满意经营的过程中，必要时甚至可以牺牲饭店经营上的便利和利益，从长远来看得到的是更大的回报。

2. 定期、定量、综合测定顾客满意度

许多饭店也进行过顾客的满意度调查，但许多饭店的调查表内容过于简单或应付，并不能掌握顾客实际的满意程度，也显示不出饭店以顾客第一的诚意。甚至还有不少调查出现诱导式的问题，以便容易获得结果，或是为了向上级显示自己的业绩而作，失去了调研的客观性和真正意义。

现在的顾客关心的主题在不断发生变化，如果不站在顾客的立场来观察和了解顾客最关心的事，并建立起顾客满意度的结构，就可能失去顾客。因此，定期而且持续地实施顾客满意度的测定，并与以前的结果比较，才能明确地掌握什么地方进步与退步。

3. 经营者和管理者是 CS 经营的主导者

饭店的经营者和管理者不仅应关注顾客满意度的测定过程，更要重视顾客满意度测定的结果,并带头进行认真的检讨,然后迅速采取行动,对饭店的产品或服务进行改进。因此,要求经营者和管理者重视这些结果,并根据饭店具体情况,采取相应的决策,以从整体上进行管理与创断,获得顾客的认可。

二、顾客价值

据调查表明,有的饭店顾客满意度很高,但市场占有率却年年下滑,原因是顾客虽然对饭店的产品和服务表现满意,但当竞争者推出更令顾客心动的产品和服务时,原有的顾客必然转向竞争对手从而造成顾客的流失;同时,因为顾客的标准也将随着他们不断变化的需要而改变,以前经验以及竞争对手提供的服务水平的变化也会促使顾客对标准的改变,因而饭店不可能要求顾客"零变节",只能创造更高的顾客价值来吸引新顾客并留住老顾客。可见,饭店只强调顾客满意是不够的,创造顾客价值才是最根本的途径,饭店只有通过引导需求,打破原有的仅局限于成本、质量、价格的管理方法,为顾客带来更多价值,才能赢得竞争。

1. 顾客价值的含义

(1)市场认知质量(Market-Perceived Quality)。市场认知质量就是"顾客对于饭店产品或服务与其他竞争者的产品或服务相比之后的认知"。

(2)顾客价值。就是市场认知质量 Q 与饭店产品或服务的价格 P 的比值,$V=Q/P$。

2. 提升顾客价值

(1)首先举行顾客价值调查研究,了解饭店在顾客心目中的排行,做法包括与焦点群座谈、问卷调查等,然后针对不如竞争对手的项目提出改善方案。

(2)标竿学习。学习顶尖饭店赖以领先的各种观念、态度、运作方法、制度和技术。

(3)训练员工确认顾客价值的重要性与相关方法。

(4)建立注重服务质量的饭店文化,奖励服务绩效优良的员工,激发员工服务热忱。

(5)改善提供服务的设备与作业流程,修改或废止过时的规定和作业程序,加速达到顾客满意。

三、客人投诉与处理

(一)客人投诉的类型

根据客人投诉所表现的形式,可以把客人的投诉分为三种类型:

1. 理智型客人投诉。理智型客人在饭店内下榻,如果受到冷遇或较为粗鲁的言行和不礼貌的服务时,会导致其不满、生气,但这种客人不会明显流露,更不会因此而发怒。这类客人多数受过良好的高等教育,既通情达理又会在发生问题时冷静和理智地对待问题,因而对于此类客人的投诉问题比较容易处理。对此类客人表示同情,并立即采取必要的措施,解决他们提出的问题,他们便会发出感谢之语。

2.失望型客人投诉。失望型客人投诉的主要问题是客人在饭店事先预定的服务项目,如电话预定客房、预定餐位、送餐、叫醒等,因饭店粗心服务而被忘却、失约。在这种情况下,会引起客人的失望、不满甚至发火。处理此类投诉问题,首先要道歉,再采取必要的补救措施,使他们消火、息怒。

3.发怒型客人投诉。发怒型客人在饭店受到不热情、不周到服务时,或碰到服务员的粗鲁言行接待,或受到冷遇时,会怒气冲冲,并以较高的声调、不停的手势以及快速的脚步移动,与服务人员讲道理、评事由,并要求饭店承认过失。对于发怒型客人的投诉问题,首先要使他们息怒、消气,然后再认真听取他们的批评意见,并采取相应的解决措施。

(二)客人投诉因素及处理

客人投诉并非是饭店经营追求的指标,但它却是饭店应该预防的指标。进行相关的客人投诉原因分析是预防客人投诉的前提。

1.客人投诉的因素分析

客人投诉受多种因素的影响。有时候饭店服务人员、接待人员或是管理人员会发现,客人的突然生气、发火、抱怨甚至书面投诉真是莫名其妙。而这类情况发生的起因可能是客人进入饭店以前就碰到过一些倒霉的事情,如旅途中飞机晚点或到达终点机场发现自己行李失踪等,使得客人容易在步入饭店时爆发争吵、不满意、有意挑剔之类的事情。然而,客人真正动情、发怒、生气或是公开抱怨的投诉,主要是因为他在进入饭店办理入住登记,或是进入餐厅用餐、在商场部购物时没有受到应有的关注,甚至长时间无人服务的冷遇,使客人感到沮丧。在这种境遇下,客人就容易发火、动情。影响客人情绪以致最后发展成投诉通常有下列十点原因,或称投诉因素:

(1)客人感到自己被忽视,没有被服务人员或接待人员承认自己的存在。因此他会提高讲话声音,甚至发怒,从而引起服务人员及接待人员对自己的重视。如果此时服务人员不能控制情绪,就会自然地导致宾客的投诉。

(2)客人有时在饭店内其他部门受到粗鲁的言行、冷遇或者被拒绝提供服务和帮助,就会在一个新的部门发泄他内心的不满,从而进行报复。

(3)有时客人遇到问题或碰到服务项目以外的困难,饭店服务人员没有或不愿意协助处理也会引起客人的不满。目前,有些饭店开展小事关注服务项目,一方面是为了避免上述宾客的不满和投诉,另一方面是为了换来客人的感激之情,从而增加回头客源。

(4)客人有时自我感觉到,不仅没有受到应有的热情服务,反而觉得服务人员很讨厌自己的存在。在这种情况下很容易激起客人的不满和投诉。

(5)客人受到冷遇或歧视。即客人提出服务要求时,没有被理睬或服务人员根本没有目视客人,而在和另外的客人讲话。这种情况也会引起客人的投诉。

(6)客人对饭店有偏见或有一种较坏的印象。当然可能是客人的自我感觉,但是多数情况下是由于别人对饭店有一种不好的印象而传出奇闻,从而形成以后到来的客人对饭店产生的客观上的坏印象。

(7)客人在饭店内受到服务人员的拒绝,即服务人员不愿意向客人提供服务,从而造成客人的不满、生气、发怒。

(8)客人受到低劣服务。这是最容易引起宾客投诉的原因之一。

(9)服务中明显出现差错,即服务员不是按照服务规范向客人提供服务。例如,餐厅服务员在服务酒水时,没有按照服务规程操作或将酒水溅出,客人认为他付出的服务花费,没有换回应有的服务质量和应得的享受价值。在这种情况下,客人容易产生不满而导致投诉。

(10)当饭店出现服务差错或低劣服务或不安全事故时,饭店没有人对此错误负责。这种情况也容易引起客人的发火、投诉。

2.客人投诉的处理

在世界饭店业中,特别是一些大型国际饭店联号中,处理、解决客人投诉所采用的方法基本是一致的。我们引用世界最佳饭店——香港文华饭店处理宾客投诉的六项基本原则或称应该遵循的基本程序来说明。

(1)承认宾客投诉的事实。为了很好地了解宾客所提出的问题,必须认真地听取客人的述说,以便使客人感到饭店管理十分重视他的问题。在客人投诉时,饭店宾客关系部主任或大堂副理应全神贯注地倾听他的意见,与此同时,要目视客人,不时地点头示意,让客人明白"饭店管理者或宾客部主任在认真听取我的意见",听取客人意见的饭店代表要不时地说:"我理解,我明白,一定认真处理这件事情。"

为了使客人能逐渐消气息怒,饭店宾客关系部主任或大堂副理要用自己的语言重复客人的投诉和抱怨内容。如果是认真的投诉客人,饭店在听取客人意见时,要做一些记录,以示对客人的尊重及对反映问题的重视程度。

(2)表示同情和歉意。客人在谈问题时,作为饭店的宾客关系部主任或大堂副理或值班经理,要认真倾听并不时地表示对客人的同情,如说:"我们非常遗憾,非常抱歉地听到此事,我们理解您现在的心情。"等等。

(3) 同意客人要求并决定采取措施。当你是大堂值班经理或是饭店的宾客关系代表,你要完全理解和明白客人为什么抱怨和投诉;同时,在决定要纠正错误时,一定要让客人知道并同意你要采取的处理决定及其具体措施内容。在客人不知道或不同意你的处理决定的时候,就不要盲目采取行动。

(4) 感谢客人的批评指教。一位明智的饭店总经理会经常感谢那些对饭店服务水平或服务设施水准提出批评意见的客人,因为这些批评指导意见或抱怨,甚至投诉,会协助饭店提高管理水平和服务质量。假若饭店不知道客人为什么不满,那就无从改进和提高管理水平。

(5) 快速采取行动,补偿客人投诉损失。当客人完全同意你作为饭店大堂值班经理所要采取的改进措施时,你就要即刻行动,一定不要拖延时间。耽误时间只能进一步引起客人的不满。此时的时间和效率就是对客人的最大尊重,也是客人此时的最大需求。

(6) 要落实、监督、检查补偿客人投诉的具体措施。处理宾客投诉并获得良好效果,其最重要的一环是落实、监督、检查已经采取的纠正措施。一是要确保改进措施的进展情况;二是要使服务水准及服务设施均处在最佳状态;三是用电话询问客人的满意程度。对待投诉客人的最高恭维,莫过于对他的实际关心。有许多对饭店富有感激之情的客人,是那些曾产生投诉并得到满意处理的客人。

投诉客人的最终满意程度,主要取决于对他公开抱怨以后的特殊关怀和关心程度。另外,饭店所有管理人员和服务人员也必须确信,客人(包括那些投诉客人)都是有感情的,是通情达理的。饭店的良好口碑及其社会名气是来自饭店本身的诚实、准确、细腻的感情服务。

案例与习题

一、 案例

(一) TQC 小组

某三星级饭店由于宾客对洗衣质量投诉较多和内部布草损耗量较大而召开多次会议研究,但与会者认为洗衣布草质量管理问题太大,积重难返,一时拿不出有效的整治方案。

"布草管理虽比较复杂,但是否属于不治之症呢?"饭店总经理在一次会议上又提出这个问题,他的态度是十分明确的,并把解决布草管理问题交给质量管理办公室。

布草 QC 联合小组很快成立了。布草使用面广,几乎涉及饭店每个角落,但 QC 小组突出重点,抓住餐饮、客房等使用部门和承揽布草洗涤的洗衣厂。他们做的第一件事是调查研究,把导致布草损耗和洗涤质量不高的原因一一查明,并依次排列，运用因果分析法分析出 52 条原因，最主要的几条是：使用不当、管理不善、洗涤不净、运输设备不洁、污染布草。

QC 小组针对这几条主要原因，绘制出对策表，明确各项整改措施、完成达标时间和预计质量结果，并确定目标管理的执行者。

由于这项工作面广量大，光靠一个 QC 小组是不够的，于是针对工作方案和有关部门，成立了 7 个 QC 小组。

"以前由于我们管理不善，个别服务员用台布擦餐桌，甚至拖地面。领取台布手续不严，大小台布的保管制度漏洞极大。我们 QC 小组的任务不光是查明原因，更重要的是解决问题。"餐饮部 QC 小组负责人如是说。他们最后研制了一系列新的布草收发、领用和保管制度，做到各种布草专人负责，专车运输。

客房部 QC 小组认为，过去布草失落多，主要原因是疏于管理，有些人认为一家大饭店不必斤斤计较于一两块毛巾。针对这种思想，QC 小组成员一方面向大家讲解节流开源的意义，另一方面则在健全布草的领用制度上下工夫，有效地控制了毛巾流失和公巾私用的现象。

大厦质量管理办公室汇总了各 QC 小组的整改措施，把行之有效的 32 条措施用文字的形式正式确立下来，成为今后大厦管理制度的组成部分。经过两年多的努力，上海大厦布草损失和洗涤质量不高的问题得以完全解决，并且布草小组还被评为全国先进 QC 小组。

分析：全面质量管理是一种先进的服务质量管理方式。但运作效果如何需要饭店管理者根据自身情况灵活地运用，上海大厦的领导遵循全面质量管理的运作原则，结合本饭店的具体情况，组成了由各相关部门参加的布草 QC 联合小组，为解决布草质量问题提供组织上的保障。在具体实施过程中，利用全面质量管理的分析方法——因果分析法，找出关键的少数原因，针对这些原因，确定整改措施。还必须注意，全面质量管理不是阶段性的，而是贯穿于质量管理的全过程，解决了一个问题，马上进入到下一个问题的分析和解决之中去，即 PDCA 循环的具体运用。

(二)"员工也是上帝"

香港中星集团管理的河南洛阳牡丹大饭店把"员工第一"的海外饭店管理经验落到了实处。饭店总经理让人事部担任员工食堂的行政领导，加强食堂管理，改善膳食质量。

搞好员工食堂是桩难差事、苦差事。在人事部的管理下，食堂负责人定期研究就餐员工的口味。饭店虽是中外合资的，但员工都是当地人，所以食堂特地聘请本地技艺水平较高的厨师为员工做饭。食堂又在各部门广泛了解员工所喜欢的菜点，实行"一周一菜谱"的制度。

牡丹大饭店员工食堂的菜谱是够馋人的。一周七天的早餐，饮料汤类、点心、小菜种类各异；中餐和晚餐更是琳琅满目，令人目不暇接，不仅河南人爱吃的一些家常菜被搬进了食堂，而且足以在饭店餐厅"登堂入室"的菜种也时常出现在员工的餐桌上。

饭店员工偶尔也会对食堂的菜肴或服务工作投诉的，食堂领导经常在员工中灌输二线为一线服务的思想，努力满足一线员工在菜肴质量和品种、服务态度、服务效率等方面的需求。例如，员工在食堂吃饭有先有后，后来的员工不能保证吃到热的食品，食堂就把原来的大锅炒菜改为大锅小炒，即每锅炒少量菜，随到随炒，保证热饭热菜热汤。

分析："顾客第一""顾客是上帝"一直是挂在饭店管理者嘴上的口号。近年来，随着国外饭店管理经验的引进，我国饭店业界也出现了管理思想的转变，开始重视饭店内部顾客——员工的价值。牡丹大饭店不但认识到这一点，而且把它落到了实处。从改善员工食堂做起，并在饭店不断灌输为员工服务的思想，真正做到员工满意，解决了他们的后顾之忧，从而在服务过程中更好地为顾客着想，做到"顾客满意"。可见，"员工第一"和"顾客第一"不但不会冲突，而且是相互促进、相辅相成的。

二、习题

1. 理解服务、质量和服务质量三者的区别。
2. 讨论：在中国饭店内实行全面质量管理存在的问题及解决方法。
3. 讨论：服务质量管理的几种方法及各自的利弊。
4. 理解顾客满意与顾客价值之间的区别与联系。
5. 如何向顾客提供超值服务？

第七章 现代饭店安全管理

学习目的

通过本章的学习,掌握现代饭店安全、安全管理的概念和饭店安全管理的内容与特点,了解饭店安全的类型、饭店安全网络、安全组织与安全职责,熟悉饭店犯罪与盗窃的防范计划、控制与管理以及防火安全计划与消防管理措施,掌握紧急情况的应对、管理和其他常见安全事故的防范、管理措施,了解饭店突发事件应急预案。

主要内容

- 现代饭店安全管理概述

  饭店安全概念　饭店安全的类型　饭店安全管理

  饭店安全管理的内容与特点

- 现代饭店安全网络与安全组织

  安全网络与安全组织　安全组织与安全职责

- 饭店安全管理的计划、制度与措施

  犯罪与盗窃的防范计划、控制与管理　防火安全计划与消防管理　其他常见安全事故的防范计划与管理措施

- 紧急情况的应对与管理

  国内客人违法的处理　涉外案件处理　客人伤、病与死亡的处理　食物中毒事故处理　停电事故处理　防爆　重大事故处理

- 突发事件应急预案

  火灾应急预案　自然灾害应急预案　饭店建筑物和设施设备事故应急预案　公共卫生和伤亡事件应急预案　社会治安事件应急预案

安全管理作为饭店管理的一个重要组成部分,已得到饭店从业者的充分认识与重视。饭店属于开放式的服务性企业,是一个提供综合性服务活动的公共场所,存在着许多不安全因素,各种安全问题也较为突出。本章阐述饭店安全与安全管理的概念,饭店安全管理的内容与特点,现代饭店的安全网络与安全组织,饭店安全管理的计划、制度与措施,饭店紧急情况的应对与管理进行了研究与分析。

第一节 现代饭店安全管理概述

一、饭店安全概念

1. 饭店安全的定义

饭店安全指在饭店所涉及的范围内的所有人、财、物的安全,以及所产生的没有危险、不受任何威胁的生理和心理的安全环境。

2. 饭店安全的内涵

饭店安全包含四个层面内容:(1)饭店以及来店客人、本店职工的人身和财物,在饭店所控制的范围内不受侵害,饭店内部的生活秩序、工作秩序、公共场所等内部秩序保持良好状态。(2)饭店本身的财产安全与名誉安全。(3)饭店客人及饭店人员的心理安全。饭店安全状态是一种既没有危险,也没有可能发生危险的一种状态,使客人在心理上获得安全感。虽然客人的人身和财产并未受到伤害和损失,但客人若在住店时感到有不安全的威胁,存在恐慌心理,比如设施、设备安装不合理或不牢固,电器设备有漏电现象,住客楼层有闲杂人员,地面光滑易摔倒,娱乐场所有人起哄,等等,都会造成客人的心理不安全感觉。从保障客人的合法权益来说,只要客人入住饭店,饭店员工就有责任保障客人的心理安全,为客人保守秘密和隐私。(4)饭店安全还包括名誉安全、饮食安全和其他一些需要保护的安全问题。

二、饭店安全的类型

现代饭店中的安全问题主要表现为五种类型:(1)以偷盗为主的犯罪行为;(2)火灾;(3)名誉损失;(4)逃账等财产安全问题;(5)其他安全问题。名誉损失主要针对饭店客人而言;逃账等财产安全问题主要针对饭店及饭店接待设施而言;犯罪和火灾则可能对饭店中的客人和饭店接待设施都造成很大影响。其他安全问题指饭店提供饮食服务、娱乐服务时可能造成相应的饮食安全、娱乐安全等问题。

1. 犯罪

旅游饭店安全中的犯罪大多以偷盗为主。可以说,盗窃案件是发生在旅游饭店中最普遍、最常见的犯罪行为之一。饭店是一个存放有大量财产、物资、资金的公共场所,极易成为盗窃分子进行犯罪活动的目标。饭店客人的物品新奇、小巧、价值高,客人钱财在客房内随意存放,饭店的许多物品具有家庭使用或出售的价值等都会成为不法分子犯罪的诱因。盗窃案件对饭店造成的后果也较为严重,不但造成客人和饭店的财产损失,而且使饭店的名誉受损,直接影响到饭店的经营。

2. 火灾

火灾是因失火而造成的现代饭店人员伤亡和财产损失的灾害。由于饭店接待设施尤其是饭店建筑费用高、内部设施完善、装饰豪华、流动资金和各类高档消耗品储存较多,且多地处繁华地段,一旦发生火灾,其直接经济损失较高、危害大。饭店发生火灾的主要原因在于:(1)饭店可燃物多;(2)饭店的建筑结构易发生烟囱效应;(3)疏散困难,易造成重大伤亡。从国内外宾馆、饭店发生的火灾来看,起火原因主要有:(1)顾客在床上吸烟(特别在酒后),或乱丢烟头;(2)厨房用火不慎和油锅过热起火;(3)在维修管道设备时,违章动用明火引起火灾;(4)电器线路接触不良,电器使用不当等。饭店最有可能发生火灾的区域为:客房、厨房、餐厅以及各种机房。[①] 饭店火灾往往造成严重的后续反应如基础设施破坏、财产损失等,甚至造成整个饭店的破产。例如:2005年6月10日,广州汕头市南华宾馆发生重大火灾,到6月11日死亡人数已经增加到31人。这是1994年以来,广东省发生的死亡人数最多的火灾;[②]2007年5月26日,辽宁省朝阳市双塔区百姓楼饭店总店发生火灾,造成11人死亡、15人重伤、1人轻伤;[③]2009年2月18日,江西省新余市新都宾馆发生火灾,火灾过火面积约134平方米,并造成5人死亡、2人轻伤。[④] 饭店火灾不仅危及客人、员工的生命,使饭店遭受重大的经济损失、名誉严重受损,而且部分饭店火灾甚至还会给国家带来了不可估量的损失。

---

① 熊洪波等.宾馆及饭店火灾危险性及预防措施.河南消防.2001(7):44—46

② http://news.xinhuanet.com/newscenter/2005-06/11/content_3071261.htm. 新华网.汕头宾馆火灾31死 为十多年广东死亡数最多.检索时间:2007年10月29日

③ http://news.sohu.com/20070528/n250262789.shtml. 搜狐新闻网.辽宁朝阳市饭店火灾为员工使用燃油炉灶所致.检索时间:2007年10月29日

④ http://jiangxi.jxnews.com.cn/system/2009/02/20/011030438.shtml. 江西新闻网.新余新都宾馆火灾造成5死2伤.检索时间:2010年8月26日

3. 名誉损失

饭店安全中的名誉损失指住店客人的名誉安全、隐私安全与心理安全三个方面。

(1) 名誉安全

名誉安全指客人住店期间因饭店的行为或他人的行为而受到名誉或人格的损害。例如，由于饭店有卖淫、嫖娼现象的存在，有赌博、打架斗殴等不良行为的存在，导致饭店形象不良而使入住该店的客人被误认为是同流合污者，从而使客人认为"到此饭店很羞耻、很不光彩"，客人名誉受损、人格受伤害。

妓女现象是个世界性的问题。西方世界，尽管妓女可以公开在红灯区营业，但红灯区外，各国星级饭店为了饭店客人的名誉安全，都特别注意杜绝妓女在各种公共场合的出现和娼妓现象。即使在以自由著称的美国，也明文规定，禁止男性在酒吧和素不相识的女性搭讪或同坐一个席位，并要求酒吧员工要特别注意监视不正派的风骚女人。这几年，娼妓现象在中国又沉渣泛起，有些地方还有愈演愈烈之势。甚至有些妓女成群结对、花枝招展地出入于高级饭店，若无其事地招引客人。饭店的咖啡厅、酒吧间、美容室等易成为妓女集结地。饭店的住客常受到妓女的电话骚扰，干扰了客人的正常休息，影响了饭店客人的名誉安全，以致客人闻而却步。

如2006年，德国世界杯足球赛在交通便利的德国举行，东欧的一些卖淫集团成批地向德国输送妓女，人数大约有44万人。当时世界媒体都以这样的字眼报道德国——"性情世界杯""多特蒙德在为世界杯准备妓女与和平"。[①] 2008北京奥运会期间，我国严防国际卖淫集团"洋小姐"或扮游客入境，我国政府和警方采取防范为主原则，将"被认为入境后可能进行卖淫活动的外国人"列为不受欢迎的人，并在奥运之前就公布《法律指南》，对外国卖淫团伙和个人形成威慑，让他们有所顾忌。

(2) 隐私安全

隐私安全指客人的一些个人生活习惯、爱好、嗜好，甚至一些不良行为和生理缺陷的安全保障问题。客人住店期间，或在消费中，或在被服务过程中有时会无意间流露出难以启齿的个人生活中的一些嗜好、不良习惯与行为，甚至一些生理缺陷。这些隐私如果外泄，会影响到客人的人格，甚至影响到其工作。因此，楼层服务员有责任为客人保守秘密和隐私，使客人能够放心，无拘束地消费与生活。

---

① 网易新闻: http://news.163.com/08/0616/11/4EIB2T2J0001124J.html, 2008-06-16

(3)心理安全

心理安全是指客人在入住饭店后对环境、设施和服务的信任感。有时虽然客人的人身和财产并未受到伤害和损失,但客人却感到有不安全的威胁,存在一种恐慌心理,比如设备安装不牢固,电器设备有漏电现象,楼层有闲杂人员等。从保障客人的合法权益来说,只要客人住进了饭店,饭店的任何人员,在没有特殊情况下,都不得随便进入客房。饭店的员工有责任为客人保守秘密和隐私。有些客人不愿将自己的情况告诉别人,那么饭店员工就要为他保密,不要轻易将他的房号等告诉外来人员,让客人在心理上获得安全感。

4. 逃账

逃账现象在中、西方饭店中常有出现。在饭店经营管理中,常把冒用信用卡,盗用支票,使用假支票、假钞,逃单等现象统称为逃账现象。逃账的结果无疑给饭店带来经济的损失和人力的耗损。因此,逃账是危及饭店正当利益的财产安全问题。

5. 其他安全问题

现代饭店中的其他安全问题主要有:

(1)食物中毒

这是由于饮食卫生引发的较为严重的饮食安全问题。其主要原因是由于饮食提供者提供的食品、饮品过期、变质或不洁净等原因而导致的恶性事故。食物中毒对旅游者的伤害较大,严重者将危及旅游者的生命安全。例如,2003年8月2日,北京市平谷区育新苑宾馆的78位住店顾客发生集体食物中毒事件;[1] 2004年7月24日,内蒙古赤峰市红武大饭店发生集体中毒事件,共有96人发病住院;[2]2008年6月10日,泸州某饭店发生一起食物中毒事件,截止6月10日中午12时,发病住院人数为24人。[3]

(2)打架斗殴

打架斗殴多发生在饭店的歌舞厅、卡拉OK厅、酒吧等娱乐场所,主要源于酗酒。娱乐场所内的打架斗殴容易殃及其他旅游者,不仅对旅游者造成身体伤害,也将使旅游娱乐企业蒙受财产和经济损失。

---

[1] 关于育新苑宾馆食物中毒事故的通报.北京旅游信息网.http://www.bjta.gov.cn/fdcybgxt/ggl/27399.htm.检索时间:2007年10月29日

[2] http://www.cfhs.gov.cn/asp/xinwen/shownews.asp?newsid=598.内蒙古赤峰市洪山区人民政府门户网站.红武大饭店食物中毒原因现已查明.检索时间:2007年10月29日

[3] http://www.wsjd.cn/anj.asp?action=show&id=607.卫生监督员俱乐部.泸州某饭店食物中毒肇事及违反健康管理规定案.检索时间:2010年8月26日

(3)黄赌毒

黄赌毒指在旅游娱乐场所发生的卖淫嫖娼、赌博、吸毒等严重损害人们身心健康的不法活动。黄赌毒不仅严重危害旅游者利益,而且妨碍旅游业的健康发展。卖淫嫖娼和吸毒主要发生在营业性歌舞娱乐场所。有些营业性歌舞娱乐场所的业主为了吸引旅游者,以色情或变相色情的方式引诱、陪随客人消费;或者以提供摇头丸、冰毒等毒品来吸引消费者,刺激客人的消费。娱乐场所的赌博现象经常是以带有赌博性质的娱乐方式来引诱旅游者上当的,并利用赌博心理使旅游者无法自拔而达到坑害旅游者的目的。例如,一江苏旅游者在观看牌技表演之后,掏钱作赌注参赌。猜中两次后,进而一而再、再而三,结果不仅输掉赢来的钱,还倒赔了 600 多元钱。[①]

三、饭店安全管理

饭店安全管理指饭店为了保障客人、员工的人身和财产安全以及饭店自身的财产安全而进行的计划、组织、协调、控制与管理等系列活动的总称。这些活动既包括安全的宣传与教育,安全管理方针、政策、法规、条例的制定与实施,也包括安全防控、管理措施的制定与安全保障体系的构建与运作。饭店安全管理的目的是防止火灾、犯罪活动和其他不安全事故的发生,保障客人、员工的人身和财产安全以及饭店自身的财产安全,保证饭店的正常营运。

饭店安全管理涉及三个层面:

1. 宏观行业安全管理

宏观行业安全管理指全国性、地区性的宏观行业安全管理。由国家或地区制定相应的法规,设置专门的机构和人员,对全国饭店接待设施加以规范、管理,落实饭店接待设施的安全设施状况、安全管理工作,从宏观上把握饭店业的是行业安全。例如,通过《治安管理条例》《旅馆业治安管理办法》《消防法》对饭店业的治安、消防等予以宏观管理。因此,行业安全管理很大程度上体现为国家、地区的安全管理政策法规。

2. 微观饭店企业安全管理

微观饭店企业安全管理主要指饭店企业根据国家的相应政策法规开展的企业内部安全管理。饭店企业内部的安全环节千头万绪,安全管理工作较为琐碎,难度也较大。归纳起来,微观饭店企业安全管理涉及以下几方面:①安全管理规章制度;②安全管理机构;③安全设施设备;④部门安全管理;⑤防火;⑥防盗;⑦其他安全管理。

---

① 许纯玲,李志飞.旅游安全实务[M].北京:科学出版社,2002.175.

3.客人管理

客人管理包括两方面内容：

① 对客人的管理与引导。一方面要对客人进行管理，防止客人借助客人身份的掩护变成犯罪分子和旅游安全问题的故意肇事者；另一方面，要正确引导客人，使客人能够遵守相应的安全规章制度，安全操作，不致引发旅游安全问题。例如，据统计，饭店火灾中约有40%是由客人吸烟不注意引发的。因此引导客人不要卧床吸烟，对饭店的客人加强管理显得非常重要。

② 客人的自我安全管理。旅游安全问题的发生，有很大一部分是由于客人自身的原因造成的。例如，客人疏忽大意而在饭店丢失东西或物品被盗，客人吸烟引发的火灾，等等。因此，客人一方面要提高警惕，充分认识到旅游饭店中潜在的不安全隐患；另一方面，应该尽量克制自己的行为，避免使自己成为旅游安全问题的肇事者，尤其是故意肇事者。

四、饭店安全管理的内容与特点

1.饭店安全管理的内容

现代饭店安全管理的内容有三大方面：

(1)建立有效的安全组织与安全网络

现代饭店安全管理工作通常是由专门成立的安全部（如饭店的安全部或保安部）负责，鉴于饭店安全管理的复杂性，饭店的安全管理工作除由安全部具体负责外，还应根据饭店的特征，建立有效的安全组织与安全网络。饭店的安全组织和安全网络由饭店的各级管理人员和一线服务人员组成，与饭店的保安部一起共同完成安全管理。管理工作内容包括饭店的消防管理、治安管理以及日常的楼面安全管理。

(2)制定科学的安全管理计划、制度与安全管理措施

饭店科学的安全管理计划、制度和安全管理措施能将不安全问题防范于未然，避免不安全问题的发生或减少发生的频率。饭店安全管理计划、制度与安全管理措施包括：犯罪与防盗控制计划与防范措施，防火安全计划与消防管理措施，常见安全事故的防范计划与管理措施。安全制度包括治安管理制度、消防管理制度等内容。

(3)紧急情况的应对与管理

紧急情况指发生在现代饭店中的一些突发的、重大的不安全事件或事故。从安全角度看，饭店中容易产生的紧急情况一般有：停电事故，客人违法事件，客人伤、病、亡事故，涉外案件以及楼层防爆炸等。加强对紧急情况引发因素的控制与管理、做好应对紧急情况发生的准备工作，是现代饭店安全管理的重要工作

与任务。

2. 饭店安全管理的特点

与其他管理相比,饭店安全管理具有其特殊性。

(1) 国际性

所有涉外饭店的安全管理均具有国际性的特点。随着中国加入WTO和全球经济一体化的发展,国际间的交往将越来越频繁。现代饭店客人来自世界各地,由于各国的法律、道德、准则和行商公约不同,有的甚至差别很大,因此饭店中安全管理就得特别强调国际性,在安全防范政策与措施中,既要不违背我国的法律规定,又要注意内外有别,按国际惯例办事。既要考虑来自不同地区、国家客人的习惯与承受能力,又要遵循国际通例,以国际性的安全管理政策与条例来满足不同国家地区消费者的共同需求。

(2) 复杂性

现代饭店是一个公共场所,是一个消费场地,每天都有大量的人流、物流和信息流。人流中,有住客、有访客、也可能有寻机作案的犯罪分子,犯罪分子往往又不能从外表上给予明晰和确认;物流中既有客人与饭店、客人与客人、客人与外界的物流过程,也有服务过程所需要的物质(资)流;信息流既包括电波流、文件流、数据流,也包括商务过程的洽谈、会议期间的报告和产品演示的交流。大量的人流、物流与信息流的存在造成了饭店安全管理的复杂性,这种复杂性表现在安全管理上既要防火,又要防盗;既要保护客人的生命、财产安全,又要考虑客人的娱乐安全、饮食安全;还要考虑防暴力、防突变、防黄赌毒、防突发事件,等等。

(3) 广泛性

现代饭店安全管理广泛性体现在:

① 安全管理内容的广泛性。现代饭店安全管理内容涉及供给方的安全管理与客人方的安全管理两大方面。前者包括饭店员工的人身安全、服务用品安全以及设施设备运作安全;后者除包括客人的生命、财产、隐私安全外,还包括客人的食、娱安全等内容。

② 安全管理涉及范畴的广泛性。首先,现代饭店安全管理的范围既涉及到饭店本身,还涉及到饭店以外的区域范围;其次,饭店安全管理涉及到饭店各个工作岗位和每位员工,涉及到每个住店客人;饭店安全管理的广泛性要求安全管理需要各部门、各岗位的通力合作,需要依靠全体员工的努力和配合,需要把安全工作与各部门、各岗位的职责、任务结合起来,在现代饭店中形成一个安全管理工作网络体系。

(4) 全过程性

饭店接待设施一天 24 小时、一年 365 天,不分白昼黑夜、春夏秋冬,都要常备不懈地进行安全管理。从饭店接待设施到每一服务产品的生产再到客人的消费,从客人入住登记到客人离开的整个过程,都存在着安全管理问题。

(5) 突发性

发生在饭店接待设施内的各种事故,往往带有突发性。饭店接待设施的各类安全问题往往是在很短时间内发生的,如火灾、抢劫、凶杀、爆炸等。因此,在平时要有处理各种突发事件的准备,才能在发生突发性事件时临危不乱,进行控制与处理。

(6) 强制性

饭店安全管理必须依据具有规范性和约束力的规章制度来实施安全管理办法与措施,违者则以行政、经济等手段进行处罚。只有健全、有力、高效的管理制度才能保证饭店经营的正常运行,才能有饭店的经济效益与社会效益。

(7) 全员性

饭店安全管理涉及每个部门、各个工作岗位和每个员工。饭店安全管理虽由安全部主要负责,但由于饭店接待设施的特点,必须要有各部门的通力合作,还必须依靠全体职工的共同努力。只有各级领导和全体员工都增强了安全管理意识,饭店安全才能有保障。

(8) 政策性

饭店安全管理的政策性是由于饭店安全管理的性质和内容决定的。饭店安全管理既要维护客人的合法权益,又要对一些触犯法规的人员进行适当的处理。在处理安全问题时要根据不同的对象、性质和问题,采用不同的法规和政策。

第二节 现代饭店安全网络与安全组织

由于现代饭店在旅游活动中的特殊作用与地位,考虑到饭店安全类型的特殊性以及安全管理工作的特点,饭店的安全管理工作除受所在地区行业管理部门的统一安全管理外,还应结合饭店各自的性质与特点,建立自己有效的安全组织与安全网络。

一、安全网络

现代饭店安全管理网络是旅游安全管理网络系统中的一个子系统,应与旅游的安全管理工作协调一致,并与饭店各工作部门、各工作岗位的职责、任务结合起来。由于饭店安全管理工作始终贯穿于生产、服务过程中,并与其他部门相互依赖与关联,因此现代饭店安全网络应包括:

1. 现代饭店层网络

这是由现代饭店高层领导、保安职能部门及饭店其他部门经理组成的,对整个饭店安全管理负责任的工作网络。它的任务是指导安全管理工作的开展,制定饭店安全管理计划与安全管理制度,并督促其有效实施。它的工作机构是饭店的保安部门,它的工作手段是计划和制度实施的检查与考核,它的监控方式是通过设在各部门、各岗位及饭店各要害部门、公共区域中的安全监控系统来实施。保安部设在饭店电梯口、楼层通道、休息会议厅等场所的安全监控系统是现代饭店安全管理工作的技术支持与保障。

2. 部门管理层网络

这是由现代饭店房务部、各楼层管理人员、保安部分管的各楼层安全管理工作人员及相关部门如工程部人员组成的,对饭店各楼层安全管理负责任的工作网络。它的任务是指导房务部、各楼层安全管理工作的开展,制定房务部、各楼层安全管理计划和安全管理制度并督促其有效实施。它的工作机构是房务部、各楼层经理领导下的安全管理小组;这个小组由饭店保安部进行业务指导,人员由保安部分管的各楼层安全管理工作人员及相关的管理人员组成。它的工作手段是在各自的工作岗位上结合生产、服务工作流程开展安全管理工作;它的监控方式是通过楼层安全管理计划和安全管理制度的实施。

3. 楼面服务层网络

这是由现代饭店楼面所有一线服务人员组成的安全工作网络,这个网络的人员遍及楼层每个部位,在全天候 24 小时的楼面服务过程中实施楼层的安全管理工作。它的工作手段是把安全管理的内容、楼层安全管理计划和安全管理制度结合到自己岗位上的服务操作中,在服务操作中,消除不安全隐患,避免不安全事故发生。这个层面安全网络的效果取决于楼层服务员对楼层安全管理重要性的认识程度。因此,楼层管理人员应对楼层员工开展经常性的安全教育,进行安全管理工作程序及相关技术的培训,以达到全员注重安全、杜绝不安全隐患的目的。

二、安全组织与安全职责

安全组织是现代饭店安全管理的组织,也是现代饭店安全计划、制度与安全管理措施的执行机构,负责现代饭店的安全与治安工作。饭店安全组织除履行旅游安全管理委员会指定的安全职责外,还得根据饭店的安全管理特征,履行饭店特有的安全职责。现代饭店的安全组织一般有:安全管理委员会、安全管理小组、治安协管小组和消防管理委员会。

1. 安全管理委员会

安全管理委员会由现代饭店高层领导、保安职能部门及饭店其他部门经理组成,并对整个现代饭店安全管理工作负总责任的组织。它的任务是指导安全管理工作的开展,制定饭店安全管理计划、制度与安全管理措施,并督促其有效实施。

2. 安全管理小组

现代饭店保安部是负责饭店安全工作的职能部门。保安部一般设有多个专门小组负责饭店各专项、各部门的安全管理工作。保安部内负责房务部安全管理工作的保安小组人员、楼层治安协管小组组长、消防管理小组组长及楼层相关管理人员就构成了饭店各楼层安全管理小组。楼层安全管理小组执行和监管饭店的安全管理工作,向饭店保安部和房务部经理负责。

现代饭店安全管理小组的主要职责有:

①协助饭店管理者制定、实施楼层的安全计划。并根据实施中所发现的问题或各种变化的因素,向饭店管理层提出修改或完善有关安全管理的政策、程序等方面的建议。在得到认可后,负责对饭店安全计划进行修订与实施。

②将饭店的安全管理工作与饭店的整体管理工作统一、协调起来,使饭店安全工作与各工作部门及各工作岗位的职责、任务有机地结合,从而使饭店安全管理计划在各楼层得到有效的实施。

③对饭店员工开展安全教育,进行安全工作程序及技术的训练。负责使每个员工了解并掌握与各自工作岗位有关的安全工作程序与技术,懂得如何应付可能出现的紧急事故,如火灾、停电等,明白在紧急状况下自己所应起的作用及应采取的措施,并学会使用各种安全设备的方法及技术。

④保证饭店内各种安全设备设施始终处于良好的使用状态。通过定期或经常的检查,及时提出修理、更换或添置要求。

⑤组织开展饭店各楼层安全管理工作的各项活动,负责对饭店管理工作进行阶段性分析,并以各种信息反馈形式(如报表、评估报告、专题汇报等)向保安部及饭店管理者反馈安全管理工作情况。

⑥指导饭店治安协管小组开展日常治安管理工作。

3. 治安协管小组

现代饭店治安协管小组是由饭店各楼层员工组成,协助楼层安全管理小组实施楼层安全计划,做好安全管理工作。由于治安协管小组成员不是专职的安全保卫人员,而是在其工作岗位上兼任安全协管工作,因此,必须选用综合素质高、积极负责的员工做安全协管员,明确他们协管的区域及任务,为他们提供必要的安全管理知识与技能训练,树立他们在楼层安全协管工作中的权威地位。

现代饭店治安协管小组的主要职责有:

①协助楼层安全管理小组执行日常安全管理工作,落实和实施楼层治安工作责任制和安全计划,维护楼层治安秩序。

②对楼面公共区域、电梯入口进行必要的监控,在日常的工作岗位上监管安全工作,发现有不安全现象,尽快将其控制,一旦出现不安全情况及事故,及时向楼层安全管理小组或保安部汇报,保证不安全情况能及时得到控制和解决。

③协助楼层安全管理小组及保安部人员调查和处理客人及员工报告的各种涉及安全问题的事件,防止犯罪分子及可疑人员进入饭店。

④结合岗位工作,做好日常的安全工作记录。对分管区域内的安全设备、设施进行检查与管理,做好这些设备设施的使用、维修及更换记录工作。

⑤对客人在客房内的隐私安全、心理安全、生活安全负责,协助客人做好安全防范工作。

4. 消防管理委员会

消防管理委员会负责管理和领导现代饭店的消防管理工作。消防管理委员会由饭店的房务部、保安部、工程部及相关部门的领导组成,饭店总经理是消防委员会的当然主任。由于饭店的消防工作涉及每个岗位、每个人员,因此,饭店消防管理小组必须有楼层中各种不同工作岗位的员工代表参加,以便消防安全管理能触及楼层各个层次与区域。现代饭店消防管理委员会主要职责有:

①认真贯彻上级和公安消防部门有关消防安全工作的指示和规定,把防火工作纳入饭店的日常管理工作,做到同计划、同布置、同检查、同评比。

②实行"预防为主,防消结合"的方针,制定灭火方案和疏散计划,定期研究、布置和检查饭店的消防工作。

③充分发动与依靠每个员工,实施岗位防火责任制,保证饭店消防工作计划和政策的实施与落实;定期进行防火安全检查,消除火灾隐患和不安全因素。

④组织检查饭店消防器材的配备、维修、保养和管理,确保消防设施、设备及器材的完好,使其始终处于良好的使用状态。

⑤组织饭店员工消防知识教育培训与消防演习,使每位员工认识消防工作的重要性,发现不安全因素立即排除并上报,让员工熟悉报警程序、疏散程序、熟悉紧急出口和通道,并能正确地使用灭火器材。

第三节　现代饭店安全管理的计划、制度与措施

现代饭店各种安全问题的存在有其可能性、不确定性和无序性等特征,因此,饭店采取的安全管理计划、制度与措施绝不能是临时的、局部的、应付性的或事后弥补式的。现代饭店管理者应根据饭店的特点,制定出一个科学、有效的安全管理计划、制度与措施,并使这个计划、制度、措施与饭店的经营管理工作紧密地结合起来。

饭店安全管理计划应是完整的、能有效应对安全问题的计划。计划应包括明确的规章制度及精心设计的程序、过程和活动,旨在防止犯罪、减少损失和降低饭店中不安全问题的发生频率。

饭店安全管理措施应根据客人普遍的安全需求,结合本饭店、本楼层的实际情况,要有各项服务工作的安全标准。这些标准不应是笼统、空洞的,而应是具体的、详尽的。在对构成犯罪、引发事故及引起客人和饭店受损、受害的各种不安全因素进行调查研究的基础上,应在饭店的安全管理计划指导下,结合饭店的安全管理制度,提出解决问题和处理问题的措施与办法。

应该强调的是,饭店安全管理计划、制度与措施的内容必须符合国家的有关法规,符合饭店所在地的地方性有关法规及社会治安条例,还必须能被饭店的客人所接受。同时,安全管理的计划、制度与措施本身应根据情况的变化及客人安全需求的变化不断进行修改、充实和完善。

一、犯罪与盗窃的防范计划、控制与管理

现代饭店对客人及员工生命、财产安全负有特殊的责任。饭店常见的危害客人及员工生命、财产安全的问题主要为犯罪、盗窃和火灾三种形式。因此,犯罪与盗窃的防范计划、控制与管理是饭店安全管理的重要内容。

饭店犯罪与盗窃的防范计划、控制与管理主要有以下工作:

1. 客人生命、财产的安全控制与管理

(1)入口控制与管理

现代饭店是一个公共场所,除衣冠不整者外,任何人都可自由出入。众多的人流中,难免有图谋不轨分子或犯罪分子混杂其间,因此,入口控制就显得非常重要。饭店入口主要有饭店大门入口、楼层电梯入口、楼层走道。

第一，饭店大门入口控制与管理。

①饭店不宜有多处入口，应把入口限制在有控制的大门外。这种控制是指有安全门卫或闭路电视监视设备控制。在夜间，只应使用一个入口。

②饭店大门的门卫既是迎宾员，又应是安全员。应对门卫进行安全方面的训练，使他们能用目光观察、识别可疑分子及可疑的活动。另外，在饭店大门及门厅里应有保安部的专职安保人员巡视。他们与门卫密切配合，对进出的人流、门厅里的各种活动进行监视。如发现可疑人员或活动，则及时通过现代化的通讯设备与保安部联络，以便采取进一步的监视行动，制止可能发生的犯罪或其他不良行为。

③现代星级饭店一般都要求在大门入口处安装闭路电视监视器（摄像头），对入口处进行无障碍监视，由专职人员在安全监控室进行 24 小时不间断的监视。监视人员与门卫及在入口处巡视的安保人员织成一个无形、有效的监视网，对饭店大门入口进行安全控制，保证大门入口处的安全。

第二，电梯入口控制与管理。

电梯是到达楼层的主要通道。许多饭店设有专供客人使用的专用电梯。为确保饭店的安全，必须对普通电梯及专用电梯入口加以控制。控制的方法一般采用人员控制或闭路电视监控。监控的位置一般在大厅电梯口、楼层电梯口、电梯内。

①人员控制。通过设置电梯服务岗位来达到人员控制。这个岗位并非是固定式，而是根据需要时设时撤，一般在举行会议、展销等大型集会时，由于进出饭店的人流较多，电梯瞬间人流大，采用闭路电视监控较难达到监控效果时而设置电梯服务岗位，由服务岗位的服务员招呼迎送上下楼客人并协助客人合理安排上下电梯，尽快疏散人流。这一岗位的服务员同样应受过安全训练，学会发现、识别可疑人员进入楼层，并能及时与楼层巡视的保安部人员联络，对进入楼层的可疑人员进行监督。

②闭路电视监控。通过设置在大厅电梯口及各楼层的电梯口及电梯内的摄像头组成的闭路电视监控网达到监视作用。安全监控室的专职人员通过闭路电视监控网对上下电梯的人员进行监视，发现疑点，及时与在各层巡视的安保部人员联络，进行进一步监视或采取行动制止不良或犯罪行为，必要时采取录像存档，以便以后作为佐证和对比材料使用。

第三，楼层走道安全控制与管理。

①保安部例行走道巡视控制。派遣安保部人员在楼层走道里巡视应是安保部的一项日常、例行的活动。在巡视中，应注意在楼层走道上徘徊的外来陌生人及不应该进入楼层的饭店职工；也应注意客房的门是否关上及锁好，如发现某客

房的门虚掩,安保人员可去最近处打电话给该客房。客人在房内的话,提醒他注意关好房门,客人不在房内的话,就直接进入客房检查是否有不正常的现象。即使情况正常,纯属客人疏忽,事后也应由安保部发出通知,提请客人注意离房时锁门。保安部对楼层走道巡视的路线、经过某一区域的时间应不时作出调整和变更,不能形成规律,以免让不良分子钻空子。但是,单靠安保部人员巡视来保证楼层走道的安全是远远不够的。因为巡视的安保人员人数少,巡视时间间隔长,因此有很大的局限性。

②楼层全员岗位控制。楼层安全计划应明确要求凡进入楼层区域工作的工作人员,如客房服务员、客房部主管及现代饭店经理等都应在其岗位工作中起到安全控制与管理的作用,随时注意可疑的人及不正常的情况,并及时向保安部门报告。

③闭路电视监控。通过装置在楼层走道中的闭路电视监视系统对每个楼层走道进行监视及控制。

此外,楼层还应注意走道的照明是否正常及地毯铺设是否平坦,以保证客人及职工行走的安全。

(2)客房安全控制与管理

客房是客人在现代饭店最常停留的主要场所及其财物的存放处,所以客房的安全至关重要,客房安全控制与管理包括:

第一,客房门锁与钥匙控制与管理。

为防止外来的侵扰,客房门上的安全装置是重要的,其中包括能双锁的锁装置、安全链及广角的窥视警眼(无遮挡视角不低于160度)。除正门之外,其他能进入客房的入口处都有上闩或上锁。这些入口处有:阳台门、与邻房相通的门等。

客房门锁是保护旅客人身及财产安全的重要器具。安全的门锁以及严格的钥匙控制是旅客安全的一个重要保障。现在多数饭店门锁均采用磁卡、IC卡电子门锁,其安全系数相对较高,但其输码与复制的控制程序对客户门锁安全仍非常重要。饭店管理机构应设计出一个结合本饭店实际情况切实可行的客房钥匙编码、发放及控制的程序,以保证客房的安全,保证客人人身及财物的安全。一般来说,这个程序包括以下的内容:

①对于电子门锁系统,总服务台是电子门锁卡编码、改码和发放客房门锁卡的地方。当客人完成登记入住手续后,就发给该房间的门锁卡。客人在居住期内由自己保管门锁卡,一般情况下,门锁卡不宜标有房间号码,以免客人丢失门锁卡又不能及时通知饭店时,被不良行为者利用。

②客人丢失门锁卡时,可以到总服务台补领钥匙卡,补卡时应要求客人出示

饭店卡表明自己的身份。在服务人员核对其身份后方能补发重新编码的门锁卡。对于长住客或服务员能确认的情况下，可以直接补发，以免引起客人的反感。

③工作人员，尤其是客房服务员所掌握的万能钥匙卡不能随意丢放在工作车上或插在正在打扫的客房门锁上或取电槽内。应要求他们将客房钥匙卡随身携带，客房服务员在楼面工作时，如遇自称忘记带钥匙卡的客人要求代为打开房门时，绝不能随意为其打开房门。

④须防止掌握客房钥匙卡的工作人员图谋不轨。采用普通门锁的楼层，客房通用钥匙通常由客房服务员掌管，每天上班时发给相应的房务员，完成工作后收回。客房部每日都记录下钥匙发放及使用情况，如领用人、发放人、发放及归还时间等，并由领用人签字。客房部还应要求服务员在工作记录表上，记录下进入与退出每个房间的具体时间。

第二，客房内设施设备安全控制与管理。

①电气设备安全控制与管理。客房内的各种电气设备都应保证安全。客房电气设备安全控制包括：客用电视机、小酒吧、各种灯具和开关插座的防爆、防漏电安全；电脑接口、调制解调器以及客用电脑设施设备的防病毒安全；火灾报警探头系统、蜂鸣器、自动灭火喷头以及空调水暖设施设备的安全等。

②卫生间及饮水安全控制与管理。卫生间的地面及浴缸都应有防止客人滑倒的措施。客房内口杯及水杯、冰桶等都应及时、切实消毒。如卫生间内的自来水未达到直接饮用的标准，应在水龙头上标上"非饮用水"的标记。

③家具设施安全包括床、办公桌、办公椅、躺椅、行李台、茶几等家具的使用安全。应定期检查家具的牢固程度，尤其是床与椅子，使客人免遭伤害。

④其他方面的安全控制与管理。在客房桌上应展示有关安全问题的告示或须知，告诉客人如何安全使用客房内的设备与装置，告知专门用于保安的装置及作用，以及出现紧急情况时所用的联络电话号码及应采取的行动。告示或须知还应提醒客人注意不要无所顾忌地将房号告诉其他客人和任何陌生人，并警惕不良分子假冒饭店职工进入楼层或客房。

楼层员工应遵循有关的程序保证客房的安全。客房清扫员在清扫客房时必须是开着的，并注意不能将客房钥匙随意丢在清洁车上。在清扫工作中，还应检查客房里的各种安全装置如门锁、门链、警眼等，如有损坏，及时报告安保部。引领客人进房的行李员向客人介绍安全装置的使用，并提请客人阅读桌上展示的有关安全的告示或须知。

(3)客人财物保管箱安全控制与管理

按照我国的有关法律规定，饭店必须设置旅客财物保管箱，并且建立一套登记、领取和交接制度。

现代饭店客人财物保管箱有两类,一类设在饭店总台内,由饭店总台统一控制。客人使用时,由总台服务员和客人各掌一把钥匙,取物时,应两把钥匙一起插入才能开启保险箱;另一类则为客房内个人使用的保险箱,客房内保险箱由客人自设密码,进行开启与关闭。应将保险箱的使用方法及客人须知明确地用书面形式告之客人,让客人方便使用,须定期检查保险箱的密码系统,以保证客人使用安全。

2. 员工的安全控制与管理

对现代饭店来说,它有法律上的义务及道义上的责任来保障在工作岗位上的员工的安全。因饭店忽视员工安全,未采取各种保护手段及预防措施而引起或产生的员工安全事故,饭店负有不可推卸的责任,甚至将受到法律的追究。另外,从员工的角度来看,员工如同客人一样,需要有人类共同渴望的安全感,希望得到保护,使自身及财物免遭伤害。因此,员工安全也应是饭店安全计划、控制与管理的组成部分。在员工安全管理中,应根据饭店的运作过程,结合各个工作岗位的工作特点,制定员工安全标准及各种保护手段和预防措施。

(1) 劳动保护措施

①岗位工作的劳动保护与安全标准。现代饭店的各个工作岗位要根据岗位工作的特点制定安全操作标准。虽然饭店内服务工作基本上以手工操作为主,但不同岗位的安全操作标准却不尽相同。如饭店接待员防袭击和防骚扰,客房清洁服务员的腰肢保护和防清洁剂喷溅,餐厅服务员防烫伤、防玻璃器皿损伤等,都需要有相应的安全工作的操作标准。随着各种工具、器械、设备应用的增多,饭店应制定安全使用及操作这些工具、器械、设备的各个岗位的安全工作标准和操作标准。

②岗位培训中的安全培训。在员工岗位技术培训中应包括安全工作、安全操作的培训与训练。饭店组织员工培训时,应将安全工作及操作列入培训的内容,在学习及熟练掌握各工作岗位所需的技能、技巧的同时,培养员工"安全第一"的观念,养成良好的安全工作及安全操作的习惯,并使员工掌握必要的安全操作的知识及技能。强调并提倡员工之间的互相配合,即工种与工种之间、上下程序之间,都应互相考虑到对方的安全,如设备维修人员在维修电器或检查线路时,要告之正在一起工作的房务员,以免造成不便或引起事故。

(2) 员工个人财物安全保护

现代饭店员工的个人财产安全保护包括员工宿舍中个人财产的安全保护和员工更衣室个人衣物贮藏箱的安全保护两方面。

①员工宿舍内员工个人财产保护。员工宿舍内个人财产的保护包括防止员

工内部偷盗及外来人员偷盗两方面内容。饭店为员工配备带锁的桌子或衣柜，以便员工存放物品。应告诫员工不要在宿舍存放太多的现金；注意不要让金钱外露；银行卡的密码应妥善保管，不能轻易外泄；出入宿舍要记得随手关门等。有偷盗行为的员工一旦被抓获，应立即予以开除，严重的要交送当地的公安机关。此外，应提醒员工注意宿舍楼内的陌生人，一旦发现可疑人员，应立即报告保安，让其出示身份证件。

②更衣室个人衣物贮藏箱安全保护。原则上，饭店不允许员工带物品进入饭店及工作岗位，为确保员工的衣服及随身的日常小用品的安全，要为上班的员工提供个人衣物贮藏箱，应告诫员工不要携带较多的钱财及贵重物品上班。贮藏箱一般设在更衣室内，贮藏箱要上锁，钥匙由员工个人及饭店人事部共同控制（即饭店人事部存有饭店员工更衣室个人贮藏箱的所有钥匙）。更衣室平时由安保部人员巡视，为防止员工将饭店物品存放于个人衣物贮藏箱，饭店有权检查员工个人衣物贮藏箱，但检查时必须有保安部、人事部派人参加，并要求在场人员至少2人以上方能开箱检查，以确保员工财产安全。

(3)员工免遭外来的侵袭控制

为方便客人，饭店一般设有多个结账台，这是犯罪分子可能抢劫的目标，收款员也可能成为受袭击的对象。所以，为保护收款员的安全，在收款处，应装置报警器或闭路电视监视器。收款处应只保留最少限额的现金。收款员交接现金时，应由安保部人员陪同。还应告诫收款员一旦遭到抢劫时的安全保护程序。

客房服务人员还可能碰上正在房内作案的窃贼而遭到袭击，或遇到行为不轨或蛮不讲理的客人的侵扰。一旦发生这种情况，在场的工作人员应及时上前协助受侵袭的服务员撤离现场，免遭进一步的攻击，并尽快通知保安部人员及楼层管理人员迅速赶到现场，据情处理。

另外，给上夜班下晚班的员工安排交通工具回家或在饭店过夜；及时护送工伤及生病员工就医；防范员工上下班发生交通事故；加强员工食堂管理，保证员工饮食安全，防止食物中毒等也属于员工安全计划的内容之一。

3.饭店财产的安全控制与管理

现代饭店内拥有大量的设施设备和各种高档物品，这些财产设备和物品为饭店正常运行、服务及客人享受提供了良好的物质基础。它们每天由员工或客人接触和使用，对这些财产及物品的任何偷盗及滥用都将影响到饭店及客人的利益。因此，财产安全控制与管理是饭店安全控制与管理中的重要内容。为保证饭店的财产安全，饭店财产的安全控制与管理包括：

(1)员工偷盗行为的防范与控制

事实证明，员工在日常的工作及服务过程中直接接触各类设备与有价物品，这些物品具有供个人家庭使用或再次出售的价值,这很容易诱使饭店员工产生偷盗行为。在防范和控制员工偷盗行为时,应考虑的一个基本问题是员工的素质与道德水准。这就要求在录用员工时严格把好关,进店后进行经常性的教育并有严格的奖惩措施。奖惩措施应在员工守则中载明并照章严格实施。对有诚实表现的员工进行各种形式的鼓励及奖励;反之,对有不诚实行为及偷盗行为的职工视情节轻重进行处理,直至开除出店。思想教育和奖惩手段是相辅相成的,只要切实执行,是十分有效的。

另外,还应通过各种措施,尽量限制及缩小员工偷盗的机会及可能。这些措施包括:员工上班都必须穿工作制服,戴号牌,便于安全人员识别;在员工上下班进出口,由安全人员值班,检查及控制职工携带进出的物品;完善员工领用物品的手续,并严格照章办事;严格控制储存物资,定期检查及盘点物资数量;控制及限制存放在收银处的现金额度,交接现金须有保安人员陪同及参加;严格财物制度,实行财务检查,谨防工作人员贪污。

(2)客人偷盗行为的防范与控制

由于饭店物品的高档性、稀有及无法购买性(有些物品在市场上无法购买到),因而住店客人也容易产生偷盗行为。虽然客人的素质一般较高,但受喜爱物品之诱惑,也不乏有偷窃倾向者。由于饭店所配备的客用物品如浴巾、浴衣、办公用品、日用品等一般都由专门厂家生产,档次、质量、式样都较好;客房内的装饰物和摆设物(如工艺品、字画、古玩等)也比较昂贵和稀有,这些物品具有较高的使用、观赏价值和纪念意义而容易成为住店客人盗取的对象和目标。为防止这些物品被盗而流失,可采取的防范控制措施有:将这些有可能成为客人偷盗目标的物品,印上或打上饭店的标志或特殊的标记,使客人打消偷盗的念头;有些使客人引起兴趣,想留作纪念的物品,可供出售,这可在《旅客须知》中说明;客房服务员日常打扫房间时,对房内的物品加以检查;在客人离开房间后对房间的设备及物品进行检查。如发现有物品被偷盗或设备被损坏,应立即报告。

(3)外来人员偷盗行为的防范与控制

外来人员偷盗行为的防范与控制包括三方面人员的防范与控制:

①不法分子和外来窃贼的防范与控制。要加强入口控制,楼层走道控制及其他公众场所的控制,防止外来不良分子窜入作案。

②外来公务人员的防范与控制。饭店由于业务往来的需要,总有一些外来公务人员进出饭店,这些人员包括外来公事人员、送货人员、修理人员、业务洽谈人员等。应规定外来人员只能使用职工入口处,并须经安全值班人员弄清楚情况后才能放行进入。这些人员在完成任务后,也必须经职工出口处离店。保安人员应注意他们携带出店的物品。楼层内的设备、用具、物品等须带出店外修理

的,必须具有饭店经理的签名,经安全值班人员登记后,才能放行。

③访客的防范与控制。现代饭店客人因业务需要经常接待各类访客,而访客中也常混杂着不良分子,他们在进入客人房间后,趁客人不备往往会顺手牵羊,带走客人的贵重物品或客房内的高档装饰物及摆设物;他们也可能未经客人的同意,私自使用客房内的付费服务项目,如打长途电话甚至国际长途等。此外,楼层应尽量避免将有价值的物品(如楼层电话等)放置在公共场所的显眼位置,并应对安放在公共场所的各种设施设备和物品进行登记和有效管理。

二、防火安全计划与消防管理

火灾始终是威胁现代饭店的一个重大灾难。因此,制定科学合理的防火安全计划和进行有效的消防管理是饭店安全管理的重要内容。

1. 现代饭店火灾原因分析

(1)客人或工作人员吸烟

很多饭店火灾是由于客人吸烟不注意所致,主要有两种情况:一是卧床吸烟,特别是酒后卧床吸烟,睡着后引燃被褥酿成火灾。如 2005 年山东德州市美丽华大饭店发生火灾,烧毁建筑 400 多平方米,造成 13 人死亡、2 人受伤,直接财产损失 15.4 万元。经调查,火灾系 1001 室住客酒后吸烟失控,引燃易燃物所致。二是吸烟者乱扔烟头。如 2000 年,长春市夏威夷大饭店地下洗浴中心特大火灾,这场火灾过火面积 347 平方米,烧死 2 人,并使 18 人窒息死亡,其中包括浴客 1 人,火灾造成直接经济损失 22 万余元。经调查,发生火灾的原因是保安员吸烟后将未熄灭的半截香烟扔在烟灰缸内,香烟在烟灰缸内持续燃烧,女服务员嫌呛,保安员便随手将烟灰缸内仍在燃烧的半截香烟倒在门外通道的可燃物上。在通道上方热风机的鼓吹下,烟头引燃可燃物,迅速燃烧,导致特大火灾发生。

(2)电器设备故障

饭店诸多功能集中在同一建筑内,各种电器设备种类繁多,这些设备用电负荷大,再加上有的电器电线安装不符合要求,因而成为引起饭店火灾的主要原因。据调查,在福建省福州、泉州、厦门三个地区饭店火灾中,因电器设备故障而引起的饭店火灾约占饭店火灾总数的 54% 左右。其主要原因是线路安装不合规范、线头裸露、电线老化、动物啃咬电线、电器设备安装不合理、电器本身有故障等。例如,2005 年广东省汕头市华南宾馆火灾造成 31 人死亡,最后认定火灾的直接原因是华南宾馆 2 层南区金陵包厢门前吊顶上部电线短路故障引燃周围可燃物,引发了此次特别重大火灾事故。另外,2008 年 2 月 15 日,浙江省义乌市义亭镇一饭店发生一起重大火灾事故,造成 11 人死亡、4 人受伤,其中两人伤势较重,初步勘察,火灾原因也是由于饭店电线线路老化造成。

(3) 大量易燃材料的使用

现代饭店除了拥有各种木器家具、棉织品、地毯、窗帘等易燃物品外,还有大量的装饰材料,一旦发生火灾这些易燃材料会加速火势的蔓延。如2005年广东省汕头市华南宾馆死亡31人的特大火灾,其中一个很重要的原因就是大量使用可燃材料装修等重大安全隐患。因此,有条件的饭店最好使用阻燃的地毯、床罩和窗帘等。2007年7月8日延吉大宇饭店设备部工人在焊接一楼咖啡厅棚顶漏水管时,不慎引燃周围可燃物,导致火灾发生,致一名工人死亡、一名工人重伤、一名工人轻伤。[①]

(4) 火情发现不及时

饭店绝大多数的火灾发生在夜间,因为此时客人已休息,饭店工作人员又少,火灾苗头往往不易被发现,人们一旦发现火情,火灾已具一定的规模,给扑救工作造成很大困难。如2008年发生在浙江省义乌市义亭镇一饭店的重大火灾事故,造成11人死亡,他们大多是由于火情发现不及时,在睡梦中被一、二层着火浓烟窒息死亡。

(5) 消防设施、设备配备不足

很多饭店火灾的发生与蔓延,是由于没有配备足够的消防器材所致。按照消防法规规定,一类建筑通道每15米必须安放手提式灭火器一部,二类建筑每20米必须安放手提式灭火器一部。不少饭店都没有达到这个要求。2007年5月19号,乌鲁木齐市新疆广茂宾馆发生火灾,造成一人死亡。事后经调查发现,当天,不仅宾馆工作人员报警迟缓延误了灭火的最佳时间,更令人无法想象的是,当消防官兵赶去灭火时,广茂宾馆的消防设施几乎瘫痪。火灾发生后,在救火过程中却发现大楼内的消防设施存在故障:消防电梯无法使用,消防队员不得不手提两盘水带,通过疏散楼梯上至宾馆16层进行灭火;消火栓泵无法正常启动,贻误战机。

(6) 未及时通知消防部门

由于饭店的特殊性,很多饭店的消防工作程序写明,发生火灾时,首先向饭店消防中心报警,由饭店义务消防队扑灭初起火灾。只有当饭店火势发展到一定程度、饭店义务消防队很难把火扑灭时,才由饭店消防委员会作出决定,通知当地消防队。如果饭店消防委员会判断有误,没有及时通知当地消防部门,失去了灭火的最佳时间,很可能使大火迅速蔓延,等消防部门得知火灾情况,则为时

---

① http://www.ybnews.cn/news/newsyb/200707/34357.html. 大宇饭店失火 工人一死两伤. 延边新闻网. 检索时间:2010年8月26日

已晚。还有的饭店发生火灾时,电话线路中断,无法及时通知消防部门。

(7)违反消防法规,消防管理不善

近年来我国颁布了一系列的消防法规,如《中华人民共和国消防法》《中华人民共和国消防条例实施细则》《高层建筑消防管理规则》《高层民用建筑设计防火规范》及各省市出台的消防条例等,很多饭店发生火灾,究其原因,都在不同程度上违反了国家的有关消防法规。如 2009 年 6 月 10 日凌晨 0 时 57 分,新疆乌鲁木齐市阿勒泰路新疆冠豪国泰大饭店地下一层柴油机房发生火灾,经调查确定起火原因为该处工程部值班人员在向柴油锅炉注入柴油时未认真看护,擅离职守,导致柴油注满溢出,流至地坪较低处的值班室,遇火源引发火灾,该起火灾的肇事者严重违反了《中华人民共和国消防法》。[1]

2.饭店火灾人员伤亡原因分析

(1)发生火灾时未及时通知客人

目前国内有相当一部分饭店没有安装通知客人疏散的广播系统,或者安装不合理,不能唤醒熟睡的客人,致使火灾发生时造成大量人员伤亡。

(2)没有防火救灾的预案

有些饭店平时不重视防火,没有一套发生火灾时的应急预案,因而在发生火灾时,往往不知如何救助客人。

(3)使用大量有毒的装饰材料

大量装饰材料的使用不但容易燃烧,而且燃烧时会产生大量有毒的烟雾。据统计,火灾中因烟雾中毒或窒息而死亡的人数约占整个死亡人数的 72% 左右。2006 年哈尔滨市道外区天潭饭店发生火灾,有 33 人死亡,遇难者大都是"有毒气体"窒息死亡,主要原因是饭店使用大量有毒的装饰材料。

(4)火灾发生时人们的异常心理与行为

在发生火灾时,人们的行为受求生避难心理的影响,导致作出许多错误的行为,造成不必要的伤亡。这些行为有:

①向熟悉的出口逃生。绝大多数住店客人对饭店的内部结构不熟悉。当火灾发生时,客人一般习惯于从原出入口逃生,很少寻找其他出入口或疏散通道逃生。如 2005 年广东汕头华南宾馆火灾死亡 31 人,其中死者多为陪唱小姐,因缺乏消防安全常识和逃生技能,不懂火场自防自救而被浓烟熏死。

②盲目跟着他人逃生。在遇到火灾等危险情况时,人们因对群体行动怀有信任感而随大流,盲目跟随人流奔跑,结果因倾轧而造成伤亡。

---

[1] http://info.fire.hc360.com/2009/06/12084765799.shtml. 玩忽职守引火灾 乌市一饭店值班员被拘.慧聪网.检索时间:2010 年 8 月 26 日

③判断错误。人天生对烟火有一种恐惧心理。发生火灾时,即使处于安全场所,也往往会作出错误的判断。如2006年2月2日,黑龙江省哈尔滨市道外区天潭饭店发生特大火灾,33人死亡,10人受伤。在死者中,有7名是饭店的服务员,他(她)们都是来自农村的青年人,进店之后未曾接受过防火教育,遇到火灾情绪紧张,判断错误,没有正确自救,从而失去宝贵生命。

④失去理智。在紧急情况心理紧张时,人往往会失去控制而作出异常的行为。在很多火灾中,都有不少人作出超乎寻常的行为,如从高楼跳下造成死亡。在哈尔滨天鹅饭店特大火灾中死亡的10人中,有9人是冒险直接从11层楼(垂直高度达28米)跳下摔死的。

3.防火安全计划与消防管理

(1)消防安全告示

消防安全告示可以从客人一入店时进行。从法律上来说,客人从登记入住时,就是饭店的客人了,饭店对每位客人的安全都负有法律上的责任。所以从客人一入店就应当告诉客人防火安全知识和火灾逃生的办法。有的饭店或楼层在客人登记时发给一张饭店卡,在饭店卡上除注明饭店的服务设施和项目外,还注明防火注意事项,印出饭店的简图,并标明发生火警时的紧急出口。

客房是客人休息暂住的地方,客人在饭店期间呆得时间最长的是在客房,应当利用客房告诉客人有关消防的问题。如在房门背后应安置楼层的火灾紧急疏散示意图,在图上把本房间的位置及最近的疏散路线用醒目的颜色标在上面,以使客人在紧急情况下安全撤离;在房间的写字台上应放置"安全告示"或放有一本安全告示小册子,比较详细地介绍饭店及楼层的消防情况,以及在发生火灾时该怎么办。国外有的饭店还专门开辟一个闭路电视频道,播放饭店及楼层的服务项目、安全知识、防火及疏散知识。

(2)防火安全计划与制度

防火安全计划是指现代饭店各岗位防火工作的工作程序、岗位职责、注意事项、规章制度以及防火检查等项工作的总称。我国消防条例规定:消防工作实行"预防为主,防消结合"的方针,把重点放在防火上。

在制定防火安全计划时,要把饭店内每个岗位容易发生火灾的因素找出来,然后逐一制定出防止火灾的措施与制度,并建立起防火安全检查制度。饭店的消防工作涉及到每个岗位的每一个员工。只有把消防工作落实到每一岗位,并使每位职工都明确自己对消防工作的职责,安全工作方能有保证。必须使每位员工做到:

①严格遵守饭店规定的消防制度和操作规程;

②发现任何消防问题及时向有关部门汇报;

③维护各种消防器材,不得随意挪动、占压和损坏;
④发现火患及时报警并奋力扑救。

4.火灾紧急计划与控制、管理

火灾紧急计划与控制、管理是指在现代饭店一旦发生火灾的情况下,饭店所有人员采取行动的计划与控制、管理方案。火灾计划要根据饭店的布局及人员状况用文字的形式制定出来,并需要经常进行训练。

饭店内一旦发生火灾,正确的做法是要立刻报警。有关人员在接到火灾报警后,应当立即抵达现场,组织扑救,并视火情通知公安消防队。是否通知消防队,应当由饭店主管消防的领导来决定。有些比较小的火情,饭店及楼层员工是能够在短时间内组织人员扑灭的。如果火情较大,就一定要通知消防部门。饭店应把报警分为二级。一级报警是在饭店发生火警时,只是向饭店的消防中心报警,其他场所听不到铃声,这样不会造成整个饭店的紧张气氛;二级报警是在消防中心确认楼层已发生了火灾的情况下,才向全饭店报警。

饭店应按照楼层及饭店的布局和规模设计出一套方案,使每个部门和职工都知道万一发生火灾时该怎么做。

一旦饭店发生火灾或发出火灾警报时,要求所有员工坚守岗位,保持冷静,切不可惊慌失措,到处乱窜,要按照平时规定的程序作出相应的反应。所有人员无紧急情况不可使用电话,以保证电话线路的畅通,便于饭店管理层下达命令。各部门及岗位该采取的行动如下:

(1)饭店消防委员会。饭店消防委员会在平时担负着防火的各项管理工作,一旦饭店发生火灾,消防委员会就肩负着火灾领导小组的职责。

在饭店发生火灾或发出火灾警报时,消防委员会负责人应当立即赶到临时火灾指挥点。临时火灾指挥点要求设在便于指挥、便于疏散、便于联络的地点。

领导小组到达指挥点后,要迅速弄清火灾的发生点、火势的大小,并组织人员进行扑救,与此同时领导小组还应视火情迅速作出决定是否通知消防队,是否通知客人疏散,了解是否有人受伤或未救出火场,并组织抢救。

(2)饭店消防队。根据消防法规,饭店应当建立义务消防队。饭店消防队是一支不脱产的义务消防队。它担负着防火的任务,经常组织训练,随时准备参加灭火战斗。饭店消防队一般由消防中心人员、保安部人员和各部门的人员组成。

当饭店消防队员听到火灾警报声时,应当立即穿好消防服,携带平时配备的器具(集中存放在饭店某地)赶赴现场。这时应有一名消防中心人员在集合地带领消防队去火场。

(3)保安部。听到火灾警报后,保安部经理应立即携带对讲机等必需物品赶赴现场指挥点。

保安部的内勤应坚守岗位,不要离开电话机。饭店大门的警卫在听到火灾铃声后,应当立即清理饭店周围的场地,为消防车的到来做好准备。阻止一切无关人员的进入,特别要注意防范有图谋不轨者趁火打劫。

巡逻人员在火灾发生时要注意安排专人保护饭店的现金和一些其他贵重物品。要护送出纳员和会计把现金转移到安全的地方。各岗位的安全人员在发生火灾时,都必须严守岗位,随时提防不法分子浑水摸鱼。

(4)前厅部人员。前厅部人员要把所有的电梯落下,告诫客人不要乘坐电梯、不要返回房间取东西,并把大厅所有通向外面的出口打开,迅速组织人员疏散,协助维持好大厅的秩序。

(5)工程部。工程部在接到饭店的火灾报告时,工程部负责人应立即赶往火灾现场察看火情。应视火情决定是否全部或部分关闭饭店内的空调通风设备、煤气阀门、各种电器设备、锅炉、制冷机等,防止事态进一步发展。负责消防水泵等设备的人员迅速进入工作场地,并使这些设备处于工作状态。楼层内的危险物品应立即运到安全地带,以防连锁反应。其他人员应坚守岗位,不得擅离职守。

(6)医务人员。当饭店发生火灾时,医务人员要迅速准备好急救药品和抢救器材,组织抢救受伤人员。如果饭店没有医务室或医务人员较少,可由办公室、人事部等部门人员担任抢救工作。但这一责任应在平时确定下来,并配备必要的器材。

(7)楼层服务员。当楼层客房服务员听到火警的铃声时,应当立即查看、检查所有的安全门和通道是否畅通,并立即组织疏散客人。

5. 火灾疏散计划与管理

火灾疏散计划与管理是指现代饭店发生火灾后人员和财产紧急撤离出火灾现场到达安全地带的行动计划和措施。在制定该计划和措施时,要考虑到楼层布局、饭店周围场地等情况,以保证尽快地把楼层内的人员和重要财产及文件资料撤离到安全的地方。这是一项极其重要的工作,组织不当会造成更大的人员伤亡和财产损失。

通知疏散的命令一般是通过连续不断的警铃声发出或是通过广播下达。

在进行紧急疏散时,客房服务员要注意通知房间的每一位客人。只有确定本楼层的客人已全部疏散出去,服务员才能撤离。

在疏散时,要通知客人走最近的安全通道,千万不能使用电梯。可以把事先准备好的"请勿乘电梯"的牌子放在电梯前。有的饭店在电梯的上方用醒目字体写着"火灾时请不要使用电梯"。根据国际上大量的饭店火灾死亡事件调查分析,有相当一部分人员是死在电梯内或电梯间的。

当所有人员撤离楼层或饭店后,应当立即到事先指定的安全地带集中,查点人数。如有下落不明或还未撤离的人员,应立即通知消防队。

6.灭火战斗计划与管理

灭火战斗计划与管理的内容包括:

(1)饭店总平面图。要注明楼层布局、给水管网上消防栓的位置、给水管尺寸、电梯间、防烟楼梯间位置等。

(2)饭店内部消防设备布置图。如自动灭火设备安装地点、室内消防栓位置图、进水管路线、阀门位置等。

(3)根据饭店的具体情况绘制的灭火行动平面图。要解决抢救人员、物资及清理火场通路的问题。战斗计划应同时考虑利用楼梯作为灭火进攻和抢救疏散人员、物资及清理火场的通路;如果楼梯烧毁或被火场残物堵塞,有其他备用的行动方案,等等。

三、其他常见安全事故的防范计划与管理措施

1.娼妓与饭店客人名誉安全的控制与管理

对现代饭店存在的娼妓现象,饭店难以用强硬的手段进行处理。饭店保安人员既不能提前干预可能是妓女的女宾,也不能在她尚未作案之前对其进行处理。饭店既无法禁止这些冒充女宾的妓女逗留于饭店中的公共场所、发廊、酒吧、咖啡厅,也不能阻碍冒充访客的女宾进入楼层客房。此外,饭店也不能有效地防止嫖客入住饭店。在我国多数饭店,为防止娼妓现象的出现,地方公安部门只能硬性规定饭店必须设立楼层24小时值台服务,并对访客进行登记和适当的监视。但此做法有左于国际饭店业的惯例而引起一些住客的不满,现在也已逐步取消。况且这种做法也不一定能有效地阻止作为房客入住饭店的妓女和嫖客之间的卖淫嫖娼犯罪活动。

根据饭店娼妓现象的特点,饭店要有效地杜绝娼妓现象,减少妓女对饭店住客的骚扰,维护饭店、客人的名誉安全,就应采取相应的灵活措施。经验表明,"盯、堵、记"不失为一种有效的办法:

(1)"盯":若有嫌疑的女宾进入饭店,在饭店公共场所逗留,并乘电梯准备上楼层时,大堂保安就要"盯",不动声色地对其进行观察,并用对讲机告诉相应楼层值台员注意有某特征的女宾到楼层,请注意"接待"。

(2)"堵":当楼层值台员接到大堂保安提供的信息后,就得堵,当嫌疑"客人"走出电梯时,值台员应礼貌地问该客人要访问几号房的主人,并可故意弄错该房主人的来源地等情况。如果是真正的访客,她会提示你记错或是怀疑她自己找错房间,然后服务员可顺势道歉并引领她到要找的客人房间。如她没发现其中

错误,则委婉地请她下楼。

(3)"记":楼层服务员要记住什么样的访客在什么时间访问哪间客房,什么时间离去。记住每个房间住客的一些特征,这样既能保持饭店的正常秩序,又能及时地发现问题、解决问题,同时也方便了住客,减少或杜绝娼妓现象的发生。

2. 客人的心理及信息安全控制与管理

现代饭店员工不应将客人情况向外人泄漏,如有不明身份的人来电话询问某位客人的房号时,电话员可将电话接至该客人的房间,绝不可将房号告诉对方。服务台人员在接待访客时,也应遵循为住店客人保密的原则,绝对不能主动将客人的情况告诉不明身份的访客。

房务员在打扫房间时,对客人用品不应随意翻看或移动,更不可将内容泄露给他人。

另外,客人经常需要在客房内上网、处理文件等。目前的网络病毒发展迅速,且破坏力极强,不仅会侵害文件,还会破坏硬盘,如红色代码、Nimda、Happy times等将使计算机无法正常工作。因此,饭店的设备维修人员,应及时升级各防毒与杀毒软件,保障饭店内部计算机的正常运行及客人工作的需要。

3. 逃账与饭店经济安全控制与管理

现代饭店还可能遭受客人的"无形盗窃"而蒙受损失。所谓"无形盗窃"是指客人的逃账以及冒用信用卡、支票等欺骗行为使饭店遭受各种经济损失。为防止逃账现象的发生,维护饭店利益安全,饭店应采取一些有效的预防措施,如:

(1)在客人登记入住时,检查外国客人的护照,核实护照的有效性及持护照人的身份。如果两人住一房,应要求两位客人都要登记并出示护照。

(2)验证客人提交的信用卡。即在客人登记入住时,将其信用卡打印下来,在其逗留期间内进一步验证。

(3)收银员应熟悉了解各国货币及各种旅行支票,并借助于货币检验机来辨别伪币及伪支票。

(4)对既无预订、又无行李的客人,要求先付房费。如客人提出使用信用卡付款,须经当场验证后方能同意。

(5)各营业点收银员应将赊款账单迅速转至总服务台,以防止漏账,尤其防止使用上述部门的服务后即结账离店的客人的故意逃账行为。

一旦发生客人逃账事件,总台的工作人员应立即查阅逃账者的相关资料,尽可能找出可用来追查其行踪的信息。饭店应有一份专列逃账者的"黑名单"以待逃账者再度住入本饭店时,对其进行清算及追究责任,并把名单通报给其他饭店或相关机构。饭店之间如能相互配合、互通逃账者的名单与特征,将有助于追查逃账及预防逃账事件的发生。新加坡饭店协会专门设计了一个成员饭店共同追查逃账者的标准程序：当某一成员饭店发现逃账事件后，即用电话向附近警局报告，要求配合寻找逃账者的行踪，后用电传将该逃账者的情况通报其他成员饭店。其他饭店收到电传后，总台经理、值班经理或任何其他被指定的人都要检查一下住客情况表来验证逃账者是否在本饭店中。逃账者被追踪到后，立即通知发生逃账的饭店，以便对逃账者采取措施。即使逃账者不在饭店内，也将通报情况保留在记录中，以便以后继续查找追寻。这种合作追踪及预防逃账者的做法值得我国饭店业借鉴。各省市饭店协会可根据实际情况每月或每季度对会员饭店的逃账黑名单进行汇总并通报所属会员饭店，共同提高警惕并协助追寻。

第四节　现代饭店紧急情况的应对与管理

现代饭店的安全管理也包括对一些紧急情况作出应对管理。

一、国内客人违法的处理

客人违法一般是指国内客人在饭店期间内犯有流氓、斗殴、嫖娼、盗窃、赌博、走私等违反我国法律的行为。保安部值班人员在接到有关客人违法的报告后，应当立即问明事情发生的时间、地点和经过，记录下当事人的姓名、性别、年龄、身份等，并立即向值班经理汇报。值班经理接到报告以后，要立即派保安主管和警卫人员到现场了解情况，保护和维持现场秩序。对于较严重的事件，保安部经理需亲自到现场调查，同时要向值班总经理报告。

保安部人员在找客人了解情况之前，一定要慎重，要了解客人的身份。对于客人之间一般的吵骂等不良行为，保安部可出面进行调解。对于其违法的行为，要查明情况，在征得总经理同意后，向饭店的上级主管部门和公安部门报告。

在向公安部门报告后，保安部的人员应对违法行为人进行监控，等待公安人员的到达，保安部人员不能对行为人进行关押，应等候公安人员前来处理。

事件处理完毕后，保安部要把事件的情况和处理结果记录留存。

二、涉外案件处理

随着国际贸易的发展，现代饭店接待的国际客人日益增多。因此，涉外案件的处理应引起饭店管理者的注意。

涉外案件是指在我国境内发生的涉及外国、外国人（自然人及法人）的刑事、民事、经济、行政、治安等事件。对于外国人违法案件的处理必须做到事实清楚、证据确凿、使用法律正确、法律手续完备。应在对等和互惠原则基础上,严格履行我国所承担的国际条约义务。当国内法或者我国的内部规定同我国所承担的国际条约义务发生冲突时,应当采用国际条约的有关规定(我国声明保留的条款除外)。此外,要及时通知外国驻华领事馆或大使馆,通知的内容包括外国人的外文姓名、性别、入境时间、护照或证件号码,案件发生的时间、地点及有关情况,当事人违章、违法、犯罪的主要事实,已采取的法律措施及法律依据等。

三、客人伤、病与死亡的处理

现代饭店应有各种措施,预防客人受伤病之害。如一旦客人受伤或生病,饭店应有处理紧急情况的措施及能胜任抢救的人员。

1. 如果饭店没有专门的医疗室及专业的医护人员,则应选择合适的员工接受急救的专业训练,并配备各种急救的设备器材及药品。

2. 如发现伤病客人,应一方面在现场急救,另一方面迅速安排病人去附近的医院。

3. 对客人伤病事件,应有详细的原始记录,必要时据此写出伤病事件的报告。

客人死亡是指客人在饭店期间内伤病死亡、意外事件死亡、自杀、他杀或其他原因不明的死亡。除前一种属正常死亡外,其他均为非正常死亡。

保安部工作人员在接到客人死亡的报告后,应向报告人问明客人死亡的地点、时间、原因、身份、国籍等,并立即报告保安部经理。保安部经理接到报告后,会同大堂经理和医务人员前去现场。在客人尚未死亡的情况下,要立即送医院去抢救。经医务人员检查,客人已确定死亡时,要派保安部人员保护好现场。对现场的每一物品都不得挪动,严禁无关人员接近现场,同时向公安部门报告。在一切事项处理完毕后,保安部要把死亡及处理的全过程详细记存留档。

四、食物中毒事故处理

1. 食物中毒类型

饭店中常见的食物中毒类型有:

(1) 细菌性食物中毒。指饭店提供的食物被有害的或致命的有毒生物污染而引起顾客中毒现象。对食物造成污染的主要是病原细菌如肠类菌、葡萄球菌、肉毒杆菌等,这些病菌在食物中迅速增殖并产生毒素。

(2) 化学性食物中毒。指提供的食物被有毒的化学物质如不良添加剂、色素、有害防腐剂等污染而引起的食物中毒。

(3) 有毒食物中毒。指提供的食品本身含有毒性所造成的食物中毒。如发芽的土豆、不鲜的海产品等。

2. 客人食物中毒的原因

在饭店中,造成客人食物中毒的原因主要有以下几种:

(1)饭店过失而造成客人的食物中毒或食源性疾病

这是指饭店在提供食物时,或因疏忽没有发现,或已经发现食品被污染、变质,而没有预见到会造成客人的食物中毒或引起食源性疾病,或已经预见到却不当一回事,以致客人食用这些食物而发生中毒或引起食源性疾病。

(2)由于饭店外部原因而造成客人的食物中毒或食源性疾病

所谓饭店外部原因,是指饭店在向其他食品生产单位购进半成品、成品食物时,由于其在制作过程中不洁净,或在运输过程中被污染或由于储存保管不善而变质等原因造成顾客食物中毒或食源性疾病。

(3)由于客人本身原因产生食源性疾病

饭店提供的食品适宜一般健康人的食用。但由于个别客人自身生理原因,食用后引起过敏或中毒或病情加剧或产生其他综合症状均属此类。如内地客人在食用海鲜食品产生的过敏或不适;南方客人食用大量奶制品后产生不适;西方客人食用中餐对味精产生过敏而引起中餐不适应症,等等。由于客人本身原因而引起的食源性疾病问题,饭店不承担法律责任,但饭店有责任提醒客人注意并尽量避免让客人食用易引起不适的食物。

3. 食物中毒事故处理

饭店客人食物中毒,多以恶心、呕吐、腹痛、腹泻等急性肠胃炎症为主要症状。一旦发现客人出现上述症状,应立即报告值班经理,值班经理在接到客人可能食物中毒的报告后,应立即通知医生前往诊断。初步确定为食物中毒后,通知保安部经理、大堂副理和总经理,医务室应立即对中毒客人紧急救护,并将中毒客人送医院抢救治疗,而餐饮部要对客人所用的所有食品取样备检,以确定中毒原因,并通知当地卫生防疫部门。

此外,餐饮部要对可疑食品及有关餐具进行控制,以备查证和防止其他客人中毒。由餐饮部负责、保安部协助,对中毒事件进行调查,当地卫生防疫部门到达后,应予以积极配合。前厅部和销售部要通知中毒客人的有关单位和家属,并向他们说明情况,协助做好善后工作。

五、停电事故的处理

停电事故可能是由于外部供电系统引起,也可能是饭店内部供电发生故障。停电事故发生的可能性比火灾及自然灾害要高。因此,对一百间以上客房的饭店来说,应配备紧急供电装置。该装置能在停电后立即自行起动供电。这是对付停电事故最理想的办法。

在没有这种装置的饭店内,应配备足够的应急灯。现代饭店平时应制定一个周全的安全计划来应付停电事故,其内容包括:

1. 保证所有员工平静地留守在各自的工作岗位上。
2. 向客人及员工说明这是停电事故,正在采取紧急措施排除故障,恢复电力供应。
3. 如在夜间,用干电照明公共场所,帮助滞留在走廊及电梯中的客人转移到安全地方。
4. 派遣维修人员,找出停电原因。如果是外部原因,应立即与供电单位联系,弄清停电原因、时间等。如果是内部原因,则应组织力量抢修,排除故障。
5. 在停电期间,安全人员须加强巡逻,派遣保卫人员保护有现金及贵重物品的地方,防止有人趁机作案。

六、防爆

这里的防爆是指防止人为的爆炸破坏事件。人为的爆炸破坏事件,在国际饭店业时有所闻,随着世界恐怖主义势力的增强,发生此类事件的概率不断增高,饭店一定要有相应的防范措施:

1. 依据我国《旅馆业治安管理办法》的规定,饭店应明文规定严禁客人将易燃、易爆、剧毒、腐蚀性和放射性等危险物品带入楼层。如若发现,应及时处理,严重的应及时报告公安机关。
2. 楼层内不得存放任何易爆、易燃的危险品。如确系工作所必需,应规定专门的地方,采取必要的安全措施,只作短期存放。
3. 在公安机关的指导下,制定接听炸弹威胁电话的处理程序、搜寻工作程序以及发现爆炸物或可疑物后的处理程序等,并依此培训有关人员。
4. 制定防爆疏散及现场处理方案,同消防工作结合起来,组织员工进行防爆演习。

此外,当饭店内发现爆炸物或可疑爆炸物后,应迅速向保安部报告,不要轻易触动物体,尽可能保护、控制现场。保安部接到报警时,要问清确切地点、发现时间、形状及大小等情况,并立即通知保安部经理、值班总经理、工程部经理、房务部经理到达现场。在确认为爆炸物或可疑爆炸物后,应立即通知公安机关,并组织人员部署以爆炸物或可疑爆炸物为中心的警戒线,控制现场,等待专业防爆人员前来处理爆炸物或可疑爆炸物。

有条件的饭店可以在举行一些重大活动时,事先准备好防爆氮气瓶,一旦发现爆炸物或可疑爆炸物,立即将物品放入交流冰桶内并注入氮气使炸弹结冰,失去作用,然后将物品搬离现场。

七、重大事故处理

饭店安全中的重大安全事故包括:造成客人人身重伤、残废的事故及暴力事件,重大火灾及其他恶性事故,大宗财物被盗及其他经济损失严重的事故等。

重大安全事故的处理,原则上由饭店所在地区的政府协调有关部门、事故责任部门及其主管部门负责,必要时成立事故处理领导小组。

重大安全事故发生后,保安部经理和总经理应立即赶赴现场,全力组织抢救工作,保护事故现场,同时报告当地公安部门。饭店要立即组织医务人员对受伤人员进行抢救,伤亡人员中若有国际客人,责任方和饭店在对伤亡人员核查清楚后,应及时报告当地外办,同时以电话、传真或其他有效方式直接向"中国旅游紧急求援协调机构"报告,对事故现场的行李和物品,要认真清理和保护,并逐项登记。饭店应协助责任方按照国家有关规定办理对伤亡人员及其家属的人身和财产损失的赔偿,协助保险公司办理入境旅游保险者的保险赔偿。事故结束后,饭店要和责任方及其他有关方面一起,认真总结经验教训,进一步改进和加强安全管理措施,防止类似事故的再次发生。此外,饭店还需将事故过程和处理经过整理成文字材料,上报有关部门并留存。

第五节 现代饭店突发事件应急预案

当今饭店的外部环境更加复杂多变,火灾、水灾、地震、设备故障、社会治安事件、恐怖活动等诸多不确定突发事件使得饭店处于"危机四伏"的境地,危机随时可能发生。在信息时代,各种信息在全球范围内迅速传播。饭店的任何经营管理活动都在公众视野下。如果饭店处理突发事件不当,将会对饭店的企业形象造成巨大的损失,甚至危及生存。因此,饭店需要建立一套系统的、科学的突发事件应急预案,以预防和减少饭店突发事件的发生,控制、减轻和尽量消除突发事件导致的严重危害,规范突发事件应对活动,提高饭店应急处置能力。

一、火灾应急预案

火灾指凡在时间上或空间上失去控制的并对财物和人身造成损害的燃烧现象。火灾是最普遍的严重威胁顾客人身安全、财产安全和饭店安全的突发事件。饭店火灾的危险性非常大。一是饭店火灾载荷大。大量的装饰、装修材料和家具、陈设都采用木材、塑料和棉、麻、丝、毛以及其他可燃材料,增加了建筑内的火灾荷载。二是火势蔓延迅速。现代的宾馆和饭店,很多都是高层建筑,楼梯间、电梯井、电缆井、垃圾道等竖井如同一座座大烟囱;还有通风管道纵横交错,延伸到建筑的各个角落,一旦发生火灾,极易产生烟囱效应,使火焰沿着竖井和通风管道迅速蔓延、扩大,进而危及全楼。三是用火用电多。饭店用火、用电、用气设备点多量大。同时,饭店人员多且流动性大,客人及员工消防安全意识不强,乱拉电线,随意用火,卧床吸烟等,均是造成火灾的常见现象。

饭店火灾应急预案主要包括:[①]

1. 饭店应成立突发事件应急处置中心以及消防控制中心,便于发生火灾时,统一处理各种突发事件和协调安排各个部门。任何员工若发现有异常的燃烧味、烟雾或火焰等迹象,应先观察火情,并在第一时间报告饭店消防控制中心。

2. 饭店突发事件应急处置指挥机构应及时全面了解具体情况,决定是否下达向消防机关报警、疏散人员、转移财物等指令。及时组织店内应急救援队到指定地点集结,合理分配人力,安排灭火组控制火情并组织扑救;安排抢救组抢救重要物资、危险品;安排疏散组疏散现场人员;安排救护组负责对现场伤员、残疾客人和行动不便的客人进行救护、转移。

3. 饭店消防控制中心在获知报警信息或发现烟感、温感等报警设施启动时,应立即安排人员赶往现场,甄别火情,组织现场人员扑救初起火灾,并视情况决定是否按火情级别通知电话总机启动相应的紧急联络程序;同时,还应视情况及时启动灭火设施、应急广播系统、疏散照明系统、防火卷帘系统、防火门系统以及排烟、送风系统,监控报警系统其他报警点。

4. 在火灾发生时,各部门应按照上级命令统一行动,各司其职。在负责紧急处理的人员到达之前,各部门员工应尽可能留在现场,并与消防控制中心随时保持联系,以便及时提供具体的火情信息。同时,应尽可能使用安全、快捷的方法通知火情周边处于危险区域的不知情者,并视情况使用离现场最近的消防器材控制火情。当饭店下达紧急疏散指令后,要保持各通道畅通,疏散客人及员工到建筑物外指定的安全区域,并及时反馈执行情况。

5. 保安部负责人应迅速到临时指挥部协助指挥,并安排人员组织现场扑救和人员疏散工作,报告火势情况,监视火势发展,判断火势蔓延情况,维持店外秩序,保障消防通道顺畅,加强对饭店所有出入口的监控,阻止无关人员进入饭店。

工程部应安排负责人视火情关闭空调、停气、断电、启动应急发电机等,确保消防电梯正常使用,解救电梯内被困乘客,保证喷淋泵和消火栓泵供水等,确保

---

① 中国旅游饭店业协会.中国饭店行业突发事件应急规范[M].北京:旅游教育出版社,2008.

应急发电机正常运行,消防水源正常供应和排烟、送风等设备正常运行。

前厅部应通知电话总机确保店内通信畅通,打印住店客人名单,维持饭店大堂秩序,清除门前障碍。客房部应安排人员迅速清理楼层内障碍物,统计各个楼层的客人人数,对来电询问的客人做好安抚、记录工作。

餐饮部应安排人员立即关闭所有厨房明火,安抚就餐客人。人事部应及时通知医务室做好救护伤员的各项准备,迅速统计在店员工人数,安排宿舍管理员组织在宿舍的员工随时待命。

财务部应组织外币兑换处及各收银点和各下属办公室的员工收集和保管好现金、账目、重要单据票证等,通知电脑机房做好重要资料的备份、保管工作,做好随时根据指令进行转移的准备。

饭店总经理办公室应及时向饭店所有承租店家通报情况,集结饭店所有车辆,随时按要求运送伤员,做好饭店重要档案的整理及转移准备。

6. 火灾后,饭店应安排人员拍摄受影响区域,协助前台部门及财务部门整理损失清单并上交饭店,以便送至保险公司。在必要检查之后,经总经理同意采取补救措施,将受影响营业区域恢复成正常状态。按顺序在记录本上记录所有细节,准备好目击证人和相关人员名单,协助在调查中需要援助的人员。

二、自然灾害应急预案

自然灾害指以自然变异为主因的危害动植物及人类的事件,包括风暴、海啸、台风、龙卷风、水灾、旱灾、冰雪灾害等气候灾害以及地震、山体滑坡和泥石流等地质灾害。

饭店自然灾害应急预案主要包括:[①]

1. 汛情及极端气候灾害的处置

(1)在汛情或极端气候到来前,饭店应组织人员对防汛器材、防汛设施、避雷装置、污水泵、机房等重点要害部位进行检查和维护,确保各项设备运转正常;在地下车道口、地势较低的出入口及其他重点要害部位门口准备沙袋;对建筑物顶部、门窗、外围悬挂设施等部位进行检查和维护,并做加固或拆除。

(2)若获知汛情或极端气候现象出现,饭店应安排人员赶赴现场核查情况,并视情况决定是否通知总机及时启动应急联络程序;调集人员进行堵漏、排水工作;对重点要害岗位、库房等区域增加人力及防汛器材和工具,防止次生灾害发生;下达转移物资指令,启动应急救援预案。

(3)在应急处置过程中,工程部应视情况决定是否切断受灾区域的电源,要

---

① 中国旅游饭店业协会. 中国饭店行业突发事件应急规范[M]. 北京:旅游教育出版社,2008

及时组织人员携带工具到达现场抢险,对严重积水的部位,抽调排水设备进行排水。保安部应根据指令对发生汛情的岗位增派人员执勤,劝阻无关人员进入受影响区域,安排人员在楼层进行巡逻,防止不法人员进行破坏,防止盗窃及恐慌骚乱,维持公共区域的秩序。在室外值班的安全员,应检查饭店外墙的玻璃窗是否关闭,将外围用电和电源关闭,以免造成短路火灾。其他受事故影响的部门应组织人员做好对客人的安抚解释工作,根据指令疏导客人离开受影响区域。其他人员随时准备协助医务人员抢救伤者,及时与保险公司进行联络。

2. 地震的处置

(1)饭店处置地震的应急原则为:长期准备,立足突然;统一指挥,分工负责;快速反应,自救互救。

(2)饭店应根据应急情况,制定疏散方案,确定疏散路线和场地,有组织地对客人及工作人员进行避震疏散。当饭店所在区域人民政府发布临震警报(包括有感地震和破坏性地震)后,即进入临震应急期,饭店应及时组织开展临震应急工作。

(3)当饭店所在区域及其邻近地区发生地震,并有明显震感时,饭店应及时组织开展有感地震应急处置工作,并根据当地政府和上级部门传达的信息和指令,安排人员做好地震信息的传递和宣传疏导工作,防止地震谣传,稳定客人及工作人员情绪。

(4)当饭店所在区域发生破坏性地震时,饭店应立即组织抗震指挥部。抗震指挥部应即刻进入指挥一线,启动抗震救灾指挥系统,并成立抢险救灾组、医疗救护组、治安保卫组、疏散组、宣传组等工作小组。工作侧重点为组织客人及员工疏散、开展自救互救、预防和消除地震次生灾害。

三、饭店建筑物和设施设备事故应急预案

饭店建筑物和设备设施事故,指饭店的建筑物和设备设施在特殊情况下出现异常,从而给饭店经营管理活动造成不利影响的各种事件,主要包括停水、停电、停气、电梯运行故障及监控中心无法运转等。

饭店建筑物和设施设备事故应急预案主要包括:[1]

1. 停水、停电及停气的处置

(1)若根据各种信息反馈,店内停水、停电、停气是店外原因引发,饭店应安排人员联系设备及水、电、气的供应方,说明饭店目前出现的具体情况,详细询问事故的破坏程度和修复时间,并立即向饭店突发事件应急处置指挥机构报告。

---

[1] 中国旅游饭店业协会.中国饭店行业突发事件应急规范[M].北京:旅游教育出版社,2008

在故障排除后,应组织人员到相关区域巡查,恢复设备运行,维修受损设备,落实改进措施。

(2)若发现或获知在没有事先通知的情况下,店内发生停水、停电、停气等现象,饭店工程部应立即向相关机房通报情况,安排专业人员携带专用工具到现场查看,检查店内是否存在其他停水、停电、停气现象。若发现机房设备出现了严重故障,工程部应立即向饭店总经理等高层领导报告,指示相关机房启动应急方案,赶往相关机房现场指挥,要求总机启动应急联络程序。各部门负责人接到报警后,应立即返回岗位,随时准备接受相关命令。

(3)经确认,停水、停电、停气问题在短时间内无法解决时,饭店应安排专人向相关部门求援,并立即启用临时发电机、临时供水车等救援设备。

(4)在应急处置过程中,饭店工程部应视需要,安排专业维修人员分别前往电梯处解救被困乘客;前往配电室启动应急发电机以保障事故照明、消防设施设备用电;前往事故现场进一步查明原因,留守观察,及时反馈。保安部应重点关注监控系统、消防系统等运转情况,依照指令,在饭店各出入口及相关区域增加人手,加大巡视密度,做好事故现场的警戒工作,控制现场,防止发生混乱。前厅部应及时向饭店突发事件应急处置指挥机构提供住店客人资料,并安排人员做好对客人的解释、安抚工作及客人要求和意见的反馈工作,看管好客人的行李,确保店内指挥通信畅通。

餐饮部应要求所有当班服务员及厨师保持冷静,并采取相应措施稳定就餐客人情绪,向客人说明情况争取得到客人谅解。若客人要求离开,应安排服务员给客人照明、指引道路,防止造成混乱。餐饮部负责人及厨师长还应根据指令,及时制定对策,调整菜单,提供易于制作的食品。停电时,客房部应组织人员携带手电筒等应急照明灯具赶往楼层巡视,为客人进入房间和离店提供照明。停水时,客房部应从库房或其他场所调集矿泉水,当应急送水车到饭店后,及时给客人提供必备的生活用水。采购部应购买柴油等物品以保证应急发电机正常运行,并联系购买饮用水及食品等,为应急处置提供保障。财务部应组织外币兑换处及各收银点和各下属办公室的员工收集和保管好现金、账目、重要单据票证等,通知电脑机房做好重要资料的备份、保管工作,做好人工处理相关服务的准备。其他各部门应坚守岗位,管理人员应在现场进行督导,及时向饭店突发事件应急处置指挥机构反馈情况,服从统一指挥。

2.电梯运行故障的处置

(1)若发现或获知电梯因发生运行故障而停机,饭店监控部门应立即确认是否有人受困,并尝试用呼叫电话与轿厢内乘客联系;劝告乘客不要惊慌,静候解救;建议乘客不要采取强行离开轿厢等不安全措施。

（2）通知工程部维修人员按相关操作规程到现场开展解救工作，安排大堂经理等相关人员到事故地点与被困乘客进行有效的不间断的沟通，请客人安心等候，协助配合解救。

（3）协助乘客安全离开轿厢后，饭店应及时安排人员安抚乘客，并询问其身体有无不适。对受伤或受惊吓者，应按相关规定及时安排医务人员实施救治。

（4）饭店应及时安排工程部电梯维修人员联系厂家对故障电梯进行全面检修，确保电梯运行安全。

3.监控中心

（1）监控中心不仅是饭店实施日常安全保卫工作的信息、图像控制中心，而且还是饭店在处置突发事件时的重要指挥中心。监控中心员工必须有高度的责任心，保证所负责的烟感报警系统、消防喷淋系统、消防水喉配备系统、灭火器材布点系统、监视器设置系统以及广播系统的设备和监控中心机房的设备运行良好。

（2）若在一个点上或多个点上发生突发事件，必要时，保安部经理甚至饭店总经理必须到达现场或到达监控中心指挥。在特定条件下，监控中心可进一步监视现场场景，比如对电梯内的流程接点进行时间控制、录制现场实况，为事后数据分析和破案提供依据。监控中心应与保安部各岗位的交互系统同步工作，以便做到一呼百应，提高制度实施的效率。

四、公共卫生和伤亡事件应急预案

突发公共卫生事件，指突发性重大传染性疾病疫情、群体性不明原因疾病、重大食物中毒以及其他严重影响公众健康的事件。伤亡事件，指除凶杀外的所有意外伤亡事件，包括因自杀、工伤、疾病、意外事故等造成员工或客人伤亡的事件。

饭店公共卫生和伤亡事件应急预案主要包括：[1]

1.公共卫生事件的处置

（1）公共卫生事件的预防必须以各部门以及每位员工的积极预防为主。饭店应教育全体员工养成良好的个人卫生习惯，加强卫生知识学习，提高自我保护意识和自救能力，不食用不洁食品和可能带有传染病源的动物食品。饭店应定期对员工进行身体检查，做到早发现、早报告、早隔离、早医治。若员工在店外被发现患有传染病或疑似传染病，员工本人应及时根据症状严重程度及医生建议向饭店汇报；若员工在店内得知自己或被员工发现患有传染病或疑似传染病，员

---

[1] 中国旅游饭店业协会.中国饭店行业突发事件应急规范[M].北京:旅游教育出版社,2008

工本人或发现其症状的员工应立即向饭店汇报。若员工被确诊已患传染病,饭店应视情况及医生建议,决定是否对与之接触过的员工或客人进行相关检查。相关人员应做好保密工作。患有传染病或疑似传染病的饭店员工应待医院及饭店医务室确认无恙后方可上岗。

饭店各部门应定期开展卫生清扫,积极消除鼠害、蚊、蝇、蟑螂等病媒昆虫。采购部应把好食品采购关,不购买未经检疫的动物、肉食及制品,对购进的禽畜类生食及制品,应严格验收登记,一旦发现问题,应立即停止食用;应把好生产、加工、运输、贮存关,做到食品加工当日生产、当日销售、当日食用,运输工具天天消毒,食品储存、加工生熟分开。工程部应加强对饭店空调系统的管理,保持良好的通风换气,定期对电梯、公用电话等公共设施和用具进行消毒。

(2)当发生突发公共卫生事件时,饭店突发事件应急处置指挥机构应立即召集相关人员听取情况汇报,视情况决定是否向相关疾控中心、公安机关及上级部门报告。饭店医务室在接到报告后,应立即了解相关人员病情,如经总经理授权,应立即报告疾控中心,配合防疫部门及时做好消毒、监测、隔离工作,将疫情控制在最小范围内。

(3)如果突发公共卫生事件发生在饭店公共区域、餐厅或客房等店内区域,最先发现情况的员工应立即报告饭店,并由饭店派人与客人联系。负责与发病客人接触的人员应做好自我保护工作。

(4)饭店应及时安排相关人员陪同医务室医生前往询问客人相关信息,采取必要救治措施,同时等待疾控中心专业人员到达并配合行动。如传染病客人不配合工作,可通知保安部协助或由保安部上报有关部门。

(5)客人被送往医院后,饭店应视情况决定是否采取保护或消毒措施,如客人被确诊患有传染病,饭店应及时对其使用过的器皿、客房等进行严格消毒,清查与之接触过的员工群体,确认易感人员名单,按要求进行隔离观察,确保其他员工和客人的安全。如病人被确诊为重大传染病病例,饭店应根据传染病传播程度或防疫部门的要求,采取部分或全部封闭措施,并根据封闭范围和在岗人员情况,成立由总经理领导的指挥部,组成对客服务组、生活保障组、后勤供应组、安全警卫组、义务救护组负责饭店部分封闭期间的正常运转。

2. 食物中毒的处置

(1)若发现或获知有客人或员工出现食物中毒症状,发现人应首先了解中毒者国籍、人数、症状程度等基本情况,然后向饭店总机或其危机应急中心报警。总机或其危机应急中心应立即向饭店总经理等高层领导报告,按指示启动应急联络程序,同时向急救中心求援。在现场的饭店工作人员应妥善安置中毒者,保护好现场。

(2) 饭店突发事件应急处置指挥机构应立即了解情况,并视情况决定是否向相关的疾控中心、公安机关及上级部门报告。

(3) 饭店应及时安排医务室医生携带急救药品和器材赶往现场,施必要的紧急抢救,并根据具体情况决定是否将中毒者送往医院抢救,或等待急救中心专业人员处理。饭店应安排食品化验员了解详细情况,找出可疑食品及食品盛放工具,对病人呕吐物等加以封存,对食物取样化验。如涉及外籍人员,应视需要向外事主管部门报告。

(4) 饭店保安部应派人做好现场保护工作,协助医务人员抢救中毒者,验明中毒者身份,做好询问记录。如有投毒怀疑,保安部负责人需请示饭店总经理决定是否向公安机关报告,并视情况决定是否划定警戒区,及对相关的厨房、餐具、食品进行封存。

3. 意外伤亡事件的处置

(1) 饭店员工发现饭店区域内有人身意外伤亡事件发生,必须立即报告保安部,同时注意保护现场。保安部接到报告后,应记录时间、地点、报告人身份及大概伤亡性质,如工伤、疾病、意外事故等。接到报告后,保安部经理应立即到现场,同时通知值班经理(大堂)和医务室,如涉及设备导致的工伤,应通知工程部。饭店总经理由保安部负责人通知。如遇死亡事件,饭店应向公安机关报告。

(2) 保安部到现场后,应立即设立警戒线封锁现场,疏散围观人员。如是设备导致的工伤,由工程部关掉有关设备,由保安部和医务室人员确定伤亡结果。如人员未死亡,应立即组织抢救,保安部酌情向伤员了解情况,大堂经理和医务室人员联系就近医院和急救中心;如确定人员死亡,应立即将现场与外界隔离,遮盖尸体并注意观察和记录现场情况。如明显属于凶杀或死亡原因不明,应按凶杀案程序处理。如确定是意外死亡,应进行拍照,访问目击者和知情人,隔绝围观,遮盖尸体并保护现场。保安部负责报告公安机关并配合勘查,勘查完毕应立即将尸体转移至相关太平间存放。

(3) 如事件涉及员工,由保安部和人事部共同负责处理善后工作;如事件涉及客人,由保安部和值班经理共同负责处理善后工作,如清点客人财物等;保安部负责调查或协助公安部门调查,记录事件发生经过及处理情况;工程部负责恢复有关设备;行政部负责提供药品、车辆;客房部负责清理现场。

五、社会治安事件应急预案

社会治安事件,是指现实社会中在一定法律、法规和制度的约束下而出现的影响社会安定和秩序的事件,具体包括拨打恐吓电话及放置可疑爆炸物事件,抢劫、暗杀、凶杀、枪击、绑架等暴力事件,非法展览或非法集会事件,诈骗犯罪事件,散发非法宣传品事件,大型活动或会议突发事件等。

社会治安事件应急预案主要包括:[1]

1. 恐吓电话及可疑爆炸物的处置

(1)饭店应制作恐吓电话填写单。接听恐吓电话时,应冷静、礼貌倾听,不打断来电者。当来电者还在线时,接听人应当用事先规定的暗号通知其他人员。

(2)饭店保安部在获知店内发现有客人遗留的包、纸箱及其他可疑物品后,应立即安排人员携带防爆毯等工具赶赴现场识别检查,设置警戒,并严禁触摸、移动可疑爆炸物。如怀疑为爆炸物,应马上向饭店报告,并要求总机启动应急联络程序,安排人员封闭现场,疏散现场周边人员,控制相关出入口,对可疑人员进行询问、监视。对第一发现人及时进行问讯记录,做好前期的证据保留工作。工程部应立即关闭现场附近可能引发恶性事故的设备设施,撤走周围的易燃、易爆物品,及时准备饭店平面图及必备的设施,做好停水、断电、关闭天然气及抢修的准备工作,并对店内重点要害部位进行认真细致的排查。前厅部应及时准备在店客人名单,有效维持饭店大堂和公共区域秩序,及时清除门前所有障碍物,确保店内通信系统畅通。

(3)事件发生后,如被要求发布新闻,须经总经理批准。新闻发布须根据饭店应急处置指挥机构统一口径进行。新闻发布由饭店公关部或总经理办公室负责,但仅限以下内容:对事件的一般描述,报告事件、地点、受伤或死亡人数(注意,不提人员姓名),更多详情需等调查结果出来后再发布。

2. 抢劫、凶杀、枪击、绑架等暴力事件的处置

(1)处置抢劫、凶杀、枪击、绑架等暴力事件时,饭店应根据违法犯罪行为的具体情况,采取有效措施及时处置。在处置过程中,应采取有利于控制事态、有利于取证、有利于缩小影响、力求最小限度受损的处置原则。处置要及时,应尽可能把违法犯罪活动制止在萌芽状态。若发现人员有犯罪倾向,应及时采取控制或教育的措施,并视情况向主管安全部门反映,尽量减少暴力事件的发生。

(2)如发生暴力事件,饭店突发事件应急处置指挥机构应及时全面了解具体情况,通知电话总机启动应急联络程序,下达指令封闭区域,保护现场,向公安机关报告,疏散现场周边人员等。

(3)在应急处置过程中,保安部应及时安排人员设置警戒线,控制相关出入口,协助公安部门及时对第一发现人进行问讯记录,做好证据保留工作,调取监视系统中相关的影像资料。若犯罪嫌疑人正在威胁他人生命,现场的最高管理者要设法稳定其情绪,控制事态发展,等待公安人员前来处置。如有伤者,应向

---

[1] 中国旅游饭店业协会.中国饭店行业突发事件应急规范[M].北京:旅游教育出版社,2008.

急救中心求援。在急救中心专业人员未到达前,医务室人员应携带必备急救药品到指定地点对伤者进行紧急救治。如有伤亡人员需送往医院时,应安排人员随同前往,并做好医院就诊的各项记录。前厅部等相关部门应及时调取客人受伤害的资料,上交饭店突发事件应急处置指挥机构。总机要确保通信联络畅通。保安部人员参与转运死伤人员,并对客人遗留在公共区域的财物进行统计和保管。

3. 非法展览或非法集会的处置

(1)饭店员工若发现有人在店内正在举行或即将举行非法展览或非法集会,应立即向保安部报告;饭店销售人员若发现举办方的活动与原定活动内容不符或活动性质改变,应及时报告保安部,并与举办方交涉,要求其暂时停止相关活动。

(2)保安部接到相关报告,应立即安排人员赶赴现场查明情况。在请示饭店总经理后,视情况决定是否按相关规定及时报告公安机关。

(3)对存在严重威胁国家安全、攻击国家政府行为的非法展览或非法集会,饭店应采取果断措施,及时报告公安机关,防止事态扩大。在处理过程中,应协助公安机关重点关注首要人员和极端人员,注意发现别有用心人员,尽量避免发生不必要的冲突。对已经扩大的复杂事态,应慎重处理,要及时劝阻、疏散围观人员,尽量保护好现场。协助控制、看管违法人员,防止其逃跑、自残、自杀或伤害他人。应有效控制在场的当事人和见证人,积极配合公安机关展开调查。

4. 诈骗事件的处置

(1)宾客入店时,必须填写临时住宿登记单,预交住房押金。前台服务员应严格执行公安机关关于住宿客人必须持有效证件(护照、身份证)办理住房登记手续的规定,对不符合入住要求的不予登记,并及时报告保安部和前厅部经理。对使用支票付账的国内宾客,应与支票发出单位核实,发现情况不实时,应设法将支票持有人稳住,速报保安部,待保安部人员赶到后一起进行处理。

(2)住店宾客在饭店的消费金额超过预付押金金额时,饭店可根据情况要求其追加押金或直接结算。饭店各岗位收银员应熟悉银行支付款的黑名单,严格执行检查复核制度。收取现金时,应注意检查货币特别是大面值货币的真伪,发现假钞时,应及时报告保安部,由保安部和财务部出面处理。

(3)发现持有假信用卡、假币者,应采取以下措施:同发卡银行联系,确定信用卡真伪,一经确认是假信用卡或假币,立即将其假信用卡、假币、护照或其他证件扣留;及时通知保安人员到场控制持假信用卡币者,防止其逃离或作出危害员工安全的行为;打电话报告值班经理、财务部和保安部。经保安部初步审理,视情况报告公安机关。

5. 散发非法宣传品事件的处置

(1)非法宣传品,指有危害国家安全、利益,攻击我国社会制度和领导人,危害政治安定和社会稳定或未经国家有关部门批准而发放的有虚假内容的书、报、刊物、资料、音像制品、招贴画和广告等。

(2)保安部应加强对公共区域的巡视,如发现有散发非法宣传品迹象的可疑人员,应立即进行监控、制止和盘查。各岗位服务员在服务时,发现形迹可疑或正在散发非法宣传品、物品的情况时,一要立即制止,二要立即报告,三要控制住可疑人员和物品。大堂服务员及行李员应留意来往客人是否携带有非法宣传品和有随意丢弃物品的可疑迹象。客房服务员应注意发现在客房区域无目的徘徊的可疑人员,在清扫房间时,应留意是否有非法宣传品。饭店各平台和制高点的出入口,应有专人负责管理,未经批准者不得进入,并做到随时关锁。

(3)事件发现人应迅速向保安部和电话总机报告,并讲清事发地点,宣传品内容、性质,有无可疑人员及报警人姓名和所在部门等。

(4)接到报警后,保安部应立即派人赶到现场处理,扣留嫌疑人并收缴其随身携带的宣传品,检查其身上是否有其他宣传品,并迅速将其带离现场进行进一步审查。如此种行为发生在大厅或其他公共区域,服务员和保安人员应立即上前制止,并将其迅速带离现场,同时收缴全部非法宣传品。发现或接报有人从建筑物上向下散发宣传品时,应对现场进行拍照取证,调查了解事情的经过和造成的后果,收集必要的证据(人证、物证);控制现场,疏散围观群众,防止事态进一步扩大;经审查和核实,请示饭店领导速报公安机关和有关部门。前厅部、大堂经理应做好围观客人的解释工作,并收回客人手中的非法宣传品交保安部。其他岗位的服务员在岗时,如发现有人散发非法宣传品,应立即制止,并视情况扣留相关人员和非法宣传品,送交保安部处置。如非法宣传品已经散落在地,应立即行动,全力收缴,并上交保安部。经审查,如嫌疑人确系散发非法宣传品者,应将其本人及非法宣传品送交公安机关处理。将可疑人员带离现场或饭店时,保安部应设计好路线,将事件影响降低到最小程度。

6. 大型活动或会议突发事件的处置

(1)在举行各类大型活动或会议前,饭店保安部应对会场进行安全检查,确保疏散通道畅通,疏散门能够全部开启,并准备好手持扬声器和其他通信设施、手电等协助疏散用品,并确保其能有效使用。

(2)在活动或会议正式开始前,饭店保安部应再次向举办方了解参加人数,并在各疏散出口等重要位置安排适当数量的保安人员。在参加活动人员陆续抵达饭店期间,应安排专人注意观察是否有作案嫌疑人或不法活动苗头。

(3)若在活动或会议进行过程中发生突发事件,在现场服务的饭店相关管理人员应立即向保安部报告,并要求在场人员保持冷静、不要惊慌,服从饭店保安人员指挥,或向公安机关请求支援。如发生停电等事故,还应通知工程部启动停电处置预案。

(4)在开始播放疏散广播后,各出入口的保安或服务人员应用手持扬声器等设备提示客人携带好贵重物品,防止发生拥挤、推搡、跌倒以及踩踏事故,引导客人疏散到安全区域,并安排人员安抚客人。等现场人员全部疏散完毕后,保安部应安排人员对各出入口做好警戒,防止发生趁机哄抢和冒领现场遗留物品的事情,并对现场遗留物品进行逐一登记,及时做好发还工作。

案例与习题

一、案例

(一)提高"视力",识破骗局

2009年3月3日晚8点半左右,有2位先生来到某饭店23楼行政酒廊,其中一人手拿一只大包,另一个人拿着一只黑色的皮包。客人入座后点了2杯咖啡,并向服务员要2条软中华,引起了当班服务员的警惕,回答客人没有这么多烟,客人随即点了6包硬中华。此时服务员已留了个心眼,在后来给的4包烟上做了标志。客人见状,就退回了这4包烟,说等会再点。少倾,又来了3位客人一起入座,并点了3杯咖啡。咖啡还未端上,客人便说要结账,同时又点了别的东西,之后又说等一会结账。这时,手拿大包的客人离开了,接着拿黑皮包的客人也走了,但黑皮包仍放在桌上。服务员觉得不对劲,便马上悄悄地通知了保安部。此时,又有一名男子离座而去,被及时赶来的保安部人员制止,并当场打开了留在桌上的黑皮包,原来里面全是废纸。保安员将剩下的三位客人都带到了办公室,这三位客人先声辩与前两位客人不熟,是被叫来谈生意的,最后无力狡辩,老老实实地结清了账。

分析:这是一起典型的逃账、诈骗案件,现在社会上利用此类手法在公共场所进行诈骗的人越来越多,饭店也成为骗子们行骗的一个目标场所。作为饭店工作人员,我们既要为客人提供满意的服务,又要能识破骗子们诡计多端的伎俩,确实是一件不容易的事。我们可以通过平时多关心社会上发生的类似事件来了解骗子行骗的手法,通过日常工作的积累来练就一双火眼金睛,为饭店减少损失,更为社会打击犯罪分子的气焰。该服务员正是凭借其丰富的工作经验、高度的警惕性及灵活的处理方法,才使饭店避免了一起客人预谋调包并逃账的损失。

(二)重庆**大饭店火灾事故

2002年12月1日凌晨,重庆**大饭店13楼西餐厅厨房用火时,烟囱高温使排烟管道内的油垢发生燃烧，14层排烟道周围业主放置不当的可燃物随即被引燃起火，烟火又通过排烟道所在的变形缝内的业主自行加建的弱电综合布线并向上蔓延而成灾。同时，烟火还沿烟道蔓延至22层风机口喷出，其波及之处玻璃幕墙爆裂破碎。

火灾发生后，饭店员工先使用灭火器材进行扑救，并拨打119报警。与此同时，还紧张有序地组织旅客向室外疏散。市119指挥中心于清晨6时38分接到火警后，随即出动大量消防兵力和车辆赶至现场，在饭店人员的积极配合下，经过约3小时的奋力扑救将火势扑灭。历时数小时的火灾虽然造成了一定损失，但却无一人伤亡，且火灾后经过短期整改便又投入正常使用。

分析：**大饭店的火灾损失相对较少，主要是得益于防火设计的周密与完善。其防火分区、安全疏散的妥善安排和各种消防设施的及时启动和运行，对疏散、灭火和救援起到了极为重要的作用。

这次高楼火灾中饭店人员表现较好，究其原因，重视消防管理和进行消防演习功不可没。饭店有关部门在平时便注重消防知识学习和加强消防管理，且每年结合"11·9"开展活动。在火灾发生当年的11月9日，还按市消防总队的要求进行了消防演习，400多名员工在模拟的火灾中经历了考验，大大增强了实战能力。

在火灾之后，饭店方面又及时对消防的"软、硬件"进行整改提高，一方面组织所有员工到火灾现场吸取教训，并人手一本消防手册进行学习。同时，还对有关消防"硬件"做检查及整改。因而，火灾10天后便又顺利通过消防验收而开业。由于赢得广大旅客的信任，其住房率不降反升而达90%，对消防管理的重视得到了丰硕的回报。

二、习题

1. 现代饭店安全管理涵盖几个层面内容？
2. 如何根据饭店安全管理的特点开展饭店的安全管理工作？
3. 现代饭店安全网络由几个层面组成？
4. 饭店防范犯罪与盗窃有哪些控制与管理措施？
5. 如何进行饭店防火与消防管理？

第八章 现代饭店投资筹划与筹备管理

学习目的

通过本章的学习,了解现代饭店投资策划与可行性论证的主要任务与内容,熟悉饭店投资可行性论证书、筹建规划方案说明书、承接与开业筹划书的内容,学会撰写各种策划书,熟悉现代饭店筹备期管理的基本原则和内容。

主要内容

- 现代饭店策划与可行性论证概述
  饭店策划 饭店投资可行性研究 饭店策划与可行性论证的类型与内容
- 饭店投资策划
  饭店投资项目概况及用地情况 区位分析 市场分析 饭店规模档次分析与论证 投资回报分析
- 饭店筹建策划
  空间规划要求 功能项目规划要求 动力、水电工程规划要求 环境氛围规划要求
- 饭店承运策划
  饭店承运的前期策划 饭店承运的责任与合同策划 承运过程策划 承运后期策划
- 现代饭店筹备管理
  饭店筹备管理原则 饭店筹备管理内容 饭店筹备期的组织管理机构

现代饭店投资与筹划是饭店系统工程中的第一个工程,这项工程进行得好坏直接影响到饭店开业后的经营与运作。尽管饭店投资与筹划在饭店经营管理中有着极为特殊和重要的地位,并已被众多饭店经营管理者所认识,但到目前为止,尚未见有对饭店投资与筹划进行理论性、系统性的分析与阐述。本章大胆地、开创性地对饭店投资可行性论证与策划、饭店筹建策划、饭店承运策划等现代饭店的投资与筹划和饭店筹备期的管理进行了系统的、详尽的描述和浅显的解释,为饭店投资者与经营管理者提供理论指导与实践的借鉴作用。

第一节 现代饭店策划与可行性论证概述

一、饭店策划概述

1. 饭店策划的概念

策划(Planning)是指一种运用脑力的理性行为活动,是针对未来发生的事情所作的当前决策。策划是一种创意,是一种智力设计和运作过程,是以资源调查和市场分析为基础,以科学理论和方法为指导的一种智业活动。策划的内容一般包括管理策划、营销策划、形象策划、谋略策划、广告策划、公关策划、创新策划以及谈判策划、庆典策划、展览策划、会议策划,等等。

饭店策划,是策划在饭店中的应用,是围绕饭店如何达到预期目的,最大而有效地组织和利用饭店的人、财、物、信息、技术、管理等资源,调动饭店内外一切积极因素,有组织、有创意地解决相关问题,达到设想目标的筹划行为和行动方案。

饭店策划一般分为整体策划和个体策划。前者包括战略策划、组织策划或多个个体策划的集成等;后者范围较广,如CI策划、公关策划、产品策划、营销策划、谈判策划、庆典策划,等等。饭店策划也可按饭店类型分为全新型饭店策划、改良型饭店策划、危机型饭店策划,或按策划期分为长期策划和中短期策划,等等。

饭店策划与饭店计划不同。两者的区别在于:前者是一种创造性活动,而后者则是一种工作的时序安排,或者说是实现既定目标的打算;前者主要是解决做什么,后者则主要解决怎么做;前者的重点是掌握原则与方向,后者则是处理程序和细节;前者的自由度更大,要有创意,后者则更明确,更按部就班。两者的共同点是:饭店策划目标的实现必须有其计划安排,称为饭店策划计划;饭店计划体系中也必然包括饭店策划的计划,从某种意义上讲,任何高明的计划必须以相应的策划为前提,任何策划的实施必须由计划来落实。换句话说,策划是计划的"灵魂",计划是策划的具体化。

2. 饭店策划的过程与方法

(1)饭店策划的主要过程

饭店策划由以下几个过程组成:

① 选择饭店策划项目。准确地选定饭店策划项目,是饭店策划的开端,也是饭店策划的最重要环节。饭店策划项目的准确选定,一般有三条途径:一是根据饭店战略发展要求,决定策划项目;二是根据饭店决策层领导或策划顾问委员会提出的策划项目;三是根据饭店基层运作需要而提出的策划项目。要选好策划项目,必须着力培养饭店全员的"问题意识"和"战略眼光"。这一过程的任务是解决饭店要做什么。

② 饭店策划项目分析。饭店策划项目确定后,要对选定的策划项目进行分析,研究策划项目及其相关内容的内涵与外延,分析该项目被选中的原因,产生的背景,面临的形势以及此项策划的目的与意义等等。必要时必须作深入的调查研究,同时为开拓思路还应适当地对环境、相关因素、前景预测进行分析分析。这一过程的任务是解决饭店为什么要对该项目进行策划。

③ 产生并确立创意。创意是构成饭店策划的灵魂和核心,没有创意的策划不是成功的饭店策划。创意的产生一般须经过创意设想、目标设定、搜寻创意、情报收集、现场访问、信息整理、创意计划、创意完成等过程。为此,除充分调动企划组成员的积极性广开思路外,还必须建立关系网络,充分应用头脑风暴法、奥斯本法、NM创意法等创造工程方法。一方面要力求产生好的创意,另一方面还要围绕好的创意主题不断丰富完善,特别是在活动细节上也要有所安排。这一过程的任务是解决该策划项目何时做、何地做、谁来做、如何做。

④ 整理饭店策划案。创意完善后,必须整理出饭店策划案。饭店策划案必须具有高度的说服力。因此,要选准饭店策划的制高点,它可能是饭店策划创意,也可能是策划主题的切入方式、饭店策划的系统性、计划的完善性等。饭店策划案要有一定弹性,要多创意、多方案,以随机应变适应现实需求,每个饭店策划案都应有一个总概括性的评价,并附有相关的材料。

⑤ 提案。即把饭店策划案提交饭店接受实施。如果饭店策划案不能为饭店决策者所认可、审议通过并采纳,那就意味着饭店策划案的失败。因此,提案方式、提案时机、提案技巧、提案手段的设计,对于提案能否获准都至关重要,即饭店策划提案对于饭店策划而言,其本身也是一个策划,不可掉以轻心。

⑥ 策划提案实施与监控。策划提案获得通过后,便要进入实施和实效评价

阶段,好的策划提案如果在实施中存在协调不好、组织不力等问题,也不一定取得良好的效果。因此策划者必须与实施者紧密合作,通过组织、协调、说服、调整等活动,保证提案顺利实施。

(2)饭店策划的基本方法

① WAPDS法。WAPDS法是采取由调查分析的效果检验的循环方法。其运作步骤是 Watch(调查)—Analyze(系统分析)—Plan(创意)—Do(实施)—See(效果)。

② 需求3P法。也称可能性分析法。该方法的要点是分析三个可能性(Possibility),即区位的可能性、需求的可能性和资金的可能性,通过区位、需求、资金三个可能性的分析作为饭店策划的依据和基础。

③ FF法。也称作业流程图法。该方法在饭店策划的应用主要是借用工程中的作业流程图(Flow Flag)来表示饭店策划的工作重点和作业程序。

④ BSP法。也称饭店系统策划(Business System Planning)法。是一种结构化设计方法,它把饭店策划当作一项系统工程,按多维的思想体系来组织和实施饭店策划。

二、饭店投资可行性研究概述

饭店投资可行性研究是饭店基本建设前期工作的重要组成部分,是对饭店某一建设项目在建设必要性、技术可行性、经济合理性、实施可能性等方面进行综合研究,推荐最佳方案,为饭店建设项目的决策和设计任务书的编制、审批提供科学的依据。

1. 饭店投资可行性研究的主要内容

饭店投资可行性研究的主要内容有:①饭店建设项目概况;②开发项目用地的现场调查及动迁安置;③饭店市场分析和建设规模的确定;④饭店规划设计影响和环境保护;⑤资源供给;⑥环境影响和环境保护;⑦饭店项目开发组织机构、管理费用的研究;⑧饭店开发建设计划;⑨项目经济及社会效益分析;⑩结论及建议。

2. 饭店投资可行性研究的阶段与层次

按可行性研究的内容和深度,饭店投资可行性研究的阶段与层次可分为:

(1)第一阶段——饭店投资机会研究

该阶段的主要任务是对饭店投资项目或投资方向提出建议,即在一定的地区或区域内,以资源和市场的调查预测为基础,寻找最有利的投资机会。投资机会研究相当粗略,主要依靠笼统的估计而不是依靠详细的分析。该阶段投资估算的精确度为±30%,研究费用一般占总投资的0.2%~0.8%。如果机会研究认为可行的,就可以进行下一阶段的工作。

(2)第二阶段——初步可行性研究

初步可行性研究,亦称"预可行性研究"。在机会研究的基础上,进一步对饭店项目建设的可能性与潜在效益进行论证分析。初步可行性研究阶段投资估算精度可达±20%,研究费用约占总投资的0.25%~1.5%。

(3)第三阶段——详细可行性研究

详细可行性研究,即通常所说的可行性研究。详细可行性研究是饭店开发建设项目投资决策的基础,是在分析项目在技术上、财务上、经济上的可行性后作出投资决策与否的关键步骤。这一阶段对建设投资估算的精度是±10%,所需的研究费用,小型项目约占投资的1.0%~3.0%,大型复杂的项目约占0.2%~1.0%。

(4)第四阶段——饭店项目的评估和决策

按照国家有关规定,对于大中型和限额以上的项目及重要的小型项目,必须经有权审批单位委托有资格的咨询评估单位就项目可行性研究报告进行评估论证。未经评估的建设项目,任何单位不准审批,更不准组织建设。

3.饭店可行性研究步骤

饭店可行性研究按5个步骤进行:①接受委托;②调查研究;③方案选择与优化;④财务评价和效益分析;⑤编制饭店可行性研究报告。

三、饭店策划与可行性论证的类型与内容

饭店策划与可行性论证有四种类型,类型不同,策划与论证的内容也不同。

1.饭店投资策划

饭店投资策划就是对饭店项目的投资进行可行性分析与论证,撰写投资可行性论证书。通常业主在进行饭店投资项目决策前,都需要委托专业人士进行投资可行性分析。策划者通过对委托的项目的区位、市场、资金等方面的分析与论证,提交投资可行性论证书供业主做投资决策。

2.饭店筹建策划

饭店筹建策划是对拟建设的饭店项目进行策划,撰写筹建规划方案说明书,供饭店项目的设计单位进行饭店建筑设计时参照和考虑。饭店筹建策划是饭店经营管理者从饭店经营管理角度对饭店建筑设计在空间布局、功能项目设置、水电动力系统、环境氛围、装潢装饰等方面的要求说明。建筑设计单位根据筹建规划方案说明书的这些要求说明进行饭店的建筑和装饰设计,以满足饭店经营管理者的经营管理需要。

3.饭店承运策划

饭店承运策划是饭店经营管理者对拟承接经营管理的饭店的各项事宜进行策划,并通过承接与开业筹划书来体现。饭店承运策划内容包括承运标的选择、承运方式选择、承运介入时段确定等承运前期的策划;承运关系策划、承运责任议案、承运合同制定等饭店承运的责任与合同策划;饭店章程拟定、证件办理计划、保险计划、组织机构议案、定岗定编和人员招聘议案、劳工制度、设备用品配备与采购计划等承运过程的策划;资金管理与运作策划、岗前培训与开业准备议案、运作程序和制度建立议案、开业前营销计划、开业典礼策划等承运后期的策划。

4.饭店经营管理策划

饭店经营管理策划是饭店经营管理者进行饭店日常运作的经营管理方案书。此部分内容在许多饭店经营管理书中都有阐述。本章不再赘述。

第二节 饭店投资策划

饭店投资策划就是对饭店项目的投资进行可行性分析,撰写投资可行性论证书。通常业主在进行饭店投资项目决策前,都需要委托专业人士进行投资可行性分析。

饭店投资可行性分析包括以下几个方面的分析与论证。

一、项目概况及用地情况说明

饭店投资可行性分析首先应对业主投资的饭店项目概况及用地情况进行详细的说明。项目概况包括拟投资饭店的类型、规模、等级、地理位置等基本情况。用地情况包括用地的类型、地形地貌和地形图等。

二、区位分析

区位对于饭店的投资决策起着决定性的作用,它是指饭店所处的位置,以及该位置所处的社会、经济、自然的环境或背景。这个位置包括宏观位置、中观位置和微观位置。宏观位置指饭店所位于的城市或地区,中观位置指饭店在该城市里处在什么区域位置,微观位置则指饭店的左邻右舍,即饭店所在的社区。区位分析主要包括以下几个方面的内容:地理位置、社区环境、自然条件与气候等。

(一)地理位置

地理位置与拟投资的饭店类型关系密切,饭店是处于旅游景区、中心城市、工业区还是度假地都将影响饭店的投资类型,进而影响饭店的设施及服务项目的设置。例如,当地理位置为度假地时,则投资的饭店多为度假型饭店,那么该类型的饭店所配备的设施和提供的服务主要是以适应度假型的旅游者为主。对于不同类型的度假地,如海边度假地、森林度假地、草原度假地的饭店,其建筑风格、建筑材料及装修风格也都会有较大的区别。

(二)社区环境

饭店的位置和周围环境的好坏对饭店的经营有极大的影响,周围环境对客人有否吸引力也将影响饭店的营业额。优美舒适的周边环境、高品质的社区氛围不仅能大大降低饭店的投资成本,还能增加饭店的市场吸引力。社区环境主要包括交通状况、社区经济、民俗风情以及饭店周边的环保及绿化情况。

1. 交通状况

任何饭店都受交通的影响,交通方便与否,直接影响客人对饭店的选择。商务饭店必须在市中心,机场饭店必须在机场附近,汽车饭店必须在公路旁等。因此,拟投资的饭店一定要选择在交通发达、便利的地方,交通越发达,饭店的生意越兴旺。

2. 社区经济、文化水平、居民素质与态度

社区经济、文化水平对于饭店的规模、档次、等级具有重要的影响。不同经济和文化水平区域的饭店,设施设备配套、服务项目设置、规模以及档次的选择上都会有所区别。例如,地处北京的四星级饭店,它的软硬件大都优于西部地区的四星饭店;处于国际化大都市的饭店,其建筑风格大都豪华气派;而处于文化浓厚的历史名城的饭店,其建筑风格则更讲求文化气息。

除了社区经济、文化水平会对饭店的建筑风格、服务项目以及特色产生影响外,社区居民的素质与态度对于饭店的经营以及顾客对该饭店形象的形成至关重要。当居民对于新建饭店有较高的热情时,会大大减少饭店投资建设过程的难度。例如,饭店在旧房拆迁、市场调查时会获得大量民众的支持,从而保证工期的顺利进行;倘若居民对新建饭店不支持甚至怀有敌意,则难免会出现拆迁难、调查难的现象,更有甚者还会出现破坏建设工程的现象。

3. 民俗与风情

社区的民俗风情对于饭店的筹建与经营有重要意义。利用社区的民俗风情来提高饭店对顾客的吸引力已成为时尚。饭店业主与经营者应将当地的民俗风情经过艺术化的处理与加工引入到饭店的外观设计、装修(大堂、客房、餐厅等)、服务项目设置(如民俗歌舞表演、地方特色饮食、特色工艺品等),通过充分展示

当地民俗风情来实现"人无我有"的投资策略和经营策略。

4. 环保与绿化

环保与绿化的投资对饭店业主来讲需要不少的资金,由于目前环保方面的管制较小,因此饭店业主有可能会采取不负责的态度,花较少的资金投资于饭店的环保设备与绿化环境。社区的环保与绿化观念对饭店的环保与绿化投资有较大的影响。在环保与绿化观念强的社区里投资饭店,有利于督促饭店的清洁建设、清洁生产和绿色经营,饭店在投资建设时会在污水处理管道、垃圾处理设备、节水节能设施设备等方面做更大的投资,同时对于饭店范围内、店内店外以及所属的公共场所进行绿化和美化。当社区的环保意识较薄弱,社区的绿化水平较差时,饭店的吸引力也会大大降低。

(三)自然条件与气候

自然条件与气候是与饭店所处地理位置密切相关的。自然条件与气候一方面影响饭店类型的确定,同时也影响饭店建筑材料、装饰材料的选择。例如,处于风景优美的山体度假区,则该饭店在风格、材料的设计上应与周围环境相协调;海边度假区则应考虑建筑与装饰材料的防腐蚀性;处于地震多发区的饭店应考虑其抗震度。不考虑社区自然条件与气候,会大大提高饭店的投资成本,并给饭店今后的经营带来不必要的损失。

三、市场分析

市场是有维度的,市场的规模与消费水平也是有限的,市场的供给与需求规模的大小决定了拟投资饭店的营业与利润额。因此,饭店的投资建设必须经过充分的市场分析与论证。市场分析与论证内容包括:

(一)竞争对手分析

饭店的竞争对手主要包括现实存在的饭店及替代性产品、新的市场进入者以及潜在的市场进入者。竞争对手分析是为确定和分析竞争者与互补者的地位及优势所进行的研究。竞争对手的经营思想和理念、目标市场、住客率、日均房价、可利用率和服务的种类、设施的年限和运作状况、人力资源状况、市场份额和公司的从属关系都是竞争对手分析的内容。通过竞争对手分析,可以使饭店投资者寻找到自身的优劣势,并通过彰显优势、规避劣势做好市场定位,并在市场定位的基础上进行饭店产品设计与市场开发。每一个企业或组织都拥有一个价值网(Value net)。价值网由组织的供给者、顾客以及竞争者和互补者组成。竞争观念的改变使竞争者有时候会成为互补者,因此饭店在投资时要客观地看待竞争对手,具有长远的发展战略眼光,寻求能够与竞争者合力创造市场的机遇。

(二)市场规模与消费水平分析

市场规模与消费水平对于饭店的规模与档次确定至关重要。一般来说,市场的规模越大、消费水平越高,则饭店的规模也就相对大、档次也就高,但也不是绝对的。市场规模与消费水平分析的考察指标主要有人流量、人均消费水平以及平均停留天数等。

1. 人流量

人流量的大小在一定程度上决定了市场规模的大小。在投资前应进行人流量的调查,通过对商务流、会议流、观光流、度假流、探亲流、当地客源流等人流量的调查来确定饭店所在区域的市场规模。这些调查资料可通过到饭店、景区以及各主要交通道路进行实地调查,向相关统计部门咨询或是聘请专业的调查机构进行调查等渠道获得。

2. 消费水平

市场消费水平的高低决定了拟投资饭店的档次,饭店市场的消费水平可以用人均消费水平来反映。当市场消费水平较高时,饭店在装修设计、设施设备配备以及服务项目的设置上则要求较高,投资的饭店应主要开发中高档价位的产品;当市场的消费水平较低时,投资者在饭店档次定位时则应侧重于中低档、经济型产品,否则会出现市场与产品的错位。目前饭店业出现的盲目追求高星级、超豪华,导致饭店客房入住率低以致经营无法进行的现象比比皆是,这与没有进行消费水平的调查有不可分割的联系。

3. 平均停留天数

游客的平均停留天数决定了拟投资饭店的规模。平均停留天数越多,意味着消费规模大,市场需求量大,拟投资饭店的规模就可以相对大一些,反之,则应小一些。

(三)消费群体(市场)分析

饭店的消费群体根据其规模大小可分为目标消费群体、辅助消费群体和潜在消费群体。消费群体分析主要考察以下四个变量,即人口属性(包括年龄、性别、宗教、受教育程度、职业、家庭规模与结构等)、心理图式变量(性格、社会阶层及生活方式等)、购买行为变量(利益追求、购买动机、时机、频率、品牌忠诚度等)以及地理环境变量(区域、气候、地理环境等)。在以市场为导向的竞争年代,消费者的需求、行为特征对于饭店经营的成功具有举足轻重的作用。因此,拟投资的饭店应对消费群体进行分析,并根据自己的经营目标和资源能力,确认自己的目标市场,即主流消费群体、辅助客源市场和潜在的消费市场。

1. 目标消费群体

目标消费群体是饭店的主流消费群体,也是维持饭店经营发展的最重要群体。饭店投资者应根据自己的资源、技术、能力和特长,选择自己的主流消费群体,并为这些群体提供他们需要的产品或服务。目前许多饭店在客房、餐厅、大堂的装修风格、设施设备和服务项目的设置上也都根据目标消费群体的需要来确定。饭店目标消费群体的选择可采取以下策略:

①无差异目标策略。以大众化的需求为主,将整个市场的消费群体作为目标消费群体,以规模化、低成本为策略,从价格和便利上出新意,求特色,吸引各阶层的消费者。

②差异性目标策略。以特色经营和差异性策略,以提供不同品味、不同层次、不同规格的产品来吸引和满足不同类型的消费群体。

③集中性目标策略。在市场细分的基础上,只选择其中一个或少量细分市场作为目标市场,并充分满足其特定的需求与服务。

2.辅助消费群体

辅助消费群体指饭店必须拓展的消费群体,是饭店目标市场的重要和有益补充。由于饭店消费需求的多变性,饭店难以培养忠诚度较高的消费群体,因此饭店在注重目标市场培育的同时,还应开拓一些辅助性消费群体,作为饭店将来拓展的市场方向。随着经济的发展和人们消费观念的转变,饭店的消费群体在不同时期和阶段也会产生不断的变化。原来的辅助市场可能会变为饭店的目标市场,目标市场也会因形势的变化成为辅助市场。

3.潜在消费群体

潜在消费群体指具有潜在消费需求的群体。饭店可以通过了解潜在消费者的需求,开发适销对路的产品或采取有效的市场营销策略、引导消费来挖掘潜在消费群体,使潜在消费群体变成辅助消费群体,甚至成为目标消费群体。

(四)市场定位

饭店市场定位是以消费者的需求和利益为出发点,充分考虑饭店目标市场的竞争形势和饭店自身的优势与特点,确定饭店在目标市场中的地位,亦即饭店为使其产品在目标市场顾客心目中占据独特的地位而作出的营销策略。市场定位是在考察了竞争对手规模及主要产品、市场规模及消费需求特征等要素基础上作出的。处于筹备期的新饭店主要依据饭店所属的地理位置及投入营业后的设施、服务、经营理念与特点等自身富有竞争力的定位要素进行市场定位。新饭店的市场定位有以下几个步骤:

1.确定饭店的目标市场,进而研究目标市场顾客的需求和愿望及他们的利益偏好。

2.充分考虑竞争对手的优劣势,发掘自身的竞争优势,突出饭店自身与众不同的特色。

3. 设计饭店的市场形象。

4. 通过各种营销手段和宣传媒体向目标市场有效而准确地传播饭店的市场形象,以使饭店形象深入顾客的心目中,从而确立饭店的竞争地位。

四、饭店规模档次分析与论证

饭店规模与档次的分析与论证内容包括:

(一)饭店类型议案

饭店类型议案主要分析论证饭店向市场提供何类产品,产品风格如何等产品理念问题。如同其他任何新产品一样,当市场中存在以下一种条件的话,那么投资饭店产品很可能成功:

一是该产品现在不存在,但对该产品的潜在需求可能非常大;

二是该产品存在,但是需求很大且竞争不太激烈;

三是该产品存在,但目前需求不大,不过预计未来对它的需求会越来越大;

四是该产品存在,但现存产品地处偏远,且设施设备的质量较差,管理不当。

饭店可根据以上产品理念来进行饭店投资,亦可遵循以下原则:

1. 主流市场(目标群体)原则

目标市场原则要求饭店应根据所要接待的主流客源市场的特点、喜好及对饭店产品的要求来进行饭店类型的确定,并决定所要提供的设施和服务的类型。例如,饭店以商务客人为目标市场,那么饭店就应在建筑风格、功能项目设置以及设施设备购置等方面来体现商务特色,满足商务客人的需要。

2. 竞争对手缺失原则

竞争对手缺失原则是指目前市场上该产品还不存在,只要企业能够提供这种产品,就会产生大量的消费人群。采用竞争对手缺失原则进行饭店类型的确定需要投资者具有较强的观察力、敏感度和创新精神,善于发现日益发生变化的市场需求。竞争对手缺失原则确定饭店类型能够使饭店在创办初期取得垄断地位。国外出现的"监狱饭店"、"死人饭店"、"出气饭店"等一些极富个性化的饭店经营业绩不断上升就是一个最好的说明。竞争对手缺失原则的实质是要投资者创造新需求,成为市场的引领者。因为创造新需求的成功机会远远大于迎合需求的机会。

3. 潜在市场原则

潜在市场原则是通过发掘市场上未出现的新市场或是某一具有发展潜力的市场来确定饭店的类型。当饭店对竞争者的市场位置、消费者的实际需求和自己的产品属性等进行评估分析后,发现市场存在缝隙或空白,而且这一缝隙或空白有足够的消费者,则饭店可针对这一缝隙或空白的消费者来确定投资的类型。

另一种情况是指虽然该产品存在而且竞争很激烈,但预计未来它的需求会越来越大。饭店可通过开发满足潜在市场群体需要的产品来获得发展。这种饭店类型定位原则需要投资者具有长远和善于发现市场机会的战略眼光,通过适销对路的产品来创造需求、引导需求。

(二)饭店规模议案

饭店规模议案主要分析论证拟投资饭店的规模,即确定饭店的建筑面积、客房数量、餐位数以及其他设施设备的规模。饭店作为一种固定资产投资,应考虑到一定的超前性并具有前瞻性,在规模确定的过程中,除了应考察饭店现有的客源市场外,还应分析当地的经济发展水平、客人需求的变化以及潜在客源市场的规模对饭店规模的影响。饭店规模对于饭店的经营与发展是十分重要的,科学合理的规模能使饭店在今后的经营中充分利用资源,避免因淡季过淡造成的设施设备和人员闲置和因旺季过旺而造成的设施设备和人员的超负荷运转等情况的发生。饭店规模议案内容主要有:

1. 饭店的建筑规模

饭店的建筑规模主要是考虑饭店的建筑面积、建筑布局、主体楼层高度、外围辅助建筑格局与规模、饭店建筑风格、周围环境公共区域规模以及景观设计和绿化美化等。由于饭店建设的固定投资较大,且一旦确定就较难更改,因此饭店规模的确定必须具有一定的预见性和前瞻性。在建筑风格的选择上,应充分与当地的文化、地域特点、民俗风情相结合,同时为了节省开支应主要采用当地建筑原料。

2. 功能项目规模

饭店的功能项目规模主要指饭店提供的房间类型、数量等客房规模,餐厅类型、厅面与厨房数量等餐厅规模以及娱乐项目与设施规模。

(1)客房规模。包括楼层设置(标准楼层、豪华楼层、行政商务楼层等)、客房类别(标准客房、商务客房、无烟客房、豪华套房、度假套房等)、房间数量等方面的确定。

(2)餐厅规模。包括餐厅的种类(中餐厅、大堂酒廊、咖啡厅、宴会厅、会议室、包厢以及西式餐厅等)、餐厅与厨房的数量和面积以及餐饮设施等方面的确定。

(3)娱乐项目与设施规模。包括 KTV/RTV 包厢、夜总会、健身中心、游泳池、棋牌室、桑拿房、室内网球场、高尔夫球场以及保龄球馆等娱乐项目与设施的确定。饭店娱乐项目与设施规模的确定应根据饭店的类型来确定,不同类型饭店的娱乐项目与设施的规模档次也不相同。

3. 主要设备规模

饭店主要设备的规模包括：供配电系统、给排水系统、供热系统、制冷系统、通风系统、空调系统、通信系统、共用天线电视接收系统、音响系统、计算机管理控制系统、消防报警系统、闭路电视监视系统、垂直运送系统、厨房系统、洗衣系列、清洁清扫系列、办公系列等方面的设备规模。现代饭店设备投资量大，一般要占全部固定资产投资的35%—55%。饭店设备前期规划的好坏将决定90%以上的设备寿命周期费用，决定设备装置的技术水平和系统功能，决定设备的实用性、可靠性和未来维修量。因此，饭店设备配置规划方案应从饭店的整体利益出发，根据饭店的规模、档次来规划。规划方案应包括设备的市场状况和前景、设备与所需能源和原料的关系、设备的环境条件、技术方案、环境保护、对运行操作人员和管理人员的要求、设备投资方案的经济评价、不确定分析、方案的实施计划以及可行性研究报告等。设备选择应遵循适应性、安全可靠性、方便性、节能性、环保性、配套性的原则。

（三）饭店档次议案

拟投资饭店的档次确定主要是根据现实和潜在目标市场的消费水平并结合投资者的经济实力来确定。目前饭店的档次大多以1993年制定的《旅游涉外饭店星级划分与评定》以及饭店服务行业的GB/T13391《酒家（饭店）分等定级规定》为标准。在投资可行性分析中，饭店档次的确定可采取一次到位原则和阶段性到位原则。

1. 一次到位原则

一次到位原则指饭店在投资筹建时，业主根据饭店档次的定位，按星级划分与评定标准要求一次性投资到位。一次性到位的投资原则虽初期投资成本高、风险较大，但能够避免过后的多次投资而带来的时间成本以及其他有形与无形成本而被许多投资者所采用。

2. 阶段性到位原则

阶段性到位原则指饭店业主通过分阶段投资而使饭店最后达到所要达到的档次。例如，饭店的一期投资只能达到准四星档次，通过二期、三期的投资建设才能达到四星档次。阶段性投资能够分散饭店初期投资压力，但会带来一些不必要的成本损失，如因二、三期工程施工引起的顾客投诉以及造成的客源流失等问题。

五、投资回报分析

投资回报分析也称为收益分析，是投入与产出的分析，是饭店投资者最为关心的问题。投资回报分析包括投资额估算、投资回收期计划、年营业额预算、效益分析等内容。分析方法有保守分析法与乐观分析法两种。

(一)投资额估算

投资额也即投资建设饭店所需支付的成本,主要是初期开发成本(包括建造饭店、购买设施设备以及进行饭店装修等)和饭店的经营成本。初期开发成本还包括向所在社区提供基础设施所需的设备,诸如公用事业设备、建设停车场和车库、设围墙等方面所需的成本。饭店类型、规模、档次、地理位置不同,投资成本也不同。一般而言,投资者会花费总预测成本中的10%－20%用于购买土地,50%－53%用于建设,13%－14%用于购买家具,13%－18%用于杂项费用。

(二)投资回收期计划

投资回收期又称还本期,指某一个新建饭店方案,其投资总额以该饭店开业后的利润来补偿的时间。其值越小,饭店投资的经济效益就越大,其计算公式如下:

投资回收期＝投资额/(每年的盈利＋税金)

饭店应根据收益、费用分析来预测饭店的投资回收期,并制定相应的实现计划。投资回收期计划为饭店确定了利润目标和还本期限,对于饭店日后的经营具有较大的参考价值和指导意义。

(三)年营业额预算

营业额预算必须包括客房收入、餐饮收入、康乐收入及其他部门的收益,这些预算只有在对每年的住客率和客房价格进行估计之后才能进行。

(四)效益分析

效益分析又称经济评估,也就是饭店投资可行性分析,是分析投资者从所投资的饭店经营活动中获得的总收入与投入的总成本相比较是否有盈余。目前饭店多数采用内在收益率(IRR)的方法来分析项目的可行性。收益率是一种根据投资所产生的回收率对资本预算决策进行评估的方法。

第三节 饭店筹建策划

饭店筹建策划是对饭店的筹划、设计与建设进行策划,撰写筹建规划方案说明书或规划设计方案说明书。通常业主在决定饭店投资项目后,需要委托饭店专业人士或饭店经营管理者根据饭店的经营需要,提出筹建规划方案说明或规划设计方案说明,要求建筑设计单位和装修单位按照方案说明进行设计与装修。饭店筹建规划方案说明书内容包括以下方面。

一、空间规划(设计)要求说明

(一)建筑布局要求说明

建筑布局要求说明是根据业主或饭店经营者的意图和拟投资饭店的类型对饭店的建筑布局和建筑风格作出说明和要求。饭店建筑一般有分散式、集中式和混合型三种布局方式。

1. 分散式布局

分散式布局特点是饭店各功能部门分别建造,单栋独立,多为低层建筑。由于各功能区分别独立、互不干扰,饭店环境优雅宁静,但是客人和服务的动线较长,能源消耗大,管理不便。它主要适用于郊区或景区饭店。

2. 集中式布局

集中式布局又分水平集中式、竖向集中式和水平与竖向相结合的集中式布局。水平集中式是客房、公共区域、后勤和餐饮部分别各自相对集中建设,并且在水平方向互相连接的布局方式。它适用于郊区和风景区饭店。竖向集中式布局是饭店的各功能区集中在一座建筑物中竖向排布的形式,它适用于城市中心、基地较少的饭店。水平与竖向相结合的集中式布局呈凸形状,是高层建筑带群房的布局形式,这种布局形式被国际上众多城市饭店所采用。

3. 混合型布局

混合型布局是分散与集中相结合的布局。在这种布局形式中,常采用客房楼层分散,公共部分集中的方式,如高层主楼带群楼或别墅式的建筑。

在现代的高层饭店中,为了合理组织和充分利用竖向空间条件,要进行竖向功能分区。通常情况下,地下室用于安排车库、库房、员工更衣室、浴室、员工活动室。地下一层用作公共活动部分,如快餐厅、游泳池等。地下二层作设备(如机房)和后勤工作用房。低层公共活动部分(包括裙房)常安排各类餐厅及康乐设施等,大堂多设在一层。在低层与客房层之间常有设备层,以安排各种管道系统中的水平管道。客房层多安排在四层以上的竖向高层部分。高层饭店常常在顶层设空中餐厅、旋转餐厅、观光层、豪华套间等。顶部设置设备用房、电梯机房、给水水箱等。

(二)动线规划(设计)要求说明

动线是指饭店内外客人、物品、服务、信息以及车辆等在内的流动路线。动线设计的基本原则是各种动线的运作要持续畅通,各动线不互相交叉碰撞,不同的动线设计要遵循不同的设计原则。

1. 客人流动路线设计要求

客人流动路线是指客人在饭店内活动所必须经过的路线。饭店的一切活动都是围绕着客人的活动而进行的,因此客人流动路线的设计首先应反映出饭店的形象,让客人在移动的过程中能够感受到饭店的特色与文化氛围;其次要遵循直接明了的设计原则,动线不能太复杂,主要出入口应设计在客人举目可见、方便客人进出的地方,在出入口、转折处以及客人经常活动的场所应有醒目、具有较强亲和力、准确的标识,以减少客人进入饭店的陌生感。此外,客人流动路线要便于管理,以方便饭店能及时准确地向顾客提供服务。

2. 物品流动路线设计要求

物品流动路线是指物品从采购、贮存、消费到最后垃圾处理过程中所发生的空间转移。饭店属于综合性的服务场所,物品种类繁多、消耗量大、转移频繁。因此,饭店的物品流动路线设计要便利,减少其停留时间,提高工作效率,满足客人及饭店正常运转的需要。同时物品流动路线还应隐蔽,避免将物品(特别是垃圾)直接暴露在客人面前,给客人带来不良的视觉影响,一般物品流动路线大都设在后勤区。有时为了服务工作的需要,一些物品流动路线必须与客人流动路线混合,此时设计就要遵循以客人流动为主、物品流动为辅的原则。

3. 服务流动路线设计要求

服务流动路线是饭店员工向客人提供服务所必须经过的路线。服务流动路线联系着客人、服务员(包括管理者)以及服务所需用品三个方面的内容,因此饭店服务流动路线设计要遵循短捷、高效原则,以减少顾客与服务员、服务员与服务所需用品之间的距离,达到为顾客提供及时服务的目的。此外,服务流动路线还应遵循科学合理、便于管理的原则,以方便服务运作和服务管理。

4. 信息流动路线设计要求

信息流动路线是指饭店内外信息流动的路径。饭店的信息包括经营管理信息、顾客信息以及饭店外部信息,信息能够及时准确地转移是饭店提高工作效率和服务质量的重要保证。饭店信息流动路线设计应遵循迅速、准确、便捷原则,信息线路的布线、接口、终端的设计要方便信息的流动、处理和使用,要方便动线的维护、保养与更新。

5. 车流动线设计要求

车流动线是指饭店内外部车辆的流动路线。饭店外部车辆流动路线主要是进入饭店的客人车辆及其他相关车辆的路线与停车场。外部车辆流动路线设计要方便、省时和便于管理。饭店内部车辆的流动路线主要是饭店内部的服务车辆,如直接流动于前台的行李车、客房工作车和完成后台工作的工具车、布草车等的行驶路径。内部车辆流动路线设计要隐蔽、省时、方便和便于管理。

(三)出入口设置要求说明

饭店的出入口主要有客用出入口、职工出入口、物资出入口和垃圾出入口等。由于各种出入口面对的是不同的群体、不同的用途,因此设计时应加以区分并合理设置。

1. 客用出入口

客用出入口是饭店的形象标志之一,是客人进出饭店的必经之地,因此要做好出入口的形象设计和环境设计,让出入口美观、实用和方便。客用出入口又可分为散客出入口和团队出入口,饭店可以根据实际的客源市场情况进行分别设置或混合设置。为了体现尊重客人的现代饭店精神和方便饭店管理,客用出入口应与其他几种出入口区分开来,单独设立。

2. 员工出入口

员工出入口是饭店员工上下班、工作的主要通道,也是员工为客人提供服务的主要通道。饭店不同功能部门对于通道的设计要求不同,但都应遵循便利性原则,员工与客用出入口分开。通道的便利性设计可以方便员工服务操作,提高员工的工作效率。

3. 物资出入口

物资出入口是饭店各种物品的进出口,包括物资购进后进入饭店、物资在仓库(一级库、二级库等)之间的转移、物资由仓库至各个部门等的出入口。饭店的物资种类繁多、更换周期频繁。因此,饭店物资出入口的设计应讲求独立性和隐蔽性,使其不影响客人的视觉效果。目前饭店业中许多物资出入口与职工出入口是设在一起的,但为了提高物资输送效率,一些饭店已开始将物资出入口单独分开,如设置专门的布草通道、仓库通道等。

4. 垃圾出入口

饭店每天都会产生大量的垃圾,如食品垃圾、厨房垃圾、客房垃圾等,饭店应根据可回收垃圾与不可回收垃圾两类不同垃圾设置不同的出入口,对于一些污染环境严重甚至是一些危险的废弃物应设置专门的存放点和出入口。垃圾出入口的设计应遵循隐蔽性、封闭性原则。

二、功能项目规划(设计)要求说明

随着需求的变化,饭店的功能项目和设施设备不断发生改变,它们又都与饭店的建筑及其布局相辅相成。不同的功能要求饭店设计不同的功能区域,同时也就产生相应的功能区域规划要求,如与住客功能相应的住宿设施项目规划、与饮食功能相对应的餐厅和酒吧项目规划、与娱乐功能相对应的娱乐场所项目规划以及其他如交通功能、购物功能、商业服务功能等相配套的规划项目,这些规划项目必须体现"以人为本"的总原则,在总原则的指导下产生其他相关规划要求,提高饭店职工的工作效率。

(一)功能区域规划(设计)要求说明

功能区域是指饭店为了提供食、宿、行、游、购、娱等功能性服务而为顾客提供客房、餐厅、商场、康乐休闲娱乐空间以及为保证职工顺利地工作而提供的服务空间。饭店的功能区域是根据其所提供的功能来进行规划设计的,其基本要求是要"以人为本",通过对功能区域进行科学合理的空间分隔、设施设备配置以及工作流程的设计使顾客享受到舒适的活动空间。饭店的功能区域按其对客服务的方式分为一级功能区和二级功能区。一级功能区又称为"前台"服务区,是指为客人提供直接"面对面"服务的区域,该区域是饭店的形象区,因此在规划过程中除了要考虑满足客人的需求和方便员工服务操作之外,还要按照形象区的要求来进行装修设计,提高饭店的吸引力;二级功能区又称为"后台"服务区,是饭店后勤人员工作的主要场所,其规划设计要求是要方便员工的操作,减轻职工的疲劳度,创造舒适、整洁的工作环境,提高员工的工作效率。

不同功能区向顾客提供不同功能的服务,它对于空间、高度、面积、装饰及风格的要求不一。因此,饭店功能区域规划(设计)应遵循独立、不相互干扰原则和科学、合理、便于管理原则。独立、不相互干扰原则要求饭店各功能区域设计时要有隔离设施,功能区与功能区之间不能产生噪声、震动等方面的影响。独立互不干扰的工作空间能够使员工明确自己的工作职责,避免互相推诿、责任不清等现象的发生。科学、合理、便于管理原则要求饭店各功能区设计既要满足客人消费需要、方便员工操作,同时也要便于管理。

(二)主要项目规划(设计)要求说明

1.大堂规划(设计)要求说明

大堂是饭店的"门厅",主要包括入口大门区、总服务台、休息区、咖啡厅、酒吧、商场、美容美发室以及楼梯、电梯、公共卫生间等区域。大堂规划(设计)要求说明主要包括空间、面积、装饰以及风格等几个方面的内容。

(1)大堂空间

大堂空间可分为服务空间、客人流动空间和休息空间。服务空间根据服务功能的需要可大可小;客人流动空间的区域要求面积较大,以便人流畅通无阻;休息空间设在流动空间附近,供客人作短暂的停留,休息空间与流动空间应有明显的分隔区间,但为了实现动静分明的空间共享效果,隔离带应做到"漏而不通",若即若离。大堂空间布局应做到人流路线清晰、服务区分明,充分、经济地利用大堂有限的空间。

(2)大堂面积

大堂是饭店主要流通场所,是客人非正式的聚集地点,也是饭店最主要的公共区域,其面积的设计要考虑客流量和饭店星级等因素,以便能适应饭店的接待能力。大堂面积应视饭店等级和规模(客房数)而定,国际上一般大于 0.9 平方米/每间客房,我国国家旅游局星级评定标准要求大于 0.8 平方米/每间客房。

(3)大堂装饰

大堂装饰主要包括大堂装饰用材(如地面、墙面、柱面以及各种装饰材料)、采光、装饰小品等。大堂的地面装饰用材大多采用花岗石而不采用大理石,因为花岗石质地更加坚硬。大堂的装饰应根据风格来定,利用灯光、装饰材料、工艺美术品、绿色植物以及其他硬质装饰材料与软质装饰材料的共同配合来使大堂装饰更具文化气息,体现饭店特色。

(4)大堂风格

不同国家、不同地区、不同星级的饭店应有不同的风格基调,使客人可以从中阅读和领略当地的风土人情和文化情趣。饭店大堂或金碧辉煌,豪华气派;或清新淡雅,朴素自然;或色彩鲜明,文韵独特,不同的风格要求不同的装饰材料、设施设备、色彩与其相配套。在大堂风格基调的把握上,色彩的选择是极其重要的,饭店应有自己的主色调,可以根据自身的经营特点以及客源需求来确定大堂的主色调。大堂风格设计上应突出所要表达的主题,并通过装饰材料、灯光、工艺美术品、绿色植物、色彩等使其更加突显出来。

2. 餐厅规划(设计)要求说明

餐厅的规划(设计)要求主要在餐厅的面积、类型、档次、风格等方面对空间、设备、灯光、通风、物流与人流通道提出要求和说明。

(1)餐厅位置

为方便非住店客人的消费,餐厅的位置应尽量设在饭店的客人流通区或大堂附近。通常西餐厅及酒吧设在大堂,而中餐厅则设在二至三楼。同时餐厅与厨房最好设在同一层,如必须分层设置,最好相差楼层数不要太多,并用垂直提升机(电梯)送菜。特色餐厅与各级宴会厅则需根据具体情况而定。

(2)餐厅的面积

餐厅面积一般占总建筑面积的 12%~15%左右。中餐为主的餐厅人均使用面积按 1.5~1.8 平方米/座,以西餐厅为主的餐厅人均使用面积按 1.8~2.1 平方米/座。所需的餐位数可以根据床位数来确定,餐位与床位之比通常按 0.8:1~1.2:1 计算。

(3)餐厅类型与档次

餐厅的类型与档次设计应根据饭店的风格、规模、档次以及客源市场的需求而定,并要体现饭店本身及饭店所在地区的特色。商务饭店应有中餐厅、西餐厅、各种类型宴会厅、自助餐厅等,餐厅的档次相对较高、面积较大,并配有高档扒房,提供现场烹饪服务和桌边服务,座位密度低,空间宽敞等;旅游饭店应有风味厅、中餐厅、宴会厅、自助餐厅等,餐厅的档次相对较低。

(4)餐厅风格

餐厅风格可以通过色彩、装饰材料及各种装饰品来体现。不同类型的餐厅所体现的风格应不同。

①餐厅色调设计要求说明

色彩选择对于餐厅风格的体现起着非常重要的作用。餐厅色调由装饰材料色调、照明系统组成。餐厅色调既要与饭店主色调一致,又要有自己的风格,一旦确定餐厅的基调,其家具、门窗、窗帘、饰物和餐具都应与其相配套。餐厅的色调应与照明系统相结合,从而使照明系统能够为餐厅风格、菜肴特色增色,例如,暖色调的餐厅加上暖色调的照明,可以活跃餐厅气氛,利于进食时形成条件反射,增进食欲。在规划设计过程中灯光应与餐桌相对,应根据餐桌的实际摆放位置来确定吊灯的位置,而不能按常规将吊灯放在餐厅的正中间,从而失去增色的作用。餐厅色调设计应遵循配色的同一性原则(各种颜色的色相或明度基本相同)、连续性原则(按光谱顺序形成连续变化关系)和对比性原则(用色相相反或明暗对比的色彩互相搭配)。一般而言,中餐厅宜用暖色,尤以金黄、红木、朱红、咖啡、酱黄、橙黄色最好;西餐厅宜用乳白色、茶褐色;扒房的色彩尤以金色配深红、咖啡色为多;咖啡厅宜用奶黄色;酒吧宜用古铜色;茶室宜用茶色,等等。

②餐厅装饰设计要求说明

餐厅的风格可以通过装饰材料、艺术品、绿色植物以及文化氛围的塑造来体现。不同的餐厅其风格与体现的文化氛围也不同。西餐厅讲求高档豪华,中式餐厅讲求喜庆吉祥,风味厅讲求独具特色,自助餐厅讲求简洁明快。特别要注意餐厅风格与其名字的结合问题。许多饭店餐厅设有各种包厢和厅房,每个包厢或厅房都有名字,有的以花为名如"牡丹厅""荷花阁",有的以山水、地名为名如"泰山厅""长江阁""北京厅",有的以松、竹、梅"岁寒三友"为名,等等。名字应该是风格的体现,但是许多饭店目前都存在着餐厅风格与名字相脱离的情况,"牡丹厅"中没有牡丹的内涵与风格,"荷花阁"没有任何体现荷花的菜肴、字画、装饰品,"泰山厅""长江阁"的装饰风格一样,这在日益成熟的消费者来看无疑是可笑的。因此,饭店在餐厅设计时就应考虑好餐厅的名字以及通过设计来体现其风格。

(5)其他要求说明

①餐厅采光与通风

餐厅采光、通风要良好。天然采光时,窗洞口面积不宜小于餐厅地面面积的 1/6,自然通风时,通风开口面积不应小于该厅地面面积的 1/6。

②餐厅的厕所要求

厕所是餐厅的主要辅助设施,其数量应根据饭店各种餐厅的餐位数而定。厕所位置应隐蔽,其前室入口不应靠近餐厅或与餐厅相对;厕所应采用水冲式、低噪音马桶,并蹲位与座位均有。

③餐厅的装饰材料

餐厅的装饰材料宜选择防火、不易积灰、易清洁的材料。餐厅装饰材料与餐厅的类型、风格有关,地面材料一般以花岗岩、瓷砖、木板或地毯为主,墙面材料一般有墙纸、木板、布面和漆面。

3.厨房规划(设计)要求说明

厨房规划(设计)应本着装饰安全卫生原则、方便操作便于管理原则。通过科学设计与装修布置,使各种设施、设备、用具各得其位,减少操作过程中厨师来回走动的距离,从而提高工作效率。

(1)厨房布局

根据工作程序、人员操作流程,厨房布局一般分为货物验收贮藏室、食品初加工区、食品熟加工区、点心制作区、冷菜制作区和其他辅助区等六个工作区域。六个工作区域的布局有如下三种形式:

①统间式。厨房的六个工作区域都在一个统间,但每个区域或工作台有所分隔并有特定的分工,这种形式适合于小型饭店。

②分间式。厨房的六个工作区域都有各自的专用房间。这种布局占用面积大,利用率较低,故较少被采用。

③混合式(统间式与分间式结合或称大小间结合式)。厨房的食品初加工区、食品熟加工区采用统间式(大间),货物验收贮藏室、点心制作区、冷菜制作区和其他辅助区采用分间式(小间)。这种布局被大多数饭店所采用。

(2)厨房的设施设备要求

厨房是高温、高热、多气味、多油污、多烟雾的地方,所以对厨房的设施设备要求比较严格,既要整洁美观,又要安全、卫生、方便和便于管理。因此,厨房的隔油设施、采光通风设施、防火安全设施等的设计与配置要根据厨房的类型、大小来考虑,以满足厨房运作时的降温、散热、去味、防油、排烟的需要。

4.客房规划(设计)要求说明

(1)客房类型与档次

客房类型与档次应根据饭店的客源市场调查结果、饭店的市场定位、主流客源市场的消费水平、饭店的规模档次来确定。客房的房型种类、规格要多并各具特色,同一类型的客房应有不同的档次、规格与标准,如套房应有豪华套房、商务套房、普通套房等。同一档次、标准的客房应有不同的房型。不同房型、档次的客房数量应根据主流客源市场、辅助客源市场以及潜在客源市场的规模来确定,例如,饭店主体目标市场是高级商务客人,则高级、豪华的商务套房、商务标房数量就应该适当地增加,而对于以中低档经济型青年旅客为主要目标市场的青年旅馆,则其普通标房、三人房等经济型客房数量就要增多。

(2)客房风格

客房风格是客房内有形物件与无形文化组合而体现出的一种氛围。客房风格的形成因素包括客房主题文化、灯光照明、物品陈设、墙上饰物、室内结构与设施、室内装修、整体感觉以及所有其他能促使顾客对客房形成印象的物品。客房风格的设计应以市场需求为导向,同时融入地方文化与饭店的企业文化,在设计理念上要打破传统观念,要敢于创新、标新立异,形成自己的客房风格。例如,客房的床头柜能否由方的改成圆的,以免碰伤客人?卫生间的浴缸既然没有人泡浴能不能撤除改为挡板沐浴?房内灯光照明能否采用一个总控制开关放在床头柜让客人随手可触,等等。

5.娱乐休闲场所规划(设计)要求说明

饭店的娱乐休闲场所主要包括舞厅、卡拉OK厅、美容美发厅、桑拿浴室、健身娱乐中心(保龄球馆、网球馆、桌球馆、游泳馆)等。娱乐休闲场所的规划设计要请专业人员提出规划(设计)要求,并充分考虑经营管理者的意见和建议。规划设计时要注重设施设备的专业化和环境氛围的舒适化,要重视设施设备使用的安全性和方便性。

三、动力、水电系统规划(设计)要求说明

(一)动力系统规划(设计)要求说明

动力系统是指发生、变控、传递和供应动能的系统,主要有锅炉、制冷机、变电设备、配电设备、发电机组以及水泵、风机等。动力系统是饭店的心脏,一旦发生故障,将直接影响饭店的正常运作。动力系统规划设计时要充分考虑系统的安全性能指标、技术指标、环境影响指标,在规划设置时要有一定的预见性和前瞻性,要充分考虑动力系统的节能、节油、节电、节气性能。同时,在设计配置动力系统时应尽量做到一次性到位,避免动力系统频繁地更新和改造给饭店带来重复性投资和对饭店正常运作带来影响。

(二)水暖系统规划(设计)要求说明

饭店的水暖系统主要包括消防系统、空调系统、给排水系统、供热系统。

1.消防系统

饭店消防系统的规划设计应包括火灾报警系统、火灾报警控制器和消防控制系统的规划与设计。规划设计时要特别强调火灾探测器(烟感式探测器、温感

式探测器、光感式探测器)、消防灭火器材(消防给水系统、化学灭火器材)和防火设施(防火墙、防火门、防火卷帘)以及防、排烟设备的类型、数量和所应安放、设置的位置。

2. 空调系统

饭店的空调系统有中央空调系统(同时将空气进行处理的通风系统,是一个包含供热、制冷和通风的综合工程系统)和局部式空调系统(柜式空调、窗式空调和分体式空调)两种类型。采用哪种空调系统应根据饭店的规模档次来确定。一般大型饭店多采用中央空调系统,小型饭店采用局部式空调系统。空调系统的耗电量大,因此在规划设计时应考虑空调系统节能环保、安全卫生、噪音小等性能指标。

3. 给排水系统

饭店给水系统分为生活给水系统(主要供生活及洗涤用水)、生产给水系统(供生产用水)以及消防给水系统。饭店一般将上述三个系统合成为一个给水系统。饭店排水系统是指排除生活和生产中的污水和排除地面上多余的雨雪水的系统工程,它包括排水工程的整套设施设备和排水管网。饭店给排水系统的规划设计要注意给水系统设施设备的功能与容量,给排水管网大小与布线的合理,给排水管道的防热散与防泄漏以及维护保养等方面问题。

4. 供热系统

饭店的供热系统主要有电热器供热系统(电热炉、电烤箱、烘箱、保暖箱和各种电热取暖器)、煤气供热系统(主要用于厨房食品加工的供热)、锅炉供热系统(主要用于客房用热水、厨房用热水、房间的取暖、洗衣房使用蒸汽等的供热)。在供热系统规划设计时,应充分考虑到供热系统设施设备的功能、容量、安全、节能、环保等性能指标,并在安置位置、通过路线的设计上要科学合理,便于维护和保养。

(三)供电系统

饭店供电系统可分为弱电系统和强电系统,其中弱电系统主要包括电视系统、音响系统、电话系统、多媒体系统和网络系统等;强电系统包括输电系统、照明系统和电力系统。饭店供电系统的规划设计要特别重视供电系统的配电设备,如高压配电柜、变压器、低压配电瓶,全部集中在配电间,所有的动力线、照明线全由配电间接出;输电设备,如输电线路和接线箱,包括矩形型线、电缆、电线以及输电线路的中间接线箱);用电设备,如利用电能作动力的设备,包括机电设备、电热设备、电子设备、照明设备等设施设备设计与配置。要注意供电系统的可靠性,以保证供电系统正常运行;要考虑供电系统发生故障时应有的应急措施。

由于饭店供电系统的规划(设计)要求说明专业性强,而且种类繁多,本处仅就照明系统的规划(设计)要求做一些说明。饭店照明系统用电量约占饭店全年用电量的25%~30%左右,因此饭店照明系统的规划设计要遵循低能耗、高效环保的原则,推广选用节能型光源,科学地进行照明控制;照明设计要合理,不同场所要有不同的照度和色光,例如,酒吧宜采用相对冷色光,而中餐厅则宜采用暖色灯光;照明系统设计还应根据饭店的实际情况和需要进行,在用材、走线、布点等方面要科学合理,方便维护、保养与管理。

四、环境氛围规划(设计)要求说明

饭店环境氛围的设计塑造与饭店的所有内容相关,大到饭店的整个建筑,小到客房或餐厅的一个小饰物,它要求规划设计者既要有全局战略眼光,又能做到细致入微。饭店环境氛围的设计塑造主要包括主题文化、色调、装饰用材、灯光照明以及绿化等方面的规划设计。

(一)主题文化选择与设计要求说明

主题文化是饭店特色与风格的精髓与灵魂,它通过饭店的建筑外形、装饰风格以及装饰物品得以体现与展示。饭店主题文化的选择与设计与饭店的类型、特色、所在地区或社区的风情民俗、饭店所属企业的企业文化等因素有关。饭店主题文化的选择与设计是一件困难的事情,需要投资者、经营者、饭店专家和规划设计人员的共同商定。例如,投资者要在著名风景旅游区崇武古城建一座饭店,经营者与饭店专家认为该饭店的主题文化应体现出滨海地域特色和古城风貌,展现惠女民俗风情和中国南方石雕艺术,规划设计单位就应该根据这个思想和理念建筑,通过建筑风格、建筑材料、装饰材料、装饰物品等方面来体现这个主题。如果投资者或经营者没有对饭店的主题文化提出要求说明,那么规划设计单位可能就会按照常规的方式与标准来进行规划设计。

(二)色调设计要求说明

CIS的形象设计中对于色彩的要求十分讲究,因为搭配合理的色调会给人一种舒适感,杂乱无章的色调容易使人产生疲劳。饭店的色调由主色调和辅助色调(或称补充色调)组成,不同的场所有不同的色调要求,同一场所在主调与辅助色调的选择上也会有所不同。因此投资方或经营者应根据自己的需要和认识向规划设计单位提出饭店的主色调要求,以便规划设计单位根据主色调来选择辅助色调。

(三)装饰用材要求说明

装饰用材的选择应根据饭店所处的地域特点、气候条件、饭店类型、所确定的主题文化以及投资者的经济实力进行综合考虑。规划设计时应突出装饰用材的适用性、经济性、美观性,并尽可能遵循材料本地化原则。

(四)灯光照明规划(设计)要求说明

灯光照明对于饭店主题文化、环境氛围的塑造起着非常重要的作用。饭店不同功能区对灯光照明的要求不同,灯光的明亮程度取决于经营者所要营造的气氛。饭店经营者应根据经营的需要提出各个功能区域的灯光照明要求,对不同区域需要多少光线以及何种光线、采用直接照射型灯光还是间接照射型灯光等问题进行详细的说明。

(五)绿化规划(设计)要求说明

饭店的绿化规划设计包括饭店内部环境的绿化规划设计和饭店外部公共区域的绿化规划设计。饭店经营者应根据经营的需要,对饭店的绿化规划设计提出要求与说明。饭店内部环境的绿化规划设计要求包括指明绿化的区域或位置、绿色植物的品种与大小等;饭店外部公共区域的绿化规划设计要求则要指出绿化的区域与面积、绿化的形式(植物、草地、盆景还是花卉)等。

(六)艺术品、指示牌规划(设计)要求说明

艺术品是指用于饭店装饰的各种工艺品和美术品,它大到饭店大堂的巨型浮雕画,小到客房里的笔筒。艺术品作为饭店装饰的主要材料,用于体现饭店所要展示的文化、主题与特色。饭店投资者或经营者应根据饭店的类型、特色和经营的需要,对饭店艺术品的规划设计作出要求和说明,告诉规划设计单位设计时在什么区域使用什么样的风格、大小、形式的艺术品,等等。规划设计要求说明要变被动为主动,将饭店所需要的艺术品事先进行说明,让规划单位有的放矢。指示牌是指那些标明饭店各个区域地理位置的牌子,规划设计时应根据饭店的实际情况设计出不同材料(木质、石质、钢质、玻璃等)、不同形状(方形、圆形、长方形、不规则形状)、不同大小的指示牌。指示牌除了应正确清晰外,还应讲究美观大方,其材料、形状、色彩以及大小应根据饭店不同的功能区而定。通过饭店指示牌的设计,使原本并不醒目的指示牌能成为饭店的装饰品,成为体现饭店特色与文化的载体。

第四节 饭店承运策划

饭店承运策划是饭店经营管理者对拟承接经营管理的饭店的各项事宜进行策划,并通过承接与开业筹划书来表达。饭店承运策划内容包括饭店承运的前期策划、饭店承运的责任与合同策划、饭店承运过程的策划和饭店承运后期的策

划四个方面。

一、饭店承运的前期策划

1. 承运标的选择

饭店承运的标的对承接经营者而言是指要承接经营管理的饭店,对业主而言是饭店的承接经营者。在饭店的承接经营过程中,既存在着承接经营者对业主、对饭店的选择,也存在着业主对承接经营者的选择。选择是双向的,只有在承接经营管理前作好选择分析工作,选择好适合自己能力、经验、管理水平的饭店和合适的业主,经营者才能在以后的经营管理过程中发挥自己的经营能力和管理水平;同样,只有充分考虑承接者的各方面条件,选择好经营者,业主才有可能在未来的经营中获得尽可能多的利润,取得最大的经济效益和社会效益。

承接经营者对承运的标的——饭店的选样包括饭店的地理位置、等级、布局、配套设施等。当然,饭店的地理位置比较优越,如商务饭店处于市中心,交通方便,会议中心处于市区并靠近飞机场、火车站或轮渡,旅游饭店坐落于风景名胜区,度假型饭店远离闹市并位于风景宜人、空气新鲜的市郊或海滨等,经营者在经营饭店时就会比较主动,因为地理位置本身就是吸引市场、招揽客人的重要条件之一。而经营者对于饭店等级的选择主要是基于自己条件的考虑,因为星级较低、规模较小的饭店总是比星级高、规模大的饭店更好管理,这主要应依承接经营者自身的能力而定。经营者对于饭店布局、配套设施等的选择也应从经营角度进行考虑。

承接经营者在对饭店进行选择的同时,还应注意对业主本身的选择。首先,业主不能是负债累累的债人。饭店在开业初期就负债累累,将会影响到随后的经营成果,影响到业主和承接经营者双方的利润提成等,甚至也会影响到饭店员工的工资、福利,从而挫伤员工的积极性,不利于经营者以后的经营管理。其次,业主应具有良好的形象和较高的信誉。业主本身形象不佳,必然使饭店蒙上阴影,并损害到饭店的公众形象,这是任何饭店包括饭店经营者都很忌讳的事。业主本身的信誉度也应成为双方合作的一个基础。良好的信誉将会使合作得以顺利进行。再次,业主本身还应该具备较好的沟通协作能力。经营者在经营饭店过程中,需要不断地与业主交换有关经营的信息,向其汇报成果;业主同时也要对经营者进行适当的检查督促,并提供建设性的意见和饭店设备设施等方面的帮助等。因此,业主和经营者双方都应该有良好的沟通协作能力。

业主对于承接经营者的选择主要出于对经营者的经营管理能力、经营管理经验、个人条件、以往工作经历以及个人的信誉和魅力等方面的考虑。业主对于经营者的选择也是比较复杂的,应该综合考虑,其中也包括形象、信誉度、沟通协作能力等。

值得注意的是,承运标的的选择原则是双向性原则。业主在对众多承接经营者进行筛选、抉择的同时,也应该向他们提供饭店方面的有关信息,以给承接经营者们一个选择饭店、选择自己的机会。这是多数业主包括众多承接经营者所容易忽视的。

2.承运方式选择

承运方式选择指饭店业主与承接经营者共同选择的承接经营方式或称为经营管理模式。对于承接经营双方来说,经济关系是最根本的关系。在承接经营中,经济条件既是饭店所有者也是经营者首要关注的条件。不同承运方式产生的经济条件是不相同的。因此,最大利益原则和关系明确原则是承运方式选择时双方必须遵循的原则。目前我国饭店常见的承运方式(经营管理模式)有:

(1)委派、任命式经营

这种方式常见于过去的全民所有制饭店中。但随着我国饭店制度的改革,该模式已日渐被淘汰。另一种常见方式是集团委派对下属饭店的管理。其所涉及的经济关系比较简单,多数是限定被委派任命者的薪金,或者根据其经营绩效给予一定的利润提成,余额全部上交国家、集团或饭店。

(2)承包经营

承包经营是用契约形式即承包合同来确定国家(或所有者)、饭店和经营者个人三者责权利的关系,并按照所有权和经营权相分离的原则,将饭店转交给承包者经营。承包经营有如下几种形式:

① 两包一挂。即包技改项目、包上缴国家利税,工资总额与饭店经济效益挂钩。

② 上缴利润,递增包干。

③ 上缴利润,基数包干,超收分成。

④ 对于陷入经营困境的饭店,可能实行上缴利润定额包干或减亏包干。不过我们只分析处于筹备期中饭店的承接经营,这种承包方式不在讨论之列。

承包经营方式较好地明确了承接双方责权利的关系。为了限制经营者在经营饭店过程中不合理经营,国家(或所有者)可以通过建立正常而有效的监督机制,包括:财税检查、经济指标考核、公开招标选聘经营者、风险抵押、对合同的履行情况进行定期与不定期的检查,并保留对重大决策、分配方案的最终控制权等来控制和监督。

(3)租赁经营

租赁经营指饭店集团或饭店或个人以一定的条件向饭店所有者承租经营饭店,饭店的所有权和经营权分离,所有者和经营者分属于两个不同的独立的市场主体。经营者承担经营风险,即使经营失败,由于饭店的多数固定资产仍属于饭店所有者,所有者的权益还能得到保护。

租赁经营的主要形式有以下几种:

① 直接租赁。即承接经营者使用饭店的土地、建筑、设备等,并定期交纳租金。租赁合同中应详细说明设备的更新改造、维修情况及费用支出由谁承担,应该明确饭店固定资产的财产税、保险费等固定费用的出资情况和出资方;同时,还须规定租赁年限以保护经营者,防止业主在其经营成功之际将财产收回,造成经营者的损失。

② 分享盈利租赁。由于通货膨胀及物价波动影响,不少业主倾向于采取分享经营成果的租赁方法。根据收入或利润分成作为租金,一般是按总收入或经营利润的百分比或者两者的混合百分比计算。为防经营者经营不力并使业主能更关心饭店经营,业主可以根据收入及经营利润情况计算租金,从而使饭店经营更为成功。但业主过多地参与到经营中,则可能影响到经营者的经营自主性。

③ 出售－回租租赁。即饭店所有者因不想承担过多风险或急需现金等缘故,将饭店所有权出让给其他市场主体而后再租回经营。所有权出售后仍要经营该饭店,一般须签订出售－回租协议,且承租经营者须定期向买方交纳租金。

(4)委托饭店管理公司(或集团)管理

饭店管理公司(或集团)在预订、销售及管理经验、技术等方面具有较大的优势,因此,部分饭店所有者因缺乏管理经验或不愿经营管理饭店从而与饭店管理公司(或集团)签订管理合同,使用饭店管理公司(或集团)的名号,并成为其一员。

在这种管理合同关系中,饭店管理公司(或集团)是饭店所有者的全权委托代理人,代表所有者经营饭店并管理其职工,并不承担任何经营风险。同时,饭店所有者还须交纳饭店管理公司(或集团)管理费用。管理费用可以是定期定量缴付,也可以是按总收入百分比或经营利润百分比或两者混合百分比提取。这些都应该在管理合同中予以详细说明。

3. 承运介入时段选择

承运介入时段选择指经营者承接饭店时的介入时间。承接饭店时,经营者最好能在设计初期就介入到饭店的筹建过程中,这样经营者才能了解到饭店在设计和建设过程中存在的问题并及时处理,以避免日后经营管理中的后顾之忧。同时,通过及早介入,经营者可以用自己的经营管理思想来影响和要求设计人员,使自己的经营管理思想能在饭店的设计中得到贯彻,并使饭店在建筑物、室内装饰和环境风格上体现该经营思想。

经营者承接饭店的承运介入时段选择应遵循及早原则。尽早介入不仅能够充分贯彻经营者的经营思想,还能使经营者在饭店的筹建中提出建设性的意见,诸如饭店的选址、规划等,这些将有益于经营者的经营管理,也将使业主获得尽可能多的经济效益。但是,在实践中并非这样。不少饭店业主一般多在饭店设计建成后才寻找经营者并让经营者承接。更有甚者,不少经营者是在饭店已经装修完毕,因某些特殊原因才与业主签约的。这样,经营者就会处在比较被动的地位,可以自由发挥的空间就显得很有限,只能在业主提供的、已成定局的饭店中比较被动地经营管理该饭店。

一般说来,经营者承接经营饭店的介入时段最晚也不能晚于饭店的装修阶段。因为饭店的装修风格不仅应满足饭店宾客的生理需要和心理需求,也要反映出经营者的经营思想,体现出饭店的风格情调,这与饭店经营者制定营销策略、进行市场定位和树立饭店的形象关系极大。经营者只有及早介入,才能根据其经营需要考虑这些问题并解决这些问题。因此,饭店的装修对于经营者来说非常重要。经营者如果不及早地介入饭店的装修工作中,可能会出现一些严重的、影响到饭店日常经营运作的问题。例如,设计人员在设计时可能没有根据饭店经营的特点设计足够的客用电梯、员工电梯和员工配套设施等问题,装饰时可能会出现吧台没有下水道,厨房没有防滑砖,大堂没有插座等看起来微不足道却可能严重影响饭店日常运行的问题。

值得一提的是,经营者在介入饭店的运作时,应该注意到饭店的设计是以业主为主导,而装饰则最好以经营者为主导。饭店的设计关系到业主的资金投入、经营后的经济效益以及诸如环境、技术条件等与业主直接相关的因素,因此应以业主为主。而饭店的装饰与饭店的经营管理至关重要,因此业主应尽可能全权委托,以经营者的经营意向为主。

二、饭店承运的责任与合同策划

1. 承运关系策划

经营者承接经营饭店所涉及的面较广,需要处理包括管理关系,经济关系,责、权、利等诸多与业主和股东的关系。为避免经营过程发生纠纷,影响经营效果,经营者和业主双方在承接过程中应该坚持关系明确原则,妥善处理这些关系,使之明确化并合同化。

从管理模式的角度看,对于饭店的承接经营一般有如下几种,即任命、委派经营、承包经营、租赁经营或者中外饭店管理公司(或集团)经营等方式。承包经营和租赁经营则是目前国内比较普遍的承接经营管理模式。由于管理模式的不同,经营者与业主的关系存在很大的差异。在两者的经济关系上,任命委派式经营涉及到经营者的工资、奖金问题,利润则归业主所有;承包经营则牵涉到经营者与业主间利润的分配方式和提成金额、包干项目,如"两包一挂"等;租赁经营中涉及到租金的交付方式及是否采用分享经营成果的租赁方法,比如以收入或利润分成作为租金;在管理公司(或集团)经营管理中,除了双方的经济关系外,可能还牵涉到冠名权的问题。不同的经营管理模式影响到饭店承接经营者与业主的经济关系,同时,也影响到双方的责、权、利关系。

饭店在承接经营中,由于承接经营管理方式的不同,在经济关系、责权利等方面存在很大差异,并显现出错综复杂性。饭店业主有权利也有必要对经营者进行适当的监督和检查,甚至还可能享受在饭店中的某些特权,而经营者也有权不受业主的干预自主经营。这些都是承接经营者和业主双方比较敏感的问题。因此,在承接中就应该明确这些关系,以避免经营过程中发生纠纷。

理顺产权和经营权关系是经营者和业主都应该重视的问题。一般而言,产权归业主所有,而经营权则属经营者。饭店在承接经营中,只有把所有权与经营权彻底分离,才能使饭店经营者最大限度地发挥其经营管理才能,充分发挥饭店的活力,使饭店真正成为产权明晰、自主经营、效益良好的现代化饭店。

2. 承运合同制定

承运合同制定指在饭店的承接经营过程中,为明确承接双方即饭店所有者和经营者之间的责、权、利三者关系,以合同的形式、用法律的方式明确双方的权利义务关系。

因承接的方式不同,在饭店的承接过程中主要有承包经营合同、租赁合同、管理合同等几种合同形式。

(1)承包经营合同

承包经营合同是承接双方在合法、平等、自愿、协商的基础上,明确相互间责、权、利关系的法律契约形式,对于所有者及经营者双方都具有法律效力。承包经营合同一般包括:

① 承包基数。包括上缴利润递增率或超收分成比例,技术(设备)改造目标,承包期限和留利各项基金分配比例等内容。

② 各项经济技术指标考核办法,以及对承包经营者的奖惩办法。

③ 承包经营者及所有者的权利与义务。

④ 承接双方的违约责任。

⑤ 合同的变更、中止或解释事宜。

⑥ 双方约定的其他项目。

(2)租赁合同

租赁合同是明确承租人和出租人双方权利义务关系的法律契约形式。合同内容包括:

① 租赁标的。有的经营者只承租土地、建筑物,有的可能承租包括家具、设备设施在内的所有饭店财产。因此,合同中应明确说明。

② 与承租财产有关的出资情况。例如,承租设备的更新改造、大修理费用及出资方固定资产的折旧费、保险费等费用的出资情况及出资方。

③ 租金及其计算方法。饭店租赁的租金计算方法主要有固定租金定期核算方法和按总收入和利润的百分比计算方法或两者混合百分比计算方法,承租双方采用哪种租金计算方法,应在合同中予以明确。

④ 承租方的收益及各项基金的分配比例。

⑤ 双方的权利义务。

⑥ 担保形式。包括财产担保、担保人和风险保证金等。

⑦ 双方的违约责任。

⑧ 租赁期限。

⑨ 合同的变更、中止或解释事宜。

⑩ 租赁期满后承租资产的返还等。

(3) 管理合同

管理合同是在饭店所有者委托饭店管理公司(或集团)对本饭店进行经营管理时由双方共同达成的协议。合同内容包括双方的权利义务、冠名权、管理费用及计算方法等。管理合同相对比较复杂。我们附上××饭店与××饭店管理公司的管理合同书以供参考。

附 ××饭店与××饭店管理公司管理合同书

甲方(××饭店)与乙方(××饭店管理公司),经过认真协商,就××饭店委托管理事宜达成如下协议:

第一条:××饭店规模

××饭店建筑面积15000平方米,主楼15层,共有客房201套,均按"三星级"标准设计。

第二条:委托经营管理

××饭店委托××饭店管理公司经营管理的内容包括:饭店的客房经营、餐饮经营、娱乐设施经营等业务。

第三条:甲方责任

1. 负责提供饭店营业所必需的一切条件,包括完好的设备、用品用具、材料和必要的流动资金。

2. 负责提供饭店章程、营业执照和有关批准开业的手续和文件。

3. 负责提供饭店筹建、开办和工作人员培训期间的各项费用。

4. 负责饭店对外的一切债权债务和饭店的经营风险。

第四条：乙方的责任

1. 负责提供饭店经营管理的先进方法和技术，以确保饭店软件管理达到国家规定的"三星级"水平。

2. 遵守国家的法律、法规、饭店的章程，开展合法经营，致力提高饭店的经营设备水平。

3. 派出总经理1人、助理总经理1人和部门经理高级技术人员5～10人，负责饭店经营管理。

4. 本着培训××饭店各类专业人员的宗旨，乙方应培训甲方推荐的总经理人选2～3人和其他专业人员若干人。

5. 除正常耗损和不可抗力的事件或不能归咎于乙方责任的意外因素，乙方应保证甲方所提供的饭店固定资产的完好，确保饭店设备的正常运转。

6. 按时向饭店董事会及政府有关部门提供各种报表。包括资金平衡表、利润表、成本表及其附表的月、季、年报。

第五条：乙方的权限

1. 饭店所有管理人员以及高级职员的任免（财务部经理由甲方委派）。

2. 饭店内部管理机构的设置。

3. 根据劳动合同，决定职工的聘用、辞退、奖惩等。

4. 为了甲方的利益和经营的需要，经甲方认可，有权出租、变卖、转让闲置或报废的固定资产。

5. 有权根据国家法律、法规和政策的规定，抵制不承担经济责任的外部机构或外人的任何干预，有权拒绝占用、挪用、平调饭店财产等不合理的摊派行为。

第六条：下列事项乙方应报请甲方批准

1. 饭店的主要规章制度，包括财务制度、工资福利制度等。

2. 试营业开业计划及开办费计划。

3. 年度营业计划和财务收支计划。

4. 饭店与其他经济组织的合作、联营、合并等。

5. 饭店任何价值超过人民币5000元的固定资产的添置及任何超过人民币2万元或等值外汇（按当时调剂价）的开支。

6. 举借超过3万元人民币或等值外汇（按当时调剂价）的债务。

7. 经营饭店章程所规定的业务范围以外的事项。

8. 饭店任何资产的抵押、典质。

9. 饭店任何固定资产的租出、变卖、销毁及本合同第五条第5款规定的处理。

10.饭店名称、店徽、商标等的任何改变。

第七条：委托管理、承包期限及酬金支付

1.试营业期限自20××年×月×日起至20××年×月×日止；正式经营承包期自20××年×月×日起至20××年×月×日止。

2.合同期内，甲方从经营总收入中提取3％的金额作为乙方酬金，从饭店的经营成本中列支，此款自年度报表提供数字后1个月内付清。

3.承包经营期间，以20××年度会计报表中的纯利润总额为基数，递增15％作为乙方承包指标。

4.乙方承包经营内达不到承包指标，不足部分，双方各负担50％；同理，超出承包指标部分，双方按1∶1分成。

5.饭店试营业前的筹备开办阶段，甲方应付给乙方管理费人民币2万元，作为乙方人员工资、差旅费等费用，并负责乙方派出人员的食宿。

6.饭店营业过程中，乙方人员的工资、住宿、福利等由甲方承担，从经营成本中列支，总经理工资不超过人民币3000元，部门经理不超过1800元，其余按饭店规定执行。

第八条：违约责任

1.甲、乙双方如果单方毁约，则毁约方应承担赔偿金5万元人民币。

2.如果一方违约，造成另一方损失，违约方应如数赔偿违约造成的损失，双方皆违约，则双方各自承付违约责任。

第九条：其他

1.若双方就本合同履行过程中发生纠纷，则双方应互相协商解决，若协商不成，则交由司法部门裁决，裁决期间，本合同仍继续执行。

2.本合同书若需改动或补充，双方协商一致后应另行订立书面合同，与本合同具有同等效力。

3.本合同书自双方代表签字之日起生效，合同规定的承包期满，本合同自行终止。

4.本合同书打印二份，双方各执一份。

甲方：　　　　　　　　　　　　　　　　　　乙方：

（代表签字）　　　　　　　　　　　　　　　（代表签字）

20××年×月×日

三、承运过程策划

饭店承运过程策划包括饭店章程的制定、各种证件的办理以及投保情况。

1. 饭店章程拟定

每个饭店在经营管理活动中,都有其必须遵循的纲领性文件。这一纲领性文件在饭店中表现为饭店的章程。饭店章程是饭店依据有关的法律法规,从饭店整体出发制定的有关饭店经营管理活动和饭店组织结构、组织制度的基本准则,是饭店日常经营管理活动的依据,也是饭店全体成员都必须遵守的行为总则。

根据我国有关法律规定,现代饭店章程应包括以下主要内容:

(1)总则

总则是章程中提纲挈领的部分,一般包括饭店章程的法律依据、饭店名称、地址以及投资者概况等。

饭店章程制定的法律依据必须在章程中予以明确,以显示其法律效力和司法管辖权。

饭店名称又称饭店店号,它是区别于其他饭店、表明饭店性质或特点的标志,是饭店的一种财产权利,具有宣传和商业竞争的作用。因此,它一经登记、注册许可后,就受到法律的保护。饭店名称一般应由三个部分按顺序组成,即店名、行业或经营特点、组织形式。饭店命名时,除了全国性饭店、国务院或其授权的机关批准的饭店以及国家工商行政管理局规定的饭店外,不能使用"中国""中华"及"国际"字样。

饭店在说明饭店名称的同时,还应注明饭店所在地址以区别于其他地方饭店,使消费者及社区公众易于辨认,同时也有利于主管部门的监督和管理。

投资者概况则说明饭店投资各方的法定地址、注册情况、法人代表及国籍等基本情况,以落实确定饭店投资者的权利和责任。

(2)饭店经营的宗旨

饭店经营的宗旨,也就是饭店经营管理的目标,一般包括经济效益目标、社会效益目标和环境效益目标等。这在本书的各章节中已有阐述,不再赘述。

(3)经济性质

饭店的经济性质决定了饭店筹备时的资金来源、性质,决定了饭店组织机构、组织制度等的建立,也影响着饭店的用工制度、员工待遇等,从而极大地制约着饭店的经营管理方式等。因此,必须在饭店章程里明确地注明饭店的经济性质。目前我国饭店按经济性质、产权等可分为全民所有制、集体所有制、中外合资、外商独资、个体饭店等几种。全民所有制、集体所有制饭店属公有制性质,个体及外商独资属私有制性质。值得注意的是,中外合资饭店中的经济性质可分成两部分:一部分(外商资金)属私有制性质,另一部分(国有资金)则属公有制性质。两种不同经济性质的饭店在经营方式等方面都存在较大差异。

(4)投资总额和注册资本及其来源

通常情况下,工商管理部门等都要求饭店在申请登记时要有一定量的注册资金,以保证饭店能够顺利开展各种经营活动及对外承担债务责任。同时,一定量的注册资金也保证、规定了饭店一定的规模。注册资金因饭店的规模及经营方式而有差异。注册资金的具体数额,《公司法》作了详细的说明,不再赘述。

投资总额不同于注册资金,是投资者的所有投资额,可以有多种形式,包括货币和实物形式。另外,饭店注册资金的增加、转让等一般由投资者提出申请,报原审批机关批准并向原登记机构办理变更登记手续。

目前我国只有有限责任公司和股份有限公司两种形式,其共同的特点主要是股东只以出资额(或所认购股份)为限对公司承担有限责任。因此,饭店的注册资金应该说明其来源,即出资人(单位)姓名(名称)、地址,以此明确股东的责任。

(5)经营范围及经营方式

饭店属于服务性行业,其经营范围通常包括餐饮、客房、康乐、洗衣、车队、商场等服务,甚至包括预订票等其他的配套服务项目和设施。经营方式与经济性质相一致,分为国营、集体、中外合资、外商独资以及私人经营等类型。

(6)董事会

一般合资饭店或外资饭店等都设有董事会。饭店章程应该明确规定投资各方董事的比例和董事长的委派及选举产生方式等,以及董事会的职权、会议的频度、董事的任期等。与董事会相对应,合资饭店一般设有监事会,对饭店的经营管理活动进行监督、检查、促进,提供建设性意见和建议,并根据需要不定期召开会议和考察活动。监事会为常设机构,一般无任期制。因此,应明确规定投资各方在监事会中的比例。

(7)组织制度、组织机构及其产生办法、各岗位职责

组织制度指饭店的基本制度,如总经理负责制、职工民工管理制、经济责任制度、岗位责任制度和工资制度。不同经营方式、经济性质的饭店,其组织机构的产生不尽相同。饭店章程对组织机构的产生应有详细具体的规定,使组织机构保持最高的工作效率以达到饭店的经营目标。

(8)财务管理制度和利润分配方式

包括有健全的财务管理制度,实行独立核算、自负盈亏的规定,资产负债表编制,畅通的利润分配渠道和合理的分配方式等内容。

(9)劳动用工制度

包括饭店招聘、选用员工的劳动用工制度以及员工应该获得的工资、福利、劳动保险、劳动保护等权利。

(10)工会组织

饭店工会是职工利益的代表,代表职工和饭店签订劳动合同并监督合同的执行。其任务是:依照有关法律、法规,维护职工合法权益,协助饭店合理安排和使用职工福利、奖励基金;组织职工学习政治、科学技术、业务知识;开展文艺、体育活动;教育职工遵守劳动纪律,努力完成饭店的各项经济任务。饭店应按职工实际工资总额的一定比例拨发工会经费,并通过工会来调解职工和饭店之间发生的争议。

(11)期限、终止、清算

一般来说,饭店、尤其是中外合资饭店,有一定的经营期限和终止程序。对于有经营期限的,经营期限到期日也是饭店的终止日。因此,应明确饭店的经营期限、终止日期和清算方式。饭店终止经营时,应该由饭店法定代表人、债权人代表以及有关主管部门的代表组成清算委员会,并聘请注册会计师和律师对饭店的财产进行清算。清算结束后,其资产净额和剩余财产,应根据投资各方投资比例进行分配。同时,饭店应向审批机关提出报告,并向原登记机构办理注销登记手续,投资者不能将资金汇出或携带出境或自行处理饭店的财产。

(12)章程修改程序

饭店的章程是根据有关法律法规制定的规范性文件,因此一经制定就不能随便更改。在饭店的营运中,确实需要对章程进行更改的,应该在不违背原法律依据的前提下,由全体饭店所有者和高层管理人员按照一定的程序进行,并报原审批机构批准,以确保章程的严肃性、规范性及约束性。

由于饭店不同。章程的具体内容可能不尽一致。对于中外合资、外商独资饭店以及国际饭店集团(公司)设在中国的分公司等,因政策法规不同,有很大的差异性,应视具体规定而制定。

2. 证件办理

为了保证顺利、合法经营,饭店在向相关主管机关或者审批机关申请开业登记时,一般需要20多种经营许可证件。各相关证件的名称、审批主管机构以及审批主要依据如表8-1所示。

表 8-1 饭店开业登记所需证件

序号	证件名称	批准主管部门	主要依据	备注
1	营业执照	工商局		
2	中华人民共和国外商投资饭店批准书	外商投资工作委员会/工商局		
3	税务登记许可证	税务局		
4	饭店法人代码	技术监督局		
5	外商投资饭店税务证	税务局		
6	外汇登记证	外汇管理局		
7	外汇兑换许可证	外汇管理局		
8	烟草专卖许可证	烟草专卖局		
9	卫星收视许可证	文化厅（局）		
10	电梯使用许可证	劳动厅（局）		
11	环保排污批准证书	环保局	污水处理方案及平面图和工艺流程图，水质排放达到标准	与市政排污管道连接，工程由市政施工
12	消防验收许可证	消防队		
13	消防安全许可证	消防队		
14	锅炉使用许可证	劳动厅（局）		
15	文化许可证	文化局		
16	卫生许可证	卫生防疫站	客房与餐厅厨房设计图，现场审查，噪音和空气污染项目测试	
17	食品许可证			
18	从业人员健康许可证	卫生防疫站		饭店员工需到规定的医院进行体检
19	特种行业许可证	公安局	消防安全验收合格，配备与饭店规模相适应的保安人员、房务服务人员、安全管理措施和规章制度	由公安部门给予指导
20	公共场所合格证			
21	公共场所安全许可			

续表

序号	证件名称	批准主管部门	主要依据	备注
22	涉外许可证	旅游局	消防验收通过,办好特种行业许可证,未批准不能接待外宾	
23	排烟合格证	环保局	排烟系统的设计安装等要按规范进行,排烟检测结果合格	
24	物价许可证	物价委员会	按客房硬件设施和饭店配套服务项目核定客房收费标准,按接待能力论价	

饭店部分许可证或审批手续可以由施工安全单位申请办理,但具体事项须在合同中加以明确化。这些许可证或审批手续包括:卫星收视许可、电梯使用许可证、环保排污批准证书、消防系统竣工验收审批手续、锅炉使用许可证等。这样既可使施工安全单位直接受证件审批主管部门的监督管理,保证工程和安装质量,同时又使饭店能投入其他繁忙的开业准备中。

3. 保险与投保

饭店的保险主要有财产保险、公众责任保险以及社会保险。财产保险和公众责任保险是饭店开业伊始为了日常经营的正常进行,并确保饭店财产安全和社区公众及顾客的人身安全而向有关保险公司投保的保险,是饭店经营管理者在饭店筹备开业阶段就必须考虑到的。因此重点对上述两种保险进行描述。

(1)财产保险

饭店的投资一般较大,为减少意外事故对饭店财产带来的损失,保证饭店正常经营,饭店原则上都要依有关规定按一定的程序向相关保险机构投保,进行财产保险。饭店财产保险的具体内容包括:

①被保险人名称,即被保险饭店名称;

②被保险人地址,即被保险饭店所在地址;

③保险财产地址,一般也是饭店所在地址;

④营业性质,被保险饭店属饭店行业;

⑤被保险项目及保险金额。

被保险项目一般视饭店的具体需要或者饭店与保险公司的协商而定。而被保险项目的保险金额则视饭店在投资建设及装修等过程中对该项目投入的金额,并请有关单位和人员对该项目进行资产评估和审查而定。被保险项目及保险金额是饭店财产保险中最重要的内容,因此项目的审定和金额的评估应该严肃而认真进行。饭店中被保险财产的项目一般包括:

①饭店的建筑物及其装修。
②饭店的附属建筑物,诸如饭店的附属楼及员工宿舍等。
③饭店机器设备如电梯、锅炉等。
④饭店的内部设施。
⑤饭店的内部库存设备和物资。
⑥清除残骸费用。饭店往往把由于意外事故造成的清除活动也作为投保的一个项目。因此,经保险双方同意,若被保险人(饭店)缴付了相应项目的保险费,则保险公司应该承担赔偿因承保风险造成被保险财产的损失而发生的清除、拆除或支撑受损财产的费用,但保险公司对于该项目的赔偿责任一般不超过保险单中列明、双方核准的保险金额。保险单的内容一般包括:

①保险期限。保险期限为一定的时间单位,一般为一年。但需详细说明投保的时间。
②保险费率。保险费率一般依国家有关规定或依双方约定。
③总保险费。总保险费一般视双方对于被保险项目财产价值的评估而定或依双方具体约定。
④付费方式。视双方约定,一般为一次性支付。
⑤扩展条款。扩展条款对财产保险中的特殊部分加以补充说明,阐述特殊事件中双方的责任或者被保险特殊项目保险金额的申报与确定等,它适用于财产保险单的各个部分。

通常情况下,饭店财产保险扩展条款包括如下部分:

①罢工、暴动、民众骚乱扩展条款。主要阐明在被保险人地址发生罢工、暴动、民众骚乱或抢劫造成被保险财产损失以及政府或公共当局的命令、没收、征用或拆毁造成损失及故意纵火造成损失时的责任关系。
②仓储财产申报条款。由于饭店的库存总处在变化之中而非一成不变,因此,受保险的饭店内部库存金额也是处在变化之中的。因此,饭店应定期地向保险公司申报库存价值,并据此确定发生损失时的赔偿金额以及相关的一些责任关系。
③清理残骸费用条款。确定被保险人因承保风险造成被保险财产损失而发生的清除、拆除或支撑受损财产等费用的赔偿及赔偿金额限额等。
④专业费用条款。在因承保的风险造成被保险财产的损失后,重置过程中

发生的必要的设计师、检验师及工程咨询人员费用,经双方协商一般由保险公司赔偿。赔偿费用以损失发生当时适用的有关行业管理部门的收费规定为准,具有一定的限额。

⑤自动恢复保险金额条款。

⑥保单撤销条款。

保险单是被保险人(饭店)在保险事故发生后凭以向保险公司索赔损失的依据。因此,饭店在投保时应该仔细慎重地核对保险中的各项内容,并对照保险条款,确保该保险内容符合饭店的投保要求。

保险单是一种规范、正式的文件,一经签订就具有相应的法律效力。因此,其申请、签订手续也比较严格。首先,应由被保险人(饭店)先向保险公司提出要求,经保险公司核查后,按其要求与饭店签订"暂保单",对饭店财产进行保险。暂保期较短,通常为一个月。因此,在暂保单终止前向保险公司递交经签署的投保申请书,详细列明投保申请书的各项内容。保险公司收到饭店的投保申请书后,则在短时间内出具正式保险单,同时,饭店的投保申请书也成为正式保险单不可分割的一部分。

饭店财产保险的基本条款可参照中保财产保险有限公司的《财产保险基本条款》。

(2)公众责任保险

公众责任保险是饭店为了确保饭店社区公众及顾客的人身安全和财产安全而向有关保险公司投保的保险。

公众责任保险的内容包括在保险期限内,在保险双方指定的饭店营业场所发生与经营业务有关的、任何第三者的意外人身伤害(包括死亡或疾病)和属于任何第三者的财产的意外损失或损坏都应是被保险的范围,保险公司在法律上应负责赔付相应的保险金额。

公众责任保险单项下扩展承保条款包括:

①被保险人的供电、供水、供气设备因所承保的灾害或事故而遭受损坏引起的停电、停水、停气,以致造成被保险机器设备等产品和储藏物品的损坏或报废。

②在发生所承保的灾害或事故时,为了抢救或者防止灾害蔓延所采取必要措施而造成保险财产的损失。

饭店公众责任保险的条款可参照中国人民保险公司的《公众责任保险条款》。

4.组织机构议案

饭店承接过程中的组织机构议案包括机构设置议案、中高层管理人员配备与选择议案等方面内容。此部分内容在许多饭店管理书中的饭店组织管理章节都有阐述,此处不赘述。

5. 定岗定编和人员招聘议案

饭店承接过程中的定岗定编和人员招聘议案包括定岗定编的原则拟定,人员招聘原则、应聘人选条件制定、招聘途径、招聘程序与招聘考试等方面内容。此部分内容在众多的饭店人力资源管理书中都有阐述,此处不赘述。

6. 劳工制度制定

劳工制度是在劳动定岗定编的基础上,通过员工工资、福利与劳保等形式合理计划和组织员工劳动的制度。

饭店员工工资的确定与分配应遵循的原则是:①"各尽所能,按劳分配"原则;②"多劳多得,适当拉开差距"原则;③"工资与饭店经营绩效相联系"原则;④"统筹安排,逐步增加"原则;⑤"多级设置,多块领取"原则。

饭店工资结构是根据劳动的各种形态和工资的各种职能,将工资分解成相互联系又相互独立的部分,并充分体现按劳分配原则和工资职能的各种工资形式。目前,我国饭店普遍采用的结构工资制是依据不同的工作职能将工资划分成相应的部分而后组合成标准工资的一种工资制度。结构工资的组成主要有:①基本工资。这是保障员工基本生活需要的劳动报酬部分。②岗位(职务)工资。按员工所处岗位、担任职务大小、劳动强度和责任的大小进行确定,反映了劳动的差别,体现了按劳分配原则,是结构工资中的主要组成部分。③店龄工资。按员工店龄长短而确定,是对员工工作经验和劳动贡献积累予以补偿的工资补充形式,随员工店龄的增长而增长。④效益工资。根据饭店部门的经济效益,结合员工的考勤情况,按级别计算,以拉开部门及员工间的收入差距。⑤津贴。根据员工技术、外语、学历等水平高低而确定,是对员工才能的肯定,并体现了体力劳动与脑力劳动、简单劳动与复杂劳动之间的差别。

此外,员工工资可能还包含非正常情况下的特殊工资,诸如法定节假日或平日加班工资等。

福利是饭店为改善员工生活,解除其后顾之忧而采取的工资以外的各种措施。员工福利包含的内容很广,有生活补助、劳动保险、休假、医疗福利、文娱活动、社会保险、工会福利等。

7. 设备用品配备与采购议案

设备用品配备与采购议案的内容包括设备用品配备原则与要求议案、设备用品采购计划、设备用品管理等方面内容。

(1)设备用品配备原则与要求议案

设备用品配备应遵循以下原则:①技术先进性原则;②生产实用性原则;③配套性原则;④经济合理性原则。此外,还要考虑配备设备的环保型、安全性和可靠性。

(2) 设备用品采购计划

设备用品采购计划包括采购与审批程序、采购合同签订、采购方法确定、验收等内容。饭店设备用品采购一般由先使用部门和采购部提出计划,并报有权批准人审核。饭店物供部按要求并会同使用部门询价、比价,并与选定的供应商洽谈,进而签订采购合同,然后进行采购。采购方法通常有:①公开市场采购;②单个来源采购;③密封投标采购;④以成本为基础加上一定比例费用的采购;⑤一次停留采购;⑥合作采购。

验收是饭店设备用品采购的最后一关,也是对设备用品质量的最后把关。验收包括对采购设备用品数量、质量以及整个包装的验收。

四、承运后期策划

饭店承运后期策划包括资金管理与运作策划、岗前培训与开业准备议案、运作程序和制度建立议案、开业前营销计划、开业典礼策划等内容。

1. 资金管理与运作策划

资金管理与运作策划内容包括:(1)预算编制与审查;(2)启动资金的预算与分配;(3)资金管理制度。此部分内容在饭店的财力资源管理中已有阐述,此处不赘述。

2. 岗前培训与开业准备议案

(1) 岗前培训

岗前培训主要有公共培训和专业培训两类。公共培训内容包括:饭店简介及《员工手册》、礼仪礼貌与形体训练、消防安全知识、接待服务知识、饭店设备使用、维护与保养知识等。公共培训对象为饭店所有新入店员工。培训方式采用全脱产方式,由人事培训部负责考勤与培训。专业培训一般由各主要营业部门主持,人事培训部或培训中心协助指导及咨询。培训内容以部门的岗位专业知识和服务技能为主,通常采用操作示范和模拟训练等培训方法。

(2) 开业准备

饭店开业准备是投入试营业的前奏,一般包括以下三个步骤:

① 演练

开业准备由饭店总经理、副总经理牵头,根据分工及任务的不同分别成立两个小组:演练小组和评估小组。演练小组由各营业部门经理组成,总经理任组长。演练内容如表8-2所示。

表8-2 ××饭店演练内容一览表

演练部门	演练专项	演练内容
前厅部	总台接待	入住和离店、问询、留言等
	行李	行李运送、寄存及提取等
	总机	内/外线电话服务
	商务中心	传真、复印、打字、票务等
	大堂副理	处理投诉及突发事故
管家部	楼层	客房服务
	PA	清洁、保养及绿化
	洗衣房	干、湿洗及熨烫
餐饮部	中餐厅	散客服务、宴会服务等
	西餐厅	散客服务、宴会服务等
	咖啡厅	酒水服务
	中厨房	中式菜肴烹饪
	西厨房	西式菜肴烹饪
康乐部	歌舞厅	酒水服务、点歌服务等
	健身房	健身服务

② 评估

评估小组由各职能部门经理组成,饭店副总经理担任组长。评估小组针对演练内容,参照有关服务质量标准和服务程序,制定相应的评估标准。评估小组也可聘请饭店专家咨询、指导。

③ 整改

评估小组根据评估标准,作出客观、全面、真实的评价,对不合格、未达标项目提出相应整改意见。演练小组针对整改意见,集中力量按期整改,为饭店试营业奠定坚实的基础。

3.制度建立与运作程序议案

(1)基本制度建立

饭店的基本制度包括:①员工手册;②职工民主制度;③岗位责任制。

(2)运作程序与作业流程

运作程序和作业流程是饭店服务的操作标准,是饭店各项服务操作的最重要的依据。运作程序和作业流程规定了饭店各项服务工作的操作程序(如各种服务接待程序)和衔接过程(如交接班的任务转移等),从而使各项工作得以有序地连续不间断地运行,避免员工不必要的劳动消耗,并在衔接的同时,减少员工的疲劳程度和资源的浪费,提高饭店的生产效率。

运作程序和作业流程的制定应以星级饭店服务质量评定标准和国际标准ISO9004-2为依据和指南,以作业分析和动作经济原理为基础。饭店服务的作业分析是把服务提供过程按顺序分解成各种彼此相对独立的作业和彼此相对独立的动作要素,而后对各项作业和动作要求的耗费工时、效率等进行分析、研究,以保留必要的作业和动作要素,删除多余和不必要或不可改进的作业和动作要素,确定每一项作业所需的标准工时和员工劳动定额,并通过改进操作程序和作业规程来缩短工时,降低员工疲劳程度。通过对动作要素和作业程序的作业分析,从而为制定运作程序和操作规程提供劳动定额和操作规范。而动作经济原理则对服务中的动作要素所消耗的资源和能量进行分析,以减少不必要的消耗,降低疲劳程度,提高作业的效率,从而使完成服务动作的付出最经济,达到提高经济效益的目的。以中餐宴会摆台程序与标准为例如表 8-3 所示。

表 8-3 ××饭店中餐宴会摆台程序与标准

操作内容	操 作 标 准
1.铺台布	操作时腹部与桌缘保持 10cm 左右,不得倚靠桌缘。站在主人位,用双手将台布抖开,台布正面一次辅成,四角垂下部分相称,中线居中。转盘摆放在台面正中,花瓶摆放在转盘正中
2.摆放餐具	1.以骨碟定位,骨碟与桌缘距离为 1cm,各碟之间距离相等 2.依次摆放汤碗及汤匙、调味碟,调味碟与汤碗位于骨碟中线两侧,调味碟、汤碗及骨碟之间距离均为 1.5cm 3.依次摆放筷架、筷子及牙签,筷套及牙签套中文及店徽朝上。筷架与调味碟之间距离为 1.5cm,筷架与牙签平行,垂直距离为 1cm,距桌缘距离均为 0.5cm。汤碗、汤匙与调味碟、筷架成一条直线 4.依次摆放烟灰缸,首先摆在主人餐具和主宾餐具之间中线,其余两个与其成等边三角形。烟灰缸两个缺口朝向筷口,另一个缺口朝向转盘 5.依次摆放红酒杯、白酒杯及水杯,三杯成一条直线,与汤碗、骨碟及筷架平行。三杯间隔距离适中,为 1.5cm
3.折口布	折口布须手形正确,动作流畅,图案美观大方。在专用托盘上折好口布,分放至骨碟上。口布花须突出主人及副主人位,其余折扇形花
4.摆菜单	依次把菜单摆在主人及副主人位中线,距离适中
5.拉椅	依次拉椅,各桌椅距离适中对称

4.各类表章配备

(1)各类印章的配备与管理

饭店的印章有代表饭店的饭店印章和代表部门的部门印章以及各种专用印章如财务专用章等。印章的管理与其他企事业单位有很大的共同性,主要在于专人专管、专人负责和严格印章制度等。

(2)各类表格的配备与管理

饭店所需的表格种类繁多,并因饭店管理操作的不同而不同。根据饭店部门的不同,饭店各部门所需的表格主要有:

前厅部

1. 团队订房单

2. 散客订房单

3. 团队排房表

4. 团队订房、订餐通知单

5. 团队更改、取消通知单

6. 旅游团外国人住宿登记表

7. 国内宾客临时住宿登记表

8. 华侨、港澳台同胞临时住宿登记表

9. 旅游团华侨、港澳台同胞住宿登记表

10. 欢迎卡

11. 客人致意品单

12. 致意卡

13. 留言单

14. 换房通知单

15. 换房及房次变动记录表

16. 房次更改通知单

17. 唤醒通知单

18. 团队抵店行李记录

19. 行李保管单

20. 行李存放记录

21. 散客行李运送记录

22. 团队行李运送记录

23. 邮件传递登记表

24. 前台保险箱使用登记表

25. 物品损坏赔偿价目表

26. 物品索赔单

27. 外币兑换登记表

28. 信用卡及支票汇启

29. 前台收银、收退现金登记表

30. 订票单

31. 电话营业日报表

32. 商务中心服务收费表

33. 商务中心营业日报表

34. 总台营业收入日报表

35. 催款通知书

36. 缴款报告表

37. 致歉信

38. 宾客意见书

客房部（管家部）

1. 楼层情况记录表

2. 楼层报房表（房态表）

3. 当班服务员整理房间报告

4. 中班整理房间报告

5. 领班日常工作表

6. 房间小型酒吧饮料单据

7. 客房饮料耗用表

8. 房客用品补充登记

9. 客房耗用报表

10. 物品外借表

11. 零星物品领取单据

12. 客房部物品出仓月报表

13. 客房水洗衣物登记表

14. 客房干洗衣物登记表

15. 客房洗涤月报表

16. 客衣洗涤月报表

17. 客衣收送表

18. 楼层布草交接单

19. 楼层布草换洗统计一览表

20. 员工制服换洗登记表

21. 制服收送表

22. 餐厅布草交接表

23. 餐厅布草换洗一览表

24. 康乐布草交接表

25. 康乐布草换洗一览表

26. 工作鞋申请到期更换表

27. 洗衣房每日工作一览表

餐饮部

1. 宴请申请表

2. 客房送餐预订

3. 餐饮部宴会预订登记表

4. 餐饮部宴会接待登记表

5. 当日宴会会议情况表

6. 酒水单

7. 点菜单

8. 餐饮部分部门收银结账单

9. 餐饮部分部门营业收入报表

10. 餐饮部每日营业收入报表

11. 收货单

12. 酒水饮料进、销、存日报表

13. 厨房部分部门日材料消耗表

14. 厨房日材料消耗汇总表

15. 餐饮酒吧存货耗量表

16. 餐饮部损耗报告

康乐部

1. 康乐部分部门营业日报表

2. 康乐部酒水价格单

3. 康乐部结算单

4. 点歌单

财务部

1. 分部门收银单

2. 借款凭证

3. 转账凭证

4. 报销凭证

5. 付款凭证

6. 收款凭证

7. 旅游报销单

8. 收款收据

9. 内部账单

10. 收银员营业报表

11. 缴款报告单

物资供应部

1. 申请采购表

2. 采购订单

3. 领料单

4. 材料汇总表

5. 收货单

6. 收货日报表

7. 物件报损单

8. 存货表

9. 材料盘点表

10. 永久存货卡

11. 存货控制表

工程部

1. 维修单

2. 空调制冷机组运作记录表

3. 锅炉运作日报表

4. 锅炉水质处理原始记录表

5. 变、配电运行记录表

6. 设备登记卡

保安部

1. 受理治安案件表

2. 治安记录

3. 消防安全单

4. 出闸单

营销部

1. VIP 发放申请表

2. 订房确认书

3. 嘉宾订房确认书

4. 订房协议书

5. 美工制作申请表

人事培训部

1. 聘请员工申请表

2. 钟点工使用审批表

3. 员工制服配给表

4. 员工培训记录

5. 员工工作考核表

6. 员工辞职申请表

7. 辞退通知书

8. 员工离职通知书

9. 人事变动书

10. 员工加班申请表

11. 员工加班补休单

12. 假期申请单

13. 员工休假记录单

14. 员工离职通知书

15. 触犯员工守则通知书

16. 员工奖励通知书

17. 奖金发放卡

5. 开业前营销计划

饭店营销计划主要有总体计划和专项计划两类。总体计划体现了饭店的总目标,是饭店为实现总目标所采取的各种战术和各种营销活动,是饭店所有营销活动的综合反映。专项计划是饭店为某项专题营销活动或为解决某一特殊问题而制定的计划。开业前营销计划属于专项营销计划。

(1)开业前营销计划的内容

开业前营销计划的内容如表8-4所示。

表 8-4　开业前营销计划的内容

开业前营销计划的内容	
A. 环境及现状分析 　环境分析 　地理位置及社区分析 　市场潜力分析 　市场定位 　主要竞争对手分析 　自身优势、机遇和挑战 B. 选择营销战略 　市场细分和目标市场 　营销战略 　营销组合 　营销目标 C. 营销活动计划和实施方案 　针对目标市场所采取的行动 　行动反馈 　营销活动的时间表	D. 营销预算 　根据目标市场进行预算 　根据组合要素进行预算 　可用资金和应急资金 E. 控制 　每个营销活动的预期结果 　进展报告 F. 评估 　评估指标 　绩效标准 　评估时间表

(2) 开业前的传播计划

新开业饭店的传播尤其是广告预算往往比较大,而且第一年的预算经常占到收入的2%到3%,这是一笔不菲的费用。因此,饭店在开业前应尽量制定详细的传播计划。在制定传播计划前,三种信息是很重要的:

①目标市场包括目标市场顾客居住地的有关情况;

②开业预算;

③其他因素诸如广告目标和广告战略。

根据这些信息,传播计划的制定者就能决定最有效、最有影响力的广告信息的传播方式和传播途径。

(3) 开业前的销售计划

开业前制定合理的销售计划能够使饭店合理地分配和使用饭店资源。饭店在开业前最好与旅行社、旅游供应商、航空公司等进行广泛的接触和联系,以取得这些组织的预订或关注。另外,还需与一些潜在的顾客以及可能的旅行团队进行接触,因为对新开业的饭店来说,旅行团队能够很好地保证其开房率。此外,开业前的销售计划还应包括:

① 通知各大城市或主要旅游客源地的商业机构有关饭店开业的信息;

② 与当地旅游者接触以挖掘本地客源;

③ 与其他城市的某些饭店建立"姐妹"关系,以扩大预订网络和客源渠道。

(4) 开业前公关计划

处于建设中或筹备期中的新饭店有六个时机可能获得公众的注意。这六个时机包括:① 发布建造计划的时候;② 奠基典礼;③ 工程竣工庆祝会;④ 管理机构和营销部门组成的时候;⑤ 开业前的新闻发布会或记者招待会(通常在开业前一两周召开);⑥ 饭店开业庆典。饭店在开业前利用这六个时机制订公关计划进行良好的公关策划和公关活动,将使饭店获得良好的声誉,并为饭店树立良好的市场形象,为开业后的正式经营奠定有利的基础。

6. 开业典礼策划

(1) 开业典礼的形式与规模策划

① 开业典礼的形式

一般来说,饭店的开业典礼多是邀请有关人士进行剪彩并举行一些相关的活动。为了不因循守旧,达到出奇制胜的轰动效果,一些饭店的公关策划人员往往会改变通常的开业典礼形式,把开业典礼所需花费的资金用于赞助公益事业或者其他更有意义的活动等。虽然这种赞助活动在一般意义上不能当作饭店的开业典礼,但这种赞助活动毕竟是饭店首次向公众露面,也是饭店为了达到宣传自己、树立自我良好形象而采取的活动,因此,也可以看成是饭店开业典礼活动的另一种形式。

② 开业典礼的规模

饭店开业典礼的规模是与饭店的目标期望值、经费投入预算以及参加人数成正比的。饭店应根据自己的目标期望值、结合开业典礼的规模选择合适的规模。投入较多人力、物力,扩大开业典礼活动的规模可以起到"开门红"的效果;邀请名人参加开业典礼可以在开业典礼时起到"名人效应"的传播效果;策划好的、小规模的开业典礼也可以起到有效的传播效果。此外,还应该认识到,饭店内部员工在整个开业典礼活动中热情、优质的服务比庞大的规模本身更能引起公众、宾客的广泛关注,起到良好的社会影响。

(2) 开业典礼现场运作计划

开业典礼现场运作是一个组织、协调、指挥、控制的过程。因此,开业典礼现场运作计划必须明确饭店各部门及其相关人员的任务与职责,并通过科学的组织与协调来达到指挥与控制。要想从理论上详细地说明开业典礼时饭店如何进行现场运作实非易事,下面以××饭店8月18日开业典礼现场运作计划的实例予以说明。

××饭店开业典礼现场运作计划

饭店定于8月18日举行隆重的落成庆典议式,届时将有500多位嘉宾参加。为顺利组织此次活动,做开业典礼现场运作计划如下,请有关部门认真配合。

一、营销部

1.8月15日前请落实8月18日在《××日报》《香港大公报》《××晚报》上的庆典活动广告。

2.负责整个饭店的场地布置以及整场活动的安排(包括主席台的制作、麦克风等音响的摆设)。

3.负责整场活动的摄影、拍照工作。

4.8月17日前负责邀请旅行社、饭店嘉宾及新闻界记者,并负责8月18日的接待。

5.8月18日负责与庆典公司的协调。

6.负责确定邀请嘉宾名单以及主席嘉宾位置的编排、重要嘉宾宴会上的位置安排。

7.负责祝贺单位的征集。

二、前厅部、财务部

1.8月18日9:30,嘉宾陆续抵店,请行李员、门卫注意在大堂门口的接待工作;在签到台安排礼仪小组(人事部统一安排)为客人佩戴贵宾条、胸花。重要嘉宾佩戴大号的,一般嘉宾佩戴小号的。

2.8月18日上午在总台负责礼品、饭店宣传资料的发放,发放时间:庆典仪式结束后(嘉宾凭纪念品券领取)。

3.8月18日8:30起,安排人员司梯。

三、管家部

1.请8月17日前做好大堂的所有餐厅的绿化工作。

2.请8月17日前做好饭店外围玻璃的清洁工作。

3.8月18日全天开放1至3楼客厕,并安排人员服务。

4.8月18日7:00—8:00,请协助庆贺花篮的摆设及维护。

5.请配合8月18日人事部人员调动。

6.8月18日营业场所请放置足够垃圾桶并做好卫生。

四、餐饮部

1.请在8月17日下午于大堂内左侧摆放5人位置签字台。

2.8月18日9:30—10:00将有关客人安排到大堂酒廊休息。

3.8月18日10:58,请于二楼中、西餐厅,风味餐厅准备50人酒会,标准:100元/人(成本),酒水提供国产葡萄酒、雪碧、可乐、啤酒,另有50名重要嘉宾在包厢里用宴,标准500元/人(成本),提供五粮液。

4.8月18日18:28,请于中餐厅准备150人酒会,标准:50元/人(成本),主桌要求有桌牌、酒水,请提供五粮液。

5.中午及晚宴场所由中餐厅安排立式麦克风及音响,中午西餐厅、风味厅最好也要有相连音响(即均可听到中餐厅的发言)。

五、康乐部

1.8月18日9:30—10:00及10:30—11:00将有重要嘉宾50人左右前往三楼歌舞厅休息,请提供茶水。

2.20:00左右晚宴结束后将有150名嘉宾前往歌舞厅娱乐,准备好点歌本并安排助兴节目(1小时左右),要求有员工参与节目并出节目单。

六、工程部

1.8月17日请协助庆典公司来店布置庆典音响电源。

2.8月17日请协助餐饮部布置宴会场所音响。

3.请确保8月18日水、电、灯光、电梯、空调的正常工作(与供电局及有关部门打招呼)。

4.请于8月17日前全面检修户外灯、喷水池的情况。

七、保安部

1.8月18日上午9:00—10:00近500多名嘉宾陆续抵店,11:30—12:00嘉宾陆续离店;18:00—18:30近150名嘉宾陆续抵店,21:30—22:00嘉宾陆续离店,请做好以上时间到位车辆的调度。

2.庆典期间,请着重维护大堂内外秩序。

3.会前通知交警部门(打招呼以便安排车位)。

八、总经理办公室

1.协助×副总进行协调工作。

2.协助工程部与供电局联系,保证8月18日饭店不断电。

3.安排员工伙食(中餐推迟用餐,晚餐外买)。

4.调派车辆。

九、人事部

1.协助×副总协调工作。

2.组织××名员工做礼仪小姐。

3.与康乐部组织一台1小时节目(8月18日晚三楼歌舞厅表演)。

4.统一组织安排庆典期间人员的调派。

十、大堂副理

1. 8月18日协助X副总协调工作。

2. 8月18日9:30—10:00带领客人参观饭店。

十一、采供部

担任庆典临时采购任务。

整场庆典活动总指挥为×副总经理。电话:××××××××

如有疑问请联系×××　　电话:××××××××

××饭店开业庆典程序

8:38 礼仪小姐、饭店部门经理准备迎宾

8:58 嘉宾陆续抵店,礼仪小姐等迎接嘉宾(重要嘉宾到三楼歌舞厅休息)

军乐队奏乐

礼仪小姐引导来宾签字、题名、佩带胸花

大堂副理、宾客关系主任引领嘉宾参观饭店

9:58 庆典开始,主持人介绍领导和来宾

10:08 董事长讲话

股东代表讲话

市领导讲话

省领导讲话

部长讲话

10:38 剪彩,军乐队奏乐,放飞气球、白鸽

仪式结束,邀嘉宾参加酒会

(礼仪小姐引领重要嘉宾到二楼包厢)

10:58 酒会开始,董事长致祝酒词

11:58 酒会结束

第五节　现代饭店筹备管理

　　饭店筹备是指饭店从申请立项到饭店举行开业典礼正式开业这一段时期的运作过程。筹备期的运作管理是饭店管理中的一个重要环节,它具有先期性,它运营的好坏将直接影响饭店的正式开业,也会影响饭店今后的正式经营管理。

如果筹备期的管理不当,就会给饭店的经营运作种下祸根。但是在实践中,筹备期管理的重要性又往往容易被人忽视,以至给饭店的经营管理带来不便。

一、饭店筹备管理的基本原则

饭店的筹备管理涉及工程、人员、物资等多个方面,工作繁琐复杂,需要工作人员科学的安排,遵循计划性、限期性、系统性等基本原则。

1. 计划性原则

筹备期的工作千头万绪,管理人员既要监控建筑工程的建设进度,又要招聘员工,对他们进行培训、教育,同时还要购置大量的设施设备,这中间所包括的各项工作纷繁复杂,如果没有计划性,就不可能有条不紊地处理筹备期的各项工作。计划性原则要求饭店的管理人员做一份从筹备工作开始到饭店开业的详细的工作计划,列出在筹备期应该完成的各项任务,此计划越细就越有指导性,执行起来就越有效率。

2. 限期性原则

限期性原则要求饭店的各项工作不仅要按质完成,而且要按期完成。饭店一进入筹备期,就要给各项工作列出一个具体的时间表,规定各项工作完成的最后期限,各项工作都必须按部就班地限时完成,如果中间有些环节没有按时完工,或者有所遗漏,就会影响后面工作的进度,从而影响整个饭店筹备工作的完成。基建工作更是如此,一旦工程延期,就会给饭店造成巨大的损失。相反,如果饭店的基建能够提前完工,就会给饭店带来额外的收益。

3. 系统性原则

筹备期,饭店会遇到许多棘手的问题,比如,原料不足,工程被拖延,一些家具设备运到饭店却发现无处可放,房间里到处充斥着建筑垃圾;等到房子盖好了,许多设备家具却因为房门太小而进不去。大型的饭店常常有不同规格和模式的房间,如何迅速地、经济地布置不同房间的家具、装饰品等客房装置,也有许多问题存在。这常常导致饭店从筹备期到开业的一段时间比较混乱。系统性原则要求饭店在筹备期对工程管理、人事管理、物资管理和社交事物管理等系统工作分派专职管理人员负责,切忌多头负责,中层管理人员负责的工作最好不要造成系统交叉,避免忙中生乱。为避免工作的疏忽与遗漏,可以成立筹备工作协调委员会,负责系统之间的协调,审查监控各系统的工作,避免混乱的发生。

二、饭店筹备管理的基本内容

饭店筹备管理的基本内容包括工程筹备管理、人事筹备管理、物资筹备管理和社交筹备管理等四个基本内容。

1. 工程筹备管理

饭店工程筹备管理的工作非常庞杂,包括饭店立项可行性研究,建筑工程设计,电气设备设计,工程招标,室内设计,提请规划部门、防火部门及其他有关部门批准设计方案,申请建筑许可证,家具装置设计,家具、装置、设备招标等。监控工程建设进度也是非常重要的工程筹备管理工作。

2. 人事筹备管理

饭店人事筹备管理工作主要指饭店管理人员和普通员工的招聘与培训教育工作。饭店从筹备一直到正式开业,确定需要雇请的管理人员和普通员工是个非常关键的问题,人员的安排与聘用必须要合理,如果人太多,就会人浮于事,增加饭店开支,减少经济效益。如果人手不够,工作完不成,就会影响饭店的正常营运。饭店在筹备期间,应该以成本最低为原则,确定各个部门所需的经理、主管、领班、服务生的数量,同时确定其招聘的时间,充分利用时间资源。这些量化的指标一般是从同规模的成熟饭店中进行对比移植。

3. 物资筹备管理

饭店的物资筹备管理工作主要包括饭店的大型设施设备、房间装饰、客房日用消耗品、布草、餐饮材料、餐具等物资的采购管理工作。采购的物品涉及家具、电器、食品、饮料、日常生活用品、艺术品等多个类别,几乎无所不包。物品的繁杂性给饭店的成本控制带来困难,大部分饭店都采用设备招标的方式来降低成本。饭店的大部分物品一般都指定厂家生产,以保证质量,节约成本。

4. 社交筹备管理工作

社交筹备管理工作主要是指饭店在筹备期与社会进行联系交往的工作,它包括办理有关手续,进行社交活动,取得社区支持,进行宣传策划以树立饭店形象,筹备饭店开业典礼等活动。这些活动的开展对于饭店的正式运营是非常重要的,它可以为饭店的经营活动创造一个良好的外部环境,使饭店经营之初就得到社会和社区的支持。

在社交筹备管理工作中,开业典礼工作是一项综合性工作,需要周密策划精心准备。主要要求做好下列工作:①建立开业典礼领导班子。②选定典礼举行日期,确定活动项目,安排活动程序。开业典礼的基本形式是:剪彩、宴会、文艺演出、新闻发布会、参观饭店等。③准备场地,对场地尽心布置。④接待准备,落实客人名单(主要有:行业主管部门领导、饭店上级领导、新闻机构客人、行业专家、客户单位代表等),安排外地客人食宿及返程车票等。⑤后勤工作和采购准备,为典礼预备充足的物资。⑥准备本饭店的宣传资料,资料印制要美观大方。⑦做好安全保卫工作,确保典礼顺利举行。

开业典礼举行完以后,还有一些善后工作,主要有:①清理场地,对礼品统一登记造册,统一安排和保管。②继续做好外地客人的接待工作,安排好食宿和回程交通,给客人留下深刻的印象。③对来贺单位和客户代表表示感谢,饭店公关部门应该列出参加祝贺单位的名单并留存备案。用各种方式表示感谢,以便与重要客户建立良好的关系。④合理安排财务。开业典礼所需费用较大,应单独立项及时转入企业成本。

三、饭店筹备期的组织管理机构

1.饭店组织机构设置的原则

饭店筹备期的组织机构设置是根据饭店的拟建规模、将来的业务需要和发展而设置的。每个机构都要体现它的作用和效率,配备相应的管理人员。这个机构是饭店在筹备期的组织指挥系统,组织机构设置的好坏将直接影响饭店筹备期的系统管理,也会影响饭店将来的正式经营管理。饭店筹备期的组织结构设置应遵循控制成本原则、权责分明原则和统一管理原则。

(1)控制成本原则。饭店筹备期的组织机构设置要充分遵循控制成本的基本原则,科学地安排各类员工进入饭店的时间。如果员工进入饭店过早,饭店的工资成本将会大大增加,从而降低饭店的经济效益。如果员工进入饭店太晚,他们接受培训的时间就会减少,饭店正式经营后的工作效率将得不到保障,也会影响饭店的经济效益。

(2)权责分明原则。饭店筹备期的组织机构设置要遵循权责分明原则,每个管理人员和普通员工都有自己的权利与责任,分工明确,各司其职,做到每个人都有事做,每件事都有人去干,这样才会形成流畅的工作路线,有效地避免混乱的发生。

(3)同意管理原则。饭店筹备期的组织机构设置要遵循统一管理原则,整个机构实行统一领导,直线控制,各个系统的内部事务互不干扰。同时整个机构是个统一的有机体,必须在高层的统一领导下协作前进。

2.饭店筹备期组织管理机构设置的基本内容

在筹备期,饭店的管理人员和普通员工的吸纳是逐步进行的,随着时间的延续,其机构的设置和人员的配备不断地完善。为了保证饭店在筹备期的正常运转和开业后的正常营业,饭店筹备期的组织机构应包括下列内容:

(1)核心层。核心层负责饭店在筹备期的各项管理工作,它是饭店立项之初就应该建立起来的管理机构。它应该包括总经理、副总经理、人事部、工程科、稽核科等人员和机构设置。这些机构对工程、人事、财会等先期工作进行管理。

(2)中间管理层。随着饭店工程的进度发展,到饭店开业前4—6个月,饭店的公共关系科、客房经理、餐饮经理、康乐经理等机构和人员应该开始运转。这些机构必须配合人事部招聘、培训本部门的员工。到饭店开业前2—3个月各部门的中层领导应该逐步到位,进行开业前的教育和培训。

(3)基层人员。基层人员泛指普通员工和基层管理人员。饭店所招人员如果是行业从业者,其招聘时间可以略晚,一般应在开业前6周。如果所招人员是行业新手,其招聘时间应定在开业前的3个月甚至更早,这样才有充足的时间对其进行入店教育和工作培训。

案例与习题

一、案例

衣柜事件

A饭店正处于工程筹备期间,饭店的主体工程和部分装修已经搞好。不久,一批应摆放在客房里的衣柜被运到饭店,工作人员把这些衣柜运往客房的时候,却发现客房的门太小了,衣柜无法抬进去,最后,不得已,工作人员只好将这些衣柜拆开,零散地搬进客房,再行安装。

分析:现代饭店的筹备期事务异常繁多,因此应该遵循计划性、限期性和系统性等基本的筹备原则,它要求饭店对各类事务有一个详细的计划,并按部就班地完成。在此时,完工的时间过早或过晚都会给饭店的工作造成不便。同时,饭店应该有专门的协调委员会,负责审查各项工作的完成进度、质量,并检查有无遗漏,确保筹备工作的良性、有序。此案例中,由于筹备组织工作计划性不够,虽然有些工程已经完工,但是由于设计的错误,给后来的工作造成了许多麻烦。同时,这也反映出饭店审查工作的力度不够。

二、习题

1.饭店投资可行性论证书包括哪几方面内容?如何进行市场的分析与论证?

2.饭店筹建规划方案说明书有什么作用?如何撰写饭店筹建规划方案说明书?

3.饭店承运策划包括哪几方面内容?开业前营销计划有什么作用?如何撰写开业前营销计划?

4.现代饭店的筹备管理有哪些基本的工作内容?

参考文献

[1] 郑向敏.酒店安全控制与管理[M].重庆:重庆大学出版社,2009
[2] 郑向敏.饭店质量控制与管理[M].北京:科学出版社,2008
[3] 郑向敏.旅游服务概论[M].北京:旅游教育出版社,2007
[4] 郑向敏.旅游安全概论[M].北京:中国旅游出版社,2007
[5] 郑向敏.酒店服务与管理[M].北京:机械工业出版社,2004
[6] 郑向敏等.现代饭店管理学[M].上海:上海三联书店,1999
[7] 郑向敏.现代饭店无形资源管理[M].广州:暨南大学出版社,1998
[8] 郑向敏.旅游安全学[M].北京:中国旅游出版社,2003
[9] 郑向敏.中国古代旅馆流变[M].北京:中国旅游教育出版社,2000
[10] 郑向敏.现代酒店商务楼层管理[M].沈阳:辽宁科学技术出版社,2002
[11] 郑向敏.旅游营养学[M].厦门:厦门大学出版社,1993
[12] 柴邦衡.ISO9000质量管理体系[M].北京:机械工业出版社,2002
[13] 王伟.服务通论[M].北京:中国旅游出版社,1993
[14] 魏小安,沈彦蓉.中国旅游饭店业的竞争与发展[M].广州:广东旅游出版社,2000
[15] 唐德鹏等.现代饭店经营管理[M].上海:复旦大学出版社,2000
[16] 余春容.酒店市场营销[M].广州:中山大学出版社,1994
[17] 余炳炎.现代饭店管理[M].上海:上海人民出版社,1996
[18] 吴必虎等.非星级饭店管理[M].北京:中信出版社,1997
[19] [美]詹姆斯 A.菲茨西蒙斯.服务管理[M].北京:机械工业出版社,1998
[20] 何建民.现代酒店营销实务[M].沈阳:辽宁科学技术出版社,1999
[21] 梭伦编.星级宾馆酒店经营管理[M].北京:中国纺织出版社,2001
[22] 蒋丁新.酒店管理概论[M].大连:东北财经大学出版社,2000
[23] 庄玉海.现代旅游饭店全面质量管理[M].深圳:海天出版社,1991
[24] 谷慧敏主编.世界著名饭店集团管理精要[M].沈阳:辽宁科学技术出版社,2001

[25]铁振国主编.饭店营销学[M].昆明:云南大学出版社,1997

[26][英]S. Medlik 著,程华译.饭店经营管理[M].北京:中国友谊出版公司,1985

[27]洪生伟.服务质量体系[M].北京:中国计量出版社,1998

[28]杨永华.服务业质量管理[M].深圳:海天出版社,2001

[29]朱欣民.西方企业服务管理方略[M].成都:四川大学出版社,1996

[30]张文建,王晖著.游服务管理[M].广州:广东旅游出版社,2001

[31]桂世功,马克贤.质量管理与质量认证[M].北京:机械工业出版社,2000

[32]李力,章蓓蓓.旅游与酒店业市场营销[M].沈阳:辽宁科学技术出版社,2001

[33]韩福荣.质量管理体系认证:理论、标准与实践[M].北京:经济科学出版社,2002

[34]林南枝.旅游市场学[M].天津:南开大学出版社,2000

[35]赵西萍.旅游企业人力资源管理[M].天津:南开大学出版社,2001

[36]李海洋,牛海鹏.服务营销[M].北京:企业管理出版社,1996

[37]贾天驎.美国现代酒店管理实务[M].广州:广东旅游出版社,1997

[38]何建明.现代酒店管理经典[M].沈阳:辽宁科学技术出版社,1996

[39]汪纯孝,蔡浩然.服务营销与服务质量管理[M].广州:中山大学出版社,1996

[40]蒋一,马凤.现代酒店服务管理概论[M].上海:东方出版中心,1999

[41]齐善鸿.现代饭店管理新原理与操作系统[M].广州:广东旅游出版社,1999

[42]陈维,刘明臣.高层建筑火灾和防火安全[M].北京:群众出版社,1986

[43]沈友弟,阮雅芬.高层建筑消防问题[M].北京:群众出版社,1987

[44]陈维,刘明臣.高层建筑火灾和防火安全[M].北京:群众出版社,1986

[45][美]W. A. 罗茨,P. H. 庞纳.旅游饭店建筑规划与设计[M].杭州:浙江摄影出版社,1991

[46][美]詹姆斯,R. 凯萨.旅游饭店管理概论[M].杭州:浙江摄影出版社,1991

[47]余炳炎,袁义.旅馆安全[M].北京:科学技术出版社,1992

[48]国家旅游局人教司编著.饭店安全与消防管理[M].北京:旅游教育出版社,1999

[49]袁义等.饭店安全与消防管理[M].北京:旅游教育出版社,1999

[50]任保英.酒店设备运行与管理[M]大连:东北财经大学出版社,1999

[51]陈天来.现代饭店设备管理[M].天津:天津科学技术出版社,1995

[52]于德斌.北京市旅游涉外饭店服务质量现状、趋势及对策[J].旅游学刊,1999(04):37~41

[53]朱沆,汪纯孝.饭店服务质量管理重点分析[J].系统工程理论方法应用,1999(01):60~66

[54]刘艳华.刍议饭店服务质量检查[J].旅游学刊,1999(06):18~20

[55]张景泰.质量管理是饭店管理的核心[J].广西市场与价格,1999(06):18~19

[56]陈乾康.现代饭店服务特点与服务质量管理的基本方法[J].西南民族学院学报(哲学社会科学版),1999(06):102~105

[57]陆净岚.饭店客房环境质量的问题及对策[J].能源工程,2000(01):49~52

[58]谷慧敏.南京金陵饭店质量管理模式[J].北京第二外国语学院学报,1994(01):60~63

[59]张俐俐.论饭店服务质量的管理和控制[J].旅游学刊,1995(06):24~29

[60]王文君.论中国饭店业质量观念的更新[J].旅游学刊,1997(01):13~15

[61]宋平.饭店人力资源的质量管理[J].技术监督实用技术,1997(06):31

[62]朱沆,汪纯本.饭店服务质量管理工作重点的评估模型研究[J].桂林旅游高等专科学校学报,1998(03):29~37

[63]叶红.谈宾客对酒店服务质量的评价[J].宁波职业技术学院学报,2002(01):36~38

[64]洪生伟.酒店服务质量体系及其运行特点[J].世界标准化与质量管理,2002(06):12~14

[65]郑向敏,沈岳阳.饭店服务标准化与个性化的关系研究——差异关系与辩证关系分析[J].旅游学刊,1998(02):20~24

[66]郑向敏,马东升.我国饭店员工职业压力与健康现状分析[J].华侨大学(哲学社科版),2008(09):22~25

[67]郑向敏.中国饭店业质量管理发展三十年[J].饭店现代化,2008(10)

[68]伍蕾,郑向敏.近年我国饭店管理研究态势[J].北二外学报,2009(1)

[69]何银春,郑向敏,关于酒店员工心理健康的实证研究[J].旅游论坛,2009(2)

[70]戴斌.饭店服务标准化进程研究[J].南开管理评论,2000(03):61~65

[71]邹统钎.旅游产品与旅游服务质量管理的社会心理学透视———一种社会交换论方法[J].北京第二外国语学院学报,1995(03):117~122

[72]薄湘平,谢玉华.中国饭店业质量管理现状与发展浅析[J].世界标准化与质量管理,2001(12):27~30

[73]党忠诚,周支立.饭店服务质量的测量与改进[J].旅游学刊,2002(02):22~25

[74]郑向敏.旅馆盗窃案件的特点及防范对策[J].中外饭店,1997(1)

[75]马生彪.把治安防范工作纳入全面质量管理[J].中国旅游饭店,1994(3)

[76]魏小安等.中国旅游服务质量等级管理全书[M].北京:经济管理出版社,1995

[77]中国旅游局.中国旅游年鉴[Z].中国旅游出版社,1998~2000

[78]中国旅游饭店业协会.中国饭店行业突发事件应急规范[M].北京:旅游教育出版社,2008

[79]Terry Lam & Hanqin Zhang. Service quality of travel agents: the case of travel agents in Hong Kong. Tourism Management [J]. 1999(20):341－349.

[80]John S. Akama & Damiannah Mukethe Kieti. Measuring tourist satisfaction with Kenya's Wildlife Safari: a case study of Tsavo West National Park. Tourism Management [J]. 2003(24):73－81.

[81]Bolton, R. N. & Rosen, L. D. Measuring service quality in restaurants: An application of the SERVQUAL instrument. Hospitality Research Journal [J]. 1994(18):3－14.

[82]Terry Lam, Hanqin Zhang & Tom Baum. An investigation of employees' job satisfaction: the case of hotels in Hong Kong. Tourism Management [J]. 2001(22):157－165.

[83]Hoda Master & Bruce Prideaux. Cultural and vacation satisfaction: a study of Taiwanese tourists in South East Queensland. Tourism Management [J]. 2000(21):445－449.

[84]Hailin Qu & Else Wong Yee Ping. A service performance model of Hong Kong cruise travelers' motivation factors and satisfaction. Tourism Management [J]. 1999(20):237－244.